我们一起解决问题

管理365

为团队及个体赋能

张军◎著

人民邮电出版社

北京

图书在版编目（CIP）数据

管理365：为团队及个体赋能 / 张军著. -- 北京：人民邮电出版社，2021.7
ISBN 978-7-115-56584-6

Ⅰ. ①管… Ⅱ. ①张… Ⅲ. ①企业管理 Ⅳ. ①F272

中国版本图书馆CIP数据核字(2021)第101151号

内 容 提 要

人力资源是企业的核心资产，员工的成长是组织发展的强大推动力。然而，从新员工成长为资深专家或卓越的经理人是一个复杂的过程，需要有逻辑、有结构、有系统地学习方能实现。

本书聚焦于个人在企业中的成长过程，以企业员工的四次转型及经理人的三重身份（管理者、领导者、教练）为主线，介绍了员工如何通过职业素养的提升，成长为企业的骨干人员；如何通过管理方法的学习，成长为企业的管理者；如何通过领导力的训练，实现向第二重身份——领导者的转变；如何通过教练能力的培养，实现向第三重身份的蜕变，成为可以成就他人的企业教练。全书分为4章，共55个小主题，对复杂的管理关系和方法，以框架图的方式进行讲解，直白清楚、轻松易懂、简单实用。

本书非常适合作为企业基层和中层管理者提升工作效率、管理能力和领导力的行动指南，也适合作为企业的员工执行力培训手册。

◆ 著　　张　军
责任编辑　王飞龙
责任印制　胡　南

◆ 人民邮电出版社出版发行　北京市丰台区成寿寺路11号
邮编 100164　电子邮件 315@ptpress.com.cn
网址 https://www.ptpress.com.cn
雅迪云印（天津）科技有限公司印刷

◆ 开本：787×1092　1/16
印张：22.5　　　　　　　　　　　　2021年7月第1版
字数：240千字　　　　　　　　　　2021年7月天津第1次印刷

定　价：168.00元

读者服务热线：（010）81055656　印装质量热线：（010）81055316
反盗版热线：（010）81055315

广告经营许可证：京东市监广登字20170147号

推荐序

在VUCA[1]时代，企业的应变速度就是一切。企业越来越倾向于把自己打造成能够快速做出反应的组织，管理效率问题受到了空前的重视。而管理效率的提升，不但需要企业有流程制度的保障，还需要一支懂管理、会管理、愿管理的经理人队伍。

我在跨国企业工作多年，绝大多数时间从事高层管理工作，也经历了不同类型的企业，但不管什么类型的企业，都是由人组成；凡是由人组成的群体就要有组织机构，而组织机构要能够为应对外界市场的变化而持续改变，组织机构的存在就是学习、改变、再学习、再改变的过程。所谓研究管理，就是研究组织机构如何为应对外部市场的变化而改变内部管理的过程。每一次的改变都是一次在现有稳态下的动态转型，从进入企业的那一天开始，从普通职员到经理，再到部门、区域负责人及至成为整个企业的领导者，你都是在学习和转型中度过的。

多年前，我因与北京外企服务集团（FESCO）的合作而与张军博士相识。当时我们合作讲授一门课程——《经营分析》，张军博士负责理论体系搭建与案例讲解，我结合自己的工作实践进行补充延展。那次合作非常愉快，学员收获也非常大。后来，我们又有过几次合作，深受学员及客户好评。在合作过程中，张军博士高屋建瓴的管理视角，渊博的知识以及执着严谨的职业精神，给我留下了深刻的印象。张军博士不仅是一位学者，更是一位真诚、认真、肯钻研的实战型管理专家。

在过去的职业生涯中，我听过很多管理课程，也讲过不少管理课程，还组织过一些高层次的管理研讨会。我发现，很多企业的管理课程不成体系、缺乏规划，而张军博士逻辑清晰、结构严谨的"管理365"课程让我颇感震撼。他把庞大的管理理论体系结构化，形成菜单式的学习内容，将自己多年来的独到见解结合多年管理实战经验重新加以呈现，让管理者学习起来一目了然、清晰易懂。尤其那本图文并茂的《管理365》图书，让我感觉

---

[1] VUCA是Volatility（易变性）、Uncertainty（不确定性）、Complexity（复杂性）、Ambiguity（模糊性）四个单词的首字母缩写，用来描述现代商业环境的变幻莫测的特征。

耳目一新。听闻该书即将正式出版，受张军博士之邀，欣然作序。

相信读者能够在本书提倡的四次转型和持续学习的理念指导下，循序渐进、不断印证，最终获得管理水平的大幅提升。最后，借用张军博士常说的一句话："在一切领域，思维的改变都是伟大的！"

希望通过本书，读者能刷新对管理的认知，转变管理思维，在各自的企业里，在不同的岗位上，做出更好的业绩，丰富别样的人生！

我也相信，这本书能够帮助更多追求管理效率提升、不断追求卓越的中国企业系统性地统一管理语言，提升管理效能，朝着基业长青的目标持续迈进！

易　珉

瑞士诺华制药公司（Novartis）前大中华区总裁

香港铁路公司（MTR）中国业务前首席执行官、现首席顾问

致读者

在学习新知识的过程中,我们需要有一套逻辑,也需要有一个基本结构。这个逻辑包括价值取向、坚定的信念和努力的方向,这个结构包括知识体系、能力架构和最佳实践。从逻辑到结构,从结构到系统,我们的思维在学习过程中会变得更加成熟。

为使大家能够有逻辑、有结构、有系统地学习,我将20余年的管理实践、授课经验、管理学研究成果和工作经历加以总结,撰写了这本《管理365:为团队及个体赋能》。全书包括四大部分——职业素养、管理方法、领导艺术、教练实践,共55个小主题。

长期坚持做一件正确的事,就会产生影响力。学管理,短期不如持续,杂学不如聚焦。无论是组织还是个人,都可以从本书中获益良多。

组织层面的收益包括以下几点。

- 入模子:统一管理思想,规范管理语言。
- 建体系:依托四次转型,建立培养体系。
- 降成本:降低学习成本,获得丰厚回报。
- 促发展:实现目标同向,促进双赢发展。

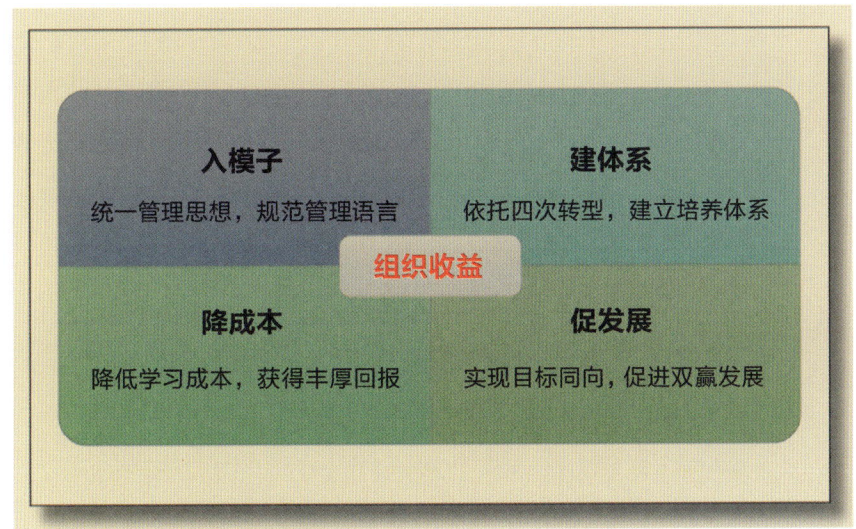

个人层面的收益包括以下几点。

- 明路径：四次跨越，为你明晰发展路径。
- 提境界：四个阶段，助你实现境界跃升。
- 练能力：四次转型，帮你完成能力转变。
- 掌全局：四个格局，使你一切尽在掌握。

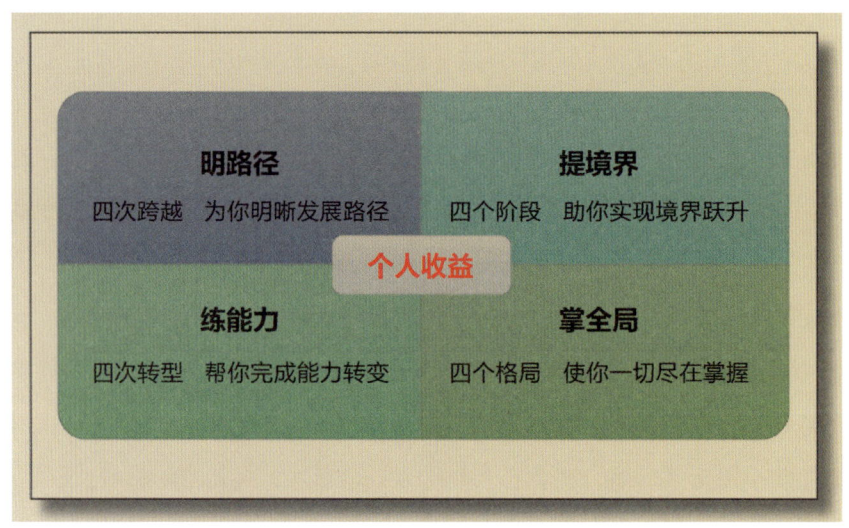

我相信，经过不懈的努力、长期的坚持，我们必定会收获一个更加完美的自己：思维更加结构化，条理性、逻辑性更强；对管理的理解更加系统深入、概念更加清晰；知识体系更加完整，思考问题的角度更加多样；能结识更多志同道合的学友，升华自己的管理境界。未来的我们一定会感谢现在努力学习的自己！

人与人之间，因相同而吸引，因相异而成长，因相融而升华！读者朋友们，为了美好的未来，让我们携手前行！

张军（南开大熊）

管理学博士、经济学博士后

HRD 学习平台创始人

前言

在阅读本书之前，请思考以下四个问题：

为什么有的人一直碌碌无为，甚至在职场越来越走下坡路？

为什么有的人感觉晋升无望就没有了往日的激情？

为什么有的人一直干劲十足、团队业绩越来越好？

为什么有的人不但业绩好，而且培养出了很多人才？

可以说，上述四类人在组织里是普遍存在的，思维方式的不同、思想境界的差异导致了人与人之间在职业发展上的四次分化。

本书的写作目的就是为个人发展提供一个可遵循的路径，同时，也为企业的人才培养和人才管理提供一套解决方案。

在任何组织里，职位晋升都有天花板，但价值创造永无止境。成功的职场人一般会经历四次转型：从普通员工到骨干员工，从骨干员工到管理者，从管理者到领导者，从领导者到教练，如下图所示。

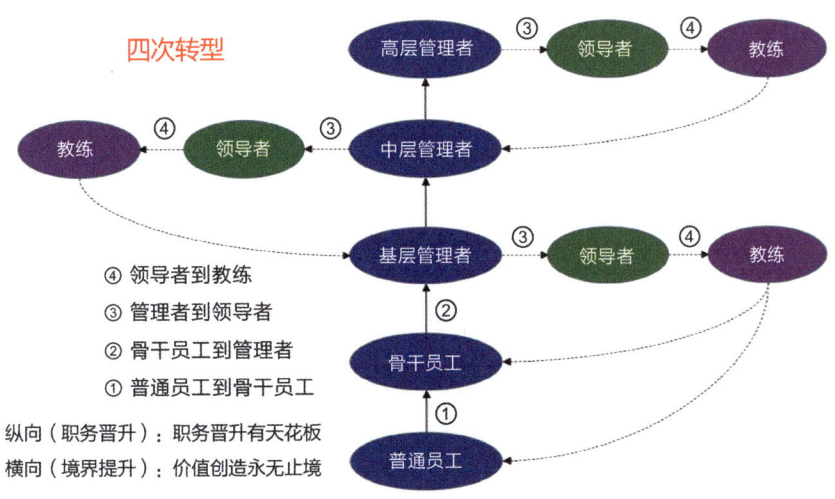

或者说，一位经理人（干部）无论身处何种层级，都应同时兼具三重身份：管理者、领导者、教练。需要特别注意的是，每一层级的三重身份的内涵是有差别的，越往高层，领导色彩越重；越往基层，管理色彩越浓。

接下来，我们就分别说一说上述四次转型是如何完成的，以及各自的注意事项是什么。

第一次转型：从普通员工到骨干员工

在组织里，那些敢于面对挑战、勇挑重担、工作能力强的员工会成为组织重点培养的对象，那些拈轻怕重、逃避责任、不思进取的员工就会成为组织淘汰的对象或者被边缘化。

越是优秀的人，越善于在不利条件下完成任务；越是平庸的人，越是对做事的条件挑三拣四。

要想成为骨干员工，就要从工作态度、工作能力方面严格要求自己。工作态度有三个层面：用力、用心、用情。我们要尽早做到用心工作，努力达到用情的状态。工作能力包括三项：专业能力、人际能力、执行能力，这三项能力要全面发展。

第一次转型的注意事项

第一次转型是最关键的，只有完成这次转型，我们才有选择权：走专业路线，还是走管理路线。要想完成这次最关键的转型，我们要以职场逻辑为前提，提升境界、锻炼能力、养塑行为。

职场逻辑包含四种：价值逻辑（价值观、不漂移），情感逻辑（重理性、控情绪），工作逻辑（先工作、后生活），管理逻辑（法在前、情在后）。

职业行为有三种：规范、负责、合作。规范的最高境界是自觉，负责的最高境界是预防，合作的最高境界是熟悉对方的工作并主动提供支持。最高境界就是行为的调适方向。

第二次转型：从骨干员工到管理者

从骨干员工转型为管理者时，我们要意识到自身角色、能力要求的变化。

第一，要扮演好团队负责人、人力资源经理、救火队员、保姆、职业导师、牧师和教练这七个角色，第二次转型的角色重点在于团队负责人、人力资源经理和救火队员。

第二，要提升管理沟通能力，做好对上、对下、平级以及跨部门沟通。对上沟通，保持主动；对下沟通，坚持跟进；平级沟通，追求双赢；跨部门沟通，要以对方的需求为出发点，重塑流程意识。

第三，要掌握团队管理、绩效管理和问题解决这三项最关键的能力。理解人性、理顺事情是培养三项关键能力的出发点。团队管理侧重对人的管理，绩效管理着重对事的管理，问题解决是指应对突发事件。

第二次转型的注意事项

第二次转型是最困难的，难就难在管理概念的建立、立场的转变、心态的转变上。从骨干员工转变为管理者，需要特别强调的是，我们的立场和心态发生了变化——从被管理者转变成管理者；从以前只代表自己转变成代表劳资双方，承上启下。把握关键、洞察规律、梳理执行路径、形成系统方法是管理者的主要任务。

也许从骨干员工转变为管理者之后，我们的职务在相当长的一段时期内就不再晋升了，甚至直到退休也不可能再晋升了，职业发展遇到了天花板。此时，我们要意识到：职业发展不光是职务晋升，还有价值创造；不但有垂直路径（职务变化），还有水平路径（境界提升）。

第三次转型：从管理者到领导者

管理者往往依据底线（制度、标准）来操作，而领导者常常靠上限（愿景、目标）来牵引。管理者和领导者是经理人（干部）的两个重要身份。管理者这个身份对自己、对团队的要求相对较低，而领导者这个身份对自己、对团队的要求是很高的。这就是管理者和领导者双重身份境界的不同。对于经理人（干部）来说，第三次转型更重要的转变是境界。

从管理者成为领导者，首先是角色（探路者、组合者、授能者、垂范者）的变化，其次是能力（激励、创新、变革）的变化。理解人们做事的动机，运用恰当的激励方法调动下属的积极性，这是领导艺术的重要体现。创新和变革是领导者这个身份的主要任务。创新往往要通过变革来实现，在变革过程中，"创新"贯穿始终。

第三次转型的注意事项

第三次转型是最难理解的，而且很容易被误认为是职务晋升。此处，我们必须强调的是，四次转型不同于拉姆·查兰提出的"领导梯队"理论，领导梯队的概念只是垂直晋升，而四次转型模型认为，为了避免碰到职务天花板，我们的境界要不断提升。

管理者的基本任务是维护秩序和平衡，领导者的基本任务是创新和变革。管理能力是领导能力的基础。管理者往往通过管理过程施加影响，而领导者主要靠角色的力量推动别人。领导者善于和下级在目标上结盟，分享愿景。领导者通过发起变革，使团队朝更高的目标发展。

第四次转型：从领导者到教练

如果说，从骨干员工到管理者的跨越能使经理人（干部）带领团队达成目标，从管理者到领导者的跨越能使经理人（干部）带领团队创造更佳业绩，那么从领导者到教练的跨越则能使经理人（干部）在创造更佳业绩的同时，主动为企业育人：把越来越多的普通员工培养成骨干员工，把骨干员工培养成管理者，并推动管理者向领导者的跨越。

通用电气前CEO杰克·韦尔奇曾经说："一流的领导者，是教练！"从领导者到教练，经理人（干部）要在教练角色（镜子、指南针、催化剂）、教练技能（聆听、发问、区分、回应）、教练流程（目标设定、现状检查、方案选择、鼓励行动）三个方面做出改变。经理人（干部）要努力使教练技能成为本能，而且要把四项技能娴熟地运用到教练流程中去。

第四次转型的注意事项

一旦完成了第三次转型，第四次转型就是水到渠成的事，而且是最容易的一次转型。教练的主要目标是提升下属的觉察力、培养下属的责任感、增强下属的自信心。

要想成为教练，必须深刻理解教练思维：以终为始。教练能够帮助下属找到思维的盲点，还原事实真相，并且能说服对方接受。在此基础上，运用教练技能，遵循教练流程，达到教练的目的。

教练从来不是提供答案的人，教练的核心价值在于帮助下属做加法催化能量、做减法排除干扰。

四次转型的管理启示

四次转型，价值创造依次增强

骨干员工关注的是专业才干。晋升为管理者之后，经理人（干部）发挥作用的方式发生了深刻变化，其价值不仅仅体现在专业才干上，而且还体现为通过借力和合力实现团队目标。领导者靠愿景牵引团队，提高了团队的行为标准和绩效标准。在领导者的感召下，团队成员的工作境界得到了大幅提升，他们能自动调适自己的工作行为。领导者成为教练之后，其价值体现在结果导向的教练实践上：带领团队创造更佳业绩，同时主动为企业育人。

四次转型也是四个格局

四次转型其实就是四个格局的形成：骨干格局、管理格局、领导格局、教练格局。格局越大，胸怀越宽，境界越高。

经理人（干部）应该认识到，虽然职位不再晋升，但随着身份的转变——从管理者到领导者、从领导者到教练，其创造的价值越来越大，因此，其职业生涯更加丰富多彩。

四次转型是企业人才发展的风向标

每一次转型，经理人（干部）的角色、思维和能力构成都会发生相应的变化。四次转

前言

型不但为员工指明了职业生涯的发展道路,也为企业培训工作提供了指引,更为企业树立了人才发展的风向标。

为了顺利完成四次转型,我们需要完成一系列的角色和能力准备。下图是促成四次转型的能力图表,可以供大家在成长与转型之路上参考。

四次转型★能力图表				
职业素养				
W01:骨干格局	W02:逻辑思考	W03:职场学习	W04:工作原则	W05:工作方法
W06:人际关系	W07:人际沟通	W08:情商提升	W09:压力管理	W10:高效执行
管理方法				
W11:管理格局	W12:对上沟通	W13:平级沟通	W14:对下沟通	W15:冲突管理
W16:跨部门沟通	W17:会议管理	W18:商务沟通	W19:认知管理	W20:认知权力
W21:管理与领导	W22:新任经理	W23:设定目标	W24:制订计划	W25:确定标准
W26:安排工作	W27:检查工作	W28:工作改善	W29:工作总结	W30:过程控制
W31:团队管理	W32:培育下属	W33:解决问题	W34:流程管理	W35:制度管理
W36:选拔配置	W37:绩效管理	W38:绩效实践	W39:培训管理	W40:职涯管理
领导艺术				
W41:领导格局	W42:个人影响力	W43:营造氛围	W44:理解激励	W45:激励技巧
W46:授权管理	W47:有效决策	W48:商业敏感	W49:创新管理	W50:变革管理
教练实践				
W51:教练格局	W52:教练技能	W53:教练流程	W54:教练实践	W55:教练文化

目录

第一篇　职业素养

W01　骨干格局 ... 5
W02　逻辑思考 ... 11
W03　职场学习 ... 17
W04　工作原则 ... 23
W05　工作方法 ... 31
W06　人际关系 ... 37
W07　人际沟通 ... 43
W08　情商提升 ... 49
W09　压力管理 ... 55
W10　高效执行 ... 61

第二篇　管理方法

W11　管理格局 ... 71
W12　对上沟通 ... 77
W13　平级沟通 ... 83
W14　对下沟通 ... 89
W15　冲突管理 ... 95
W16　跨部门沟通 ... 101
W17　会议管理 ... 107
W18　商务沟通 ... 113
W19　认知管理 ... 119
W20　认知权力 ... 125
W21　管理与领导 ... 131
W22　新任经理 ... 137
W23　设定目标 ... 143
W24　制订计划 ... 149
W25　确定标准 ... 155

- W26 安排工作 161
- W27 检查工作 167
- W28 工作改善 173
- W29 工作总结 179
- W30 过程控制 185
- W31 团队管理 191
- W32 培育下属 197
- W33 解决问题 203
- W34 流程管理 209
- W35 制度管理 215
- W36 选拔配置 221
- W37 绩效管理 227
- W38 绩效实践 233
- W39 培训管理 239
- W40 职涯管理 245

第三篇　领导艺术

- W41 领导格局 254
- W42 个人影响力 260
- W43 营造氛围 266
- W44 理解激励 272
- W45 激励技巧 278
- W46 授权管理 284
- W47 有效决策 290
- W48 商业敏感 296
- W49 创新管理 302
- W50 变革管理 308

第四篇　教练实践

- W51 教练格局 316
- W52 教练技能 322
- W53 教练流程 328
- W54 教练实践 334
- W55 教练文化 340

全书总结 346

第一篇　职业素养

（D001-D070）

第一次转型

成为骨干员工,是职业生涯发展的第一步,是最关键的一次跨越。要想成为骨干员工,就必须了解骨干员工有什么样的特征。让我们先看一看职场典范——"九段秘书"是怎么做事的。

领导要求秘书通知周五上午 10 点开会,不同水平的秘书会有不同的做事方式。

一段秘书:听命令,邮件、电话通知,等着开会。

二段秘书:抓落实,电话确认对方是否可以参会。

三段秘书:跟进度,开会前再次确认,反馈意外。

四段秘书:做准备,测试设备,并且确认场地情况。

五段秘书:请示议题,准备资料,分发给与会者。

六段秘书:记录议程,整理录音,形成会议纪要。

七段秘书:根据会议结果和纪要,编制行动计划。

八段秘书:目标管理,分解任务,追踪执行情况。

九段秘书:编制组织会议的流程模板,复制成功经验。

显然,九段秘书在职场逻辑、职业态度、职业行为和职业能力方面都已达到很高的水准。接下来,我们就一起探讨如何从这四个方面促成从普通员工到骨干员工的转变(其实,真达到了"九段",这位秘书就不再是秘书了,而是被提拔为办公室主任了)。

首先,我们看职场逻辑。

职场逻辑包含三个方面:价值逻辑、情感逻辑、工作逻辑。

价值逻辑:价值观,不漂移。人的价值观要稳定,否则会很痛苦。不能人云亦云,要学会判断,内心有所坚守。情感逻辑:重理性,控情绪。人不能跟"二踢脚"一样点火就着,遇事要冷静,对外界刺激不能做应激式回应。工作逻辑:先工作,后生活。职场中,工作永远是第一位的,做事先讲条件、谈待遇,这样的人不会有前途。

其次,我们再看职业态度。

对待工作有三个境界:用力、用心、用情(千万不能到第四个境界——用命)。当一个人把工作看成谋生手段的时候,他会庸庸碌碌,用力工作;当一个人把工作看成职业选择的时候,他会忙忙碌碌,用心工作;当一个人把工作看成事业追求的时候,他会兢兢业业,用情工作。工作不用心,我们就不会有感悟,很难有进步。用情工作的员工就是上级和组织期待的骨干!

再次，我们再看职业行为：负责、规范、合作。

团队里出现了问题，当别人都视而不见时，当别人都说"非我责任"时，当别人都表示无能为力时，当别人都拖延等待时，你应该主动承担责任。如果你不但承担了责任，而且及时采取行动并取得了良好效果，你就有了强烈的责任感。如果你能举一反三，采取预防措施，你就具备了骨干员工的第一个行为要素：负责（如果你说"这不归我管"，不好意思，下边的文字你就不用看了）。

趋利避害是动物的本能，人亦如此。每个人都渴望自由，尤其是没有约束的自由，这是人的本性，无可厚非。但每个人都是社会人，都必须遵从社会的基本法则。规范意识、规则意识既是对社会秩序的遵守，也是对自我的保护（比如遵守交通法规）。因此，规范就是继负责之后的第二个行为要素。在组织里，规范是指对标准的认同，对流程、制度的遵守。我们说的规范不但是被迫遵守流程制度，而且是发自内心地认同和自觉遵守（如果你说"我们公司标准不统一，流程很混乱，制度不完善"，那么我建议你，少点抱怨和牢骚，做点能影响它们的事情）。

第三个行为要素是合作。说到合作，你可能会说："老生常谈，我们领导天天这样教导我们，你能不能有点新意？"我们不谈现在，想想人类的祖先，女人摘果子，男人打野兽。摘果子可以独立完成，打野兽必须集体行动，这就是合作。合作就不能给别人帮倒忙，就需要熟悉对方的工作，在对方需要的时候及时主动地伸出援助之手。合作绝不是靠一人之力，而是要营造团队合作的氛围，每个人都主动负责一点，规范一点，我们离骨干员工就很近了。

最后，我们再谈谈职业能力。

骨干员工需要强化三项能力：人际能力、专业能力、执行能力。

在人际能力方面，"智商开门，情商做事"几乎成了常识。逢物加价，遇人减岁，是基本的人际交往规则。步入社会，要善于和不同的人打交道，要善于化解矛盾、处理冲突。日常交往中，人们的关注点是有很大差异的，我们不能忽略这种差异。和不同的人打交道，要善于把握沟通要点，根据沟通目的选择沟通方式，在沟通过程中注意信息交流、情感交流和思想交流三者并重。

在专业能力方面，以"九段秘书"的方式开展工作，我们的专业水平就会越来越高。此外，还要加强学习和培养细节意识。学习上，注意点滴积累，向导师学、向同事学，工作就是最好的老师。针对自己的具体工作，选定3～5本专业书籍，读懂吃透，注重理论与实践的结合。为了培养细节意识，学会列清单，我们要多观察、常换位（把对方的便利当成我们工作的出发点）。

关于执行能力，我们认为，个体执行力是由好习惯来保障的。换句话说，良好的工作习惯是执行力的来源。这些好习惯包括做事打出提前量、保持工作均衡性（不赶工）、交互检查、定期整理文件、主动汇报以使上级掌握状况等。那么，好习惯从哪里来呢？有人说，跟有好习惯的人在一起就会养成好习惯。但这不是根本。最持久的习惯来自于专业知识、专业技能和工作意愿的交集——三者长期的相互作用才能形成好习惯。要想保证执行效果，还要掌握工具、方法。

职场逻辑、职业态度、职业行为、职业能力是培养骨干员工的四个重要维度，缺少任何一个环节，我们都无法成为骨干员工！

从普通员工到骨干员工的跨越是职业生涯中最关键、最重要的一步，是职业发展的基础。这个转变必须在步入职场的两年内（最好在一年内）完成。

W01　骨干格局

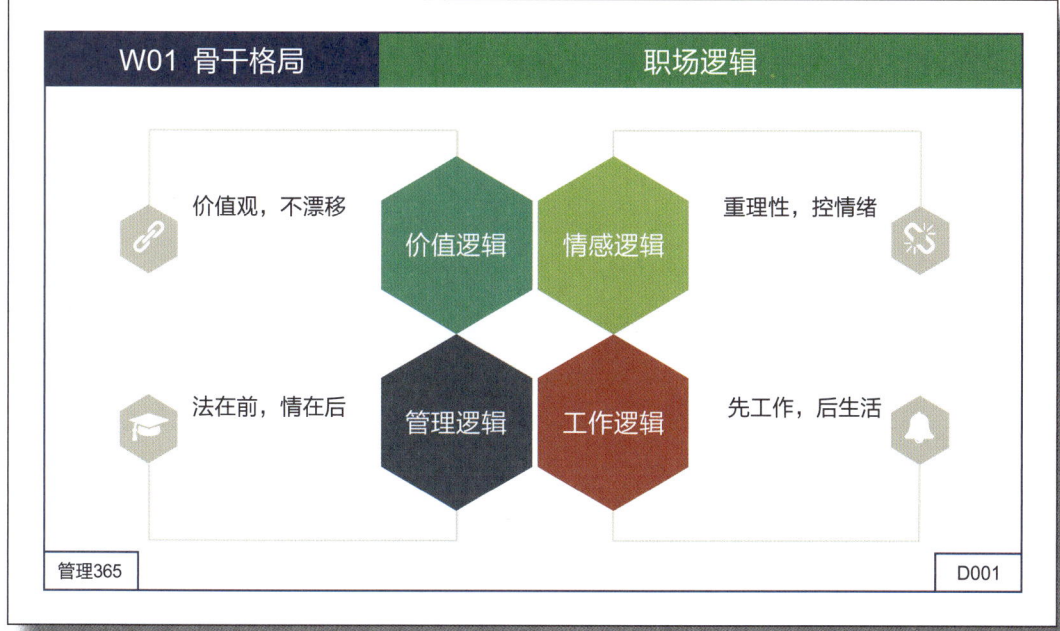

价值逻辑。人的价值观要稳定，不能人云亦云，要学会判断，内心有所坚守。

情感逻辑。对外界的刺激，我们不能做应激式反应，而应该冷静思考。面对外界刺激，我们在回应之前，要先给自己留一个空间和一段时间。

工作逻辑。"享乐在先"的想法与任何企业的价值取向都是背道而驰的。先把工作做好，才可能有待遇的提升。职务（岗位）没有变化，待遇通常也不会有实质性的变化。

管理逻辑。处理问题的逻辑有两种：一是法、理、情，二是情、理、法。企业在发展初期可以靠人治，但企业要想长远发展，必须靠法治。所以，企业应当制度在先，适度考虑人情。

_____

_____

_____

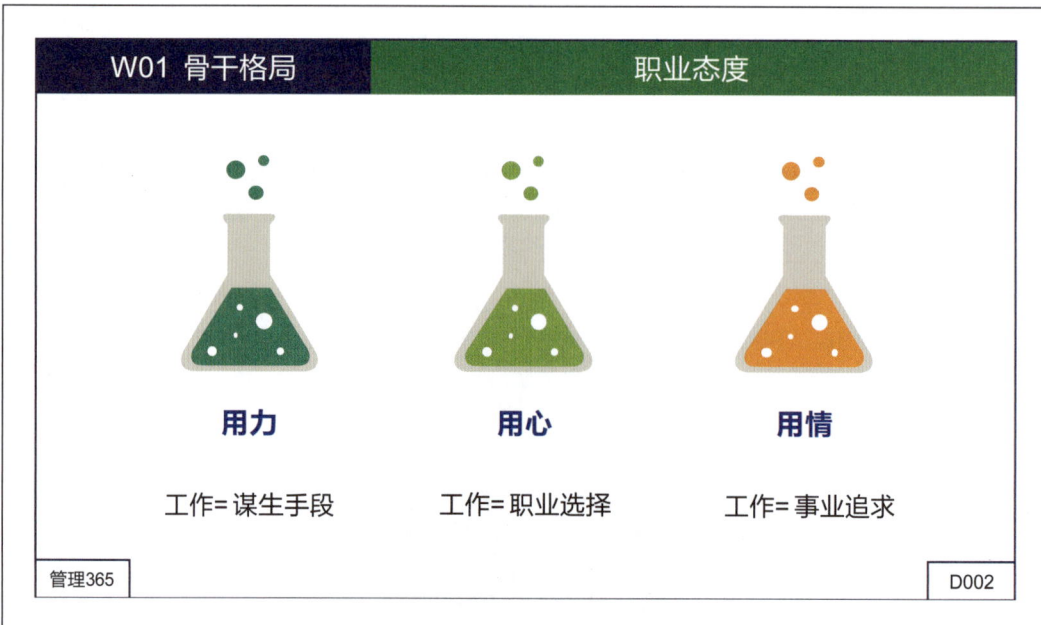

对待工作，有三个境界：用力、用心、用情（但千万不能到第四个境界——用命）。当一个人把工作看成谋生的手段时，他会庸庸碌碌，用力工作；当一个人把工作看成职业选择的时候，他会忙忙碌碌，用心工作；当一个人把工作看成事业追求的时候，他会兢兢业业，用情工作。工作不用心，很难有进步。用情工作的员工就是上级和组织期望提升的骨干！

在职场中，有太多用力工作而不知道用心、用情的人，他们追求的是及时行乐，崇尚的是精致的利己主义："我不想那么辛苦，我现在就想得到。"不付出超过常人的努力和时间，你怎么能得到超过常人的回报呢？用情工作，意味着高度投入工作，而且能够享受工作带来的乐趣和收获。提倡用情工作，就不可能朝九晚五，但我们坚决反对那种用命工作的模式。

第一篇　职业素养

在组织里，规范是指对标准的认同，对流程、制度的遵守。我们说的规范不是被迫遵守流程制度，而是发自内心地认同和自觉遵守。

团队里出现了问题，当别人都视而不见时，当别人都说"非我责任"时，当别人都表示无能为力时，当别人都拖延等待时，你应当主动承担责任。如果你不仅承担了责任，而且及时采取行动并取得良好的效果，你就有了强烈的责任感。如果你能举一反三，采取预防措施，你就达到了负责的最高境界——预防。

合作就是不能给别人帮倒忙，这就需要你熟悉对方的工作。合作就是在对方需要的时候及时主动地伸出援助之手。合作绝不是靠一人之力，而是需要营造团队合作的氛围，每个人都主动一点，每个人都负责一点，每个人都规范一点，我们离骨干员工就更近了一点。

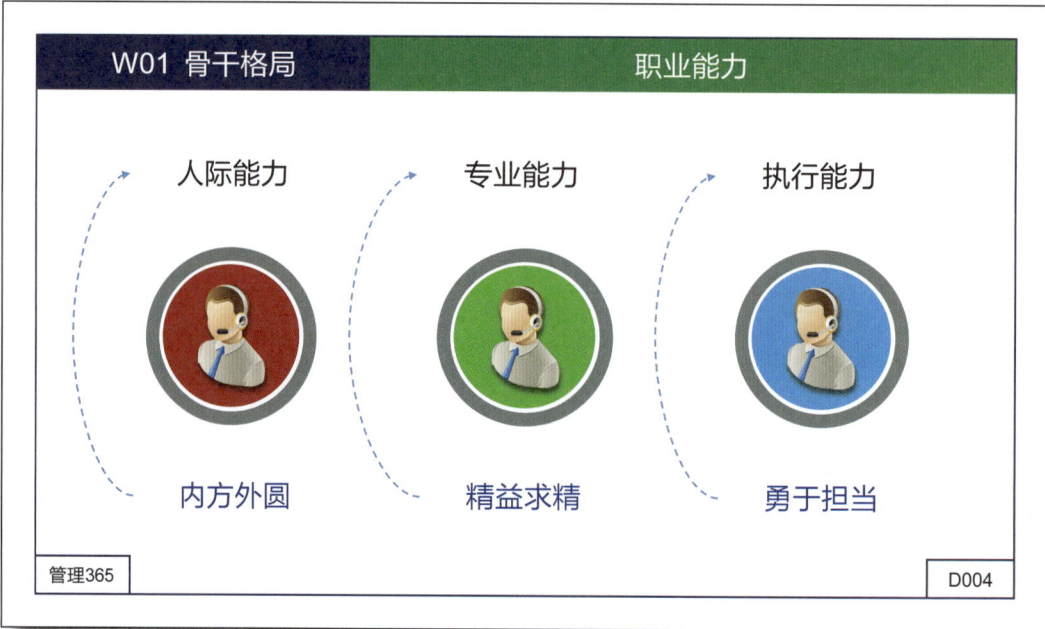

在人际能力方面，靠智商"开门"、靠情商做事几乎成了常识。逢物加价、遇人减岁，是常见的人际交往规则。和不同的人打交道，要善于把握沟通要点，根据沟通目的选择沟通方式，在沟通过程中注意信息交流、情感交流和思想交流三者并重。

在专业能力方面，我们要加强学习，培养细节意识。学习上，注意点滴积累，向导师学，向同事学，工作就是最好的老师。针对自己的具体工作，选定3～5本专业书籍，读懂吃透，注重理论与实践的结合。为了培养细节意识，我们要学会列清单，多观察，常换位。

关于执行能力，我们认为，个体执行力是由好习惯来保障的。这些好习惯包括做事打出提前量、保持工作均衡性（不赶工）、交互检查、定期整理文件、主动汇报以使上级掌握情况等。要想保证执行效果，还要掌握一些工具、方法。

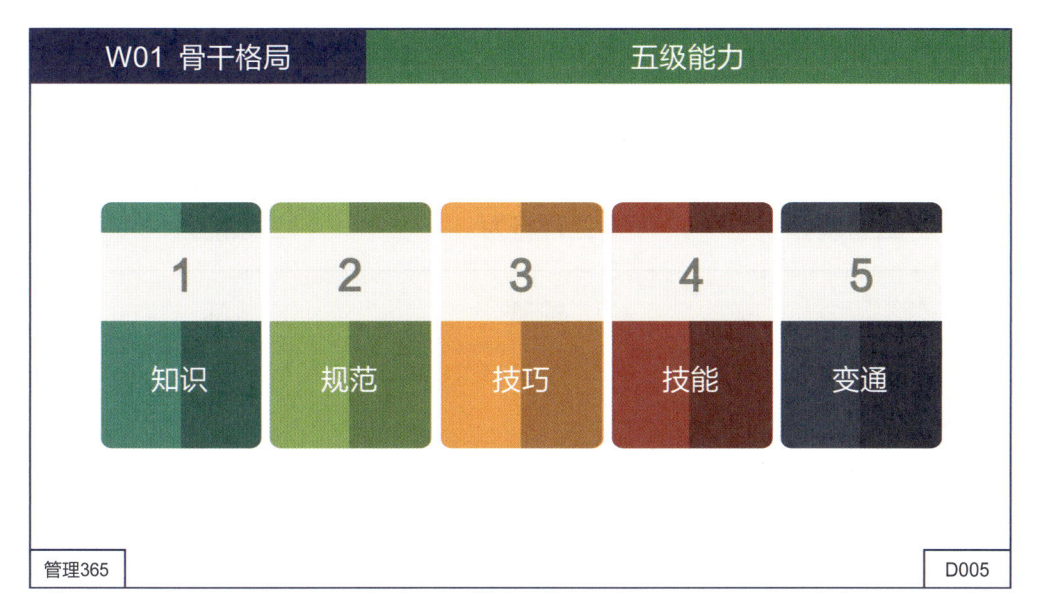

知识级能力：具备了完成所在岗位工作的专业知识，一年内要具备此类能力。

规范级能力：能够按照流程、步骤操作，处于机械执行的层面，两年内应具备此方面的能力。

技巧级能力：对所从事的工作有一些心得、窍门，但很零散。要达到这个级别的能力，一般至少需要 3 年时间。

技能级能力：能独立处理本岗位发生的各种问题，能够撰写有效的系统改进方案，要达到这个级别的能力，一般至少需要 5 年时间。

变通级能力：无论出现何种情况都能应对，甚至换了岗位依然能把工作做得很好。达到这个级别的能力，一般需要 8～10 年的时间。

团队领导者可以根据每个人的情况制定有针对性的培养计划。我们从以上分析中可以看出，要想当别人的师傅或者成为内训师，能力水平必须达到技能级以上。

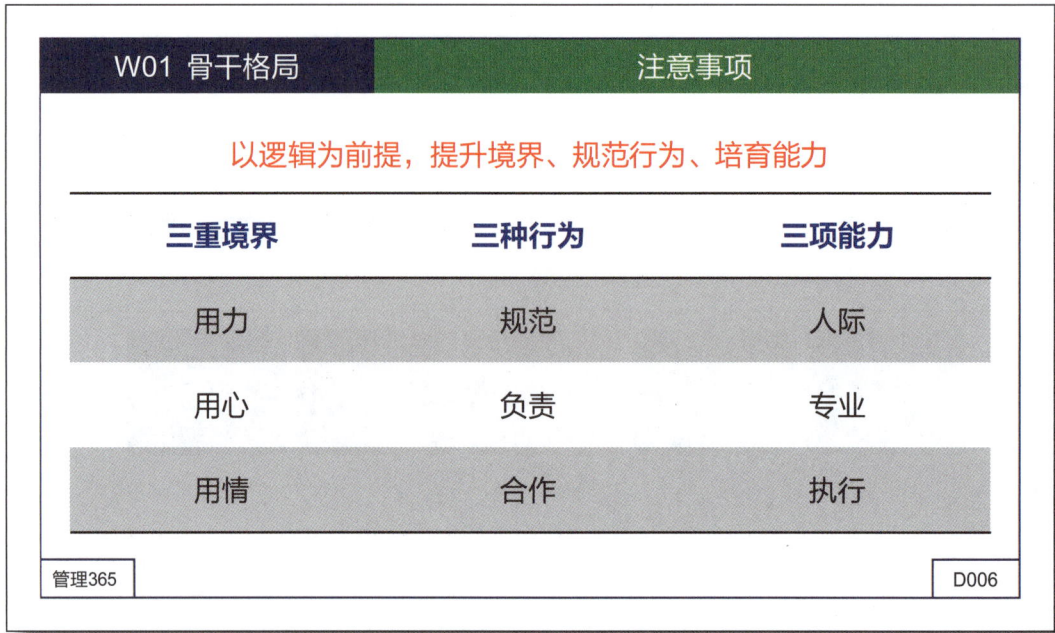

每周自问：如何应用已经掌握的知识解决当下的问题？

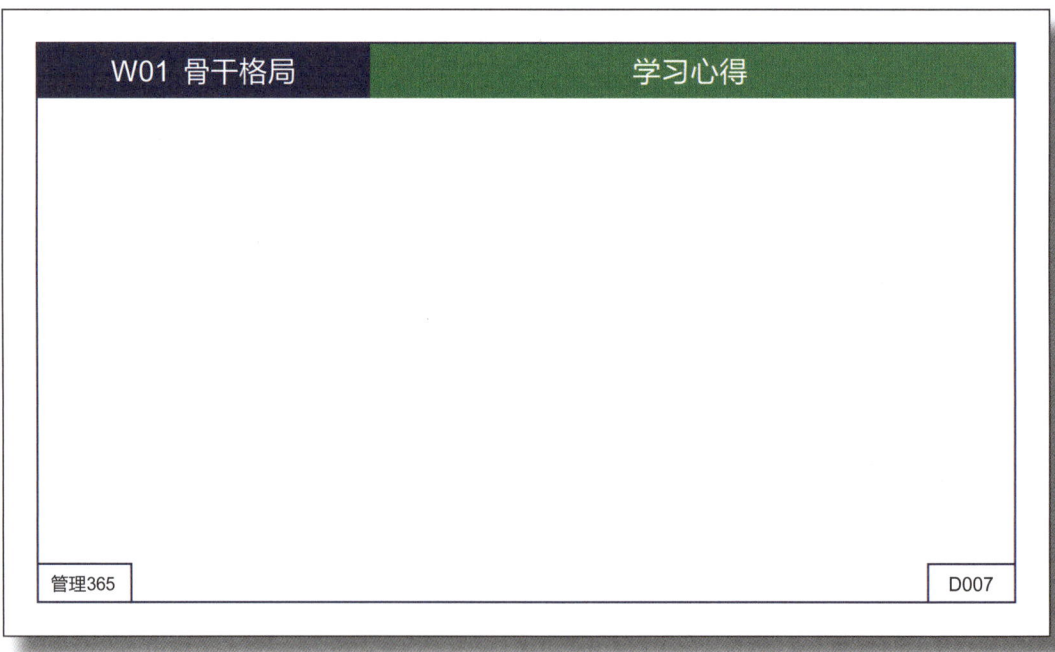

第一篇 职业素养

W02 逻辑思考

　　在风云变幻的知识经济时代，新知识、新技术不断涌现，比如AI（人工智能）的兴起，使那些停止学习、不求上进、只会一些简单技能的人的工作岗位很可能会被机器人取代。因此，懒于求知的人越来越没有生存空间。

　　光有知识是不够的，我们必须学会思考。思考是一个循序渐进的过程，而不是心血来潮、瞬间灵感。那些喜欢拍脑袋、只会根据一些碎片信息做判断的人找不到问题的真正原因，有效的解决方案也就无从谈起。

　　当今社会，在很大程度上，思考力决定了竞争力。一个人拥有了思考力，尤其是逻辑思考力，分析问题进而解决问题的能力就会得到加强。只要掌握了正确的思维方式，清晰界定问题，利用工具深入分析问题，答案随时都会出现。而且，思考力不但决定了竞争力，还拉开了人们收入的差距。

W02 逻辑思考　　养成两个思考习惯

区分式思考（方向）
- 系统问题还是个人问题
- 常见问题还是偶然问题
- 原则事项还是弹性事项
- 长期问题还是短期问题
- 全局问题还是局部问题

避免二元思维（深度）
- 非黑即白
- 非对即错
- 非好即坏
- 非美即丑
- 非善即恶

区分式思考要确定的是解决问题的方向，避免二元思维的好处是让思考更有深度、角度更多元。对于解决问题，养成这两个思考习惯至关重要。很多时候，我们在解决问题时，既辨不清方向，又会陷入二元思维模式、没有深度，也容易放弃尝试多种可能性。

应用区分式思考，在遇到问题时，我们可先区分是原则事项还是弹性事项。原则事项就是不可商量的，是底线（红线）；而弹性事项就是可谈的，允许变通。或者区分是全局性问题还是局部问题，这更是解决问题的方向。明明是局部问题，非要上升到全局层面，就是小题大做；明明是全局问题，非要小范围处理，这就是掩盖。

二元思维模式就是把事情极端化和绝对化，有这种思维倾向的人很容易成为教条主义者，排斥异己。管理无定论，适合的就是最好的，这样思考问题就是摆脱了二元倾向。

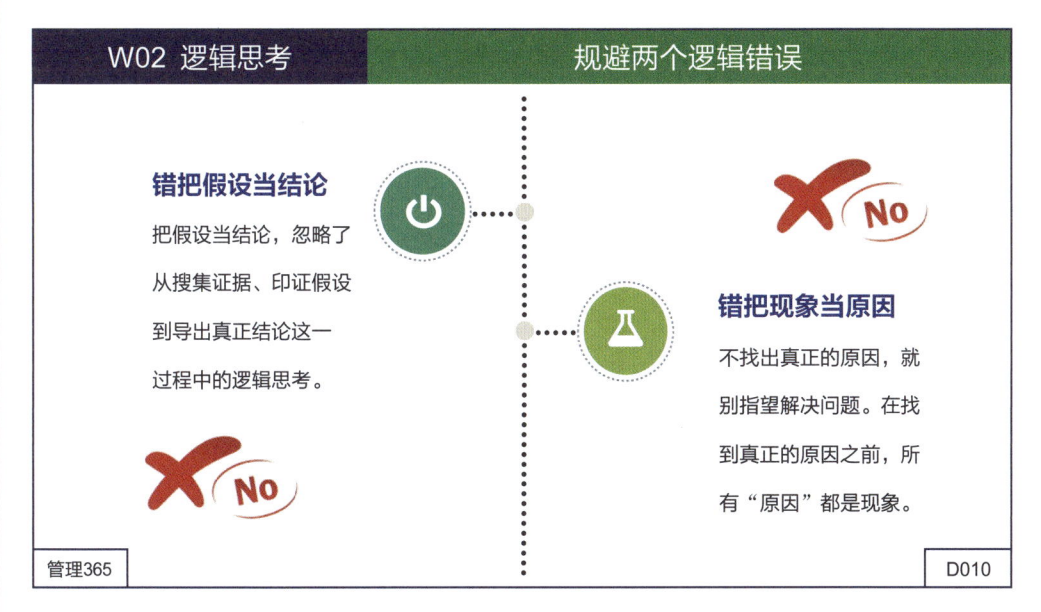

  关于假设，我们不要把它和结论混淆，应先证明其正确性。我们经常会犯的一个错误就是把假设和结论混为一谈，比如，"在日本，和服行业处于衰退期，成长明显放缓，所以应该压缩包含开发新式和服在内的投资"。在这句话中，"和服行业衰退"是假设，要让客户接受"压缩投资"，必须先向客户证明假设的正确性。事实上，在日本，新式和服正越来越受年轻人的青睐。

  解决问题时，在找到真正的原因之前，所有"原因"其实都是现象。在原因不明的情况下，企图改善各种现象，只会使业绩不升反降。从证实假设到导出结论的过程中，最重要的是弄清楚发生问题的原因。丰田公司的5WHY分析法就是通过不断追问为什么而找到问题的真正原因的。找不到真正原因，就无法解决问题。

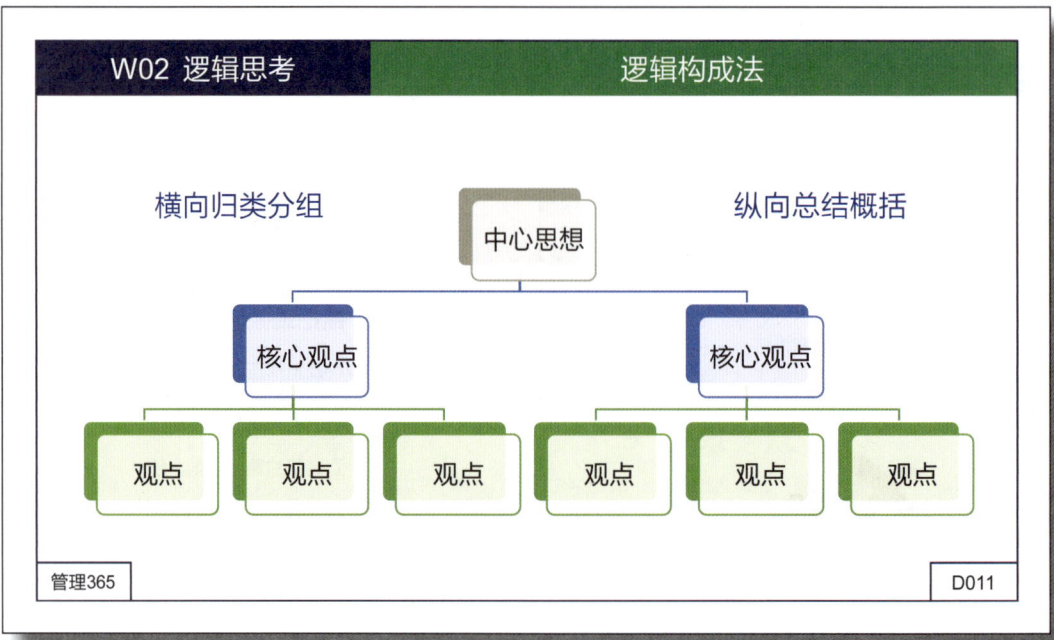

这个逻辑构成法遵循的是以 MECE 法则为基础的金字塔原理。MECE 是"Mutually Exclusive Collectively Exhaustive"的首字母缩写，中文意思是互斥并穷尽（各部分之间互斥，所有部分完全穷尽），也就是对于一个重大的议题能够做到不重叠、不遗漏地分类，而且借此把握问题的核心并解决问题。在金字塔结构中，结论只有一个，其他数据只是支撑这个结论的证据。

金字塔原理的基本结构是结论先行，以上统下，归类分组，逻辑递进。我们一定要注意顺序：先重要后次要，先总结后具体，先框架后细节，先结论后原因，先结果后过程，先论点后论据。搭建金字塔结构的具体做法是自上而下地表达，自下而上地思考，纵向总结概括，横向归类分组。

横向归类，纵向概括。在金字塔结构中，横向往往是并列关系，纵向往往是递进关系或因果关系。

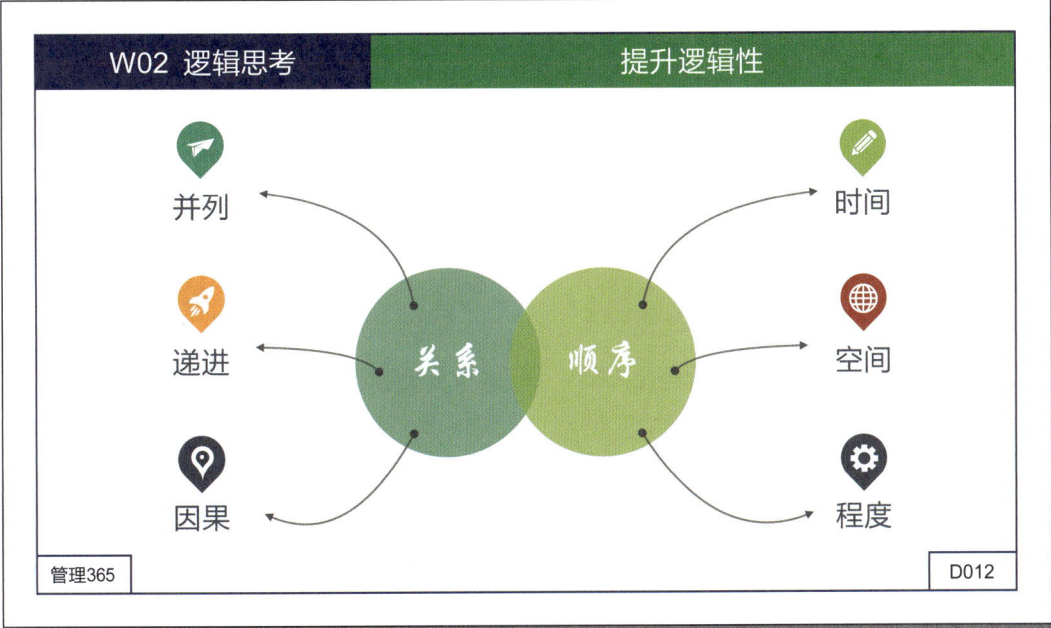

在常人看来，逻辑体现在两个方面：一是关系，二是顺序。在表达自己的观点时，先明确关系，再理清顺序。

关系就是一个人所表述的内容靠什么联结为一个整体。关系主要有三种：并列关系、递进关系和因果关系。并列关系是指所表述的事情、所描述的事物彼此间是分量相当、同等重要的。递进关系实际上体现的就是层次感。因果关系是第一个事件和第二个事件之间的作用关系。

顺序就是所表达内容的先后、上下、内外、高低、大小、主次、好坏等。顺序主要有三种：时间、空间、程度。时间顺序就是按照时间发生的先后叙述事情。空间顺序就是对一件事情或一个物品按照由表及里、由内而外、从上到下、从高到低的顺序进行描述。程度顺序就是指一件事情的好坏、一件物品的大小等，是对一个人或一件事的基本判断。

每周自问：如何应用已经掌握的知识解决当下的问题？

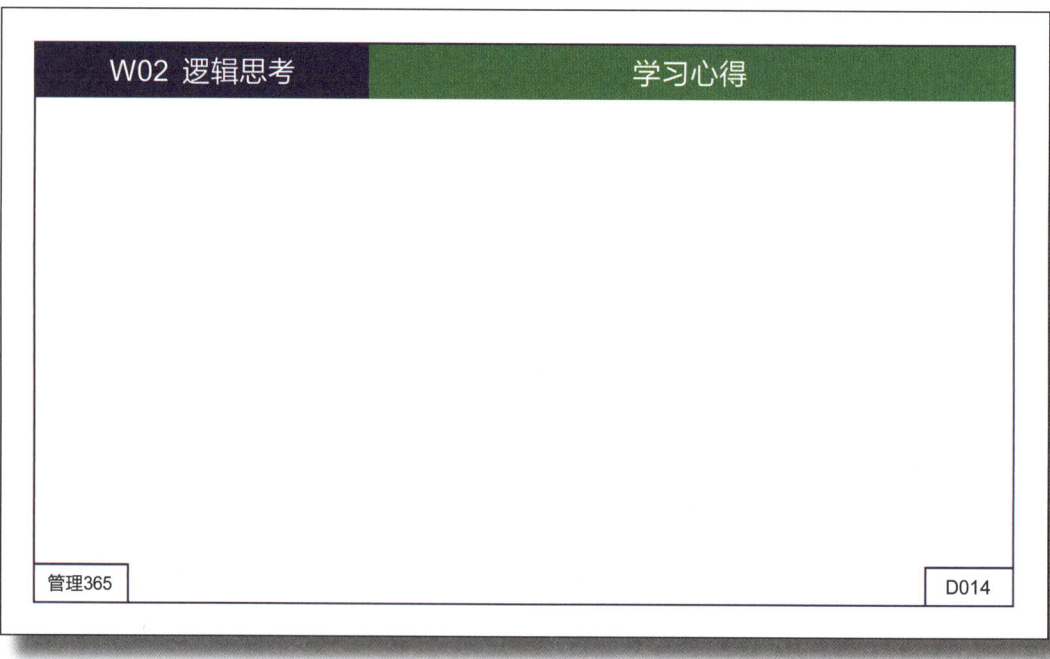

W03　职场学习

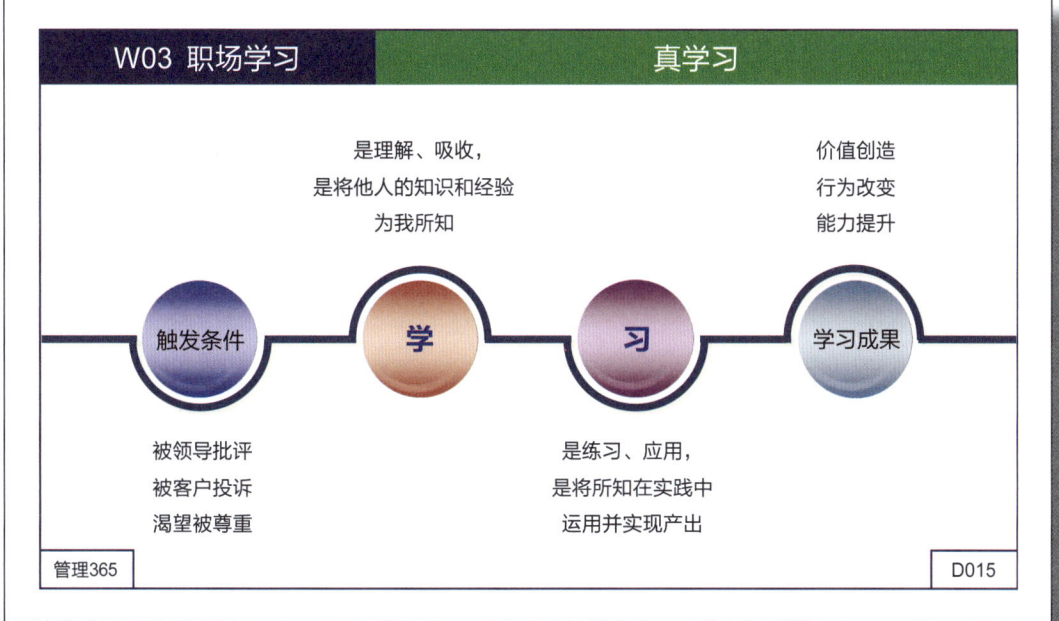

如果说学习是生命的自觉，那么职场学习就是生命的觉醒。人与生俱来就有学习的内驱力，因为我们要了解外部世界，适应新环境。而职场学习不是自觉行为，是在特定触发条件下的顿悟、觉醒。对职场人来说，没有触发条件，就不可能有学习，这些触发条件包括被客户投诉、被领导批评、被同事轻慢、被下级挑战、希望被尊重、渴望获得荣誉等。

什么是真学习？什么是伪学习？没有思考的学习是伪学习；碎片化的、没有规划的学习是伪学习；人在书前、心在远方是伪学习；没有转化为行为改变的学习是伪学习；学而不思、学而不用、学而不明、见啥学啥是伪学习……"学"是理解、吸收，是将他人的知识和经验为我所知的过程；"习"是练习、应用，是将所知在实践中运用并实现产出的过程。从根本上说，职场中的学习就是提升能力、改变行为、创造价值。达不到上述目的的学习，都是伪学习。

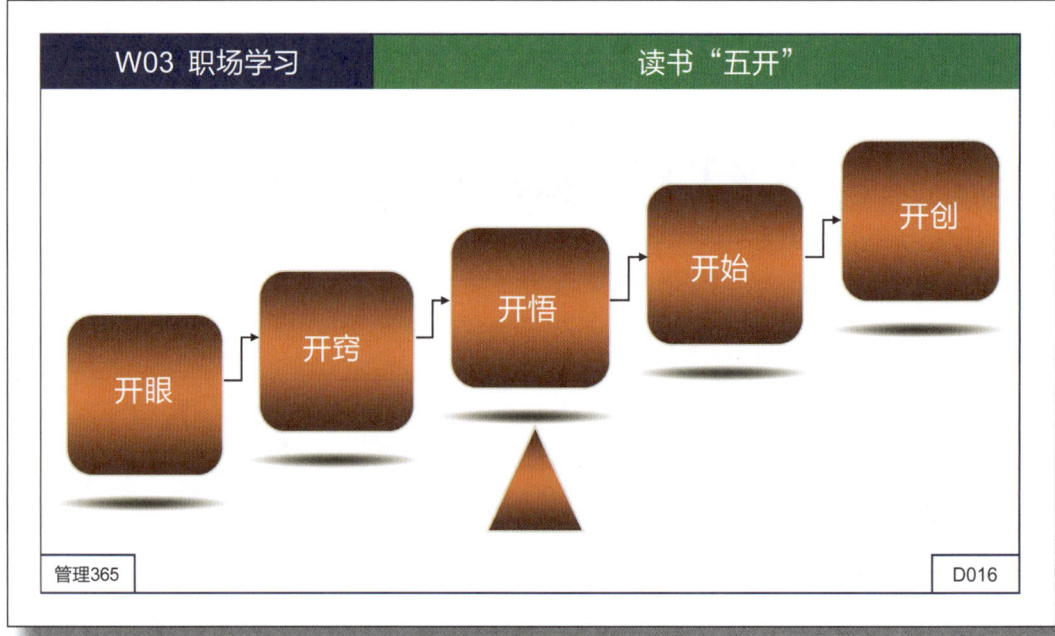

读书应遵循"五开"原则：开眼、开窍、开悟、开始、开创。这样才不枉花费的时间和精力。

开眼：我们常说开卷有益，浅层的理解就是读书能开阔视野，深层的理解就是读书能对我们的人生产生深远影响。如何产生影响？短期看，就是开窍和开悟；长远看，就是开始和开创。开窍：就是书中观点对我们有所启发，甚至有茅塞顿开之感。开悟：就是将所学知识或提炼的观点与自己的工作或生活相结合，这种结合是一种验证，也是一种境界的提升。开始：就是将行动计划落到实处。开创：就是创造一个局面，有所收获。开创局面需要一个人的努力，更需要一群人的帮助。因此，每个人都要学会合作！

"五开"是一个连续的过程，不可半途而废：始于开眼，继而开窍，转而开悟，进而开始，终于开创！

第一篇　职业素养

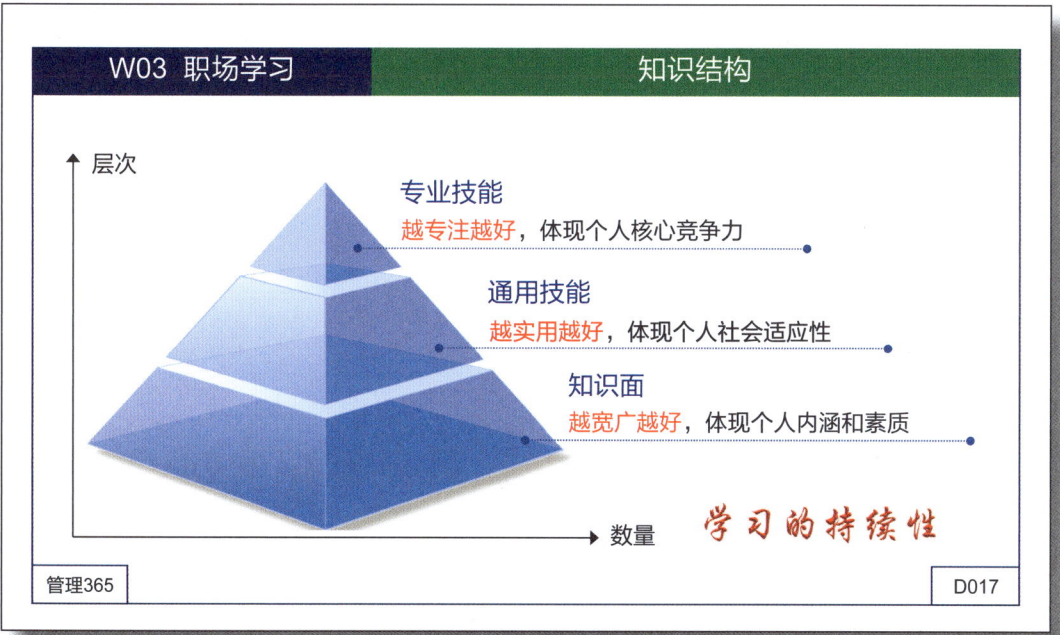

需要特别强调一点，学习不能盲目，它是有指向性的。人的精力都是有限的，不能见啥学啥，要对自己的学习进行规划！

个人知识体系分三个层面：知识面、通用技能和专业技能。知识面越宽广越好，体现个人内涵和素质；通用技能越实用越好，体现个人的社会适应性；专业技能越专注越好，体现个人的核心竞争力。知识体系的构建必须能够支撑职业发展。知识层面的学习，如读一读文史哲方面的书籍，目的在于扩展视野、陶冶情操，使自己更有修养，待人接物更符合礼仪规范。通用技能层面的学习，如自我管理技能、沟通技能，目的是使我们能够更好地化解冲突、处理矛盾等。专业技能层面的学习，如财务管理、生产管理、人力资源管理，是职场人立足的根本，是创造价值的保障。

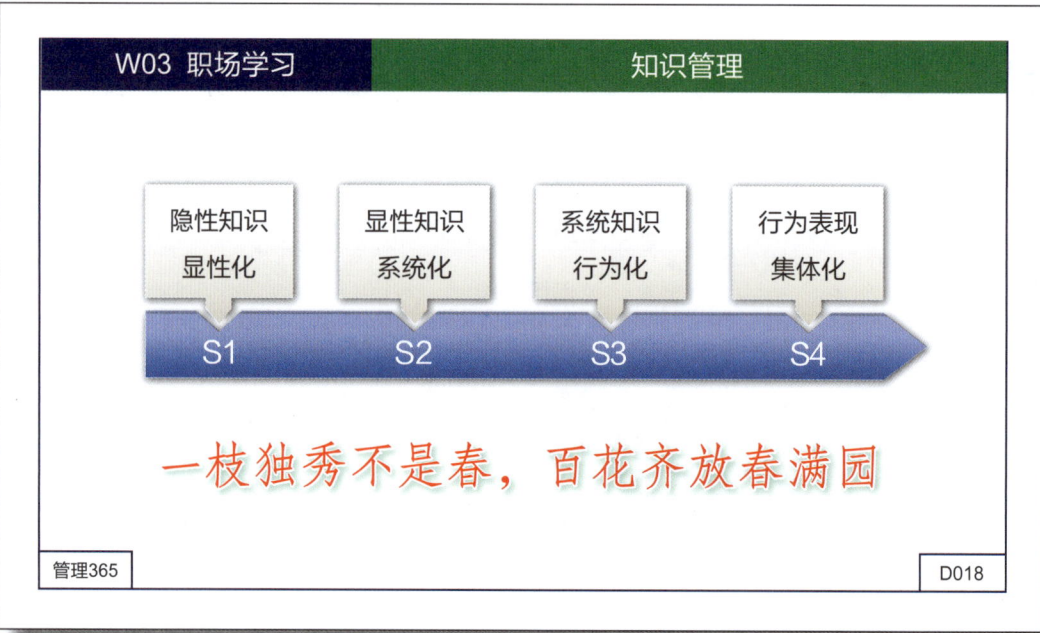

企业的知识分为显性知识和隐性知识。显性知识是指成文成册的已经有记录的知识、技巧、技能、经验、教训；隐性知识是指散落在个体身上的已被发现或未被觉察的技能、技巧、感悟、收获等。随着团队成员的离去，这些都被带走了。对组织来说，这是重大损失。

发掘（隐性知识显性化）：团队领导者提供模板，让团队成员填写，挖掘团队成员的特殊技能，也可召开团队会议，让大家分享感悟。**整理**（显性知识系统化）：去粗取精，去伪存真；用最简洁的语言、步骤化的方式再现这些隐性知识，使其系统化、条理化。**宣贯**（系统知识行为化）：分专业、岗位，有针对性地学习，让知识转化为工作行为，产生价值。**收获**（行为表现集体化）：营造学习氛围，行为表现集体化，打造优秀团队。

_____

_____

_____

_____

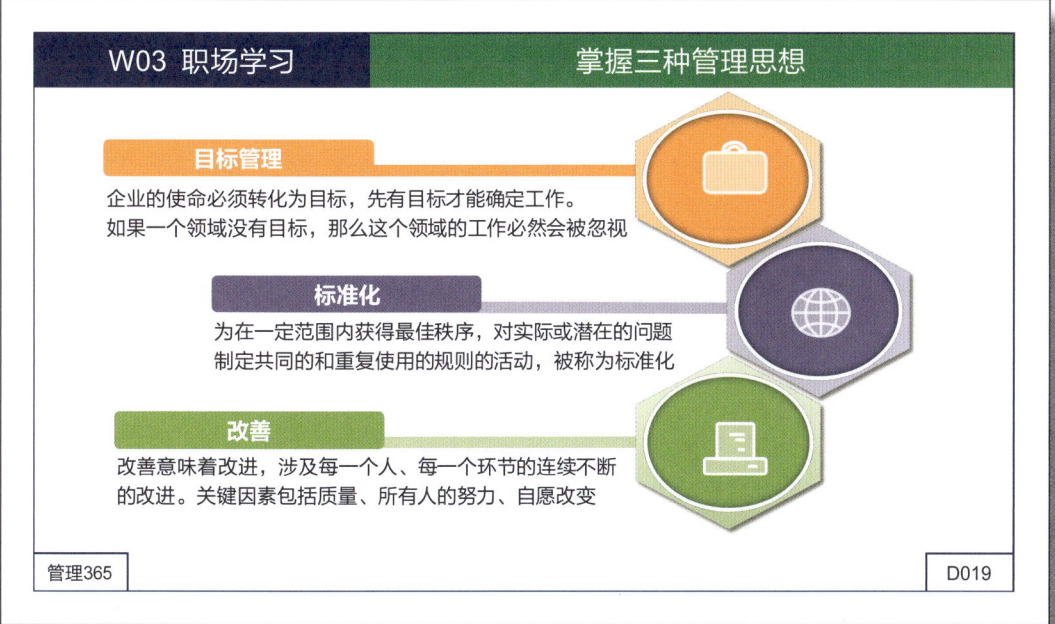

不管你身处何种组织、身居何种职位，作为职场人，都必须熟知三种管理思想：目标管理（MBO）、标准化（Standardization）、改善（PDCA）。

目标管理：目标管理是以目标为导向，以人为中心，以成果为标准，而使组织和个人取得最佳业绩的现代管理方法。目标管理是以Y理论为前提的：人们喜欢工作，并渴望发挥其才能；多数人愿意对工作负责，寻求发挥能力的机会。目标管理是职场人必须熟知并能自觉运用的首要管理理论。

标准化：无论对于个体还是组织，标准都是执行的依据、管理的基础。标准化的核心是标准，有了标准，就有了行动的准绳；有了标准，就能判断是否出了问题。标准化建设能从流程上、制度上保证企业的有序运行。

改善：主要工具是PDCA，每一项工作都存在PDCA的过程，即计划、实施、检查、改善。大项目要有PDCA，小项目也要有PDCA。改善在很大程度上就是树立质量意识。因此，PDCA也意味质量保证。

W03 职场学习 — 企业发展与职场学习

发展阶段	市场特征	管理特征	文化特征	学习特征
经营发展	卖方市场	粗放管理	人治为主	重业务
规范管理	买方市场	精细管理	法治为主	重管理
文化提升	混合市场	变革管理	人治法治	重传承

每周自问：如何应用已经掌握的知识解决当下的问题？

W03 职场学习 — 学习心得

W04 工作原则

| W04 工作原则 | 请示工作说方案 |

1. 让上级做选择题，别做填空题，也别做判断题（唯一方案）
2. SOS模式：背景、方案、建议（排序，经过你界定的选择）
3. 要问清上级要求：质量、数量、成本、时间（不要妄自揣测）

请示工作也是辅助上级决策的过程

管理365　　　　　　　　　　　　　　　　　　　　　　　　D022

为什么把"说方案"放在首位？因为请示工作的主要目的在于两个方面：（1）请上级明示方向，以提升工作效率；（2）拿不准的事情请上级给予指导和建议，以保证工作效果。

让上级做选择题，别做填空题，最好也别做判断题。判断题就是只有一种方案，上级同意就能执行。但是，如果上级不同意，那就需要修改，很可能事情就此耽搁了。所以，我们永远要记住，组织不是试验田，要尽量保证做事一次性成功。

当然，做选择题是有技巧的，请示工作要遵循 SOS 模式：背景（Situation）也就是立项的意义；方案（Options）至少要有两个；建议（Suggestions）要通过利弊分析来排序，要给上级提供经由你界定的选择：最优方案，次优方案，不得已的选择。无论上级选择哪个方案，都要问清楚具体要求；否则，无论你怎么做，上级都不满意。请示工作的过程，也是辅助决策的过程。

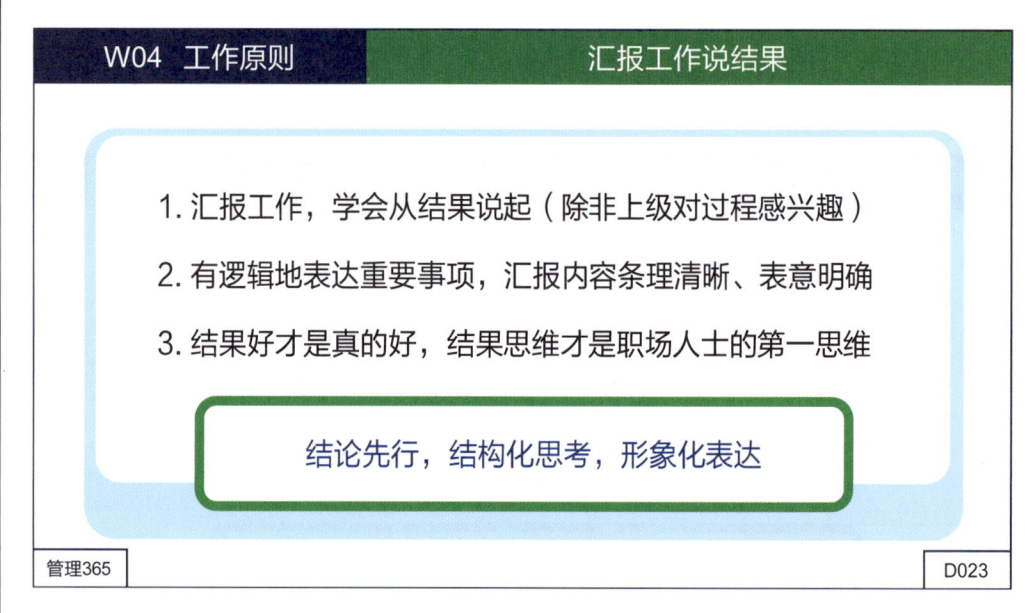

无论工作完成与否，都要从结果、结论说起。汇报工作时以"结构化思考，形象化表达"为基本指导思想，重点突出、条理清晰、表意明确。组织只认可功劳，苦劳和疲劳不但没有意义，还浪费了资源，有时还会引发不必要的冲突和矛盾。下级之所以要及时汇报，是因为上级要掌握状况，决策时需要最新的信息。

如果没有完成任务，汇报工作也要遵循相应的步骤：（1）坦陈失败，避免指责和抱怨；（2）列出客观数据，做市场分析和对手分析；（3）展示结构亮点，部分目标的实现是有价值的；（4）呈现努力，讲出已经采取的行动和效果；（5）提出行动方案、明年的任务规划和策略；（6）请求支持，请领导评点指示和提供新资源。

虽然你没有完成任务，但只有这样汇报，才能让上级相信下一个周期你能够完成任务。

| W04 工作原则 | 总结工作说流程 |

1. 作为上级，要做到明策略、给工具、教方法；对经验进行标准化提炼；职责、流程、制度，三位一体
2. 作为同级，要不断优化工作流程，加强跨部门沟通协作
3. 作为下级，总结工作要有PDCA意识，总结工作的目的是避免重犯错误。洞察规律，把握关键，才是重中之重

做总结就是做好传承并避免重犯错误

管理365　　　　　　　　　　　　　　　　　　D024

　　作为上级，面对自己的团队或下级时如何做总结？具体应把握三个要点：（1）明策略，给工具、教方法，多做模板，教给下级；（2）对经验进行标准化提炼，也就是挖掘隐性知识，使其显性化，并最终使其为组织中的更多成员所掌握；（3）将职责、流程、制度作为一个整体来考虑，不能割裂，这样才能保证组织的各项活动处于有序状态。平级之间多从流程与协作方面进行交流，及时化解矛盾冲突。平级之间的交流非常敏感，稍不注意就成了命令对方或者勉强对方做事。作为下级，面对上级时要有复盘意识，经常进行反思，避免再犯错误。

　　总之，总结工作有两个主要目的：（1）传承优秀的经验或做法；（2）不要重复犯错，否则，上级会认为你做事不用心。总之，我们要洞察规律，把握关键，养成以终为始的好习惯，凡事做到未雨绸缪，进行预防性管理。

> **W04 工作原则　　　布置工作说标准**
>
> 1. 在日常工作中，人们不会做你希望的事，只会做你检查的事
> 2. 上下级对工作职责和标准要有一致性理解，不能出现交集
> 3. 布置工作时必须明确要求：质量、数量、成本、时间
>
> **布置工作不但要有标准，还要确认别人已经理解了**

标准，就是上级的具体要求；标准，就是上级检查工作和考核下级的依据；标准，就是下级开展工作的基础。通常，上级的要求越明确，下级的执行就越到位。上级要做到要求明确，就要对工作有掌控感，关键节点清晰，工作分解到位。人们不会做你希望的事，只会做你检查的事。为了让自己少一点郁闷、纠结和对下级的不满，上级在布置工作时要把心中的期望明确告知下级，并列为检查事项。这样的话，通常下级的工作成果会更好。

交代工作时，上下级要确保对关键概念有一致的理解，不能出现交集。为了避免歧义，上级必须对关键概念进行准确的描述和定义。和请示工作一样，上级在布置工作时也要对下级提出数量、质量、成本及时间的要求。不见得四个方面都需要特别强调，你关注什么，就强调什么。

W04 工作原则　　关心下级问过程

1. 任务导向与人本导向，制度绝情、管理无情、领导有情
2. 关注下级的思想动态、情绪变化，帮助他们缓解压力
3. 关注完成任务的过程，不断降低下级完成任务的难度

铭记：领导源于认同，认同源于帮助

管理365　　　　　　　　　　　　　　　　　　　　D026-1

　　组织里有两个导向：任务导向和人本导向。任务导向的极端是不关注人，人本导向的极端是不关注事，这两者要取得平衡。虽然说管理是无情的、制度是绝情的，但领导毕竟是有情的。怎么当好有情的领导呢？领导者要从两个方面努力：（1）在情绪压力方面，关心下级的身心健康，帮助下级减压，这是对人的关注；（2）在关注完成任务的过程中，不断降低下级完成任务的难度，这是对事的关注。

　　对过程的关注发生在两个时段，即任务开始之前和任务进行中。在任务开始前，上级要对工作进行分解，根据下级的成熟度分配任务，提前为下属考虑到困难；在任务进行中，上级要注意和下级保持有效沟通，为他们及时解决困难，在下级需要的时候伸出援助之手。领导者要谨记：领导源于认同，认同源于帮助。

> **W04 工作原则** — **交接工作讲道德**
>
> 1. 做好三种工作交接：轮岗交接、离职交接、流程交接
> 2. 列清检核表，逐项交接。要严格控制故意隐瞒的事项
> 3. 工作交付的质量要求由流程中的下游环节提出和审核
>
> **注意：交接工作需要双方的共同努力**

工作交接有三种情况：轮岗交接、离职交接、流程交接。轮岗交接和离职交接是永久性交接，因此要特别注意。既然是交接工作，就有交也有接。交接双方都要认真对待，才能交接好。流程交接属于经常性交接，质量标准应由下游环节提出和审核。像一些倒班工作就属于流程交接，这种工作是连续性的，必须对设备状态和运行情况进行认真检查。

交接工作时，交出工作的一方应关注三个要点：（1）按照清单，该交的交，没有遗漏；（2）既交经验，又交教训，避免接手工作的人走弯路；（3）留下联系方式，随时准备提供支持。接手工作的人要提前做功课，了解哪些内容需要接手，提前计划好，趁对方还在组织里，尽可能快地熟悉情况，向对方求证。如果对方已经离开组织了，再想求助就不那么容易了。

W04 工作原则　　　回忆工作说感受

1. 上级要把工作中的经验教训以讲故事的形式说给下级听
2. 下级也可把自己的经验教训和外部事例讲给上级和同级
3. 读万卷书，不如行万里路；行万里路，不如阅人无数；阅人无数，不如高人指路；高人指路，更需要自己感悟

> 回忆工作，是传承、是培育、是帮助

管理365　　　　　　　　　　　　　　　　　　D026-3

　　回忆工作与总结工作不同，总结工作是指对当期发生的事情做出总结，而回忆工作是指对以往甚至比较久远的事情的回顾。但回忆工作和总结工作也有相似之处，都是借鉴和传承。上级对下级，下级对上级、平级之间都可以把以往的经验教训，无论是自己亲身经历的还是听来的，讲给对方听，避免重蹈覆辙。

　　读万卷书，还要行万里路，去开阔视野、增长见识。古人喜欢云游，就是这个道理。行万里路，还要阅人无数，和各种各样的人打交道，形成自己的判断，这也是品味人生。阅人无数，还需要高人指路，通过高人的点拨，增长智慧，把握关键，少走弯路。有高人指路，还需要自己去实践，去体会，去感悟，去总结。回忆工作，是传承，是培育，是帮助。通过回忆工作，一个团队甚至一个组织可以形成良好的学习氛围。

W04 工作原则	要点总结
请示工作说方案	让上级做选择题，别做填空题，最好也别做判断题
汇报工作说结果	汇报工作学会从结果说起，除非上级对过程感兴趣
总结工作说流程	明策略、给工具、教方法，要提炼优秀的工作方法
布置工作说标准	要做到上下级对工作职责和工作标准有一致性理解
关心下级问过程	关注完成任务的过程，降低下级完成任务时的难度
交接工作讲道德	要做好离职交接、轮岗交接、流程交接和离岗交接
回忆工作说感受	要把工作中的经验、教训以讲故事的形式说给彼此

——— 起初都是行政，最终都是管理 ———

每周自问：如何应用已经掌握的知识解决当下的问题？

W04 工作原则	学习心得

W05　工作方法

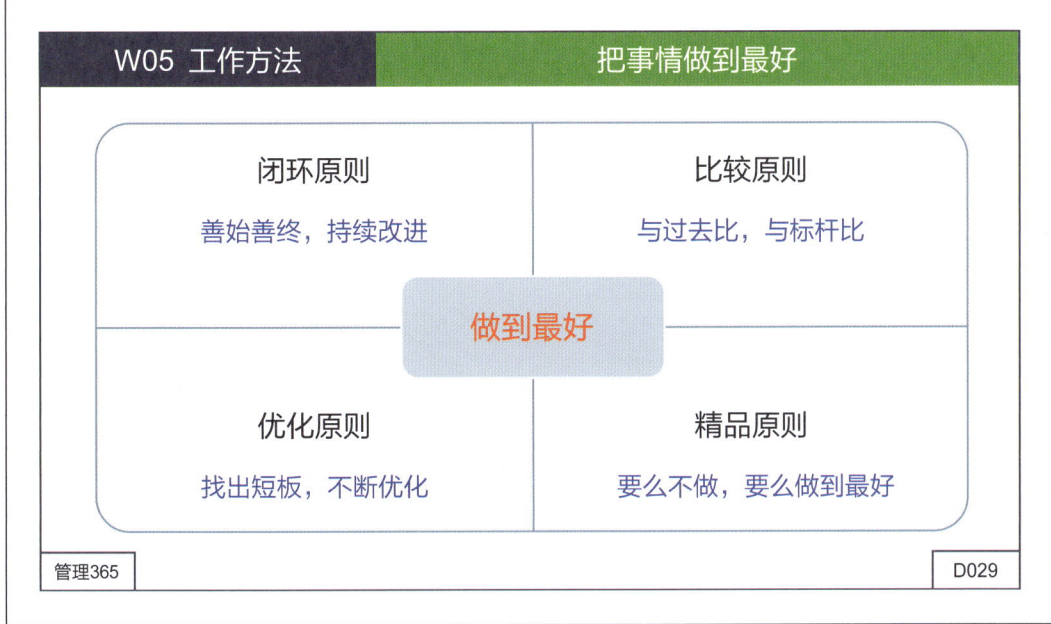

　　闭环原则。凡事都要善始善终，坚持使用 PDCA（计划、实施、检查、改善）方法，达到螺旋式上升的目的。只要有了 PDCA 意识，一个人也就有了质量意识。

　　比较原则。纵向与过去比，看看自己有哪些进步，进步的幅度如何，这一过程中有哪些收获和心得；横向与同行比，及时找出差距，深入分析，进行对标活动（标杆学习）。不但要与同行比，还要学习不同行业的值得借鉴的地方。

　　优化原则。根据木桶理论，找到短板和薄弱项，及时整改。找自己的短板，有时候要听别人的意见，旁观者清！工作中的短板有时候也表现为任务瓶颈，找到那些容易卡壳的地方加以改进，也是优化原则的具体体现。

　　精品原则。要么不做，要么做到最好！我们的日常工作应该坚持精品原则，虽不能在行业内数一数二，但在组织内、在部门内、在团队内做到极致应该是职场人的永恒追求。

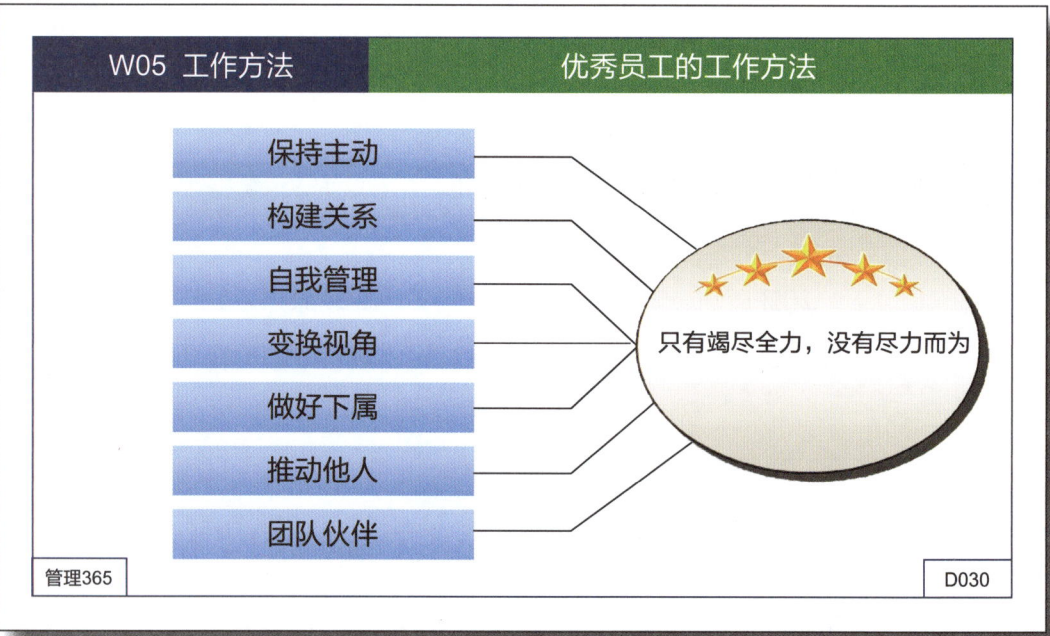

　　（1）保持主动性。主动性是起点，正因为主动采取了行动，才有担当的精神。主动性体现在两个方面：积极的思想意识和良好的行为习惯。（2）构建业务关系。工作都是靠流程来完成的，构建和谐的业务关系是团队协作的依托，而良好的人际关系是构建和谐业务关系的前提。（3）自我管理。管不住自己的人是没有未来的。优秀员工有自律性，能与他人良性互动，取长补短。（4）变换视角。仅从本位看问题是片面的，变换视角才能找到更多的解决方案，才能真正接纳别人。（5）做好下属。我们应该不断提升自己的专业能力，用心体会，成为专业骨干，高质量、高效率地完成上级交代的工作。（6）推动他人。我们要以自己的主动性、责任感影响他人，传播正能量，为团队树立正面典型。（7）成为团队伙伴。团队合作的最高境界是熟悉对方的工作并能主动提供支持。

_____

_____

_____

_____

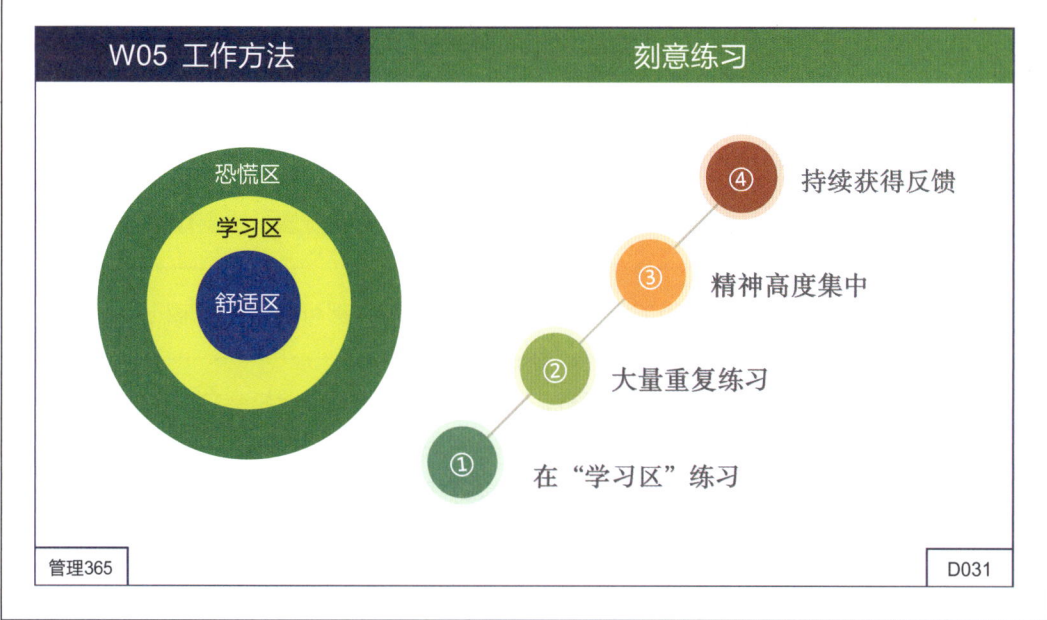

（1）只在"学习区"练习。三个圆形区域：最内一层是"舒适区"，是我们已经熟练掌握的各种技能；最外一层是"恐慌区"，是我们暂时无法学会的技能；二者之间则是"学习区"。只有在学习区里练习，一个人才可能进步。

（2）大量重复练习。从不会到会，秘诀在于重复。在重复练习中，动作一定要慢，比如练武术，只有慢下来才能感知动作的内部结构，注意到自己的错误。

（3）精神高度集中。刻意练习是枯燥的，而且真正决定你水平的是单独练习。单独练习要求练习者精神高度集中，心无旁骛，专注于此时此地、此情此景。

（4）持续获得有效反馈。真正的高手都有很强的自学能力，对他们而言，老师和教练的作用是提供即时的反馈。他们对错误都极度敏感，一旦发现自己错了，就会感到非常不舒服，一直练习到改正为止。

	W05 工作方法	关注细节
细节意识	四个习惯	操作要点
	列清单	工作有计划、任务有清单、操作有步骤、检查有要点
	多观察	上级的一句话、客户的一个动作都可能为你带来机会
	勤思考	细节中有契机，不善于思考的人只会让机会白白溜走
	常换位	换个视角，能突破常规思维的束缚，会发现更多问题

（1）列清单。无论是计划还是任务，无论是操作还是检查，都需要列出具体的内容，这就是列清单。工作有清单，你的工作就是有秩序、有条理的，也就不会有疏漏。

（2）多观察。上级的一句话，客户的一个小动作都可能为你带来机会，或者帮你发现问题。无论什么事，都不要做应激式回应，在刺激和回应之间要有思考的空间。

（3）勤思考。不善于思考的人只会让机会或者让问题白白地溜走。有思考习惯的人考虑问题往往很周全。有逻辑思考能力的人也很容易直指核心、抓住问题的本质。

（4）常换位。换一个视角，考虑对方的立场和出发点，我们往往能突破常规思维对自己的束缚，会发现更多的问题和可能性。

列清单、多观察、勤思考、常换位，这些习惯的背后都隐含着知识、技能和意愿。

W05 工作方法	一页纸备忘录	
组成部分	注意事项	长度
标题	用一句话进行表述，让高层领导一看就知道你要谈什么	最好一行
总结	用三五句话概括核心内容，简洁以节省高层领导的时间	三行以内
背景	用最简短的语言描述为什么要写这个报告、目的是什么	三行以内
内容	本部分是核心，介绍建议的方案、主要目标、关键步骤	尽量简单
理由	无论是建议的理由，还是改进措施，都尽量不要超过三个	三个以内
计划	列出行为人的名字、要做的工作、完成时间和预期成果	尽量简单

管理365　　　　　　　　　　　　　　　　　　　　　　D033

　　一页纸备忘录是从方案中择出要点的一页报告，是信息交换及决策的媒介，是一种逻辑思维的再现，它已从一种管理工具演变为管理文化。通过推行一页纸备忘录，企业能将复杂的事情简单化，提高工作效率。一页纸备忘录作为一种工具，能让我们学会认真细致的分析方法，提升我们的逻辑及系统思维能力。

　　在日常工作中，下属经常要向高层领导请示和汇报工作，但很多时候下属会提交厚厚的方案请领导决策。每当遇到这样的情境，领导们都会不胜其烦，甚至不少领导会直接表达自己的不满：你们能不能简单一点，拣重要的说！

　　如果下属学会了用一页纸备忘录的方式与领导沟通，效率就会大幅提升。一页纸备忘录看似简单，但作为沟通工具，实则对大家都是一个严酷的挑战。写好备忘录没有任何捷径可走，我们需要不断地演练和修正。

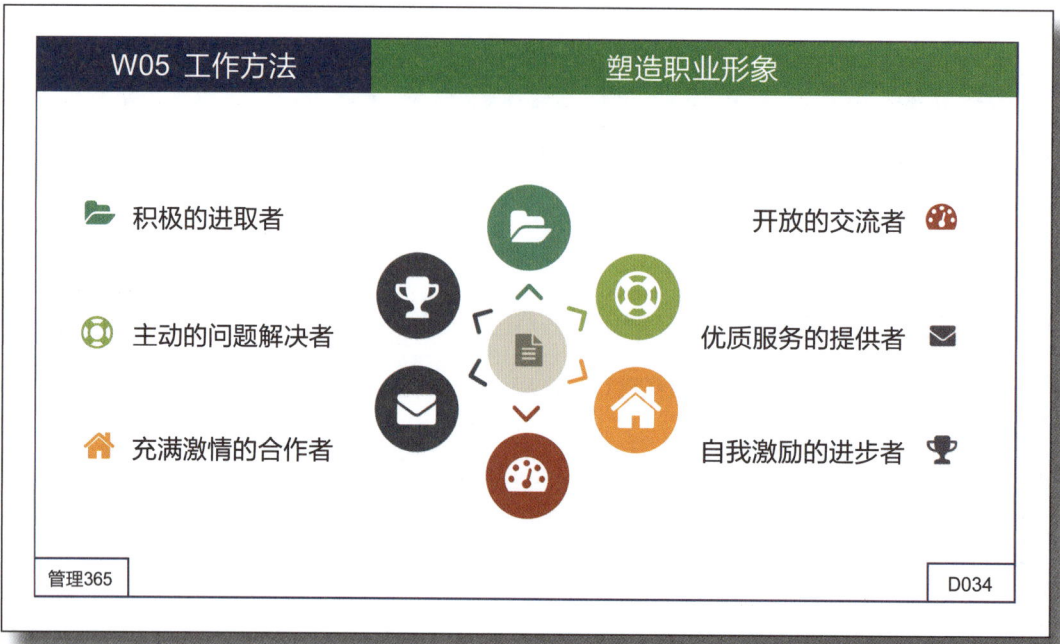

每周自问：如何应用已经掌握的知识解决当下的问题？

W06　人际关系

W06 人际关系	基于需要的西方人际关系

个体在人际互动过程中，都有三种需要：包容需要、支配需要和情感需要。这三种需要决定了个体在人际交往中所采取的行为，以及如何描述、解释和预测他人行为。

六种基本的人际关系倾向

需要＼行为	主动型	被动型
包容需要	主动与他人来往	期待别人接纳自己
支配需要	主动支配他人	期待被别人领导
情感需要	主动对他人表示亲密	期待别人对自己亲密

管理365　　　　　　　　　　　　　　　　　　D036

社会心理学家舒茨认为，每一个个体在人际互动过程中都有三种基本需要，即包容需要、支配需要和情感需要。这三种基本的人际需要决定了个体在人际交往中所采用的行为，以及如何描述、解释和预测他人行为。

包容需要是指个体想要与人接触、交往、隶属于某个群体、与他人建立并维持一种满意的相互关系的需要。支配需要是指个体控制别人或被别人控制的需要，是个体在权力关系上与他人建立或维持满意的人际关系的需要。情感需要是指个体爱别人或被别人爱的需要，是个体在人际交往中建立并维持与他人亲密的情感联系的需要。

包容需要动机很强的人同时又是行为的主动者，他一定是性格外向的人，喜欢与人交往，热情参加各种社会活动。如果他又是情感需要动机很强的人，不仅喜欢与人交往，而且还会关心别人、同情别人，那么他就会受到别人的爱戴。

W06 人际关系 — 三位一体的中国人际关系

中国的人际关系主要表现为人缘、人情和人伦的三位一体。其中，人缘是这种关系的形成机制；人情是这种关系的核心，体现了中国人以亲情为基础的心理和行为模式；而人伦则是这种关系的制度化。重人伦是几千年来中国社会人际关系的根本，至今它仍是中国人处理人际关系的总则。**唯情主义**是中国人际关系的主要特征。

 人缘：亲缘、地缘、神缘、业缘、物缘、机缘

 人情：人类真正的情感；礼尚往来的交换行为

 人伦：伦理文化，五常——仁、义、礼、智、信

人缘。学者林有成将缘分归结为五缘：亲缘（血缘亲情）、地缘（邻里乡党）、神缘（共同的宗教信仰）、业缘（同行、同学）和物缘（共同的喜好和兴趣）。五缘之外是机缘，涉及同舟、同店、同考等短暂性的社会联系。熟人关系就是五缘加机缘形成的基本关系，构成了中国社会特有的"熟人社会"现象。

人情。中国的人情既是一种情感，也是一种维持彼此关系的资源、连接相互关系的纽带。唯情主义是中国人际关系的主要特征。在中国文化中，"情"包含两层意思：情感和礼尚往来的交换行为。人情交往是中国人际关系独有的文化特征。

人伦。"三纲五常"是中国伦理文化的主要构架。作为体现绝对服从关系的"三纲"在如今已经没有了现实意义，但"五常"仍然是人们日常生活中处理人际关系的原则和规范。

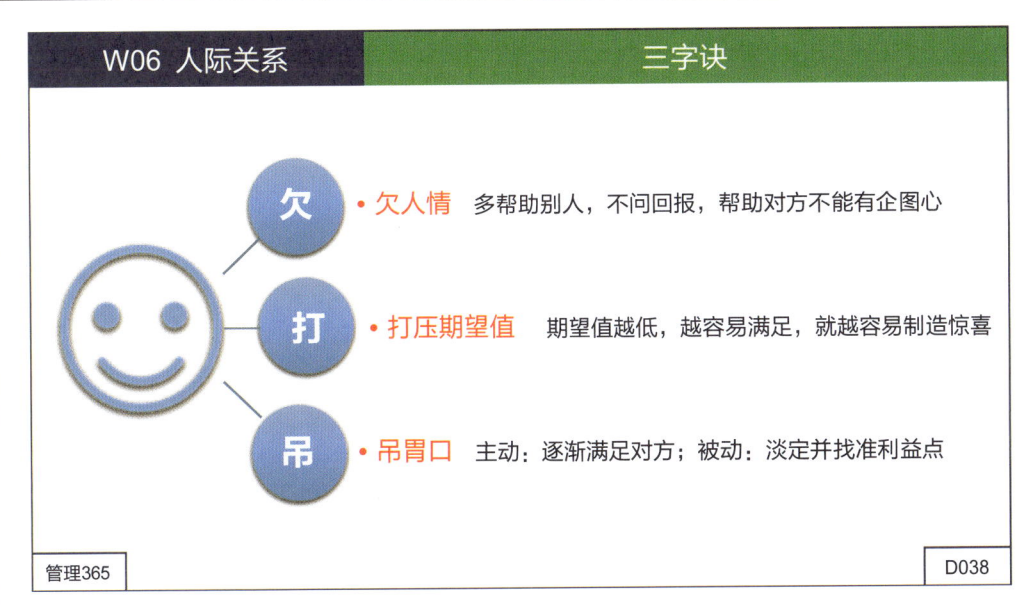

欠人情就是永远让别人欠你人情。但是，我们帮助别人不能有企图心。按照中国人的人情逻辑，欠了人情是要还的，不然，一个人总是接受别人的帮助和恩惠，而不回报对方，他周围的人就会疏远他，他的行为就被社会文化所不容。

打压期望值。期望值越低，就越容易满足，越容易制造惊喜。期望值越低，操作空间就越大。但现实却恰恰相反，人们总是给人太多的承诺和很高的期望，到最后难以兑现或根本不兑现，导致信任关系破裂，最终人际关系受损。

吊胃口。当我们能吊别人胃口时，一定要记住：要逐渐满足对方的要求，轻易得到的东西没人会珍惜。当我们被别人吊胃口时，情绪上要淡定，因为你越急切，对方越得意。除了情绪上的淡定，还要找准对方的关注点或利益点。

欠、打、吊可单独使用，但组合使用的效果会更好！

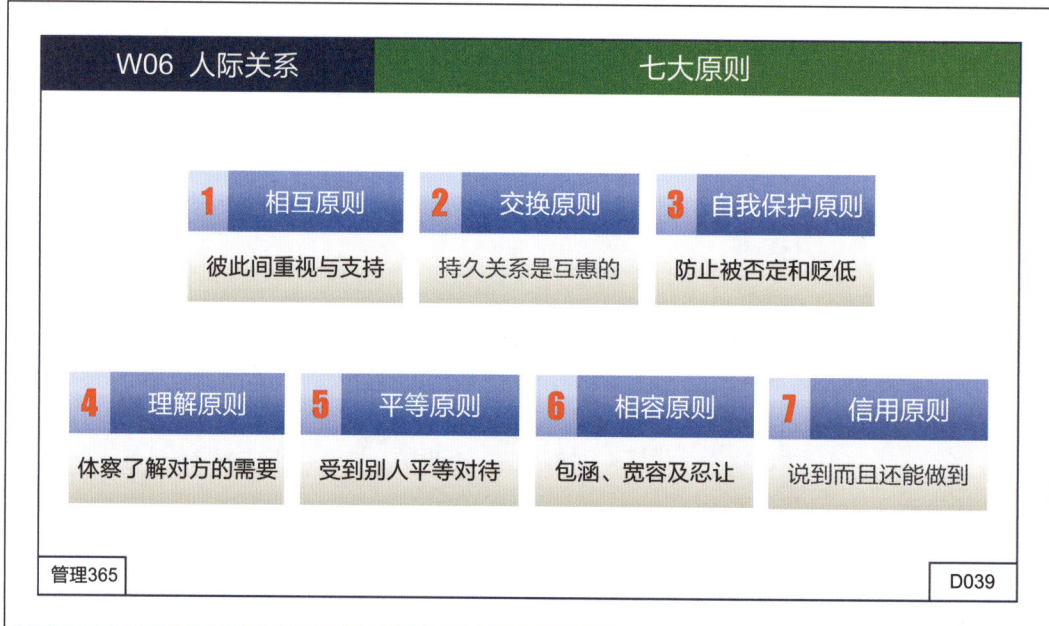

　　（1）相互原则：人际关系的基础是彼此间的相互重视与相互支持。（2）交换原则：人际交往是一个社会交换的过程，在交往过程中，得要大于失，或至少得失是相等的。（3）自我保护原则：我们都喜欢那些肯定自己的人，而远离那些否定自己的人；在人际交往中要想获得良好的关系，我们就要尽量避免使用否定性语言和对方交流。（4）理解原则：只有理解了对方的需求，我们才能知道对方的内心在想什么，做到真正的换位思考。（5）平等原则：对平等的需要是指无论对方地位高低、贫富，双方在人格上是平等的，这样才有交往的可能性。（6）相容原则：是指人际交往中心理的相容，即人与人之间的关系要融洽。（7）信用原则：要想获得别人的信任，必须同时满足三个条件——品格、能力、言行一致，只有获得了对方的信任，对方才有意愿与你交往下去。

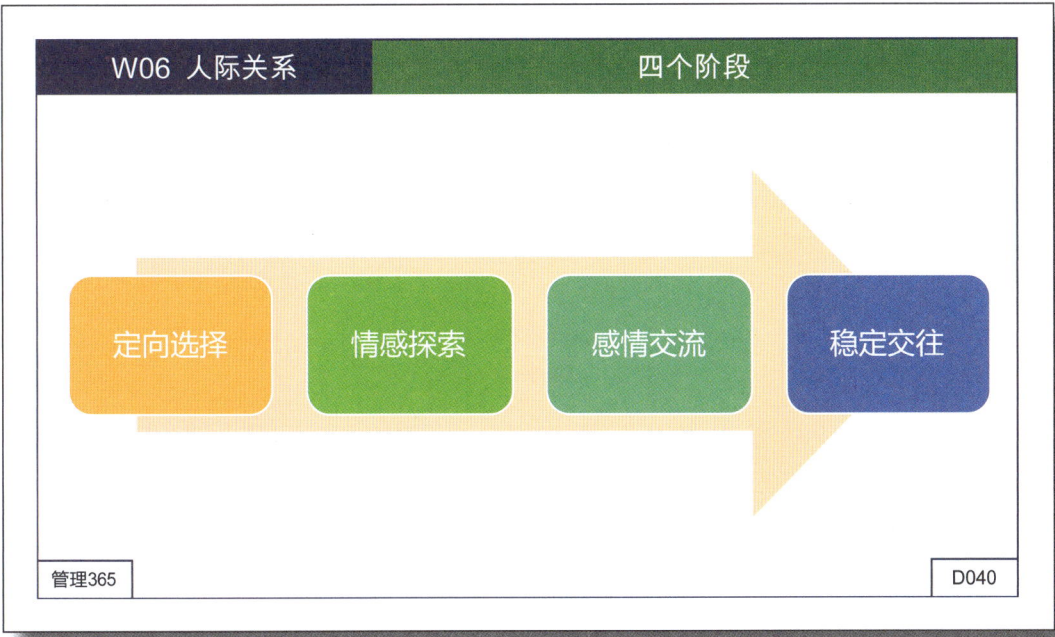

人际交往，或者说建立信任，需要时间，若操之过急，则会适得其反。跟人交流一天，不如见面七次，每次沟通一小时。

在定向选择阶段，人们往往根据自己的价值观做出判断，对人际关系具有高度的选择性。在情感探索阶段，交往双方会探索在哪些方面可以建立真实的情感联系，但还是会避免触及私密性领域，具有很强的正式性。在情感交流阶段，双方的人际关系开始出现由正式交往转向非正式交往的实质性变化，表现在彼此形成了相当程度的信任感、安全感、依赖感，可以在私密领域进行交流。在稳定交往阶段，双方在心理上高度相容，彼此允许对方进入自己的绝大部分私密领域。

上述四个阶段是层层递进的，不可颠倒。交流应该在同一个层次进行，如果一人快了、一人慢了，就会有人感觉受伤，很可能会出现关系错乱。

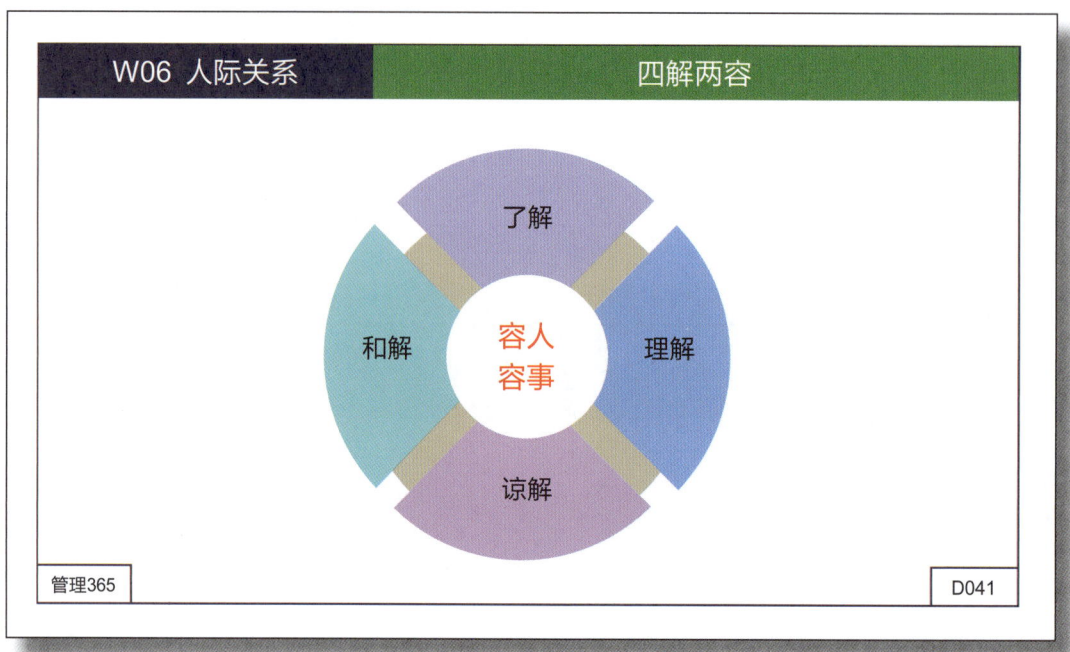

每周自问：如何应用已经掌握的知识解决当下的问题？

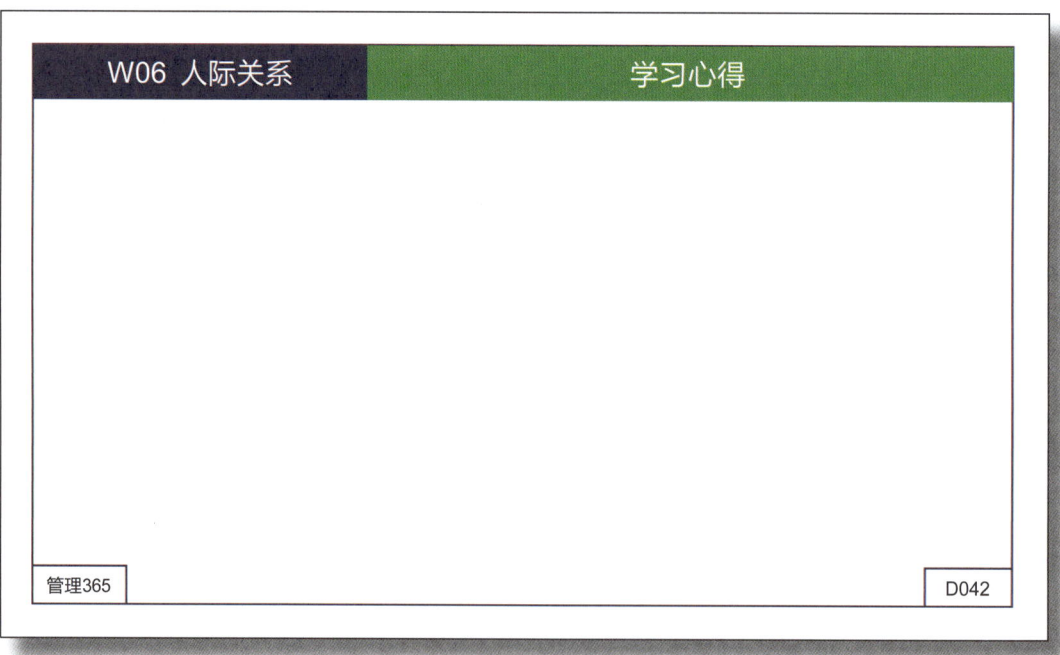

W07　人际沟通

　　第一级，认知情绪：与对方交谈时，能正确辨识对方的情绪和感受，这是同理心的起点。

　　第二级，解读语义：如果不确定对方在表达什么，可以问一个试探性的问题进行澄清。尤其当对方情绪异常的时候，我们必须对沟通的内容进行确认。

　　第三级，换位思考：能够站在对方的角度考虑问题。换位之所以困难，是因为站在各自的角度来看很多问题都是正确的。如果不能强迫自己养成换位思考的习惯，就很难有合作。

　　第四级，同理表达：要想说对方想听的，你需要了解对方的需求；要想听对方想说的，你需要感知对方的情绪。在理解对方的基础上表达，对方就会乐于接受你的建议。

　　第五级，双赢处事：以对方感兴趣的方式做双方都认为很重要的事情。兴趣制造快乐，有兴趣就愿意共事。

　　前三级为理解，第四级为表达，第五级为行动。

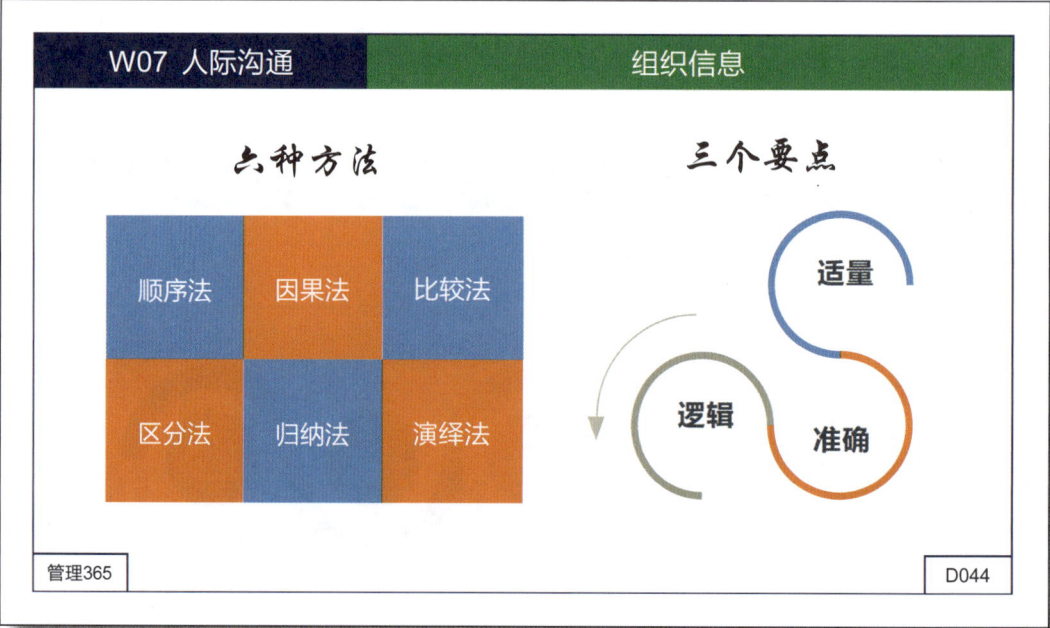

　　组织信息有六种方法：顺序法，按时间、空间、程度顺序展开；归纳法，从个别到一般；演绎法，从一般到个别；比较法，对照特定标准进行比较；区分法，区分主要和次要；因果法，交代前因后果。掌握组织信息的方法，能够提升我们的条理性，同时，也利于信息接收方的理解和接受。

　　组织信息要注意三个要点：适量，准确，逻辑。适量是指一次不能说得太多，如果信息过量，对方就会记不住。我们经常见到在沟通中一方说个没完，而另一方越听越糊涂的情形。准确就是尽量避免使用"也许、可能、大概、差不多、三五天"这样模糊性的语言。说就要说准，不要让对方猜测，以免造成不必要的误解。准确表达，就会给人留下果断、干练、靠谱的印象。对于逻辑，常人的理解就是顺序，包括时间顺序、空间顺序及程度顺序。只有有序展开，对方才更容易接受。此外，信息的表达要尽量保持客观性。如包含太多主观的判断，你的话的可信度就会下降。

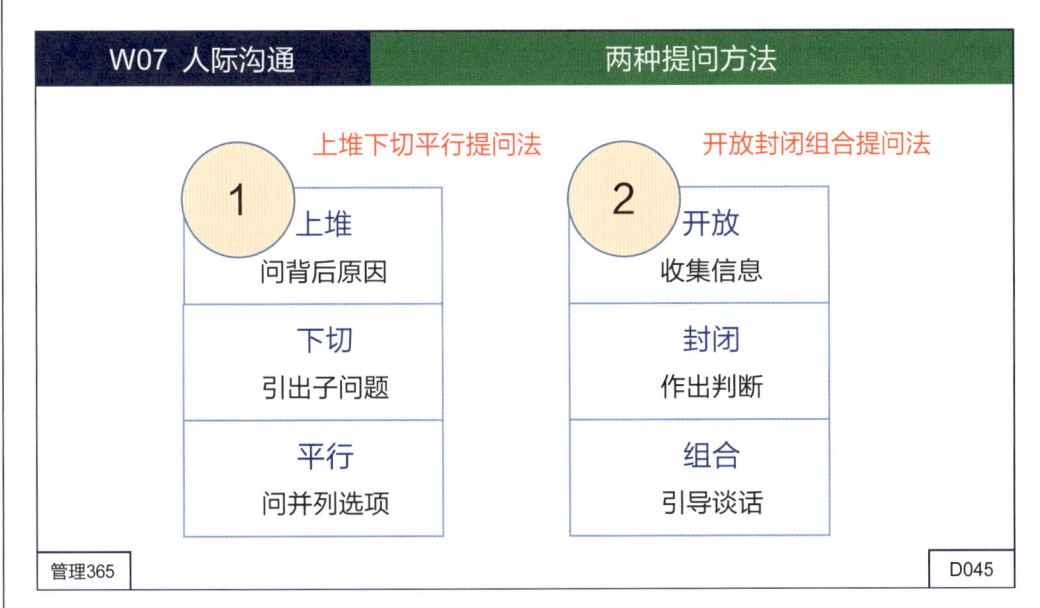

发问的要点：多问开放式问题，少问封闭式问题；多问简单问题，少问复杂问题。封闭式问题只能用"是或不是""行或不行""对或错"来回答。封闭式问题通常是用来结束谈话或下结论的，而开放式问题是让对方敞开谈自己的想法或建议，采用这种发问方式会了解到很多信息。为什么要多问简单问题呢？因为复杂问题需要对方深入思考，有时候对方很难马上回应。另外，不要问敏感问题，因为对方很可能拒绝你，容易冷场。

开放式问题和封闭式问题要组合使用，这样我们更容易掌控局面。除了开放式、封闭式提问法，常用的还有上堆、下切、平行提问法。比如，有人说微博可以改变中国传媒。上堆提问：你为什么这样认为呢？平行提问：如果你说微博改变中国传媒，那么微信可以吗？抖音可以吗？下切提问：微博会怎么改变中国传媒呢？

忽视听：你跟他说话的时候，他一直在忙别的事情。典型的表达方式是"你说吧，我听着呢！"他的注意力不在你身上，这是对说话人的不尊重。

假装听：他停下手里的事情，"专心"听你说话。但当你就某些细节跟他确认时，他却一脸茫然，不知道你说了些什么。

选择听：他用心听了，只不过在听的时候有所选择而已。因为有选择地听别人说话，所以他肯定会漏掉某些重要信息。

注意听：既然"选择听"会漏掉信息，那么就注意听！注意听只是听全了信息，但还没有理解说话人真正的意图。

同理听：不但听完整了信息，还能听懂对方的思想，体察到对方的情绪，这是最高层次的听。同理听也叫倾听、聆听。只有做到同理听，才算真正懂对方。要想做到同理听，就要注意三个要点：辨识对方的情绪、解读对方的语义、站在对方的角度考虑问题。

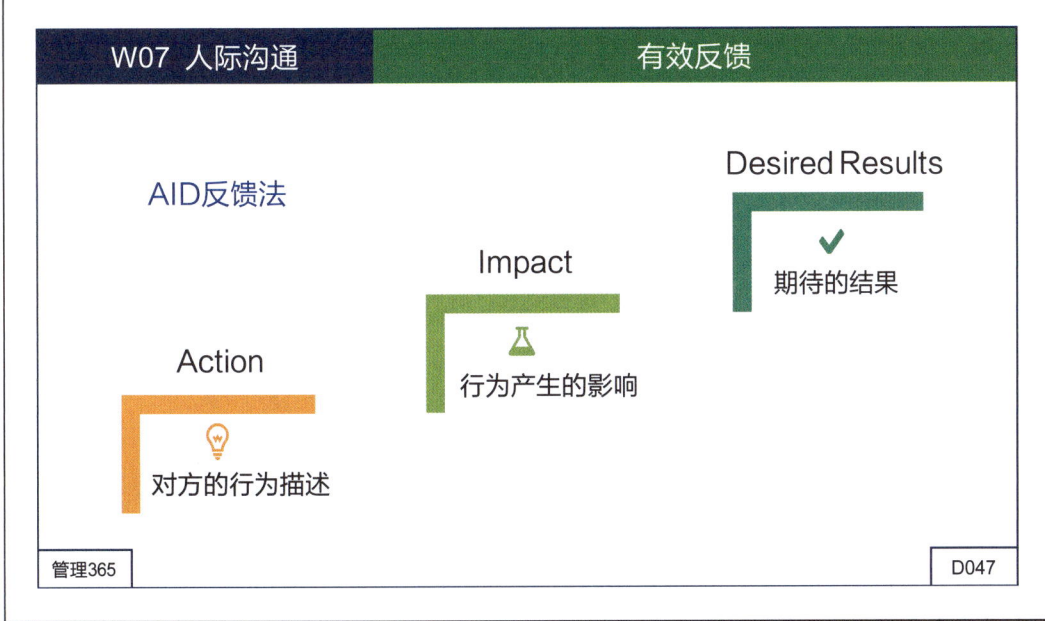

沟通是一个发送信息并获取理解的过程。获取理解。说的就是反馈。反馈包括两个方面：如何给对方反馈和如何接受对方的反馈。给对方反馈，要注意四个要点：第一是理解需求；第二是具体明确，而且要及时；第三要给一些建设性的建议；第四就是尊重对方。AID 反馈法，即行为——影响——期待的结果，是一种非常简洁实用的给对方反馈的方式。

给对方反馈时，还要注意：多主动，少被动；多直接，少间接。沟通的意义在于对方的回应。要想有效沟通，就必须主动反映自己的想法和建议，不要被对方问到才仓促应对。尤其在上下级沟通的情境中，下级更要主动汇报。在反馈中，尽量直截了当地表达自己的想法，不要讲故事，兜圈子，顾左右而言他。

接受对方的反馈也要注意四个要点：第一是学会倾听，第二是接纳批评、避免自我防御，第三是表明你的态度，第四也是尊重对方。

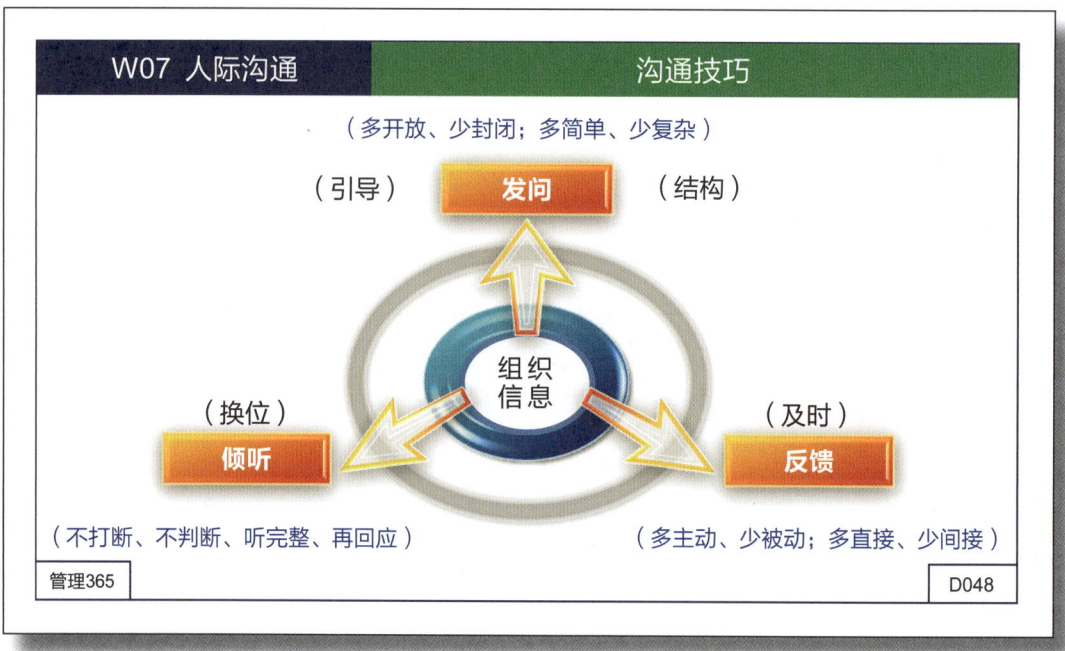

每周自问：如何应用已经掌握的知识解决当下的问题？

W08　情商提升

情商是与智商相对的概念，主要是指人在情绪、情感、意志、耐受挫折等方面的品质。人与人之间的情商其实并无明显的先天差别，更多与后天的培养息息相关。戈尔曼博士认为，情商包含五个组成部分：自我意识，控制情绪，自我激励，认知他人，处理关系；具体表现为五种能力：认知自身情绪的能力，妥善管理情绪的能力，自我激励的能力，认知他人情绪的能力，管理人际关系的能力。清华大学吴维库教授将其简化为认识自己、管理自己、激励自己、认识别人、管理别人。

智商开门：当一个人或一个组织不了解你时，主要凭你以往的成绩、智力水平做出判断和选择。情商做事：一旦你进入了一个组织，决定你事业成败的就不再是智商，而是情商，即你管理情绪的能力，甚至有人说，80%的成功靠情商。

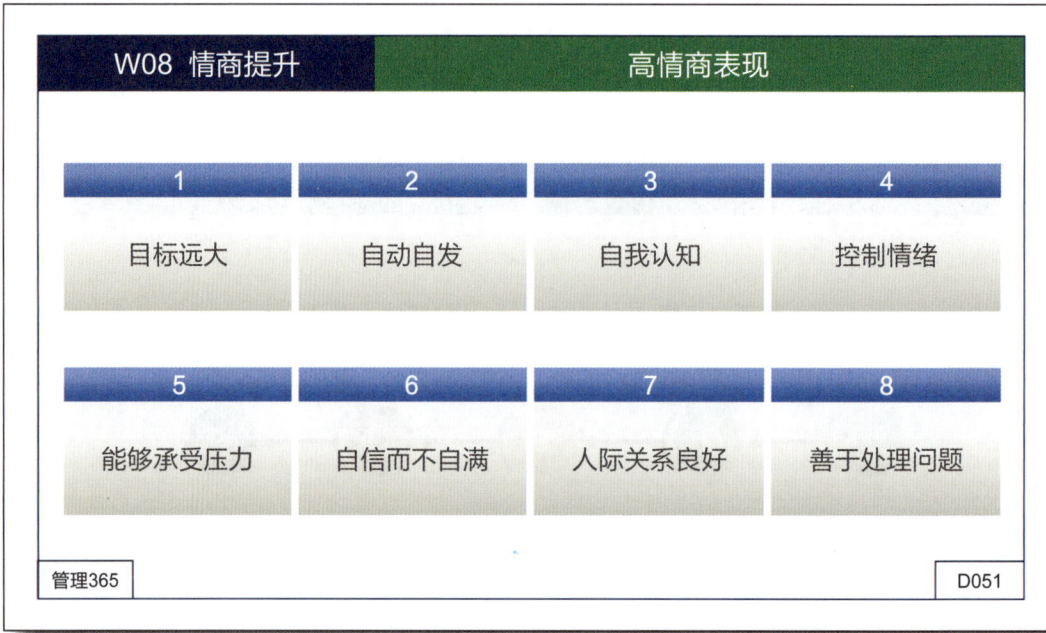

　　（1）目标远大：有远大的目标，就不会拘泥于眼前的小节、小利。这样的人往往心胸宽广，能容人容事。（2）自动自发：有远大目标的人往往已经实现了自我激励，不需要外界的监督和刺激。（3）自我认知：高情商的人对自己有清醒的认识，不会做力不能及的事情。（4）控制情绪：头脑冷静能及时化解和排除自己的不良情绪，使自己始终保持良好的心态。（5）能够承受压力：能有效管理来自工作和生活的压力，同时不会在性格方面给自己造成压力，比如完美主义。（6）自信而不自满：非常自信，相信自己的能力和判断，同时也不会因自满而引起他人的反感。（7）人际关系良好：能为对方着想，能够放下手头的事情，向有困难的人伸出援助之手。（8）善于处理问题：这种能力有时候不仅仅来自于自身，也表现为善于调动资源、激励他人去解决问题。

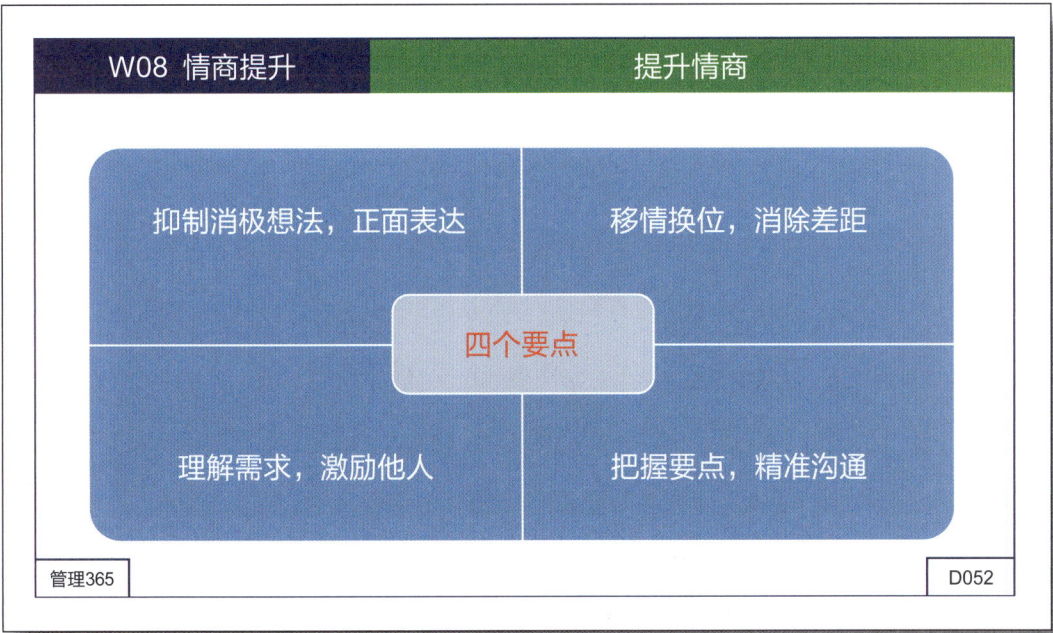

抑制消极想法，正面表达。愤怒的时候且慢发作，心中默数五下。盛怒之下，不要做任何决定。舒缓压力，正视情绪低潮，相信一切都会好起来。养成倾听对方、正向思考、正面表达的好习惯。

移情换位，消除差距。大人如何与小孩沟通？第一抱起来，第二蹲下去，第三用孩子的语言。通过移情换位，消除沟通差距。欲求协助，先行帮助。

把握要点，精准沟通。与小孩沟通，不能忽略纯真；与少年沟通，不能忽略冲动；与青年沟通，不要忽略自尊；与老人沟通，不能忽略尊严；与男人沟通，不能忽略面子；与女人沟通，不能忽略情绪；与上级沟通，不能忽略权威。

理解需求，激励他人。每个人都希望自己是重要的，我们就要肯定对方的重要性。每个人都有五种心理需求：被接纳，被感激，被赏识，被赞同，被认可。我们要能从细微之处入手激励他人。

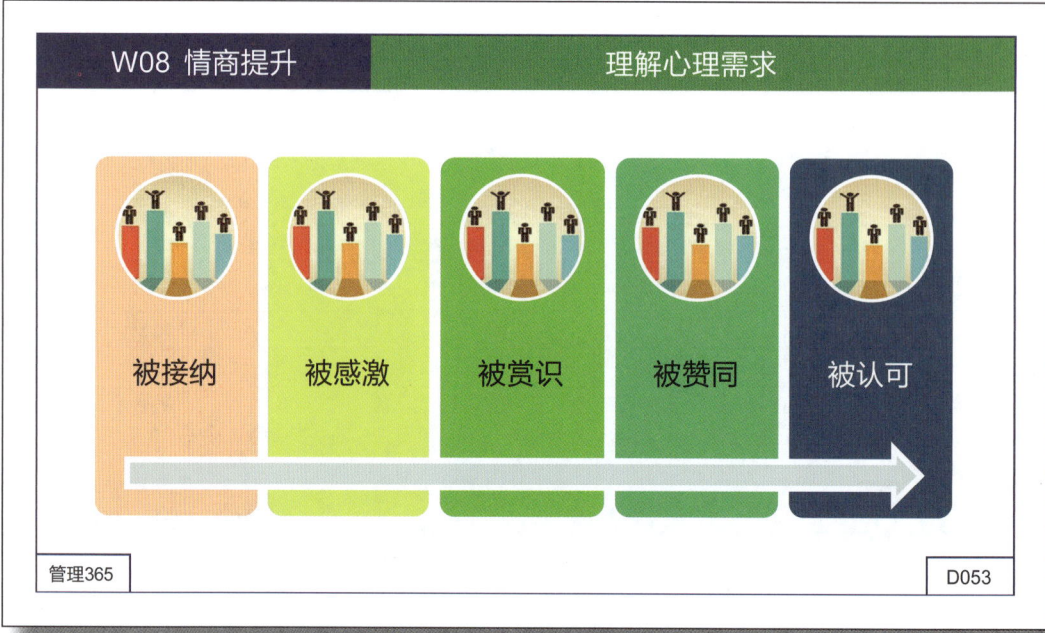

被接纳：被上级接纳、被团队接纳是每位团队成员的共同心声。人是社会动物，在组织、团队里才能找到安全感。如果一个人不被团队接纳，他就会产生孤独感，甚至会有敌对情绪。

被感激：为别人帮了忙，付出了额外努力，做出了重要贡献，我们往往希望得到他人积极的回应。表达感激之情，就是最积极的回应。养成感激他人的习惯，有助于促进人际关系的和谐。

被赏识：如果总是盯着别人的短处，则无人可用；如果总是看到别人的长处，则到处都是人才。正视自己的短处，才能发挥别人的长处。

被赞同：每个人都需要同盟，渴望自己的观点得到别人的赞同。当这种赞同来自上级的时候，激励作用会更大。

被认可：被上级认可，被组织认可，是下级心理需求的最高层次。被认可，是对一个人在组织、团队中地位的肯定。

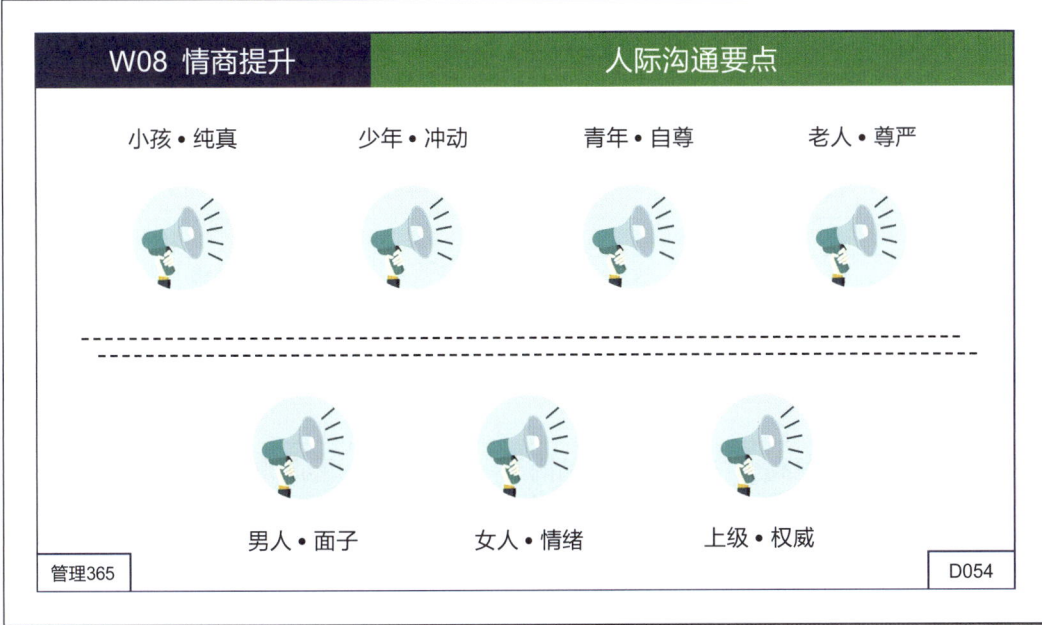

（1）小孩：童言无忌。小孩说话往往出于本真，常常出于天性。当你感觉疲劳的时候，当你感到压力大的时候，和小孩说说话，也许你瞬间心情就变好了。
（2）少年：十几岁的孩子做事很冲动，有时候往往不计后果，不要刺激他们。
（3）青年：他们的自尊心、自我意识越来越强。他们需要你的肯定和鼓励。
（4）老人：虽然没有精力和体力，但他们有经验、有阅历。当经验和阅历受到尊重时，知识和文明就得以传承。（5）男人：绝大多数女士都知道，在外人面前不能让自己的男人下不来台。（6）女人：和女士打交道，不能忽略她们的情绪。要特别注意女士的坏情绪，也要高度重视女士的好情绪。
（7）上级：和上级打交道，要维护上级的地位和权威。你再有本事，在上级面前也要谦虚一点、低调一点。

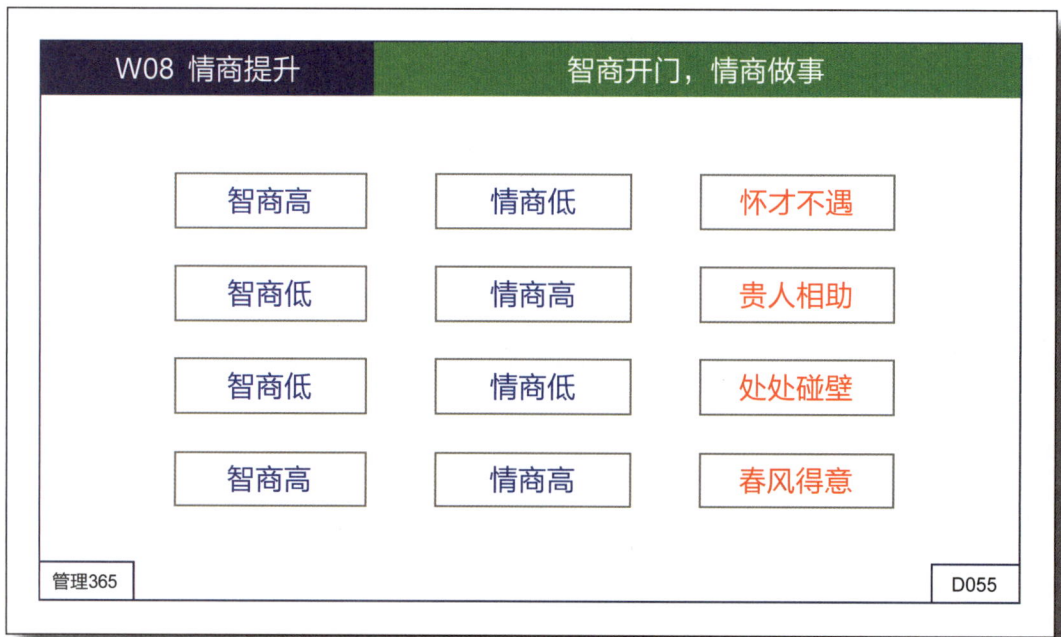

每周自问：如何应用已经掌握的知识解决当下的问题？

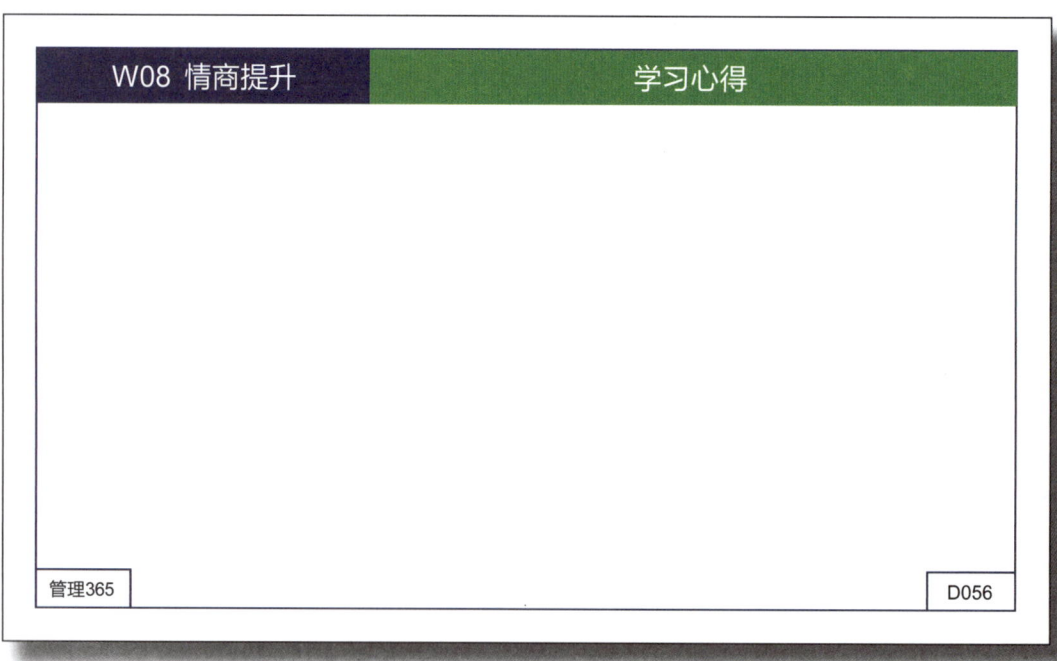

W09 压力管理

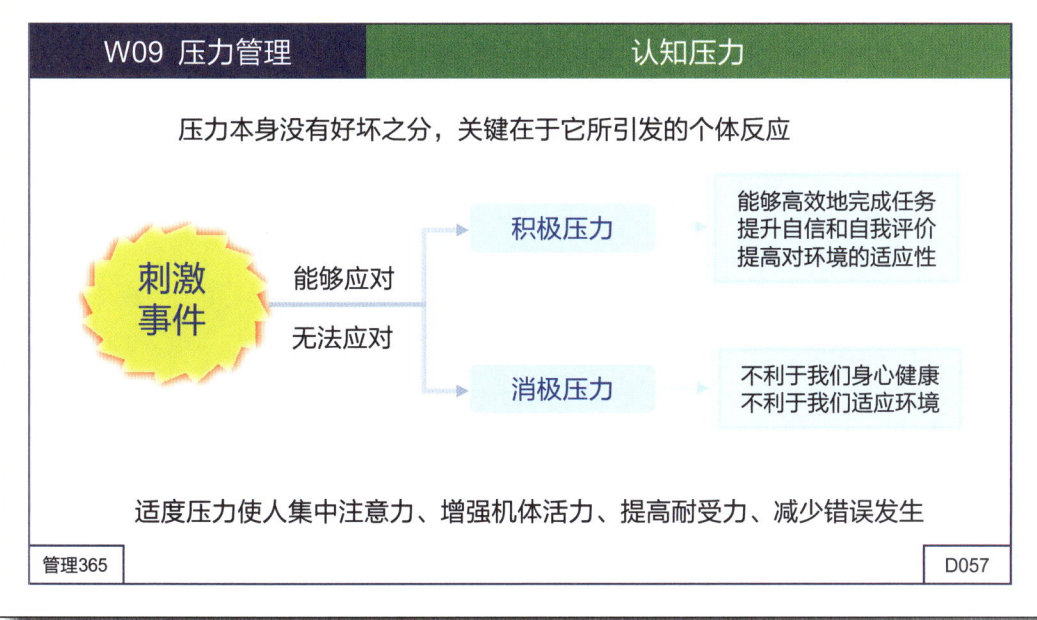

能应对的压力，叫积极压力；不能应对的压力，叫消极压力。压力会对我们的身体健康、心理状态、社会适应能力、家庭关系产生重大影响。

（1）压力与身体健康：压力会使血流中的胆固醇水平升高，削弱免疫系统功能。压力会使中枢神经兴奋，生物规律被打乱。（2）压力与心理状态：压力使人的警觉性增强，敏感度增高，注意力高度集中。压力会引发焦虑、恐惧、抑郁、愤怒等情绪反应。（3）压力与社会适应能力：压力会导致行为改变，形成自我保护和防御机制，产生敌对和攻击行为，使人的社会交往减少，人际关系受损。（4）压力与家庭关系：压力使人对家庭的兴趣和关心减少，缺乏耐心，态度冷淡。人们更易于将压力和不满而错误地归因于他们的配偶。

适度的压力是有好处的，它使人集中注意力、增强机体活力、提高耐受力、减少错误的发生。

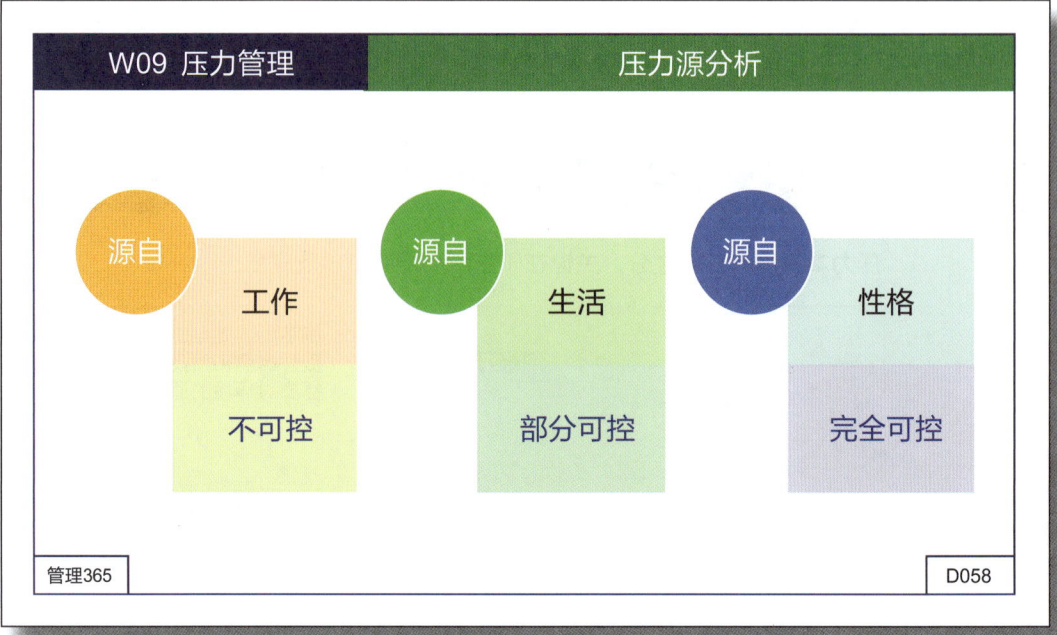

压力有三个来源，一是工作，二是生活，三是性格。对于前两个来源，我们很容易意识到。而对于第三个来源，我们往往意识不到，或者将其忽略。工作上的压力源于工作量大、工作标准高、时间要求紧、团队氛围差等方面。生活上的压力源于婚姻变故、怀孕、购房、子女升学、赡养父母等方面。性格上的压力源于不自信或过于自信、追求完美等方面。可以说，工作上的压力是不可控的、必须承受的压力，生活上的压力是部分可控的压力，性格上的压力是完全可控的压力。

我们可以通过优化工作方法、合理分配时间、提升工作效率、改善人际关系，降低压力水平；通过克制欲望、主动放弃，降低生活压力；可以通过测试手段深度了解自我，使自己变得乐观、豁达，降低来自性格的压力。

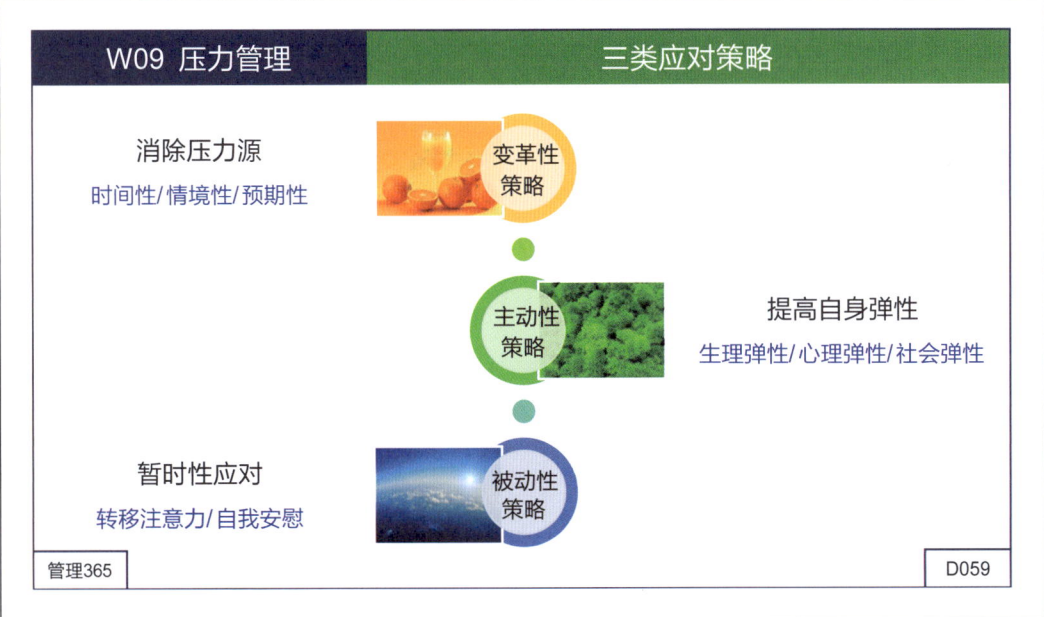

压力虽然很难消除，但是可以管理。管理压力的策略有三类：变革性策略、主动性策略、被动性策略。变革性策略是指治病先治根，消除压力源。这些压力源有时间性的（时间紧、任务急）、有情境性的（变化快、环境差），也有预期性的（不切实际、主观想象）。主动性策略是指提高自身弹性，包括生理弹性（加强锻炼）、心理弹性（做好平衡）、社会弹性（人际交往）。被动性策略是暂时性应对，比如转移注意力、自我安慰等。

管理压力有三个原则：向小孩学习，向自然学习，向动物学习。小孩天真无邪，情绪自由释放；向大自然学习，学会放空自己；向动物学习，动物能唤起人的童心、爱心，动物的各种萌态，动物对人的依赖，能让人舒心开怀。积极的心态是缓解压力的前提，沟通、运动、音乐、娱乐等多种形式都可以缓解压力。

_____

_____

_____

_____

W09 压力管理		管理自己的能量	
	体能	**情能**	**智能**
问 题	↙ 失眠 ↙ 疲劳 ↙ 生病	↙ 焦虑 ↙ 失望 ↙ 烦恼	↙ 不专注 ↙ 思维慢 ↙ 记忆差
对 策	↖ 静坐修养 ↖ 听听音乐 ↖ 去看医生	↖ 找人倾诉 ↖ 沟通交流 ↖ 换换环境	↖ 看本好书 ↖ 参加训练 ↖ 听听讲座

管理365　　　　　　　　　　　　　　　　　　　　　　　　　　　D060

　　体能是指心血管耐力、肌肉强力与耐力、柔韧性、敏捷性、平衡性和力量的综合表现。体能出问题，往往表现为睡不够、疲劳、生病等。这时候，我们要静坐调整、卧床休息、多听音乐、去看医生。同时，合理控制饮食，参加体育锻炼，恢复甚至增加我们的体能。

　　情能是指认知、理解和管理情绪的能力。情能出问题，往往表现为焦虑、失望、烦恼，这时我们最好找人倾诉，和闺蜜、知己聊聊天，让情绪有个出口。同时，还要多参加集体活动，把自己置身于人群中，改善人际关系。此外，也可以换换环境，去旅游、度假。

　　智能是指记忆、观察、想象、思考、判断等方面的能力。智能出问题，表现为心猿意马、注意力分散、反应慢、记忆力差。这时候，我们通过阅读一本好书、进行思维训练、听听讲座、参加培训，可以增强脑力、恢复智能。

W09 压力管理　　　莫法特休息法

《圣经·新约》的译者莫法特的书房里有三张桌子：第一张桌子上摆着正在翻译的《圣经》译稿；第二张桌子上摆的是一篇论文的原稿；第三张桌子上摆的是正在写的一篇侦探小说。他的休息方法就是从一张桌子换到另一张桌子，继续工作

工作模式	释 义
按不同角度进行	只改变角度，从不同的侧面分析问题，同样会激活大脑新的兴奋点，提高效率
抽象与形象交替	把必须完成的工作分为两类，交替进行，可使左右脑轮流获得休息
动态与静态交替	总用一个姿势坐着工作，时间久了容易感到疲劳，所以可以改变姿势，变化地点
体力与脑力交替	把紧张的工作、学习与锻炼交替进行。感到疲劳时放下工作，活动一会儿
工作与娱乐交替	在紧张的工作间隙，可以看看电影、听听抒情的轻音乐、跳跳舞，甚至远足

管理365　　　D061

　　繁重、紧张的工作未必能使我们在精神上或体力上感到疲劳，往往是单调、乏味的工作使我们的心理产生厌烦情绪，进而感到浑身乏力。假如这时我们着手从事另一种新的工作，精神和力气马上就提高了。因此，我们可以通过改变工作方式、变换工作地点等，使自己的大脑总是处在新鲜信息的刺激之下。这样，我们就可以持续高效地工作了。

　　人的左脑主要从事逻辑思维，右脑主要从事形象思维，是创造力的源泉。我们连续地工作，如长时间地思考问题、写文章、定计划是用左脑。可分段进行的工作，如复印材料、打电话、发传真、抄写、统计、记账等是用右脑。我们如果把一天必须完成的工作分成这样两类交替进行，就可以使左右脑轮流获得休息，减轻紧张的感觉，去除疲劳，也能使自己更加专注，从而提高工作效率。

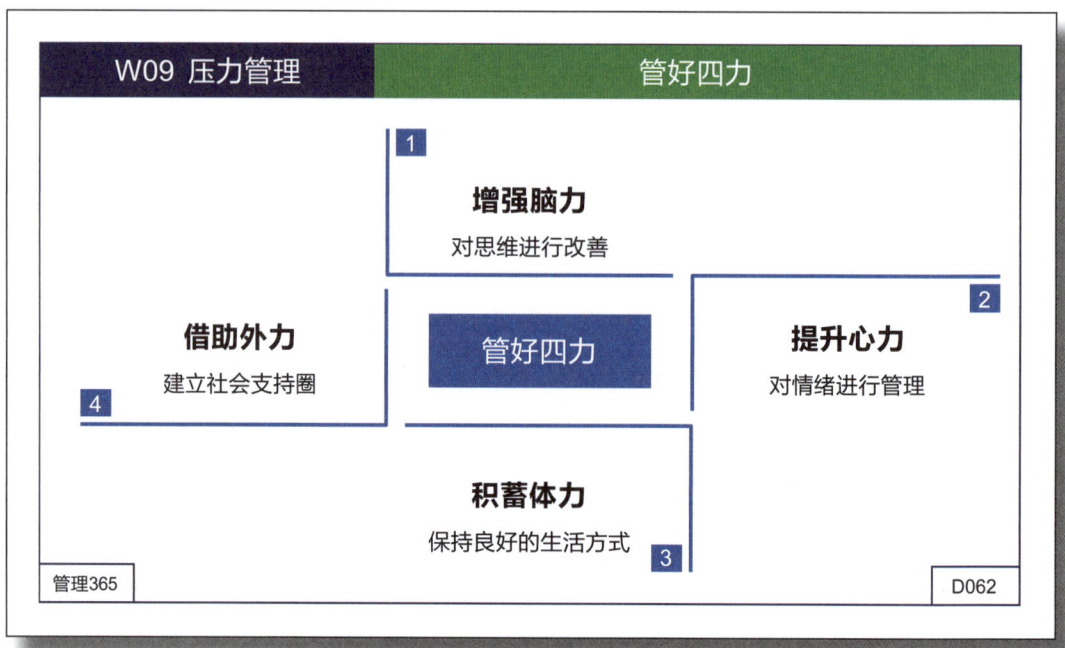

每周自问：如何应用已经掌握的知识解决当下的问题？

W10　高效执行

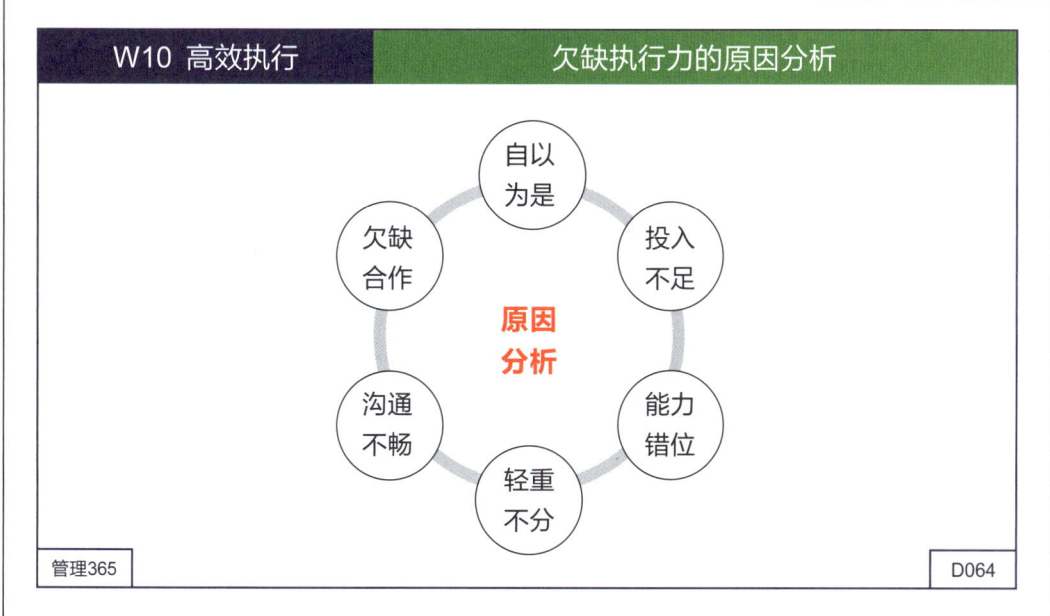

（1）自以为是：总是认为上面的决策和指令是不合理的，甚至认为操作流程是烦琐的，在执行过程中喜欢按自己的意思去改动，最后导致执行完全失真。（2）投入不足：工作责任意识不强，爱找借口和推卸责任。（3）能力错位：高能低配，没有积极性；低能高配，完不成任务。（4）轻重不分：忙于救火，疏于防火，干工作就像消防队员。员工往往很善于做事务性工作，但缺乏统筹意识，所以管理者要给他们锻炼的机会。（5）沟通不畅：缺乏主动沟通的意识，不注意沟通的方式，没有沟通技巧。（6）欠缺合作：缺乏团队意识，工作被动配合，本位主义严重。

在欠缺执行力的六个原因中，自以为是和沟通不畅现象是最普遍的。听从指挥、遵守规章是最基本的职业素养，有效沟通是推进工作的重要保障。

W10 高效执行	停止拖延
七个措施	操作要点
培养目标感	时刻提醒自己,当下所做事情的目的是什么
给任务设定精确时限	要有严格的截止日期和完成每项任务的时间
强迫自己做一个开头	谋定而后动:先做好规划,然后开始行动
把工作变简单	三个措施:简化问题、分解任务、制作模板
不必等到万事俱备	基本条件具备时,就开始行动,再逐渐完善
舍弃完美主义	完美牺牲的是效率,不要纠结于细枝末节
养成一个好习惯	在规定的时间做规定的事情,做事打出提前量

管理365　　　　　　　　　　　　　　　　　　　　　　D065

　　心理学认为,拖延症是指自我调节失败,在能够预料后果有害的情况下仍然把计划要做的事情往后推迟的一种行为。严重的拖延症会对个体的身心健康带来消极影响,如出现强烈的自责情绪、负罪感、不断的自我否定,并伴有焦虑症,甚至抑郁症等心理疾病。因此,我们必须高度重视。上表中克服拖延症的七个措施,希望对大家有所借鉴。

　　实践证明,在上表的七个措施中,尤其以"给任务设定精确时限、强迫自己做一个开头、舍弃完美主义"效果最显著。克服拖延症都有一定的强迫性,我们对这一点要做好思想准备。我们需要战胜懒惰,对自己狠一点。

　　其实,关于如何克服拖延症,每个人都有自己的看法,但无论怎么做,都不要寄希望于他人,比如找人监督、提醒(也许他人也是拖延症患者,怎么帮你)。克服拖延症,要靠自己!

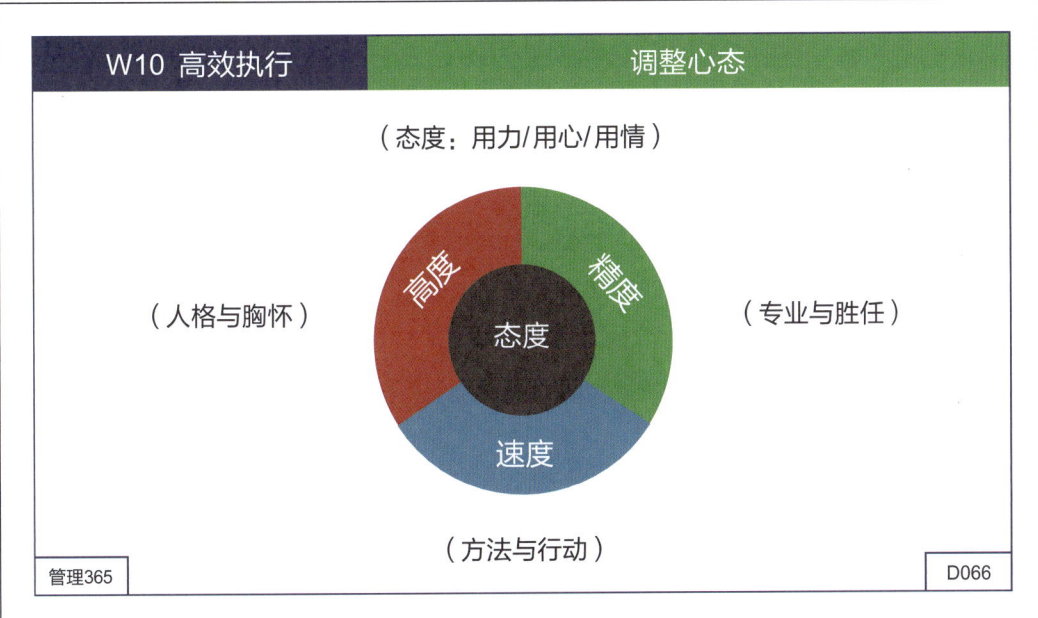

态度：有人把工作看成谋生手段，庸庸碌碌，他是用力在工作；有人把工作看成职业选择，忙忙碌碌，他是用心在工作；有人把工作看成事业追求，兢兢业业，他是用情在工作。用力、用心、用情就是三个不同的境界。境界不同，高度自然不同。

高度：有了正确态度，尤其当我们把工作当成事业，用情工作的时候，格局就已经形成了。格局包含人格和胸怀。

精度：每个岗位都有专业性，找对领路人，专心做事，用心体会，专业度就会不断提升。先把事情做对，然后把事情做好，就有了职业发展的精度。精度的提升离不开细节意识的培养。

速度：把态度、高度、精度落实到具体的行动之中。方法决定速度，不断优化工作方法，就会提升做事的效率。先把事情做对、做好，再把事情做快，一个人的专业水平就会越来越高。

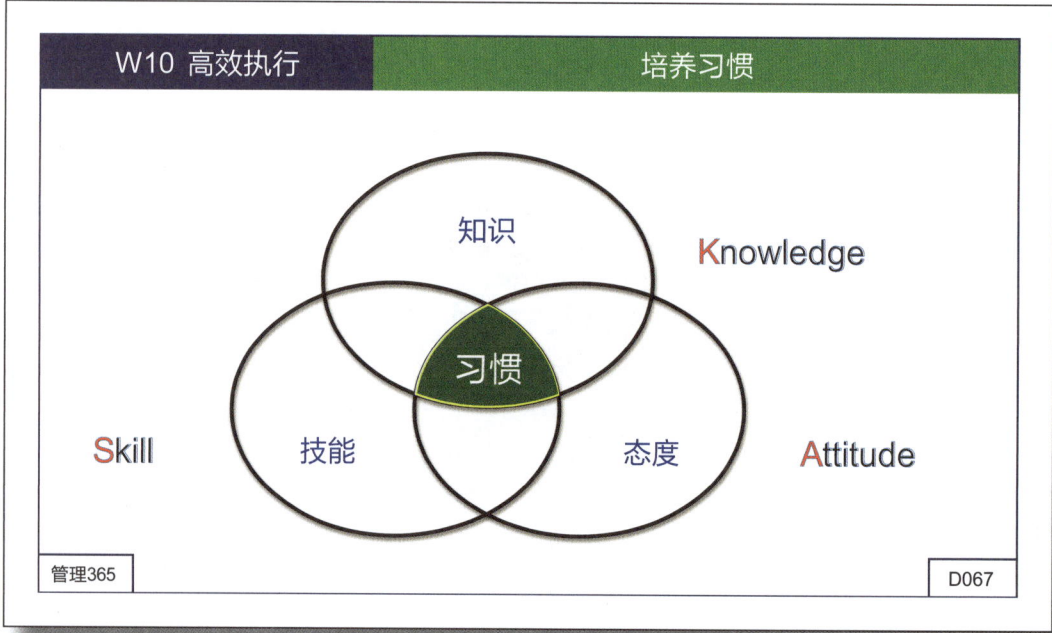

人类有超过 95% 的行为都是习惯。因此，养成良好的习惯基本能保证一个好的结果。习惯是态度（Attitude）、技能（Skill）和知识（Knowledge）三者的交集，也称 ASK 模式。

每个好习惯都蕴含该习惯的背景知识、技能技巧和积极心态。比如一位伙伴有"每周游一次泳"的习惯：关于游泳方面的知识，她是了解的；必要的游泳方式方法，她是掌握的；对待游泳的态度，她是积极主动的，因此她养成了这个好习惯。好习惯带来的改变会推动我们践行这个习惯，比如，这位伙伴通过每周一次的游泳活动，身体抵抗力更强，身材保持得更好，还为孩子树立了榜样，履行了承诺，给自己带来了满足感。

习惯是由内而外的塑造，在不知不觉中，经年累月地影响我们的品格，暴露我们的本性，左右我们的成败。员工的好习惯包括及时汇报、做事打出提前量、交互检查、注重细节、在规定时间做规定的事情等。

W10 高效执行　　　掌握工具

重要性，紧急性	步骤	释义
星期罗盘 1.联使命　2.想角色　3.定目标　4.周计划　5.日执行　6.做评估	联使命	什么是对我最重要的、我最该关心的
	想角色	当前哪些重大关系可能被忽视掉
	定目标	在这个关系里，什么是最大的要事
	周计划	必须把最大的要事最先摆放进去
	日执行	坚决行使自己对自己的忠诚与责任
重关系，轻日程	做评估	检查结果，重返使命，制订新计划

管理365　　　　D068

　　个体执行力的提升源自两个方面：习惯和工具。比如，一位员工养成了做完工作按照清单检查的好习惯，但每次都有检查不到的地方，问题不在于他的习惯，而是他使用的工具：那个清单不完整。

　　星期罗盘用于做周计划，也是一个提升执行力的工具。星期罗盘与其他时间管理工具最大的不同是，前者对应角色定目标，也就是围绕重大的人际关系决定下一周都要做哪些事情。比如，对应下属这个角色，他要做的事情是按时完成任务并及时汇报；对应父亲这个角色，他要做的事情是参与一次亲子活动。此外，要特别强调的是，在确定事情的重要性和紧急性时，必须充分考虑并高度重视与我们那些重大利益相关的人的诉求，以满足这些诉求为最高目标。

　　提升执行力的工具远不止检查清单和星期罗盘，也包括文件管理、流程、步骤、模板、框架等。

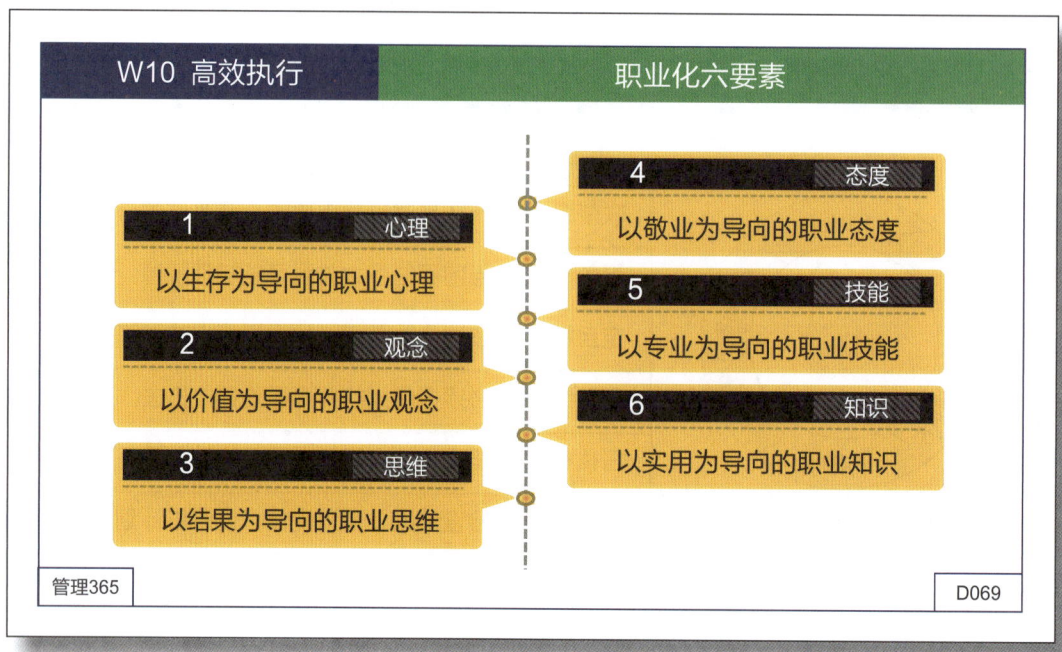

每周自问：如何应用已经掌握的知识解决当下的问题？

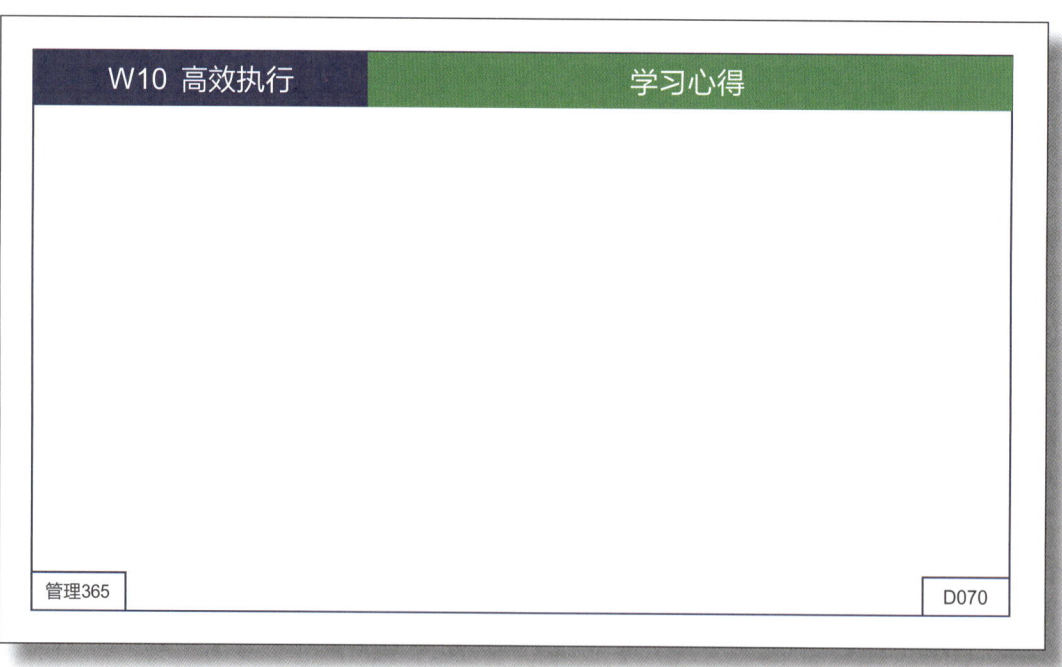

第二篇 管理方法

(D071-D280)

第二次转型

在四次转型中，第一次转型（从普通员工到骨干员工）最关键，第二次转型（从骨干员工到管理者）最困难。困难有三个：如何走出误区、如何转变角色、如何提升能力。

走出误区

骨干员工被提拔为经理（干部）之后常会犯四个错误：英雄主义、放任下属、高压统治、保守封闭。英雄主义：我既然是经理，我的专业就应该是最棒的，否则下属就不服我。放任下属：我的下属都是受过良好教育的，而且公司也有明确规定，他们应该知道怎么做。高压统治：既然我是这个团队的负责人，我的下属就应该听我的；不听我的，我就要强制他们去执行。保守封闭：我掌握的技能（专长）如果教会了下属，他们对我就没有依赖性了，甚至不尊重我了。

如果这四个错误不能改正，那么经理人就做不好管理工作。首先，放弃英雄主义。担任管理职务之后，经理人的责任是创造1+1>2的效果，在专业上不一定非要和下属一争高下。其次，任职之初就要为团队定好规矩，一个团队提倡什么、反对什么，必须旗帜鲜明。再次，不能执行高压政策，遇到下属对任务安排有异议时，要充分沟通，了解原因，找到双方都认同的解决方案。最后，不要保守。开放是一种胸怀，越是开放，越会敦促自己努力学习新知识、掌握新技能。

转变角色

在管理者的七个角色中，如果不能扮演好其他六个角色，第一个角色就会形同虚设。七个角色的转变不是一蹴而就的，需要长期的自我觉知和实践。这七个角色分为三组。第一组：团队负责人、人力资源经理、救火队员；第二组：保姆、职业导师、牧师；第三组：教练。

上任之初，管理者首先要扮演好第一组角色。尤其需要强调的是，人力资源经理的角色是很多经理人所忽略的，说它重要，是因为每位经理人都兼具"选（价值判断）、育（价值提升）、用（价值创造）、留（价值维护）"的职责，这就是我们常说的大人力资源观。随着任职年限的增长，经理人还要扮演好第二组角色。面对不同类型的员工，角色扮演的侧重点是有差异的。对于新员工（菜鸟），保姆的角色是必须扮演好的，因为你要帮他养成好习惯；对于中间力量（迷茫者），导师的角色是不可或缺的，因为你要为他拨云见日、指明方向；对于老员工（橡皮人），牧师的角色是最重要的。教练角色的作用在于引导，而不是指导，不能成为下级的拐杖（依靠）。鼓励员工用自己的方式获取经验，哪怕眼前看来，员工的做法不是很成熟。

介绍完角色，我们再说说立场的问题。管理立场往往是通过职责体现出来的：（1）确定目标，制订计划与标准；（2）培育下属，提升其胜任能力；（3）激励下属，提升其工作意愿；（4）持续改善，提升品质与效果；（5）横向协调，保持经常性沟通；（6）及时汇报，使上级掌握状况；（7）营造氛围，以利于工作开展。对于这七项主要职责，如果你能有强烈的认同感，恭喜你，你离第二次成功转型已经不远了。

关于经理人的立场以及承上启下的作用，我们不重复了。我们常听人说："当官了，脸就板起来了。"之所以给别人这样的感觉，是因为你的角色、立场变了，从此你是标准、制度的把控者，你属于你选择的身份——上级。做经理人，不仅仅要承上启下，更要学会"欺上瞒下"——当你的下级惹了祸，稚嫩的双肩无法承担责任时，你要替他扛一扛；当你的上级对你的下级有了负面评价时，你要瞒一瞒，不然，他们对前途就不抱希望了。

提升能力

管理就是理解人性、理顺事情。作为经理人，无论身处何种层级，都应该熟练掌握三种能力：团队管理、绩效管理、问题分析与解决，而管理沟通是此三种能力的基础。其中，团队管理主要是解决人的问题，绩效管理主要是解决事的问题，问题分析与解决是指应对突发事件。

团队管理，要把握三点：团队特征、行为要求、团队建设。团队必须同时满足以下三个特征，才能被称为团队：共同的愿景、互补的技能、一致的承诺。每位团队成员都要养塑三种行为：规范、负责、合作。团队建设只需三步：在情感上凝聚，在目标上结盟，在利益上共享。

绩效管理，要遵循一个基本逻辑：目标管理到部门，绩效管理到个人，过程控制保证结果。目标到部门、绩效到个人，是组织在制订年度计划时要遵守的原则。一旦计划确定了，经理人就要通过过程控制（管理行为和领导行为并重）保证目标的达成。

问题分析与解决，对应的是经理人的救火队员角色。因此，只有准确地定义问题，深入地分析问题，才能有效地解决问题。解决问题的能力是彰显管理水平的重要特征。经理人必须掌握深度分析问题的工具，如鱼骨图、流程图、核查表等。

综上所述，经理人要把握三个要点——走出误区、转变角色、提升能力，才能完成第二次转型。从骨干员工到管理者，是最艰难的跨越，也是个人身份的根本性改变！

W11　管理格局

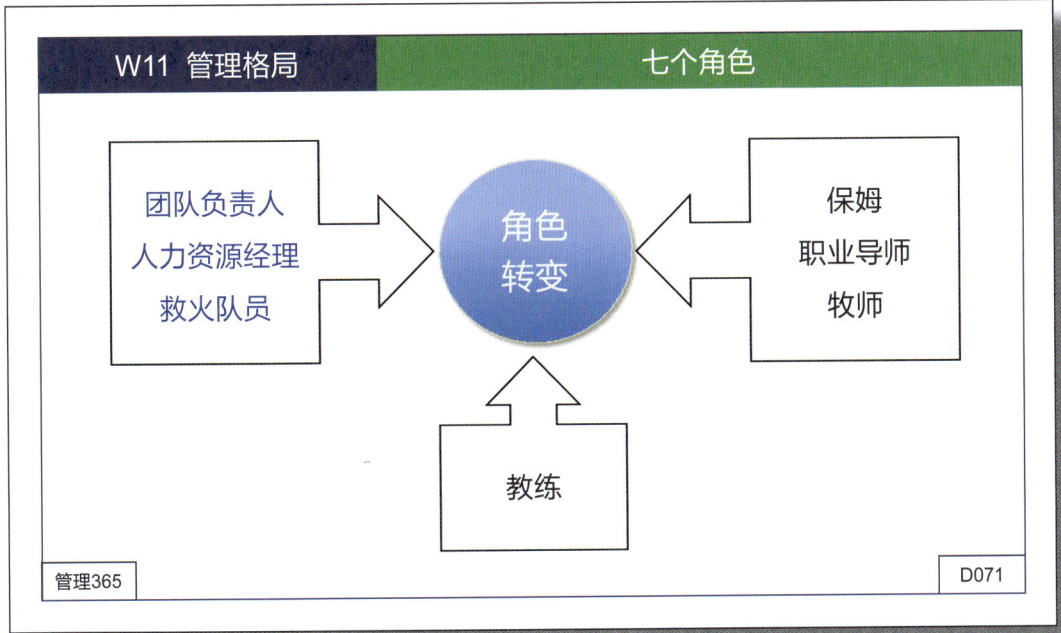

如果其他六个角色不能扮演好，第一个角色就会形同虚设。七个角色的转变不是一蹴而就的，需要长期的自我觉知和实践。

上任之初，我们要扮演好第一组角色。(1)团队负责人：履行组织赋予的职责，分解目标，带领团队完成任务。（2）人力资源经理：每位经理人都兼具"选（价值判断）、育（价值提升）、用（价值创造）、留（价值维护）"的职责，这就是我们常说的大人力资源观。（3）救火队员：善于分析问题和解决问题，及时处理突发事件。

经理人还要扮演好第二组和第三组角色。新员工：保姆的角色是指你要帮他养成好习惯。中间力量：职业导师的角色是不可或缺的，因为你要为他拨云见日、指明方向。对于老员工，牧师的角色就是最重要的。教练角色的作用在于引导而不是指导，企业管理者应鼓励员工用自己的方式获取经验。

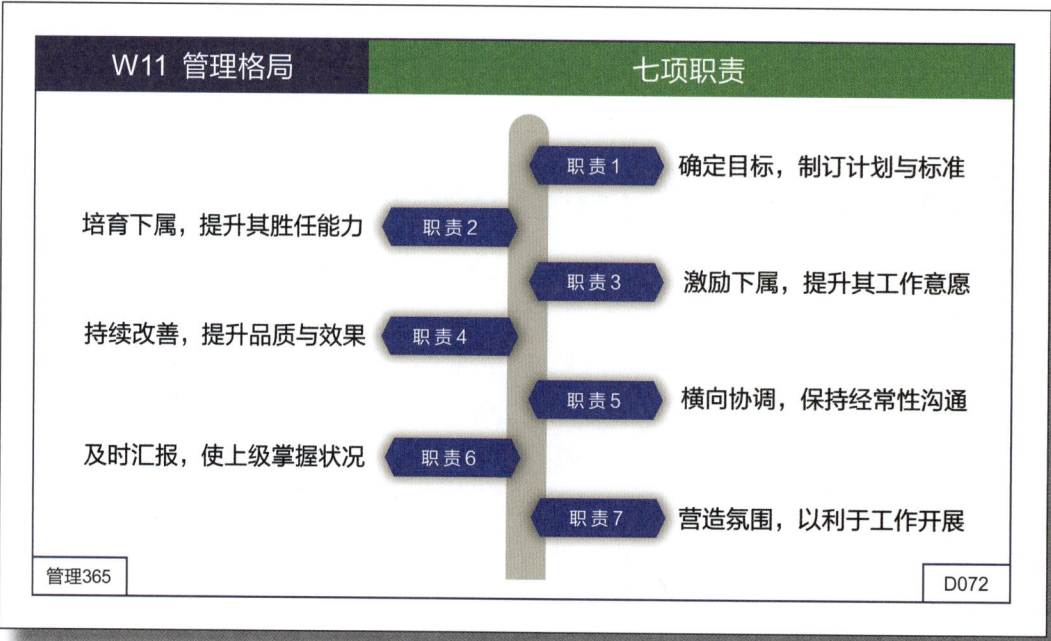

  从骨干员工转变为管理者，意味着从过去只代表自己转变为对上代表团队、对下代表组织，起着承上启下的作用。管理者不但要承上启下，还要学会"欺上瞒下"：当你的下级惹了祸，出于保护他的目的，你要替他扛一下，不要让上级知道；当你的上级对你的下级有不好的评价时，也不能让下级知道，不然，他可能会对前途失望、没有了动力。

  立场的转变意味着管理者要肩负起自己的职责：定目标、定计划、定标准，做好对上、对下和平级沟通，通过持续改善提升工作质量、优化工作成果。此外，管理者必须注意到激励下属的前提是他胜任工作。因此，管理者的一个重要职责就是为下属及团队赋能，同时还要不断提升下属的工作意愿、鼓舞团队士气，以创造更好的业绩。

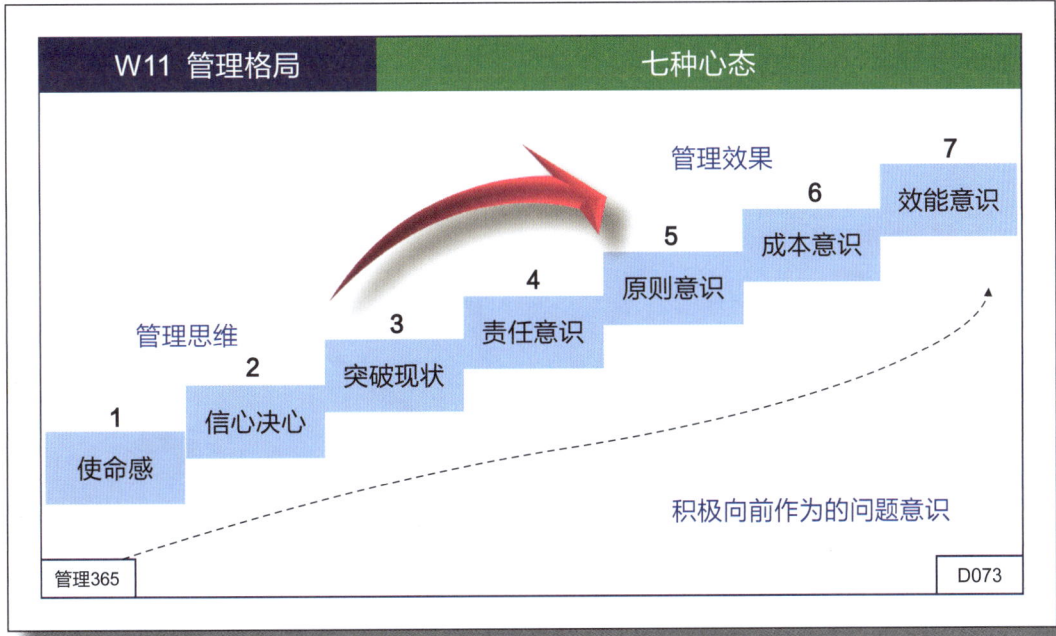

　　以积极向上作为的问题意识（预防意识）为主线，肩负使命，以必胜的信心和决心突破现状、迎接挑战，通过强化责任意识、原则意识和成本意识，最终达成目标，这是管理者的基本心态。需要注意的是，管理者的心态也是渐进成熟的。

　　使命感是庄严而神圣的，它是组织的期待，更是管理者应该坚持的信仰。团队或组织前进的动力源于对现状的不满，如果管理者安于现状，团队成员就会丧失挑战困难的勇气，消磨直面挫折的意志。在管理者的成本意识里，敬畏职责、敬畏规则、敬畏生命不但要有物质成本，还要有健康成本和精神成本。管理者的效能意识既包含效率与效果的统一，也包含产出与产能的平衡。

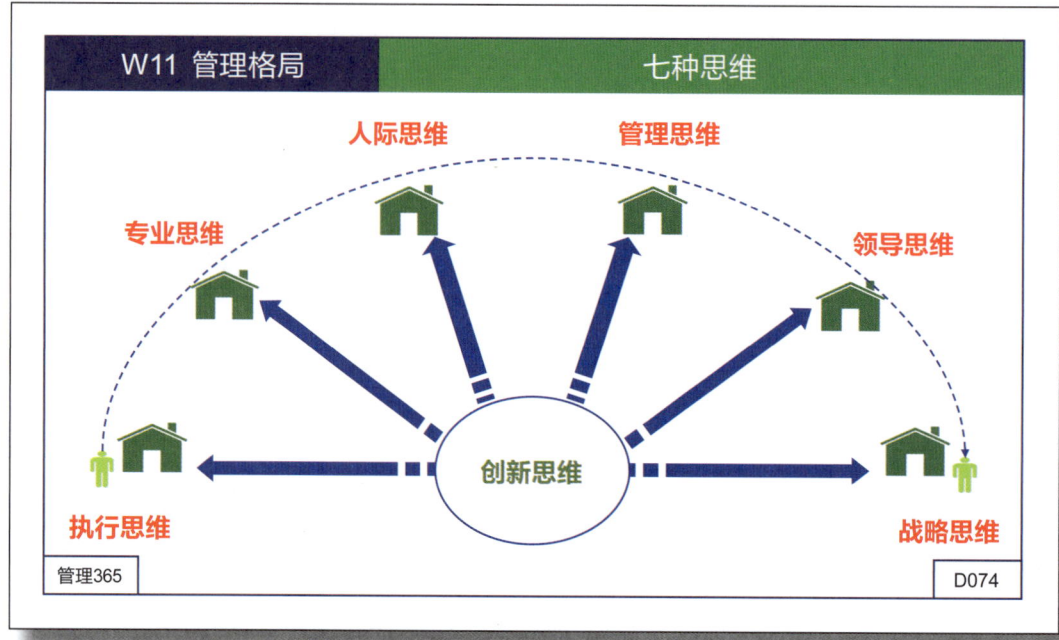

一位成功的职业经理人，其思维发展要依次经历六个阶段：执行思维、专业思维、人际思维、管理思维、领导思维和战略思维。以上六个阶段都需要创新思维，这七种思维共同组成了"职业经理人的思维路径图"。

执行思维需要有勇于担当的精神、积极思考的意愿和坚定执行的意识。规范、负责、合作（职业化三要素）是执行思维的集中体现。专业思维需要有主动学习、钻研业务的精神，任何岗位都有其专业性。人际思维使我们善于处理冲突、化解矛盾、解决争端、建立和谐关系。管理思维是指借力（通过别人）和合力（和别人一起）的意识。领导思维是指以榜样来引导、以愿景来激励，想于人先，走于人前。战略思维是指经理人要前瞻未来、胸怀全局、系统思考、适应变化。创新思维是指打破思维枷锁、求新求变的意识，时时处处都有创新。

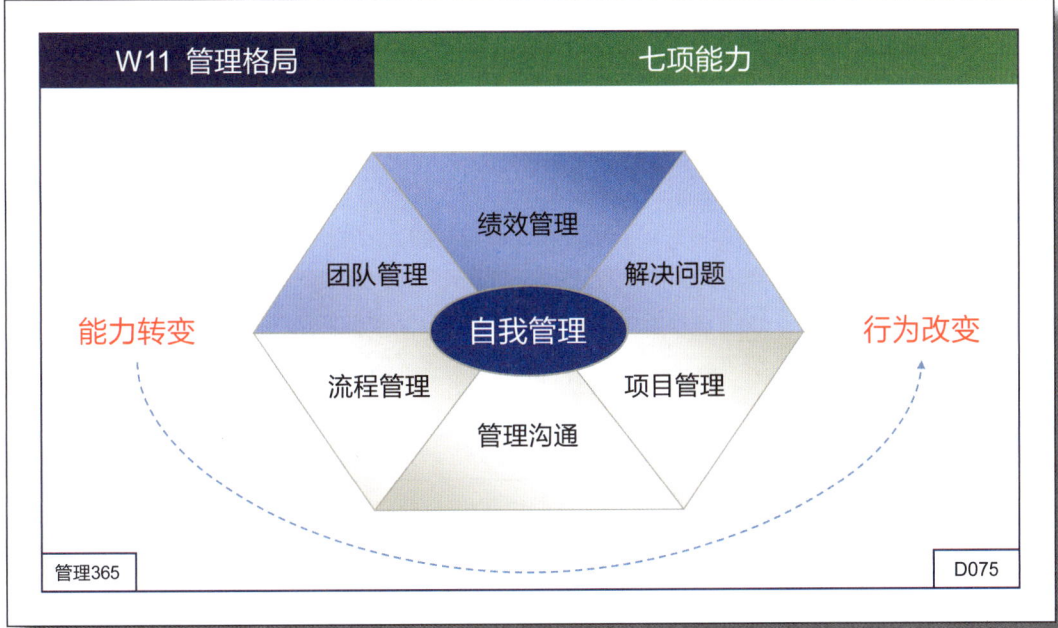

自律——自我管理是管理他人的前提,管理沟通是最基础的能力,团队管理、绩效管理、解决问题能力是管理者最重要的三项能力。项目管理和流程管理是更高层级的能力,项目管理是处理特殊任务的有效工具,流程管理能使管理者更理解企业的运行过程。

管理就是理解人性、理顺事情。团队管理主要是解决人的问题,绩效管理主要解决事的问题,问题分析与解决是指应对突发事件。

好的团队必须同时具有以下三个特征:共同的愿景、互补的技能、一致的承诺。其对团队成员的行为要求是规范、负责、合作。团队建设的目标是在情感上凝聚、在目标上结盟、在利益上共享。

绩效管理要遵循一个基本逻辑:目标管理落到部门,绩效管理落到个人,过程控制保证结果。只有准确地定义问题,深入地分析问题,才能有效地解决问题。解决问题的能力是彰显管理水平的重要特征。

每周自问：如何应用已经掌握的知识解决当下的问题？

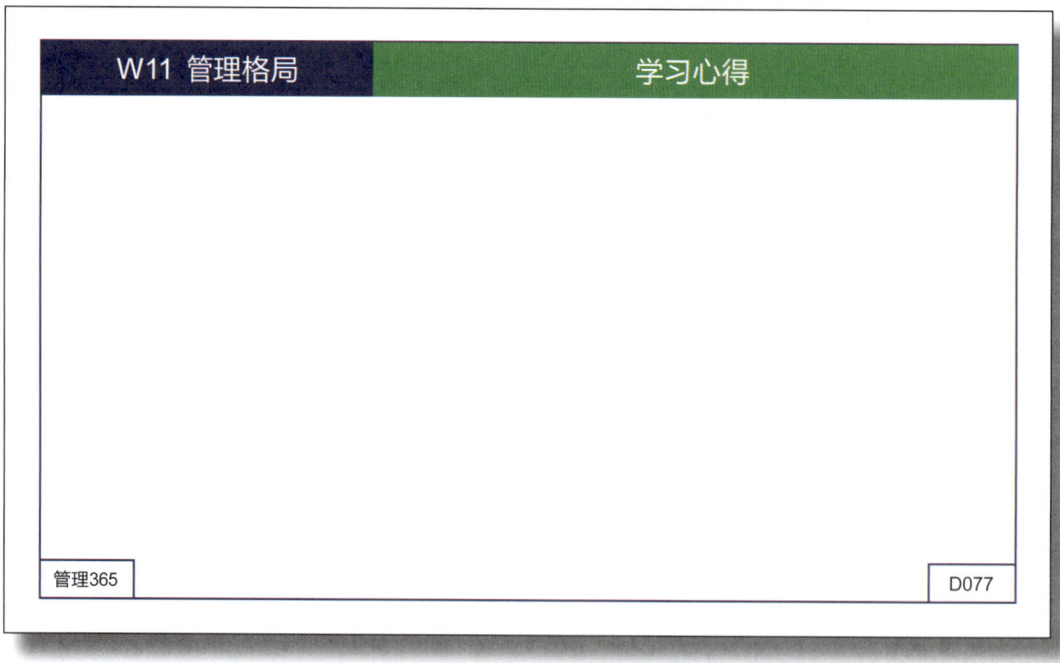

W12　对上沟通

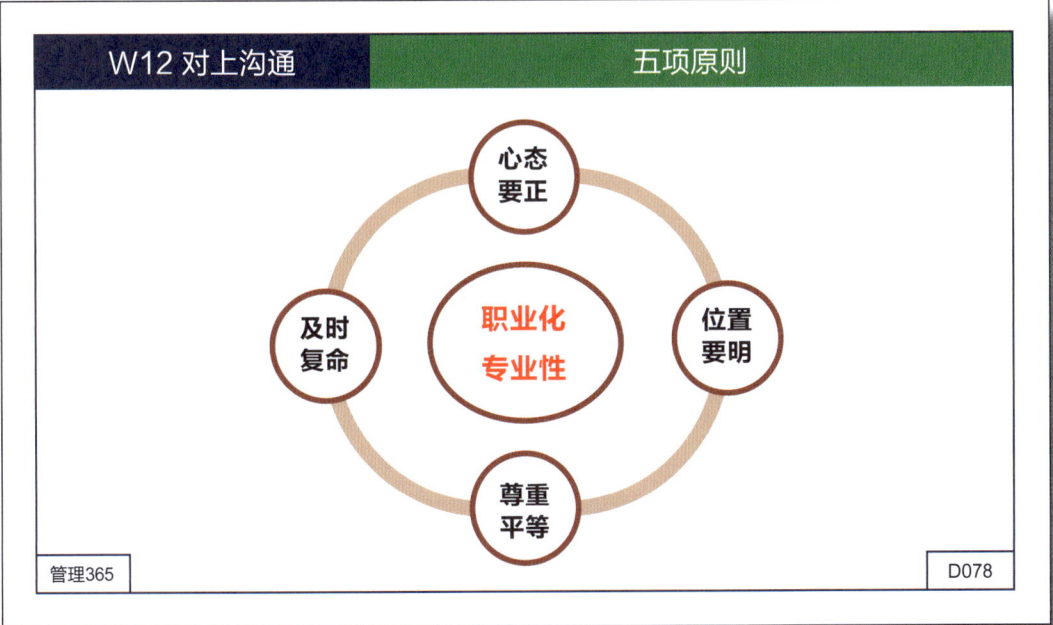

　　保持职业化和专业性：什么是职业化？就是你的表现符合上级对你的角色期待。为什么需要专业性？因为专业性是胜任工作的基本保障。通常情况下，你越专业，上级对你的依赖性就越强，你的职位就越稳定。

　　心态要正：下级的心态要阳光，充满正能量。你的主动性会推动上级的工作，甚至会提高整个团队的效率。

　　位置要明：你再无能，也是我的上级，这是尊重；我再有本事，也要帮你完成任务，这是定位。

　　尊重平等：对上沟通没有虚夸的奉承，也没有不必要的谦恭。有问题该提就提，任何上级都不会喜欢拖泥带水的下级。虽然职位有高低，但上下级人格是平等的，不能失去自我。

　　及时复命：及时向上级报告工作进展，以利于上级决策。何为及时？汇报频率视上级关切程度而定，上级越关切，汇报越要及时。

W12 对上沟通　　五个技巧

★ 了解上级需求（关注点）
★ 辅助上级决策（SOS法）
★ 超出上级期望（高标准）
★ 提供最新信息（时尚性）
★ 学会及时补台（补短板）

了解上级需求：上级最关注什么，他一贯的价值主张是什么，这些都是对上沟通必须了解的。站在上级的角度看待自己的工作，是对上沟通的起点。在某种程度，我们甚至可以把上级当成客户。

辅助上级决策：让上级做选择题，别做填空题，最好也别做判断题。对多个方案进行排序，请上级决策。判断题就是只有一个方案，领导要么同意，要么不同意。同意了当然好，没有同意就容易误事。

超出上级期望：始终以高标准要求自己的工作，超出上级的预期完成工作，是获得职业快速发展的有效途径。

提供最新信息：及时更新上级决策所需的信息，同时，养成主动收集行业信息的习惯，整理编辑与同事共享。

学会及时补台：上级不是每个领域的专家，也有不专业的时候，下级要提供及时充分的信息，以利于上级做出正确判断，有效对外界回应。

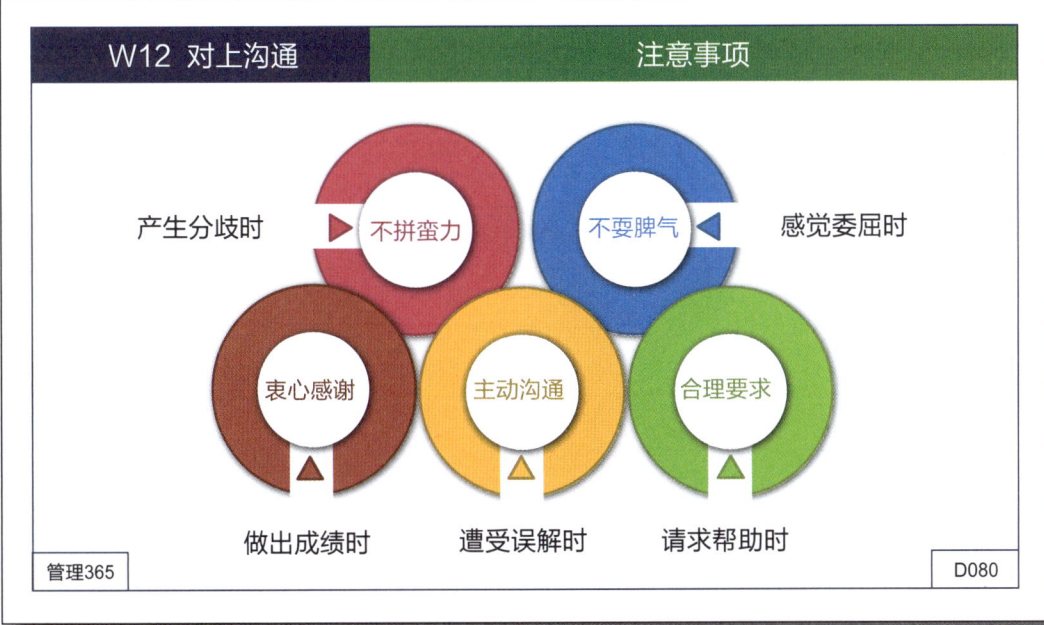

　　（1）产生分歧时不正面交锋，而是迂回沟通。允许下级有不同意见，但要讲策略和技巧，不能硬碰硬对着干。（2）感觉委屈时，心胸开阔些，既往不咎，跟上级不耍脾气。被上级批评，尤其在付出了很多努力之后，还是被上级指责时，难免会心情郁闷，但是不要发火，否则容易激化矛盾。（3）做出成绩时，要居功不傲，衷心感谢上级的支持与帮助。有时候，下级感觉上级并没有提供什么实质性的帮助，所以就认为成绩只是自己努力的结果，这恰恰是情商低的表现。（4）遭受误解时，态度上要示弱，收敛锋芒，主动与上级沟通。主动沟通还要注意时效性，也就是有了误解要尽快化解。（5）请求帮助时，理解上级，不强上级所难，要提合理要求。上级掌握的资源和手中的权力都是有限的，站在上级的角度审视一下自己的诉求，有时候就会感觉自己有点过分了。

W12 对上沟通		如何与上级相处
顾及上级面子	不抢上级风头	为上级分担责任
六个要点		
不要重复犯错	莫论上级是非	切忌熟不拘礼

顾及上级面子：上级出错或露拙时，下级不要当众指出，有必要的话可以私下提醒。

不抢上级风头：作为下级，不要与上级争名。

为上级分担责任：不要把本该自己处理的问题推给上级。

不要重复犯错：在一个地方跌倒两次是绝对不应该发生的事情。

莫论上级是非：不要把上级的隐私当作谈资，更不要专门打听上级的各种信息。切记，祸从口出。

切忌熟不拘礼：就算你与上级私交再好，也不要到处炫耀，而是要注意礼数，最好称呼职务。尤其有外单位的人来访的时候，下级更要保持职业化，充分尊重上级，以维护企业形象。

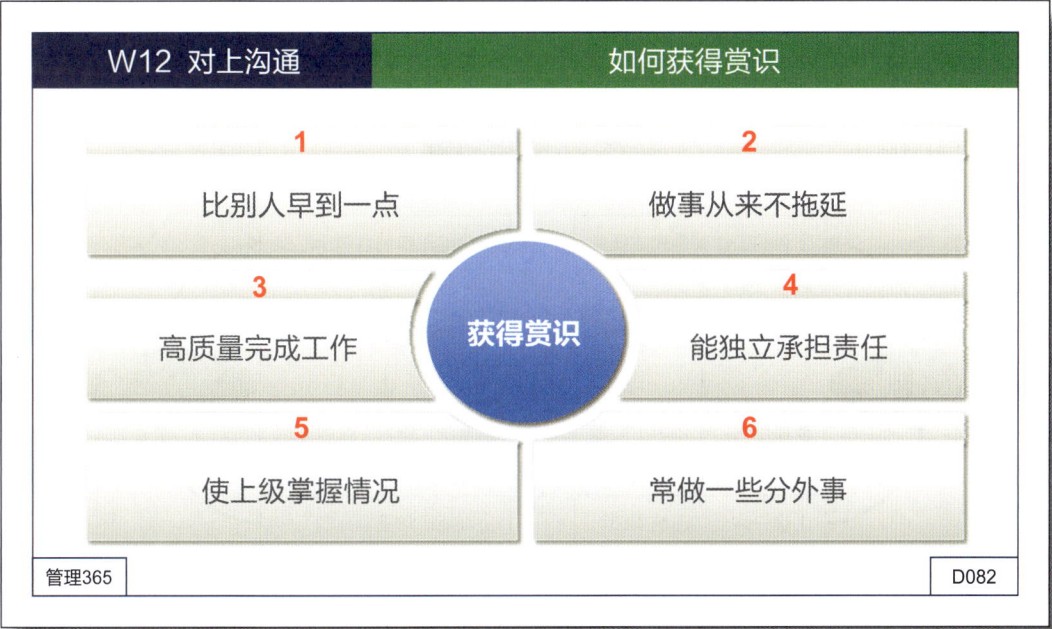

比别人早到一点：不要以为没人注意你什么时候上班。如果能提早一点到公司，尤其在恶劣天气的时候也能早到一点，会显得你很重视你的工作。

做事从来不拖延：养成日事日毕的习惯，充分考虑困难，以免延误。对于上级特别交代的工作，不但要按时完成，最好提前一点交付。

高质量完成工作：能否高质量完成工作，表明了一个人对待工作的态度。比要求的内容多做一点，可以更好地体现你的主动性。

能独立承担责任：下级要能扛事儿，敢于担当。尤其当出错的时候，更要主动承担责任，不抱怨，不推卸责任。

使上级掌握情况：在企业的经营实践中，上级要根据最新状况做决策，而掌握最新情况依靠的就是上下级的及时沟通。

常做一些分外事：工作需要多个环节的协作，每个人都愿意帮助别人，冲突矛盾就会减少。

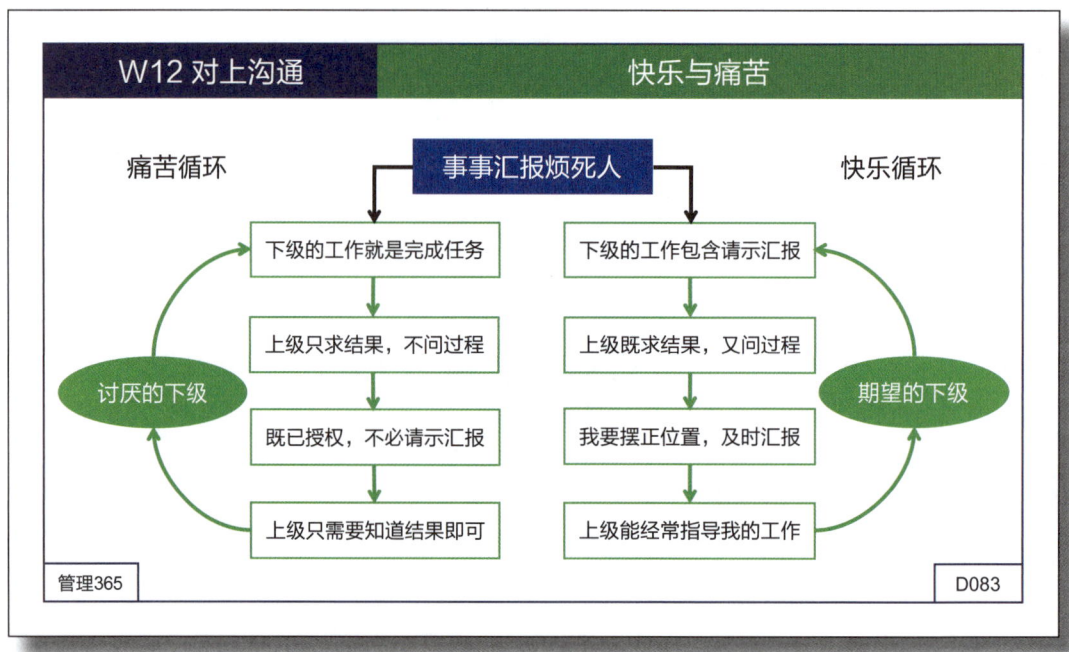

每周自问：如何应用已经掌握的知识解决当下的问题？

W13　平级沟通

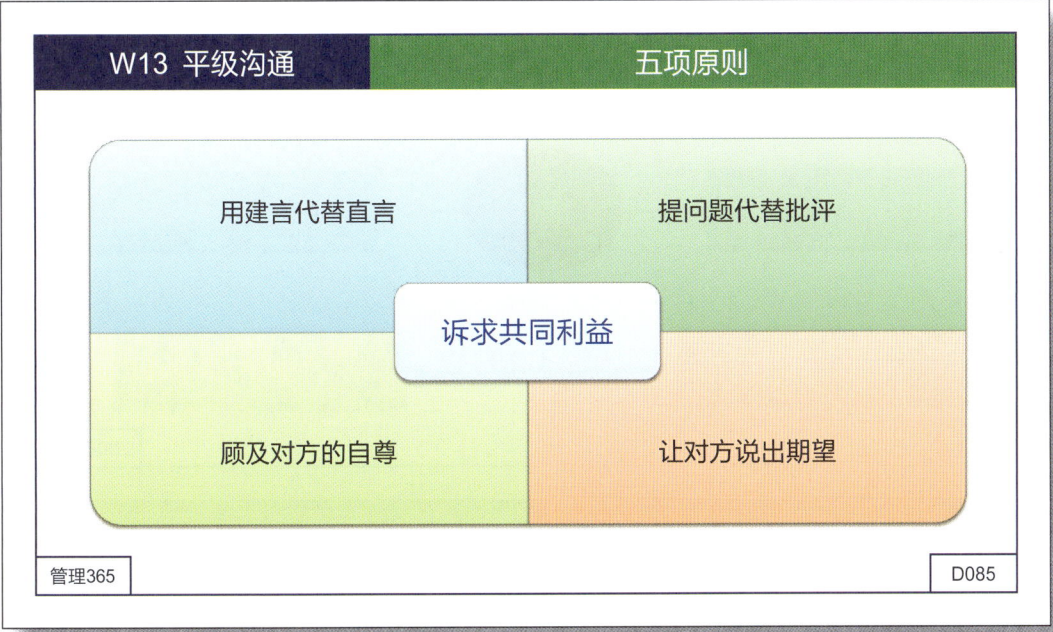

　　用建言代替直言：直言诚可贵，建言价更高。建言——建＝建议，言＝言论，就是建议的言论，可以口头述说，也可书面呈现。对于平级同事，与其直来直去，不如提些有建设性的建议。

　　提问题代替批评：平级之间遇到问题时通常会批评、抱怨对方。批评意味着指责，会强化对立、激化矛盾。提问题能把双方的关注点聚焦到问题上，而不是态度（行为）上。

　　让对方说出期望：明确对方想要什么以及我们能否提供，不轻易承诺，但承诺之后必须做到。对方不一定关注你的利益，但一定关注自己的利益。

　　诉求共同的利益：双方是合作双赢的关系，高效持久的关系必须是互惠的，双方需要在勇气（敢于表达）和理解（体谅对方）之间取得平衡。

　　顾及对方的自尊：注意说话的方式、语气和场合，尊重对方，理解对方的感受，并能表达出你的理解和诚意。

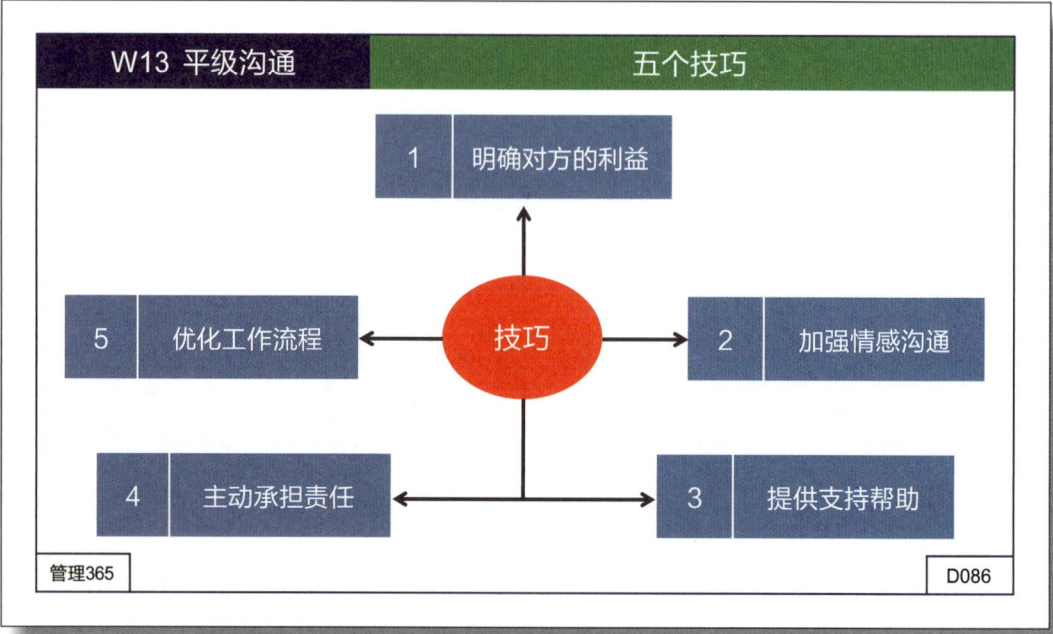

明确对方的利益：我们不能要求对方也能换位思考，必须明确告知对方的利益点在哪里。利益明确了，之后的事情就好沟通了。切记不能让对方猜测，事前就要告知规则。

加强情感沟通：对平级取得的成绩要表达赞美，真心为对方高兴。但有时候，对于同事取得的成绩，有些人不是赞美，而是羡慕、嫉妒。做人没有胸怀，不可能有愉快的沟通。

提供支持帮助：为同事的工作开展提供支持和帮助。另外，请同事帮忙时，我们也应看看自己能帮对方做什么，以加快同事对我们请托之事的回应速度。

主动承担责任：短期来看，主动担责似乎是要受批评或者惩罚，但长期看来，主动承担责任会有两点好处：上级会认为你大度有格局，平级会感激你的仗义之举。

优化工作流程：工作中出了问题，应主动从过程中找原因，去掉不必要的步骤，明确相互的要求，保证流程的增值性和流程效率。

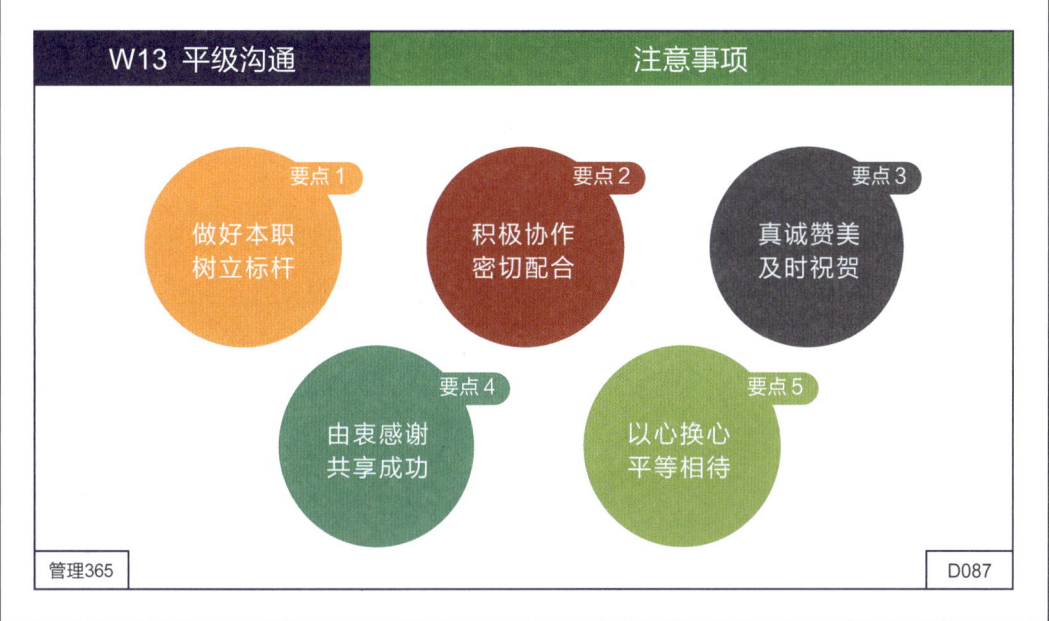

　　（1）积极做好本职工作是出于责任，而不是炫耀，也不是故意压倒平级。在工作中树立标杆（确实容易引起猜忌，所以要低调一点），成为平级同事学习的对象，整体工作品质就会不断提升。（2）在日常工作中，平级间要积极协作、密切配合、相互帮扶。平级间要有深度沟通，尤其遇到问题时，不能总是一团和气，点到为止。（3）对平级取得的成绩应表达真诚的赞美，及时送上自己的祝贺。真诚赞美，及时祝贺，要表现出一定的胸怀。（4）自己取得了成绩，由衷感谢大家的帮助，与大家共享成功（成果），让出一些利益。同时，还要注意帮助在竞争中暂时落后的平级同事，但不能有施舍心理。（5）以心换心，真诚相待。你想让别人怎么样对待你，你就应该先怎么样对待别人。

_____

_____

_____

_____

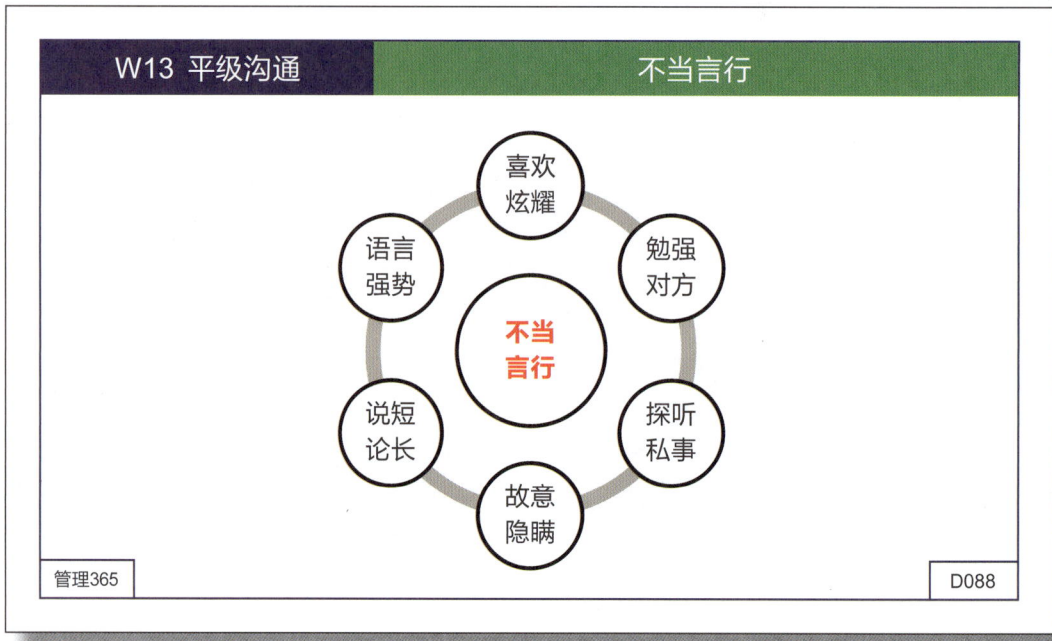

处理好与同事的关系，会有助于工作的开展。我们应该特别注意规避以下言行：喜欢炫耀，勉强对方，探听私事，故意隐瞒，说短论长，语言强势。

（1）喜欢炫耀：各种攀比，有点好东西、有点成绩唯恐别人不知道。这样做容易招致别人的嫉妒。（2）勉强对方：请求点赞、要求转发、强迫投票，耗费别人的时间和精力。（3）探听私事：对别人的私事甚至隐私有强烈的好奇心，甚至到处分享。（4）故意隐瞒：对于完成工作的必要信息刻意回避，不告诉别人，更不愿意提醒别人。（5）说短论长：喜欢咬耳朵，背后谈论别人，东家长，西家短，他都清楚得很。（6）语言强势：说话总是咄咄逼人，不给对方留余地，喜欢挑衅，好像自己总占理，别人总是无理取闹。

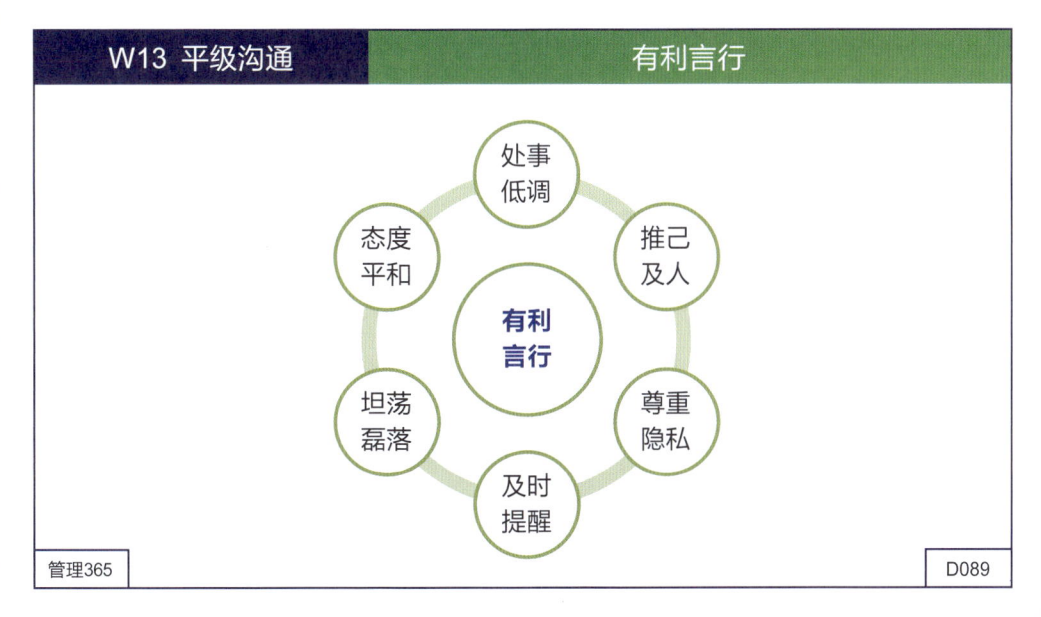

以上是应该规避的言行,接下来,我们再总结一下哪些是恰当的、利于同事交往的言行:处事低调,推己及人,尊重隐私,及时提醒,坦荡磊落,态度平和。

(1)处事低调:从不张扬,取得再大的成绩都很淡定,而且愿意把功劳分给别人。(2)推己及人:总是能为他人着想,出现问题时善于从自身找原因。(3)尊重隐私:从不打听别人的私事,也刻意回避那些"包打听"。(4)及时提醒:遇到问题,能为大家提供必要的信息,时常提醒大家要注意的地方。对于完成工作的必要信息,能够毫无保留地告知同事。(5)坦荡磊落:不耍阴谋,人前人后不会议论短长,处事光明磊落,为人坦荡。(6)态度平和:总是用商量、探讨的口吻与同事沟通,从不给别人难堪。

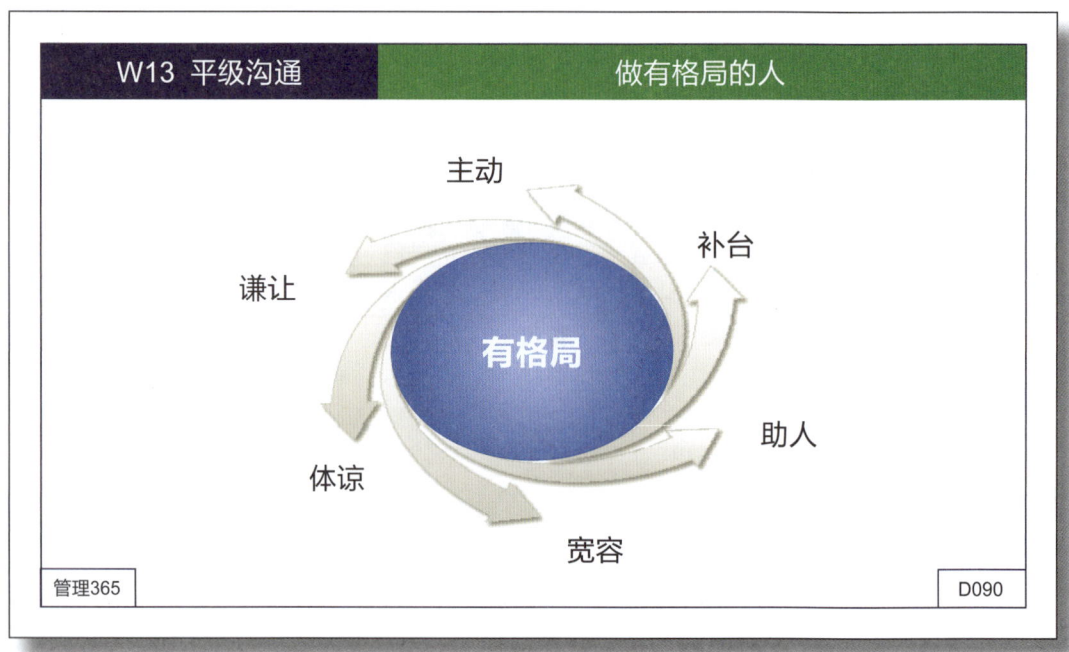

每周自问：如何应用已经掌握的知识解决当下的问题？

W14　对下沟通

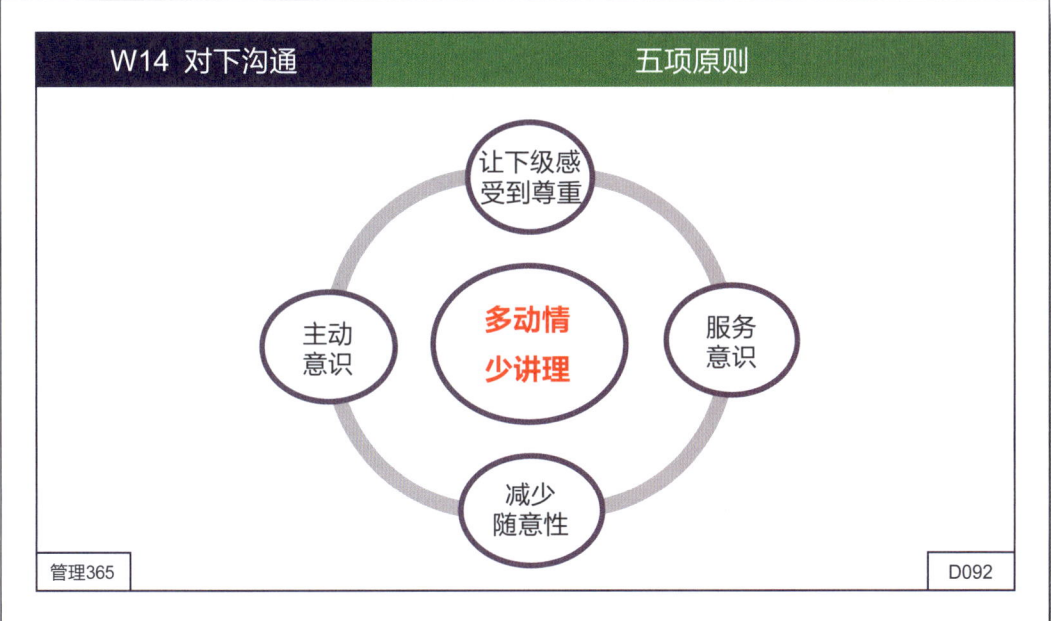

多动情，少讲理。没人喜欢听大道理，尤其是成年人。遇到问题时充分表达对员工的理解，甚至感同身受，一定会引起下级的情感共鸣，这样解决问题就具备了前提。先处理心情，再处理事情。

让下级感受到尊重。尊重下级只是我们发出的动作，下级是否认为被尊重，那是他的感觉。肯定下级对团队的重要性，以及他的价值和贡献，是对下级的真正尊重。

服务意识。主动关心下级，及时解决困难。布置工作时，不断降低下级完成的难度。我们对下级的帮助越多，下级对我们的认同就越多，我们对他们的影响力就越大。

减少随意性。当我们与上级沟通时，会考虑上级在干什么，会不会打扰上级。但是，当我们与下级沟通时，往往就不会考虑那么多了。所以要提醒自己，不可随意。

主动意识。下级不可能知道上级什么时候有时间，但上级自己是知道的。主动与员工交流，才能及时发现问题，避免更大的损失。

W14 对下沟通 —— 五个技巧

- ★ 坦率且具体
- ★ 明确工作标准
- ★ 多问开放式问题
- ★ 集中检讨工作能力
- ★ 避免下级建立心理防线

坦率且具体。坦率是一种态度，不能让下级猜测上级的意图；具体是指言之有物（数据、证据），不能泛泛而谈，引导下级养成务实的工作作风。

明确工作标准。上级应不断提升下级的规范意识，通常下级不会做上级希望的，只会做上级检查的。上级要把心中的希望转化为标准（符合企业要求），并列为检查事项。

多问开放式问题。封闭式问题是用来下结论的、结束谈话的。管理者要用开放式问题鼓励员工多角度看待自己的工作，并予以辅助、分析、指导。

集中检讨工作能力。与下级沟通要聚焦，首先要看员工是否胜任工作，如果不胜任，就需要进行能力提升。下级工作能力的提升，更多来自于上级的日常指导。

避免下级建立心理防线。使用正面的语言与下级交流，避免使用转折词（虽然、但是）。一旦下级在内心建立防线，上级与下级的沟通就无效了。

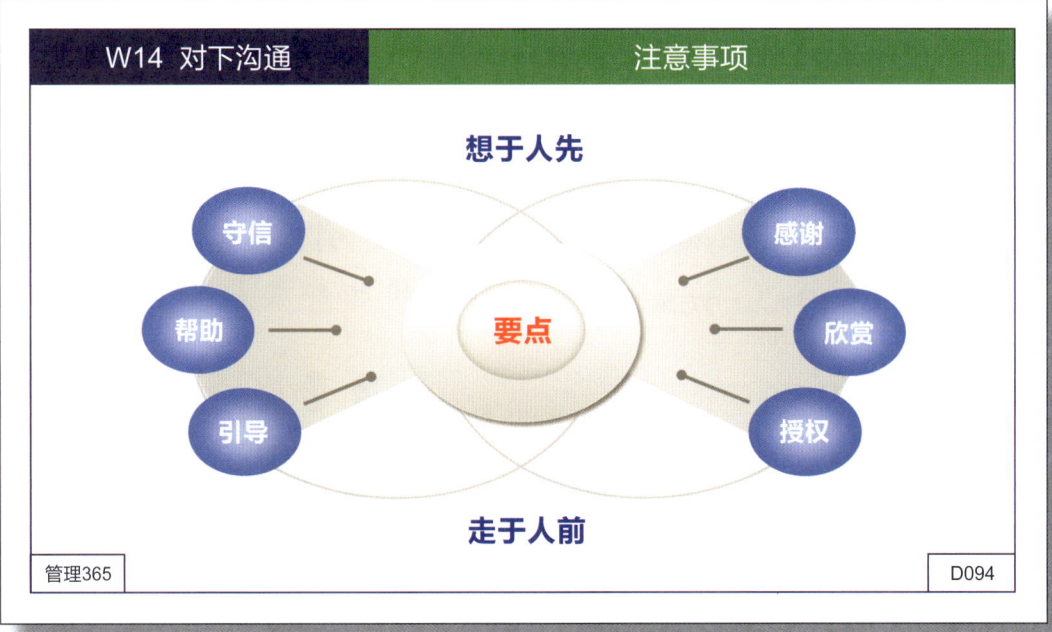

（1）想于人先，走于人前：凡事要未雨绸缪，大事情做规划，小事情做计划；要树立榜样，当好表率，掌握主动权。（2）信守承诺：轻诺必然寡信，管理者要说话算数，及时兑现承诺。（3）提供帮助：为使下级圆满完成任务，上级要提供工具、方法。领导源于认同，认同源于帮助。上级为下级提供的帮助支持越多，下级的认可服从就越多。（4）做好引导：下级难免会被一些不正确或不健康的思想观点误导，上级要努力把下级引向积极的观念，引导下级树立正确的价值观。（5）感谢下级：上级要对下级的付出和努力表示感谢，哪怕那些付出和努力是职责所在。我们要常怀感激之情，一定不要有"那是他应该的"这种想法。（6）欣赏下级：努力发现每位下级的长处，在工作安排上进行合理匹配，做到人尽其才。（7）授权下级：授权才能自主、自动。授权是对下级的信任，以及对下级品格和能力的肯定，有很强的激励作用。

W14 对下沟通 —— 一分钟表扬

- 表扬要及时，注意时效性
- 告知对方哪些事情做得好
- 告知对方你对工作很满意
- 沉默几秒钟以让对方感受到你的好心情
- 鼓励对方多做这样的事情
- 号召大家向他们多多学习
- 支持对方变得更优秀

表扬 尽量公开进行 有成绩就要肯定

　　表扬有尺度，批评有分寸！表扬与批评作为两种重要的管理手段，经理人必须驾轻就熟、灵活运用。表扬的目的在于"扬善"，批评的目的在于"规过"，表扬与批评时必须旗帜鲜明地指出提倡什么、反对什么。

　　表扬人，要遵循以下七个步骤。

　　（1）表扬要及时。被别人表扬总是开心的，无论表扬你的人地位高还是低，年长还是年幼，尤其是被及时当众表扬，心情会更愉悦。（2）表扬要具体，要告知对方哪些地方值得肯定。具体的表扬，才更显真诚。（3）把你的满意明确告知下级，下级会受到鼓舞，会很开心。（4）沉默几秒钟，让下级感受到你的好心情，他们会被你的好心情感染。（5）鼓励下级再接再厉取得更大的成绩。（6）把取得优异成绩的下级树为标杆，挖掘他的隐性知识，让他分享经验。（7）表示你始终支持下级，希望他们更出色。

　　表扬就是从努力发现对方做错了什么变为尽力发现对方做对了什么。无论是批评还是表扬，必须简短，一分钟，刚好！

W14 对下沟通　　一分钟批评

- 批评要及时，注意时效性
- 准确指出对方做错了什么
- 告知对方你的心情及感受
- 沉默以使对方感受到你的坏心情
- 表明你是站在他们这边的
- 批评的是他们的工作失误
- 不能喋喋不休，要及时刹车

批评　尽量私下进行　是为了更好地前行

批评人时，要遵循以下七个步骤。

（1）上级要及时指出下级的不足并引导他们加以改正。批评及时，下级才会印象深刻。（2）准确指出对方做错了什么，不能含糊。也就是说，批评要具体且准确，否则下级会反驳你。（3）明确表示这事让我很生气、很伤心、很痛心。（4）沉默会产生力量，给对方造成压力。（5）一定要让下级理解你的诚意：我们立场是一致的，不是对立的。（6）就事论事，重申你批评的是他们的工作失误。（7）最后，批评人要适可而止，说得越多，下级越反感。

批评一定要表达出两种情感：我真的很生气，我真的很在乎你！

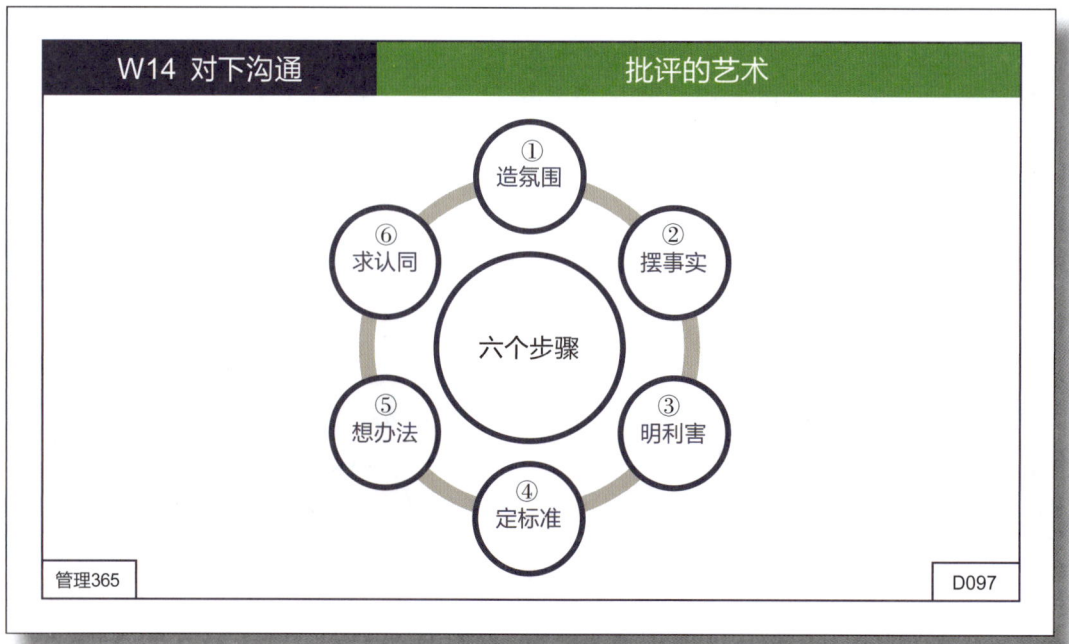

每周自问：如何应用已经掌握的知识解决当下的问题？

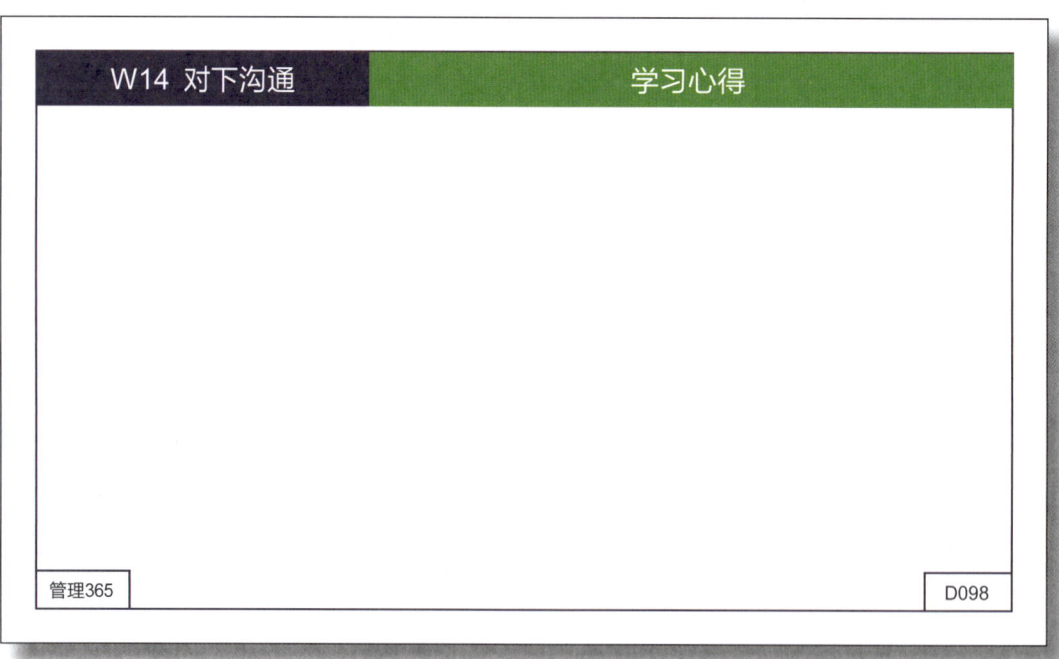

W15 冲突管理

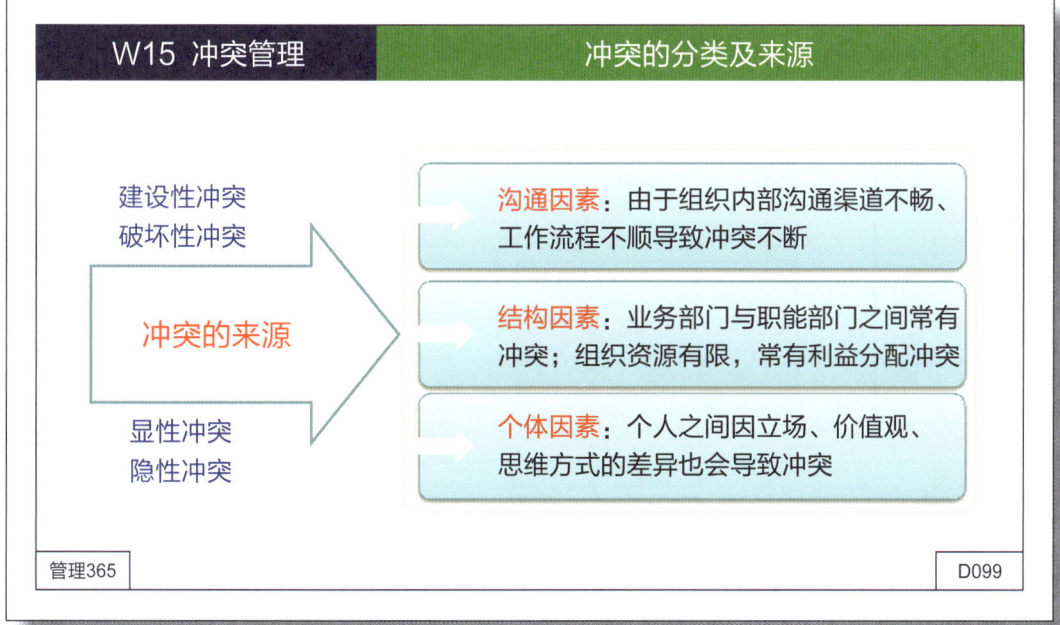

冲突通常分两类：建设性冲突和破坏性冲突。凡是能推动和改进工作或有利于团队合作的冲突，被称为建设性冲突；相反，凡是阻碍工作进展、不利于团队内部团结的冲突，被称为破坏性冲突。

冲突还有另外一种分类：显性冲突和隐性冲突。顾名思义，显性冲突就是表现出来的冲突，可以是建设性的，也可以是破坏性的。隐性冲突是指一方对另一方不满但没有表现出来，也可能是冲突双方都没有感觉到冲突的存在，但实际上冲突已经发生了。比如，上级希望下级的绩效更好一点，而下级内心认为自己已经做得很好了。隐性冲突一旦爆发，往往带有破坏性。因此，找到冲突的来源，才能有效解决冲突，甚至能够预防冲突的发生。在组织里，冲突的来源主要有三个：沟通因素、结构因素和个体行为因素，具体内容见上图。

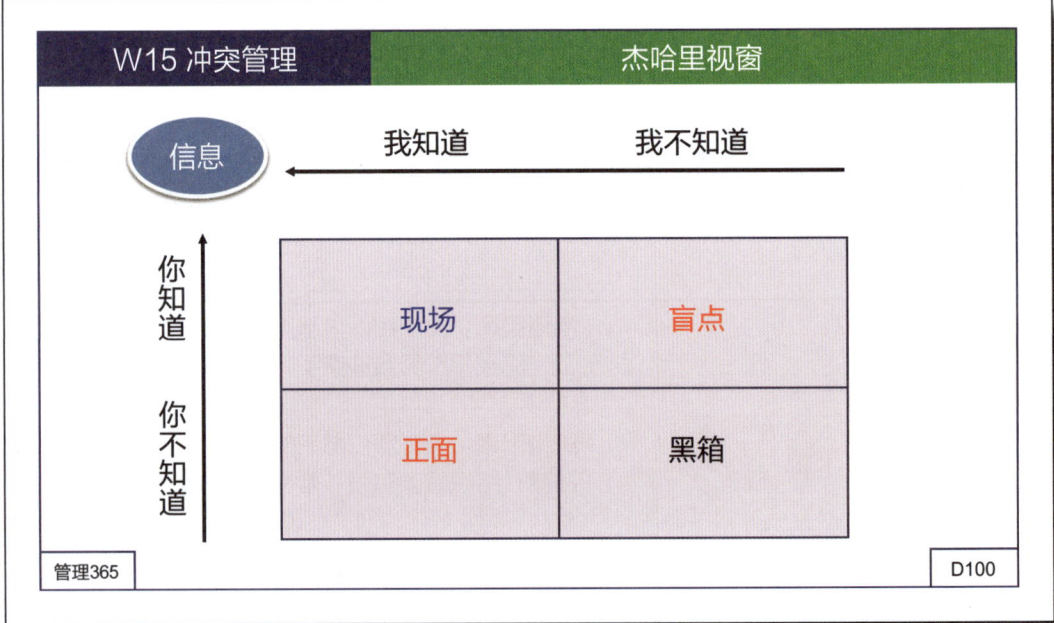

杰哈里视窗是解释冲突成因的基本模型，其根据信息是否对称划分为四种情境：现场、盲点、正面、黑箱。盲点和正面其实是一回事，你的盲点就是我的正面，我的正面就是你的盲点。

请思考三个问题：在四种情境中，哪一种情境一般不会发生冲突？哪一种情境发生的冲突最好解决？哪一种情境发生的冲突很难解决？答案很显然，现场不易发生冲突；黑箱发生的冲突最好解决，因为双方都不知情，不知者不怪，容易和解；盲点和正面发生的冲突不好解决，因为这两个区域发生冲突，会伴随着对对方人品的质疑，很难解释清楚。

为了减少发生冲突的可能性，我们应该做到，你知道的信息告诉我，我知道的信息告诉你，多披露，少隐瞒。在工作中更要相互提醒，只有这样，才能使流程更加顺畅，工作效率才会更高。

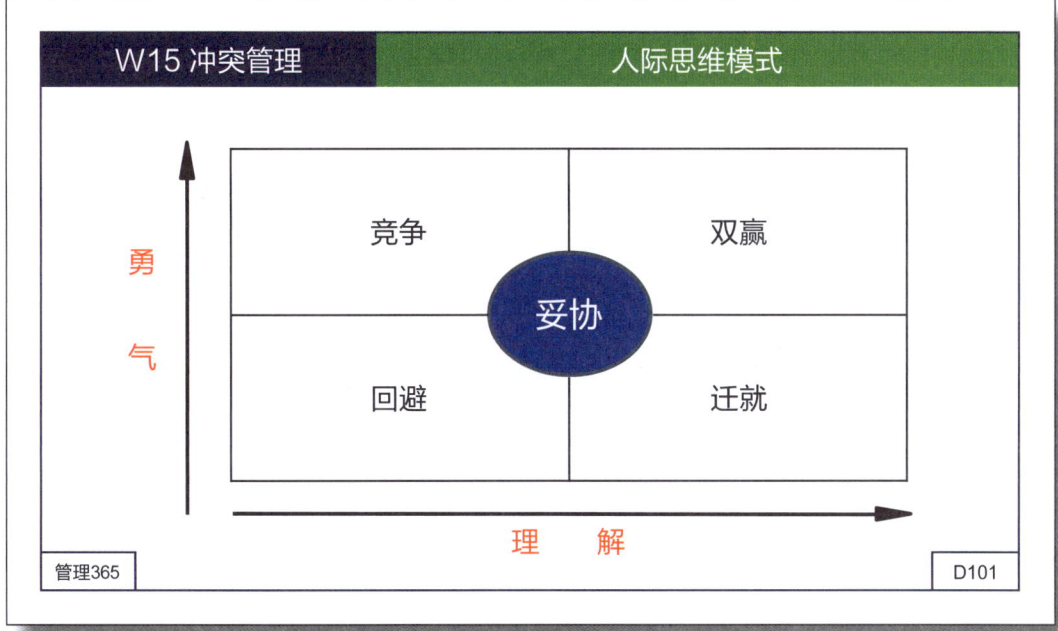

处理冲突时的人际思维模式是管理冲突的主要指导思想。如果一个人遇到冲突矛盾，不能理解对方，也不敢表达，那么他的行为选择就是回避或者逃避，不敢面对。如果一个人遇到冲突矛盾，他很能理解对方，但是不敢表达、怕伤和气或怕破坏和谐，他的行为选择就是迁就。如果一个人遇到冲突矛盾之后，从不去理解对方，也从来不考虑别人的感受，他的行为选择就是争抢（竞争），这种只顾自己的利益的行为是很自私的。如果一个人遇到冲突矛盾，既敢于表达，又能理解对方，他的行为选择就是双赢。双赢是勇气（敢于表达）和理解（体谅对方）的平衡。但在很多情境中，双赢往往是一种理想，妥协可能是最终的选择。此处，妥协不是贬义词，在某种程度上还是双赢。

_____

_____

_____

_____

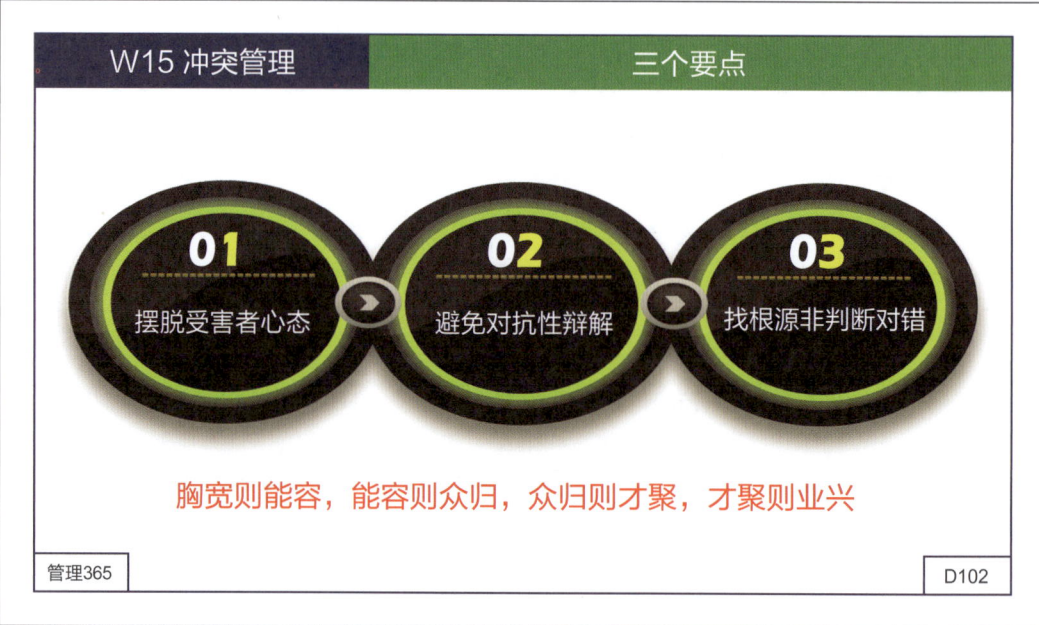

解决冲突，一是需要坦诚，二是需要胸怀。所谓坦诚，通常是指为人处事上表现出来的坦率、诚恳、表里如一。坦诚就是胸怀坦荡、内心诚实、实话实说、不隐瞒。在解决冲突时，除了要有坦诚的态度外，还需要有宽广的胸襟，既能容人也能容事。有道是"胸宽则能容，能容则众归，众归则才聚，才聚则业兴。"古人云："君子坦荡荡，小人长戚戚。"如果处处工于心计、气量狭小，那就无法解决冲突。

要想有效解决冲突，必须牢记三点：摆脱受害者心态，避免对抗性辩解，找根源而非判断对错。受害者心态会让当事人总是认为错在对方，如果对方不认错，事情就无法解决；对抗性辩解是指双方各执一词，此时冲突双方不是基于事实而是基于感觉在争吵；解决冲突的关键是找到冲突的根源，才能对症下药。

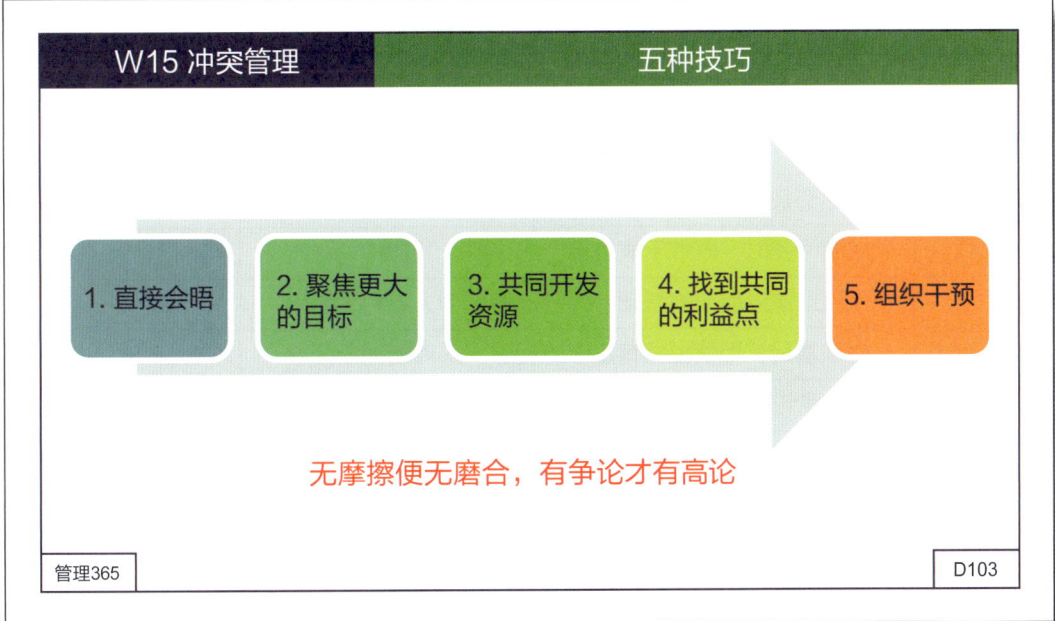

处理冲突的技巧主要有五种：直接会晤、聚焦更大的目标、共同开发资源、找到共同的利益点、组织干预。最有效的冲突处理方式是直接会晤，即双方不经过第三方而直接处理冲突。这种直接会晤不见得是非要见面，电话、邮件、短信、微信等各种手段都可以，只要是当事人发出的都可以视为直接会晤。当然，见面谈是最好的选择。

当冲突双方把他们的焦点放在更高、更大的目标时，往往眼前的冲突就不算什么了。是谋一域还是谋全局，结论显而易见。共同开发资源，资源就会越来越丰富，心态也会越来越富足。冲突双方都应向外看，向外求。总是盯着眼前的利益，就失去了寻找更多利益的可能性。找到共同的利益点，双方就容易搁置争议。有时候，你争我抢的利益突然消失了，冲突也就终止了。靠当事人实在无法解决的冲突矛盾，只好借助组织手段进行干预了。

W15 冲突管理	双赢检核表		
序号	检核内容	是	否
1	人际交往的基本原则：高效持久的关系必须是互惠的		
2	遇到问题时，既敢于表达自己的见解，又能体谅对方		
3	双赢应该以品德为基础，而不该是以个人魅力为基础		
4	心态富足，相信世间有足够的资源，人人能得以分享		
5	信守承诺，而且一旦做出承诺，就会竭尽全力去实现		
6	表明自己的期待，界定合作的范围，明确责任和资源		
7	为了达成预期目标，梳理流程、完善制度、遵守协议		

每周自问：如何应用已经掌握的知识解决当下的问题？

W15 冲突管理	学习心得

W16　跨部门沟通

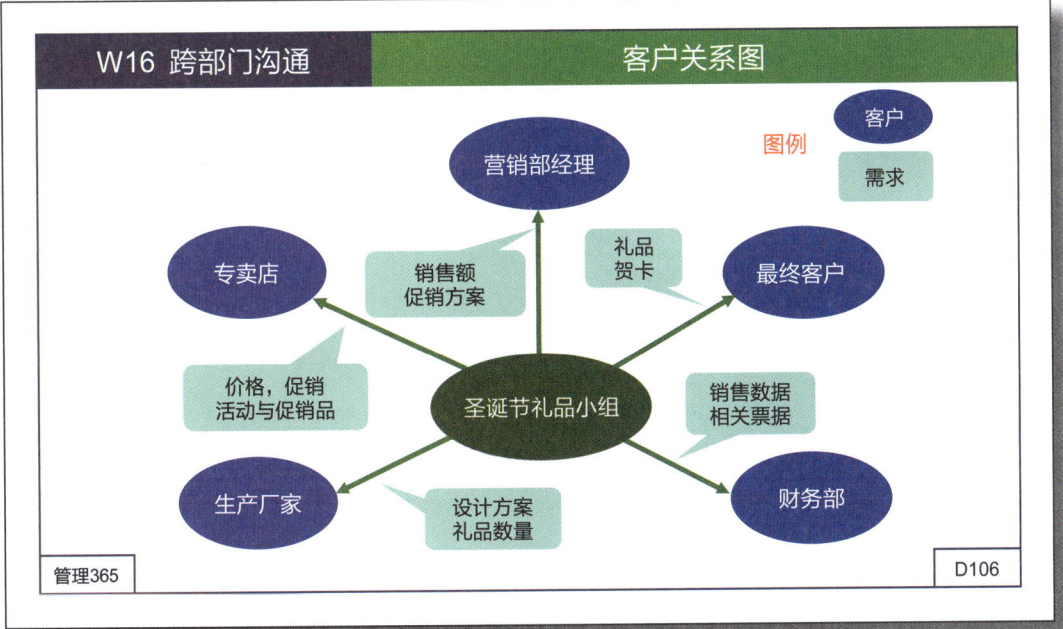

研究表明：组织里80%以上的工作时间都花在了沟通上；三分之二的员工认为其企业内的部门沟通不良；四分之三的员工认为部门经理间的个人冲突极大地影响了部门间的沟通；70%的工作错误是由沟通不良和表达问题造成的。这些情形不可避免地使企业的产品和服务质量都在下降。在很大程度上，这不但影响企业的公众形象，也阻碍了企业的长远发展。

解决跨部门沟通问题的指导思想（原则）是客户关系图。客户关系图就是通过图示的方式表现部门（团队）对组织内外客户的工作产出，也就是"客户"的要求。上图是某公司在圣诞节前夕成立的"圣诞节礼品小组"的客户关系图，从图中可以看出，礼品小组的"客户"有五个，他们的对应需求已经在图中列示。"客户关系图"概念的导入，颠覆的是"本位主义"的思维方式。

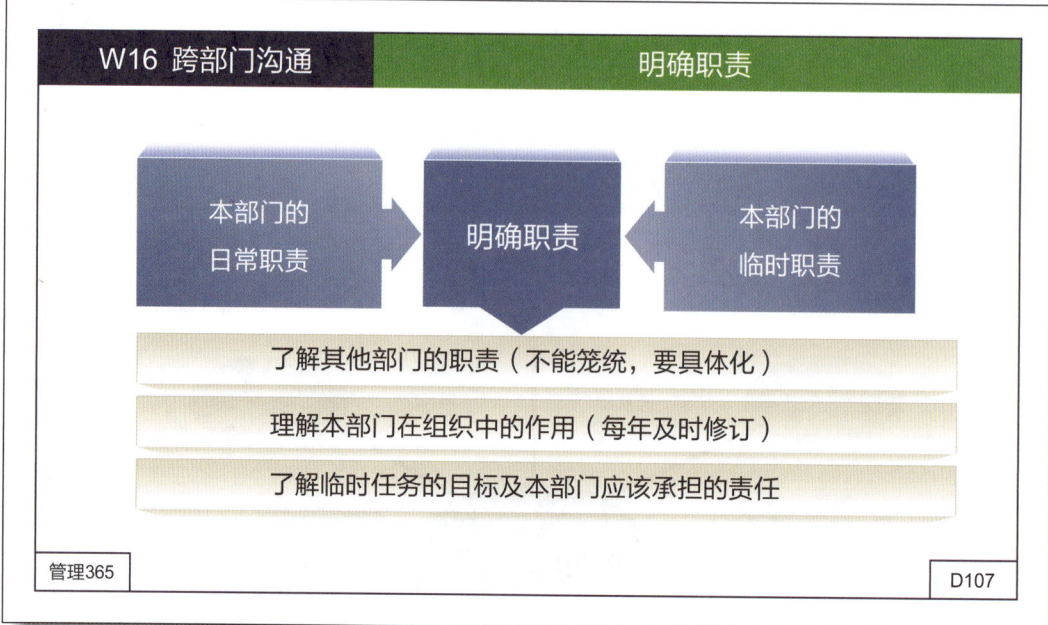

分工是为了合作，合作是为了创造更大的价值。明确部门职责是跨部门合作的基础。同时，部门职责要模块化，以利于岗位划分和职责确定。由于当前环境变化很快，企业的部门职责和岗位职责每年要修订一次，否则，扯皮的事情就会越来越多。企业日常运营中也会出现一些临时任务团队（项目团队），临时性职责也应明确并告知协作部门。

不但要明确本部门的职责，还要清晰了解有密切协作关系的部门的职责，不能笼统说，这个部门是干审计的，那个是干工程的。了解他们的内部分工，要具体到岗位，或至少到职能组。只有这样，工作才好对接。

此外，每个部门都有一些工作需要其他部门配合，或者有些工作需要配合其他部门，具体如何配合，要把具体时间、涉及的人员搞明白或说清楚。

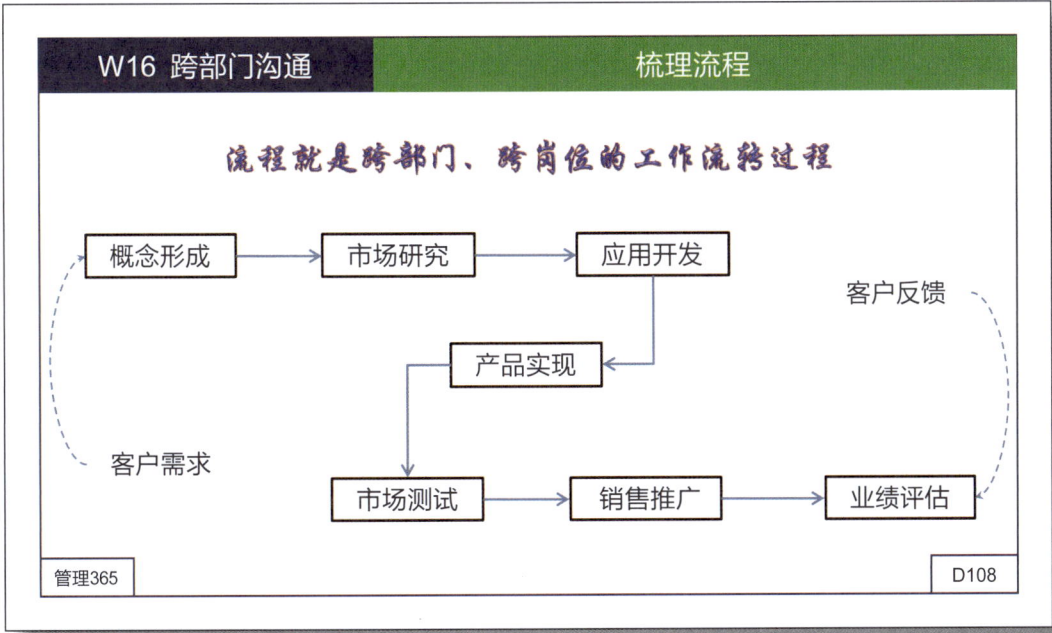

流程的作用：（1）无序变有序；（2）复杂变简单；（3）人走流程在。流程的优化和建设方向：流程的增值性和流程效率。在企业里，除去人为因素，大部分冲突是因为流程不畅导致的。当流程不顺时，我们可以本着八字方针进行流程优化：写我所做，做我所写。

上图是新产品开发流程示例。首先由市场部了解客户需求，收集竞争性产品的信息，进行市场研究，形成产品概念和轮廓交给研发部门去开发；研发部门根据市场部门提供的产品描述进行开发、测试，然后把产品图纸交给生产部门；生产部门按照图纸进行加工制造，然后交给销售部门；市场部联合销售部门进行市场测试，收集客户反馈，并将相关信息传递给研发部门进行优化改进。

从上述流程中可以看出，各部门在从收集需求到满足需求的过程中紧密配合，可以使流程不断增值，使流程效率不断提高，使问题无处隐藏。

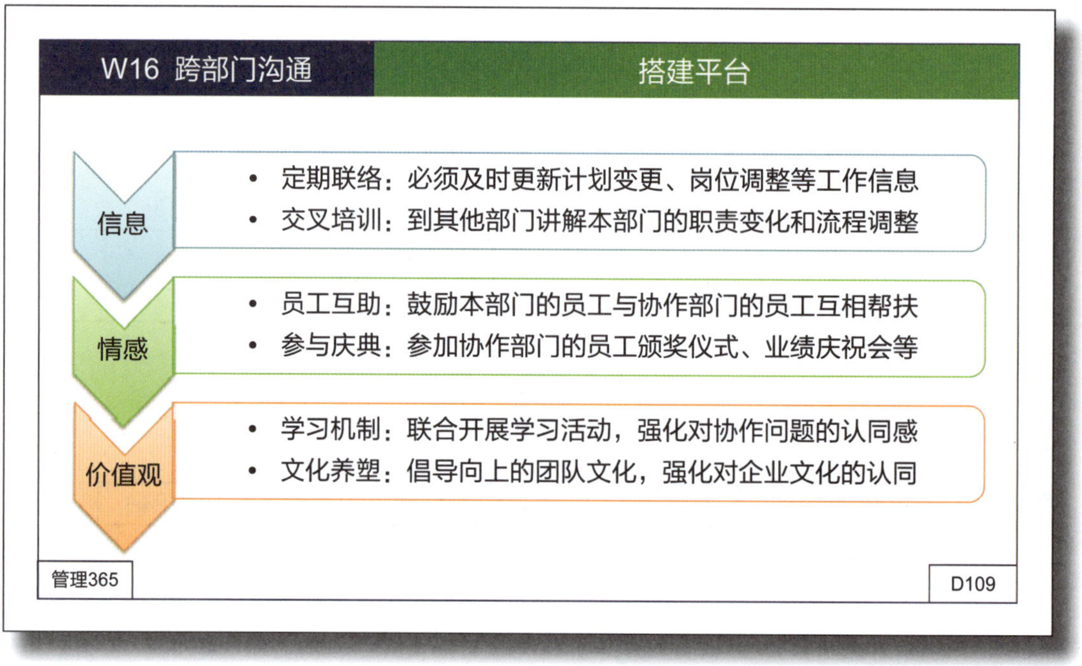

W16 跨部门沟通　　搭建平台

信息
- 定期联络：必须及时更新计划变更、岗位调整等工作信息
- 交叉培训：到其他部门讲解本部门的职责变化和流程调整

情感
- 员工互助：鼓励本部门的员工与协作部门的员工互相帮扶
- 参与庆典：参加协作部门的员工颁奖仪式、业绩庆祝会等

价值观
- 学习机制：联合开展学习活动，强化对协作问题的认同感
- 文化养塑：倡导向上的团队文化，强化对企业文化的认同

跨部门沟通需要稳定的沟通渠道和沟通方式，这就是沟通平台的建设。沟通平台的建设一定是先信息、再情感、后价值观！各个阶段的活动方式已经在上图中列明。大家也可以根据自己的理解去补充完善。搭建好沟通平台之后，沟通顺序通常会发生变化，变为情感——信息——价值观，也就是先谈感情再说事情。

信息层面的建设主要表现在日常联络上，相互通报工作计划、岗位异动等情况，以便提前安排，使工作更顺畅。交叉培训是信息层面建设的辅助手段。情感层面的建设要特别注意：关系远近关键在于经营，部门之间和人与人之间一样要多往来、常走动。有成绩，及时祝贺；有困难，相互帮扶。价值观层面的建设主要体现在一些文化活动或团建活动上，目的在于塑造认同感、寻求一致性、发展共赢点。

W16 跨部门沟通	制订沟通计划	
时间		地点
目标		
准备		
序号	项目	备注
1	第一句话说什么	对方不反感
2	他会问哪三个关键问题	因岗位而异
3	如何回答，相关话术是什么	提前准备
4	如果我是他，会怎么想（做）	换位思考
5	结束	肯定性语言

管理365　　D110

　　实践证明，上图是制订跨部门沟通计划的有效工具。很多时候，跨部门沟通没有计划性，充满了随意性。日常的信息沟通一般不会出现太大问题，但当部门之间发生冲突时就有必要好好计划一下了。

　　部门之间的沟通障碍主要体现在四个方面。（1）思维方式不同：每个部门都有自己的思维方式和做事逻辑，自己看自己，怎么看都顺眼。（2）目标领域不同：每个部门都有各自的目标领域和职责范围，组织内部通常缺乏统筹安排，大家各自为政，导致沟通困难。（3）信息资源问题：信息不对称，部门间不互通有无。在资源分配上，大家都去抢资源，导致部门间摩擦不断。（4）利益分配问题：利益分配不平衡是企业的常态，由于利益分配不均导致争吵不断。

　　上图列出的五个步骤中，前两个步骤最关键——如何不引起对方的反感，明确对方的关注点是什么。

W16 跨部门沟通		注意事项
序号	注意事项	操作要点
1	事先做好准备	你希望对方帮你做什么，对方的要求和替代方案
2	了解对方语言	换位思考，频繁地互动有助于建立彼此的熟识度
3	创造共同目标	这是合作的关键：识别阻碍因素，强调合作价值
4	坚持开诚布公	以诚实为上策，最忌欺骗、隐瞒事实、破坏信任
5	不要害怕冲突	态度要柔和，但立场要坚定，注意维护部门权益
6	呈现具体事实	让沟通聚焦，引导人们将注意力放在中心议题上
7	开发多元选项	多元选项能让选择不再"非黑即白"，保持弹性

管理365　　D111

每周自问：如何应用已经掌握的知识解决当下的问题？

W16 跨部门沟通	学习心得

管理365　　D112

W17　会议管理

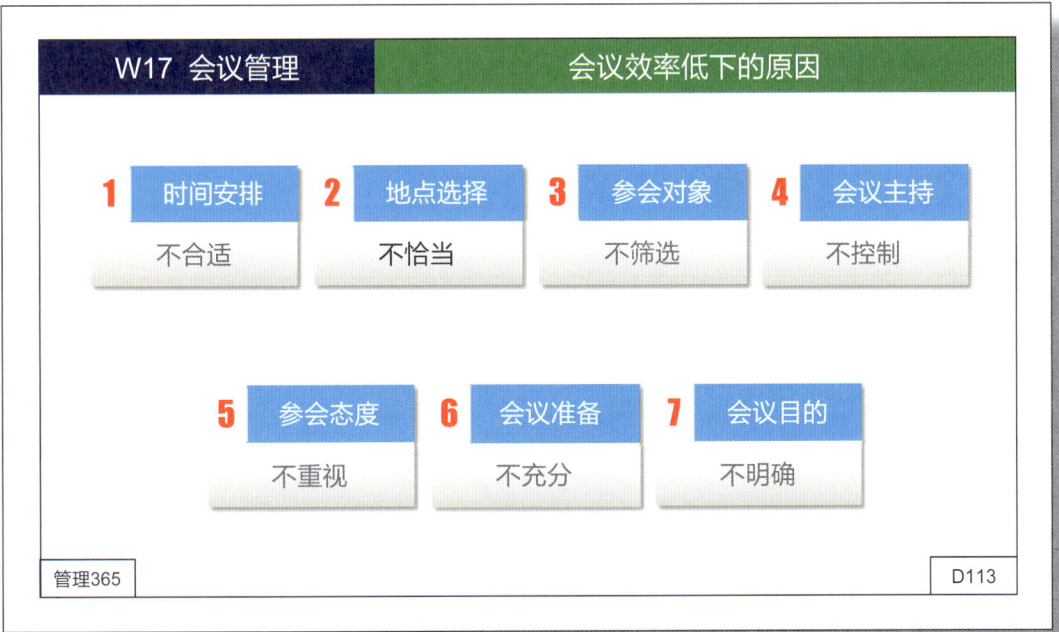

（1）时间安排：会议安排在即将午餐的时间或临近下班的时间，每个人都饥肠辘辘或着急回家，无心开会。（2）地点选择：会议地点设在办公室，致使会议被频繁打断，无法正常进行。有些企业的培训会执意放在内部举行，结果参训者进进出出，严重影响了学习效果。（3）参会对象：必须出席会议的人未到，来开会的是一些可有可无的参加者，结果导致陪会或者有人替别人来开会。（4）会议主持：会议主持人缺乏影响力、说服力，经常被参会者牵着鼻子走，难以控制局面。（5）参会态度：参会者态度上不重视，发言混乱、无序，既不知如何表达，又不知何时结束发言。（6）会议准备：开会前没有通知参会者相关事宜，导致无法提前准备，致使会议拖沓而没有成效。（7）会议目的：在会议进行中忽然发现开会的原因和目的都很不明确。

_____

_____

W17 会议管理	会议类型
类型	**注意事项**
传播信息	参会者不一定都要到会场或主会场，也可采取视频会议和音频会议的方式
收集信息	信息收集型的会议可以采取多种形式，以提高信息收集的全面性和趣味性
制定决策	既然是决策，就有支持、中立、反对等现象，主持人要做好会后沟通
推销决策	会前要考虑到哪些人会有异议，提前做好预案，最好会前先进行沟通
解决问题	解决问题的关键在于准确界定问题和透彻分析问题，然后提出对策

管理365　　　　　　　　　　　　　　　　　　　　　　　　　D114

（1）传播信息：参会者不一定都要到会场或主会场，也可采取视频会议和音频会议的方式。（2）收集信息：为做决策或解决问题，需要收集信息，掌握更多情况。信息收集尽量全面、客观，不做任何判断。（3）制定决策：既然是决策，就会有支持、中立、反对等现象。在会议中，持中立态度，尤其是持反对意见的人，在会后完整传达会议精神的可能性很小。因此，主持人要做好和这些人的会后沟通，甚至会前就需要沟通。（4）推销决策：就是说服他人接受已作出的决策。在会前，主持人要考虑到哪些人会有异议，最好会前先进行沟通。（5）解决问题：解决问题的会议，关键在于准确地定义问题。

为了保证会议效果，尽量只开单一功能的会议。如果多种会议功能交织到一起，或者多种会议目的并存，那么会议主持人必须写好会议议程，在会议过程中严格控制时间，按照议程进行。

W17 会议管理		参会者责任检核表	
时间	参会者的责任	状态检核	
会前	要记下开会的日期、时间、地点	▲是	▼否
会前	依据会议资料，准备好参考材料	▲是	▼否
会前	要做好在会议中发言的心理准备	▲是	▼否
会中	倾听他人意见，听完整，再回应	▲是	▼否
会中	在会议中，积极发表自己的见解	▲是	▼否
会中	关注正在讨论的事项，不开小会	▲是	▼否
会中	密切配合主持人以达到会议目的	▲是	▼否
会后	要清楚了解会议达成了什么结果	▲是	▼否
会后	必须了解还有哪些事情未完成	▲是	▼否
会后	知道分配给自己的任务如何完成	▲是	▼否

管理365　　　　　　　　　　　　　　　　　　　D115

　　会议主持人或会议组织者在会前要做两项准备工作：编写会议议程和通知与会人员做准备（当多种会议目的并存时，会议发起者必须写好会议议程，并提前发给与会人员）。

　　与会人员接到通知、收到议程后，根据会议要求提前准备相关资料和做好发言准备，这是与会者的会前责任。会中，参会人员应遵守会议纪律，尊重其他与会者，尽量不打断别人，同时积极发表自己的见解。而且，发言内容必须是经过深思熟虑的。有的企业有两条不成文的规定：来参会的人如果总不发言，没有贡献，下次就别来了；如果喜欢发言，但总说错话，误导别人，浪费时间，那么以后也不用来了。

　　会后，参会人员必须清楚会上定了哪些事情，跟自己相关的任务是什么。

　　作为与会者，经常有陪会、走过场、应付差事等心理，以这样的状态去参会，效果可想而知。因此，任何组织都要重视会议管理，明确会议目的，提前做好准备，注重过程控制。

W17 会议管理		五种发言人及对策	
类型		表现	对策
蝉型		讲故事，绕圈子，消耗很长时间	限定发言时间，必须直截了当
鲨鱼型		攻击别人，挑战别人，挑衅别人	提醒遵守会议秩序，尊重他人
驴型		很敏感，防卫心理重，对号入座	敞开心扉，强调并非针对个人
兔子型		好奇心强，刨根问底，带偏主题	注意会议目的，会后可以沟通
螃蟹型		发言跑题，或者开小会、议论问题	围绕主题发言，注意会议纪律

在会议中，主持人要注意五种类型的发言者：蝉型、鲨鱼型、驴型、兔子型、螃蟹型。否则，他们会严重影响会议的效率和效果。

蝉型发言者会让其他与会者很不耐烦——会议越开越长，这种人功不可没。对鲨鱼型发言者，主持人如果不加干预，很容易引发冲突。驴型发言者总觉得别人似有所指，这种性格的人往往人际关系紧张。对于兔子型发言者，有些与会者会错误地认为需要这种人活跃气氛，内心认同这种做法。螃蟹型发言者如果是主要领导，会议就会偏离方向。

总之，作为会议主持人，要做好过程控制。对蝉型的发言者，要强调主题，控制时间；对鲨鱼型的发言者，要提醒其可以表达不同意见，但不要挑衅和攻击他人；对驴型的发言者，要提醒他不要对号入座，应就事论事；兔子型的发言者，很容易带偏主题，要提醒其关注重点；螃蟹型的发言者发言总跑题，要提醒其关注议程。

W17 会议管理　　　晨会小技巧

晨会内容	注意事项	时长
出勤检查	卡点者予以提醒，早到者予以表扬，出勤情况是工作状态的体现	1分钟
绩效反馈	通报昨日的绩效表现，分析差距，及时处理影响工作的突出问题	2分钟
当日计划	宣布当日工作计划，根据岗位分工进行工作安排，明确跟进方式	3分钟
公司新闻	通报公司要闻，增强员工的集体荣誉感，引导员工关心公司发展	1分钟
员工反馈	给员工表达的机会，对工作提出合理化建议，强化员工的参与感	2分钟
晨会小结	尽量简短，不超过三点。要强化规则意识：提倡什么，反对什么	1分钟

管理365　　　D117

　　晨会是指利用上班前的5～10分钟时间，全体员工集合在一起，互相问候、交流信息、安排工作的一种管理方式。晨会必须简短，它是统一思想、传播文化、营造氛围、建设团队、树立榜样的有效手段。需要特别注意的是，很多时候晨会开多了，大家就失去了兴趣，参与度就会降低。因此，准备一些互动游戏，给晨会加点创意，也是很有必要的。

　　晨会不能流于形式，其内容通常包含出勤检查、绩效反馈、当日计划、公司新闻、员工反馈、晨会小结等六个环节。在上述六个环节中，公司新闻和员工反馈往往被忽略。绩效反馈环节尤其要特别关注以前的问题是否还存在，不能带病作业。管理工具贵在简单易行，管理者要养成归纳总结的习惯，同时遵循"明策略，给工具，教方法"的育人逻辑，梳理流程，制作模板，做好传承。

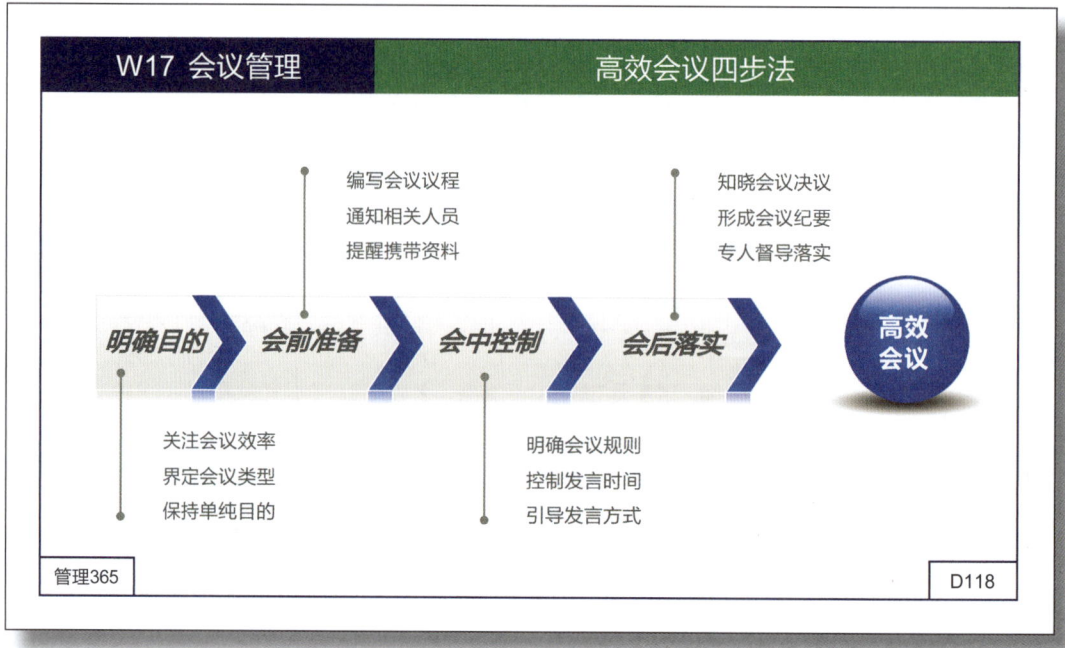

每周自问：如何应用已经掌握的知识解决当下的问题？

W18　商务沟通

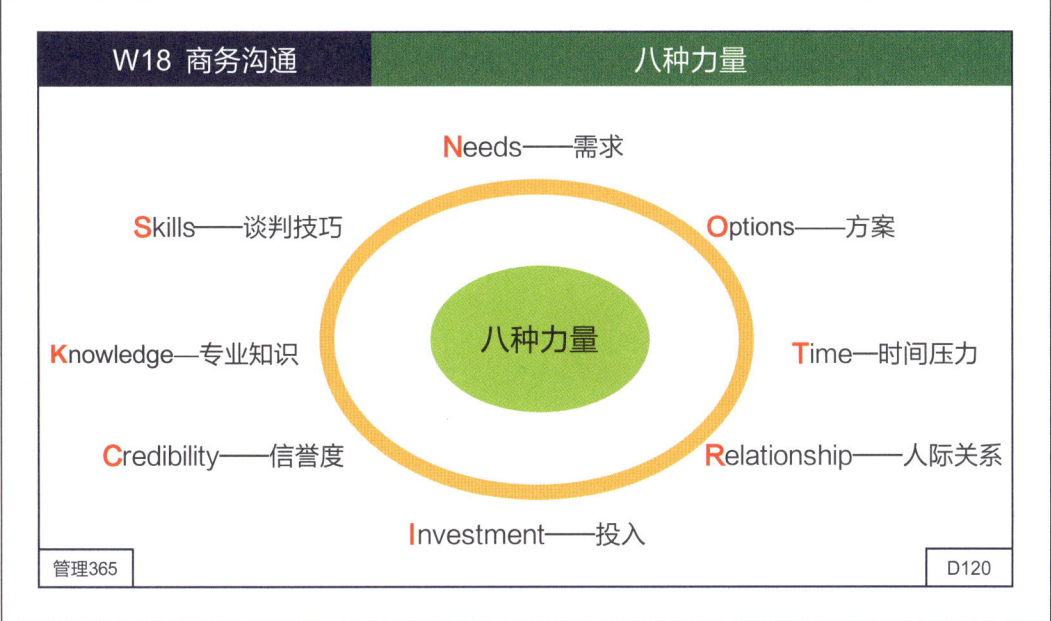

　　NO TRICKS（拒绝诡计）是八个英文单词的首字母缩写，分别代表了谈判中的八种力量。

　　"N"代表需求，对于谈判双方来讲，谁的需求更强烈一些？如果说某一方的需求很强烈，相对来讲它谈判的力量就相对弱一些。"O"代表方案，在谈判当中，你的方案不能只有一个，至少应有一个备选方案。T代表时间压力，如果说有一方受到时间压力的影响，它的谈判力就会减弱。R代表人际关系，对于谈判双方来讲，关系越好，氛围往往越融洽。I代表投入，可以说，你为这个项目投入的越多，为了达成这个协议，给对方的承诺越多，你的谈判力量就越弱，因为你输不起。C代表信誉度，口碑是一个很重要的筹码，在谈判中要用好自己的品牌优势，用好这种客户参照。K代表专业知识，如能完全理解你的产品能够如何满足顾客的需求，那么你的专业性无疑将增强你的谈判力。S代表谈判技巧，它是一个综合性的学问，后边我们会谈到。

谈判开始之前要做好三个方面的准备：行政准备、心理准备、方案准备。行政准备包括谈判人员、谈判场地、谈判资料的准备。心理准备是说，谈判在很大程度上是谈判者之间的心理较量，谁能在关键时候挺得住，谁的胜算就会大一些。方案准备不仅仅是制作一个文本，还要约定谁主谈、怎么报价、怎么让步，等等。

第一个环节是谈判开场，这里要注意：谈判文本由谁来起草，谁就越占主动。另外，主场谈判要比客场谈判胜算大出30%。第二个环节是营造气氛，这是一个相互摸底、互探虚实的过程。比如，你们给哪个企业做过类似的项目，我们这个行业中哪些客户在用你们的产品等。第三个环节是提出方案，开始报价还价。一般来讲，如果是买卖谈判的话，这种谈判通常由卖方开价。此外，还要有备选方案，以免谈判陷入僵局。到第四个环节，大家已经很有诚意要达成交易了，具体的成交方式请见 D125 的图。

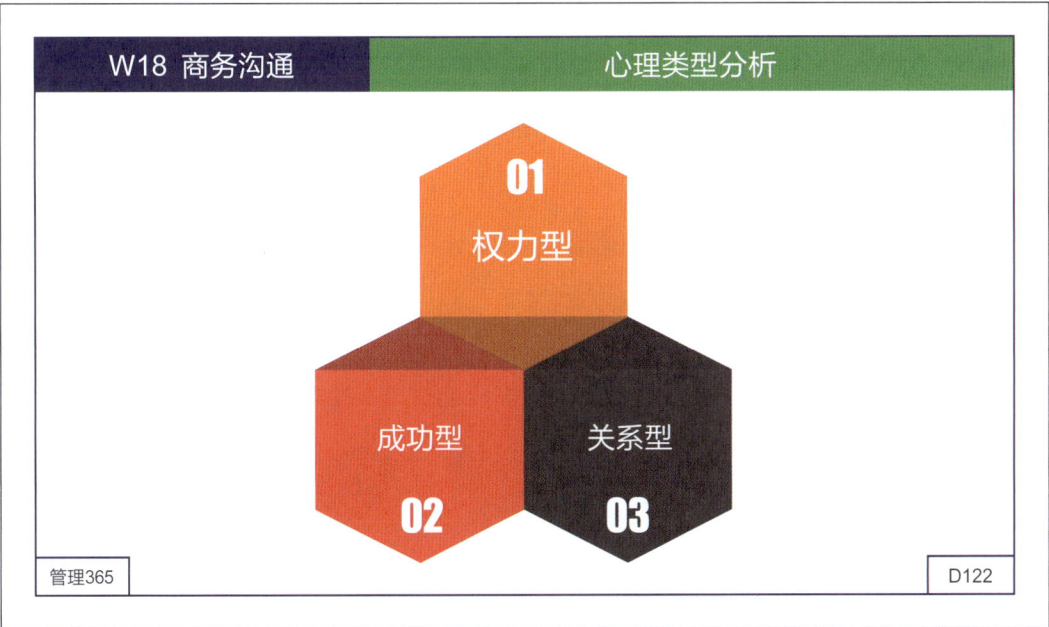

　　所谓权力型，就是语言强势、咄咄逼人、喜欢炫耀，几乎不给乙方太多说话的机会，他喜欢掌控局面。乙方的策略是顺着他的话说。因为他说得越多，你了解的情况越多。

　　成功型有三种情况。第一种情况是刚入行或者刚加入某个组织的人迫切需要业绩证明自己的能力。对于这样的对手，不妨给一个大的让步，让他在同事面前有面子。第二种情况是有些人认为成功就是"只有我出马，才能搞定，"如果一次就谈成，那么他会觉得不解渴，还要制造点难度。第三种情况是有些人把组织利益看得高于一切，跟这样的人谈判，充分展示你的实力就可以了。

　　关系型也有三种情况。第一种是损己利人，为了保持和你的关系，很快就把底牌和盘托出，遇到这样的对手真的不是什么好事。第二种是老于世故，谈来谈去没什么进展，我们要让他尽快把能做主的人请出来。第三种是真正看长远关系的人，买卖不成仁义在。

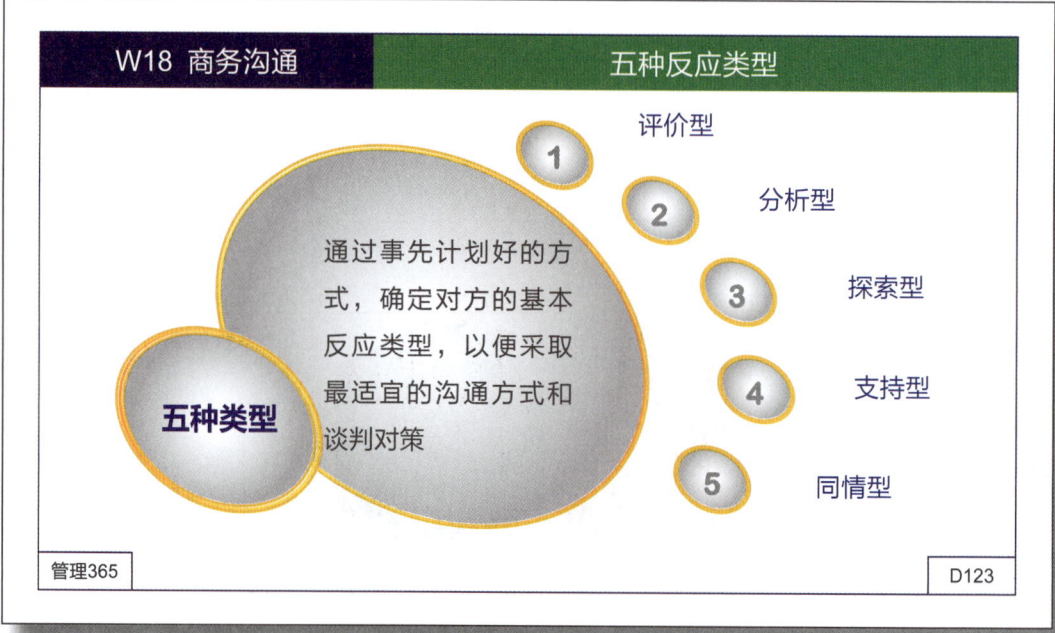

（1）评价型：他对你提出的方案马上会有回应——同意或不同意。我们喜欢这种风格——爽快。（2）分析型：他通常不会直接给出看法，因为他一直在权衡利弊，在对各种方案进行比较。（3）探索型：有两种表现，一是同意，但提出另一个方案；二是不同意，然后说出自己的看法。（4）支持型：总是支持，从不提反对意见。这种人会很痛苦，他内心可能并不认同你的观点，但性格决定了他不会否定别人。（5）同情型：我理解你的感受，但是我不同意你的观点。

（1）评价型的对策：两手准备，同意你，这事好办；不同意你，你要有足够的理由说服他。（2）分析型的对策：处理好细节，别让他找出毛病。（3）探索型的对策：给对方充分表达的机会，即使否定你，那也是他为了抬高自己。（4）支持型的对策：不能占对方便宜，否则他回去不好交代。（5）同情型的对策：表达感受，直接面对，做事看长远。

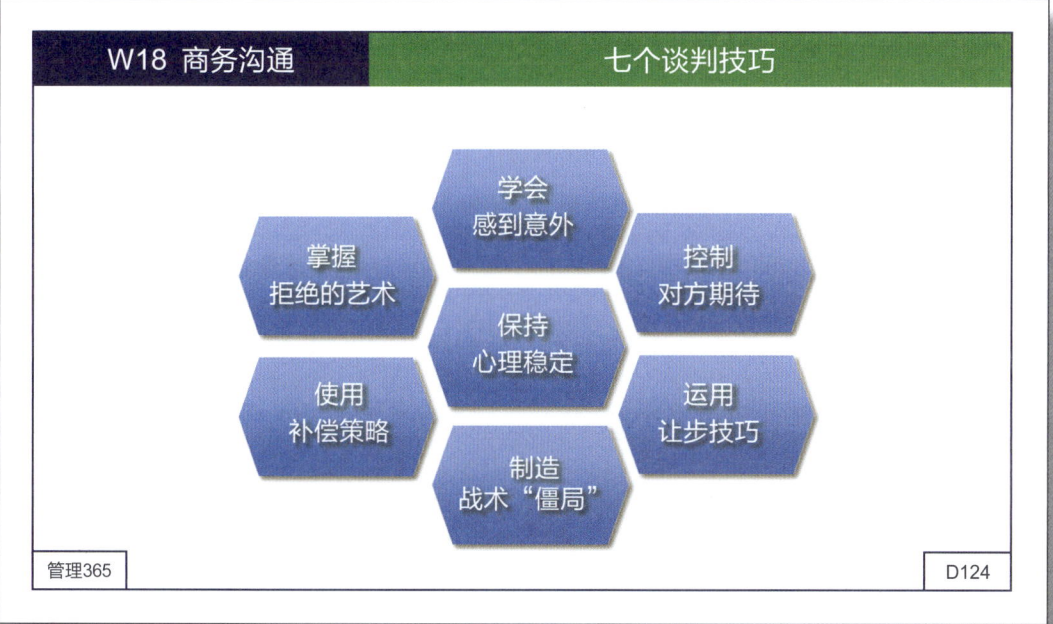

（1）对于对方提出的要求，你应该学会永远感到意外。在你表示意外之后，对方通常会做出一些让步。（2）通过高开价，可以调整对方的期待。如果对方急于达成交易，我们就放缓节奏，谈判就会往有利于我方的方向发展。（3）刚开始不让步，最后做出大的让步；或每次只让一点点，逐渐减小让步幅度，这就是通过调整让步速度、频度和幅度来影响对方。（4）制造"僵局"时要把握两点：一是内部做好沟通，防止假戏真做；二是确保对方有人或我方有人站出来缓和局面。（5）多次拒绝对方之后，拒绝者通常会产生一种愧疚心理，如果这时候被拒绝者提出一个小的要求，拒绝者就会答应，这就是补偿策略。（6）要拒绝对方时，可以通过提问题，或找个合理而且对方无法反驳的理由来达到拒绝的目的，还可以通过提出对方不会答应的附加条件来拒绝对方。（7）谈判在很大程度上是一种心理的较量，我们要尽量做到能够掩饰己方情绪变化，同时能够诱导对方情绪变化。

W18 商务沟通	七种成交方式
假设型成交	销售人员假定顾客已决定购买（假设成功型），接下来谈细节
赞扬型成交	通过赞扬顾客来促进成交，这种方式特别适合十分自负的顾客
选择型成交	不要问买不买，而是问一个选择性的问题："买甲还是买乙"
小点促成型	先小点成交，再过渡到大点成交，最后促成客户做出购买决策
利益总结型	销售人员将顾客关注的产品的主要特色、优点和利益加以总结
供货压力型	销售人员可采用告知货源紧缺的方法来促使顾客尽快做出购买决策
T账户型成交	比较收益与损失，让顾客感觉收益远远大于损失，从而决定购买

每周自问：如何应用已经掌握的知识解决当下的问题？

W18 商务沟通	学习心得

W19 认知管理

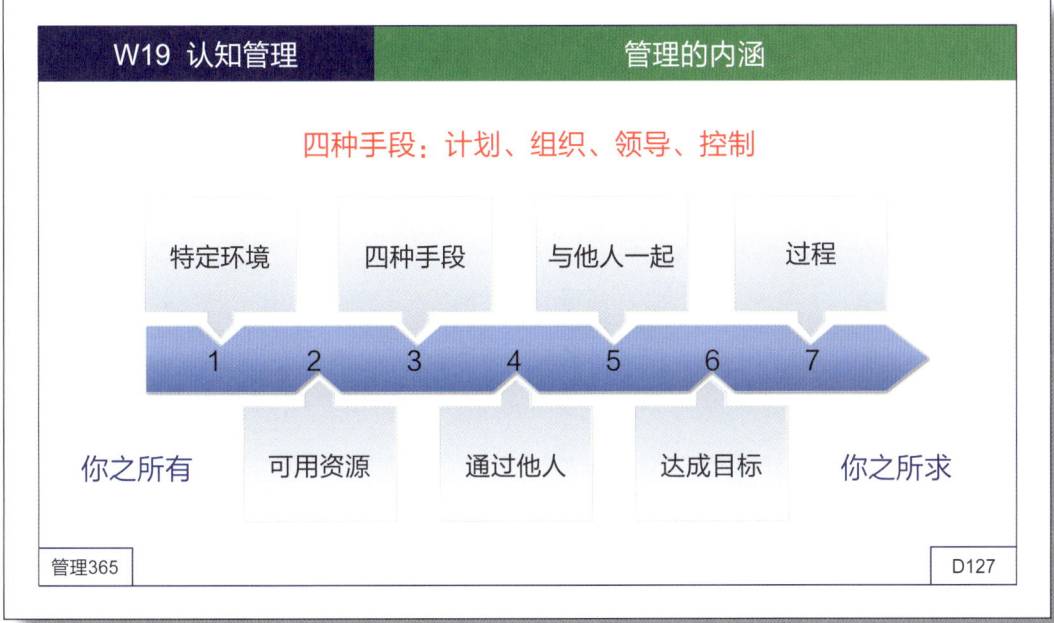

　　管理就是在特定环境下利用已有的或可以利用的资源，通过计划、组织、领导、控制等四种手段，通过与他人一起努力实现组织目标的过程。也有人说，管理就是运用你之所有（投入）获得你之所求（产出）的过程。在顺风顺水、资源丰富、需求旺盛的时候，企业普遍欠缺管理意识，即便有也是非常粗放的管理。当资源获取困难、市场需求不足的时候，企业才有向管理要效益的强烈意愿。

　　管理的对象不仅仅是人，还有财、物、时间、信息、信用、技术等。我们需要特别强调一点，最难的是对人的管理，因为几乎所有工作都需要通过人来完成。理解人性，理顺事情，就是对管理更深层的认知。理解人性就是能把握每个人的三层次追求（生理层次、心理层次、精神层次）；理顺事情就是要做到职责、流程、制度三位一体。

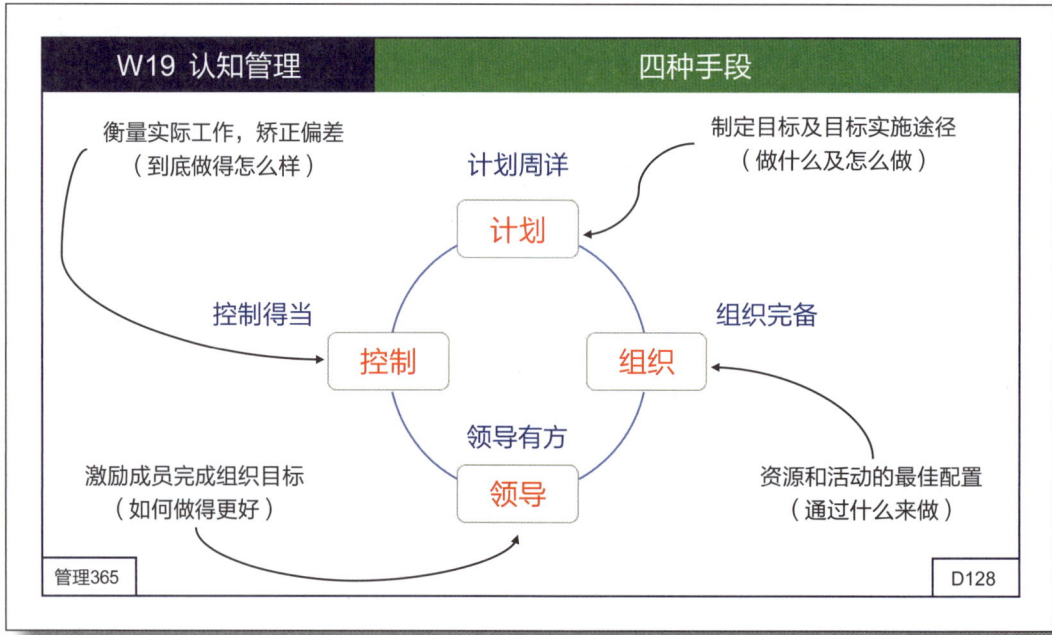

　　计划是工作的指南。没有计划的人永远是被有计划的人计划着，如果下级工作没有计划，上级必然会替他计划。一个没有计划性的组织就是在打无准备之仗。凡事只有做好计划，才能掌握主动。组织是落实计划的保障，确保每个人能各司其职，合理的组织结构才能支撑目标达成。组织就是分工，既包含部门或团队职责，也包含岗位职责。领导就是通过沟通协调、指挥调度来推进计划，同时采用适度的激励措施以调动员工积极性、鼓舞团队士气，最终达成目标。控制就是通过工作检查、绩效评估等手段发现问题并解决问题，衡量工作并改进纠偏。

　　四种手段必须连续并组合使用，也就是只有做到计划周详、组织完备、领导有方、控制得当，才能做好管理工作。

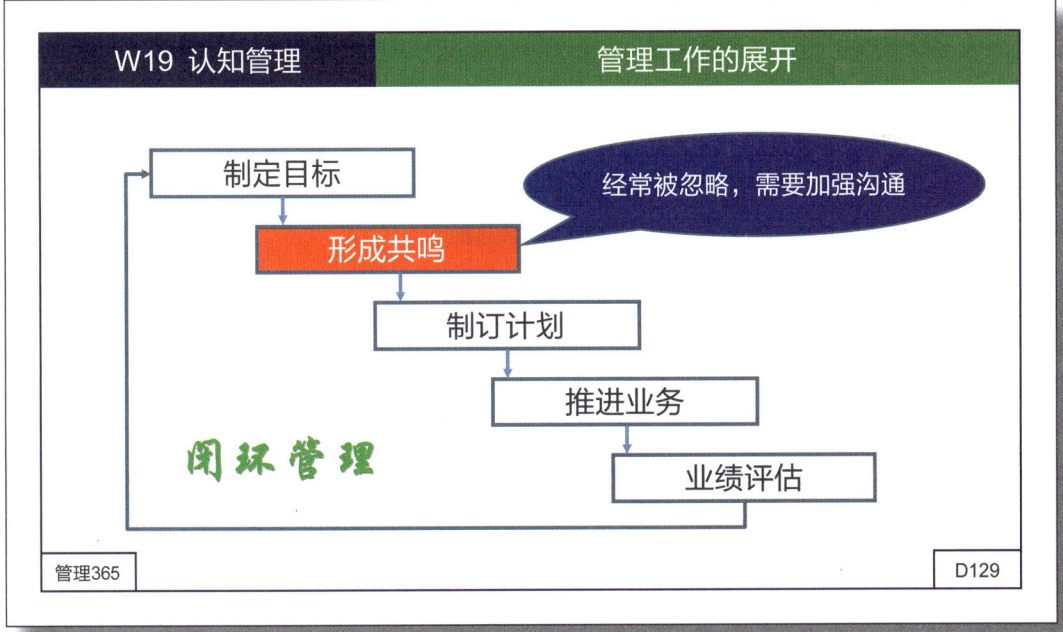

　　管理始于目标的确定，接下来就是让团队成员达成共识（但这一环节经常被忽略），以此为基础制订计划（采取行动与资源配置），然后推进业务、进行过程督导以实现计划，同时还要评估业绩。通过业绩评估，上级要能给下级及时的反馈，并能指出下级的不足以利于其完善。总之，管理工作是一个闭环系统。

　　目标的确定要注意三点：具体、可衡量、有时限。团队内部达成共识，实际上就是上下级在目标上结盟、分享愿景、树立信心，对这一环节，团队负责人必须要高度重视。做计划时不但要周密考虑问题，还要有预案意识（重大事项必须要有预案）。计划下达之后，通过过程控制保证结果的实现。这一过程当中要坚持四个"凡事"：凡事有章可循，凡事有据可查，凡事有人负责，凡事有人监督。

_____

_____

_____

_____

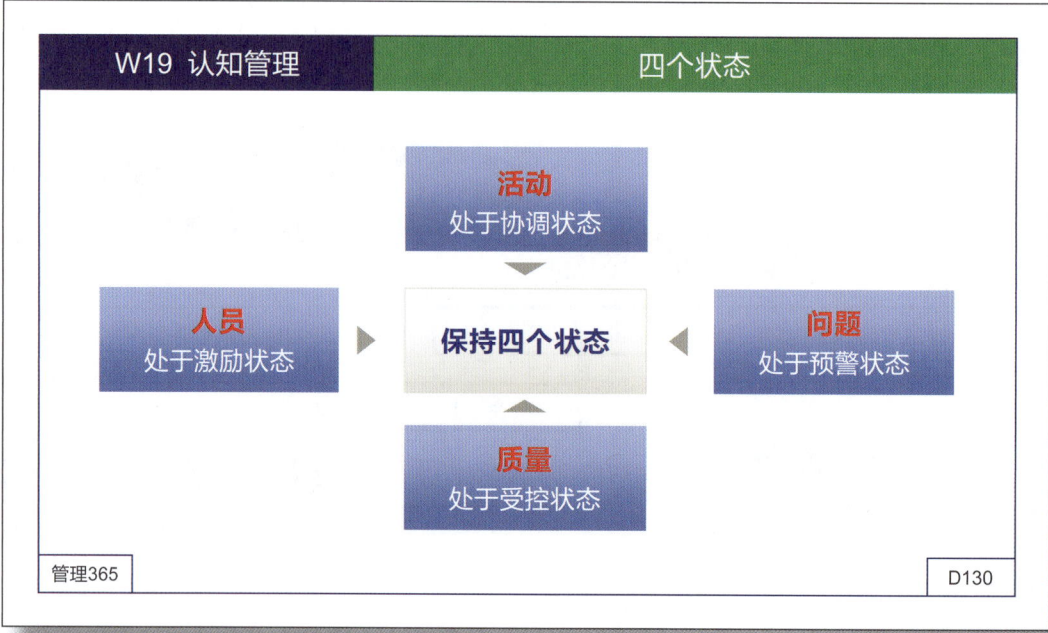

　　活动处于协调状态。协调包含三个方面：人与人的协调，事与事的协调，人与事的协调。要实现三个协调，岗位职责、工作流程、管理制度三者必须联动。换句话说，做到了职责、流程、制度三位一体，活动就会处于协调状态。

　　问题处于预警状态。什么是问题？现状与标准的差距就是问题。为了使问题能被及时发现，或者提前预防，企业必须完成标准化建设：不仅建立了标准，而且每个人都遵照执行。

　　质量处于受控状态。为了保证产品或服务的质量，质量意识要成为所有员工的基本意识，而这种质量意识可以通过一个质量改进工具——PDCA 来强化。

　　人员处于激励状态。企业无论经营什么，最终经营的是人气、人心。有两句话需要牢记：人们只对自己高度认同的事情任劳任怨；每个人对自身重要性的追求是永久的激励因素。

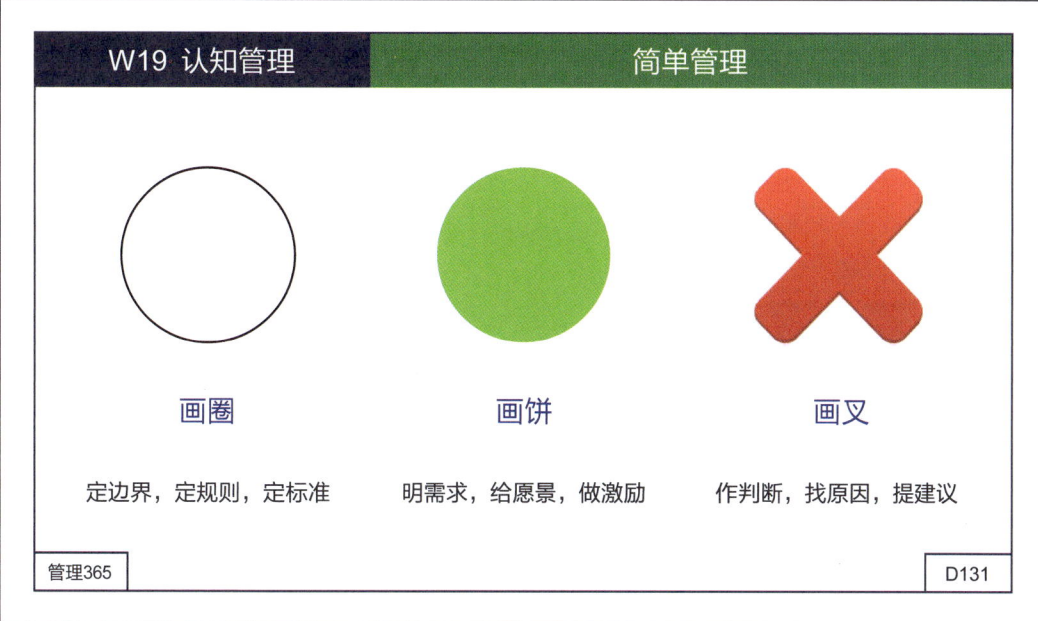

　　画圈：定边界、定规则、定标准。第一，管理者要为团队及其成员明确职责和职权范围；第二，要为团队制定规则，即提倡什么、反对什么，必须旗帜鲜明；第三，管理者要为团队成员设定工作标准、明确工作要求，以便过程督导和绩效考核。

　　画饼：明需求、给愿景、搞激励。管理者还要了解每位团队成员的需求层次和能力状态，做到量体裁衣、对症下药。管理者要与团队成员分享愿景，在目标上结盟。长期来说，愿景就是努力的方向；短期来说，愿景就是目标。管理者要善于畅想未来、创造愿景，使每个人受到鼓舞，并使团队成员始终保持前进的动力。

　　画叉：做判断、找原因、提建议。管理者经常要对团队成员的提案做判断，或同意，或否决。管理者不能只是简单粗暴地否决提案，还要给出否决的原因，不但要给出原因，还要提出建议。

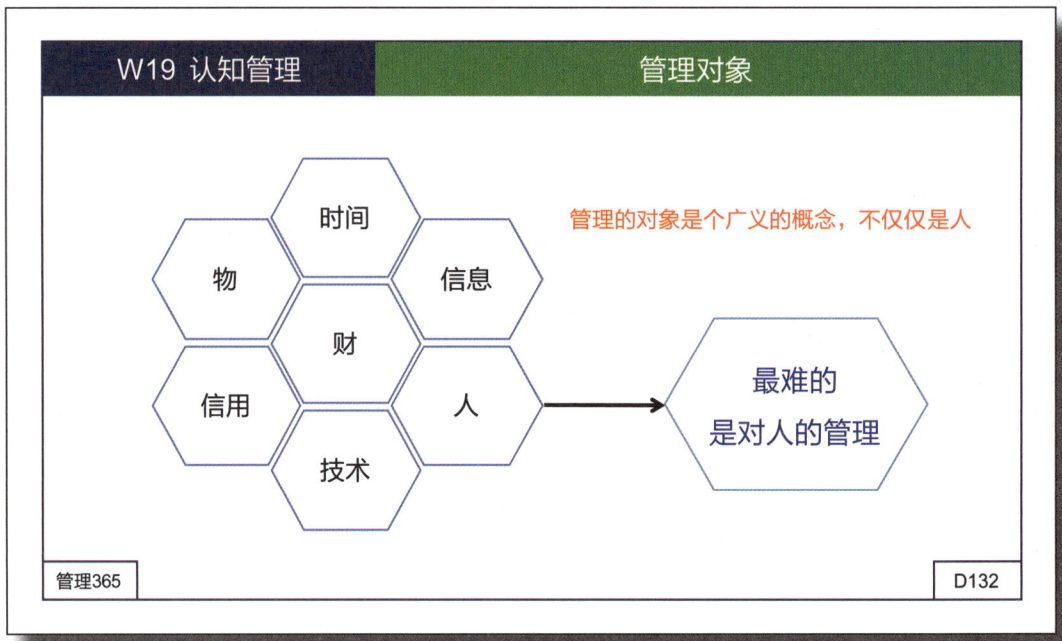

每周自问：如何应用已经掌握的知识解决当下的问题？

W20　认知权力

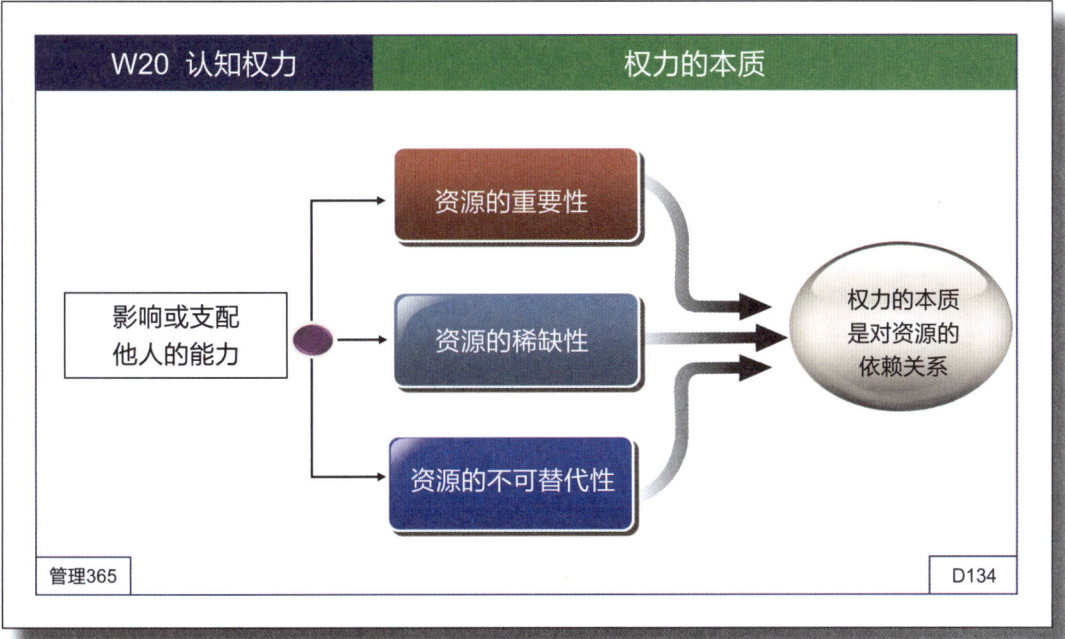

权力就是影响或支配他人的能力。组织行为学理论认为，权力是对资源拥有者的一种依赖性（此处所指的资源可以是奖励、晋升、情感、信息、专长等），依赖关系是行使权力的基础。资源的重要性、稀缺性和不可替代性共同决定了依赖关系的强度，依赖关系越强，控制力就越强，影响力就越大。

（1）重要性：即使你掌握的资源是不可或缺的，但如果没人对你掌握的资源感兴趣，那就谈不上依赖。（2）稀缺性：因稀缺而得到才更会珍惜。如果某种资源充足，那么拥有这种资源并不能增加你的权力。（3）不可替代性：一种资源越是没有替代物，那么对这种资源的控制就会带来越大的权力。

权力有两个来源，一是职位，二是个人。也可以说，资源来自两个方面：组织和个人。所以权力分两大类：职位权力和个人权力。职位权力是组织或上级授予的。通常来说，个人权力与职位无关，是个人从别人那里争取来的。

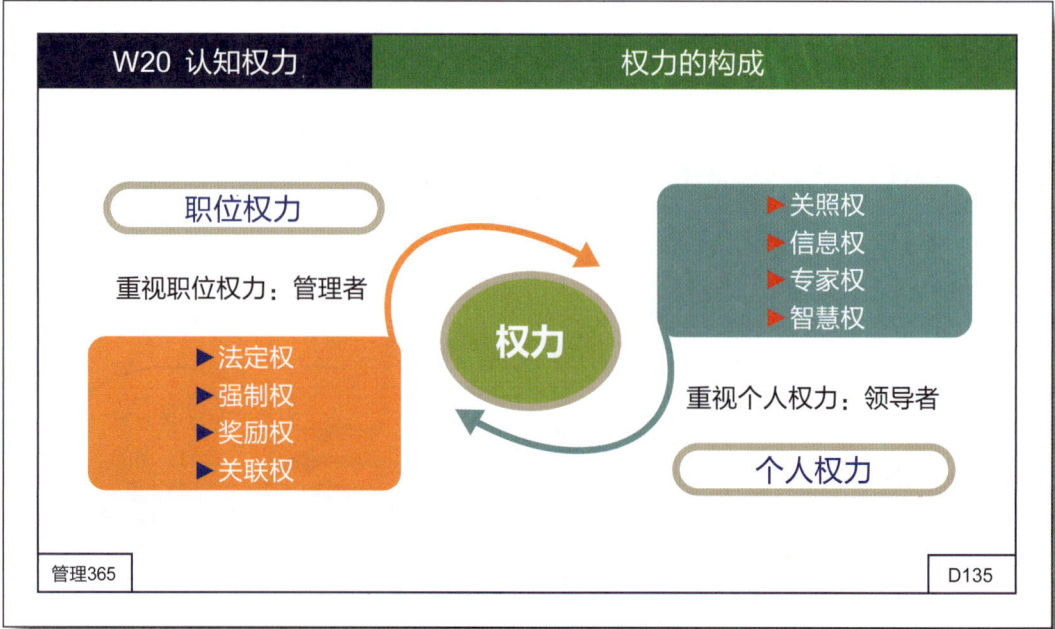

职位权力包括法定权、强制权、奖励权、关联权，它是管理者发挥作用的基础。法定权：地位头衔使上级有资格做决定，能够控制和调动组织资源。强制权依赖于下级对不服从命令会导致消极后果的惧怕，如上级对下级可以采取解雇、停职、降级等措施。奖励权：上级有权对下级做出奖励，如加薪、发奖金、晋升、分配有趣的工作等。关联权：与组织内外的重要人物有关系或深得上级信任。

领导者发挥作用的基础是个人权力，包括关照权、信息权、专家权、智慧权。关照权：关注下级的需求且有良好的沟通技能。信息权：上级拥有对下级很有价值的信息（当然信息既有来自组织的，也有来自个人的）。专家权：上级拥有下级完成工作任务所必需的知识、技巧和专门技能。智慧权：上级能够为下级答疑解惑，指明方向。当然，人格魅力也属个人权力。

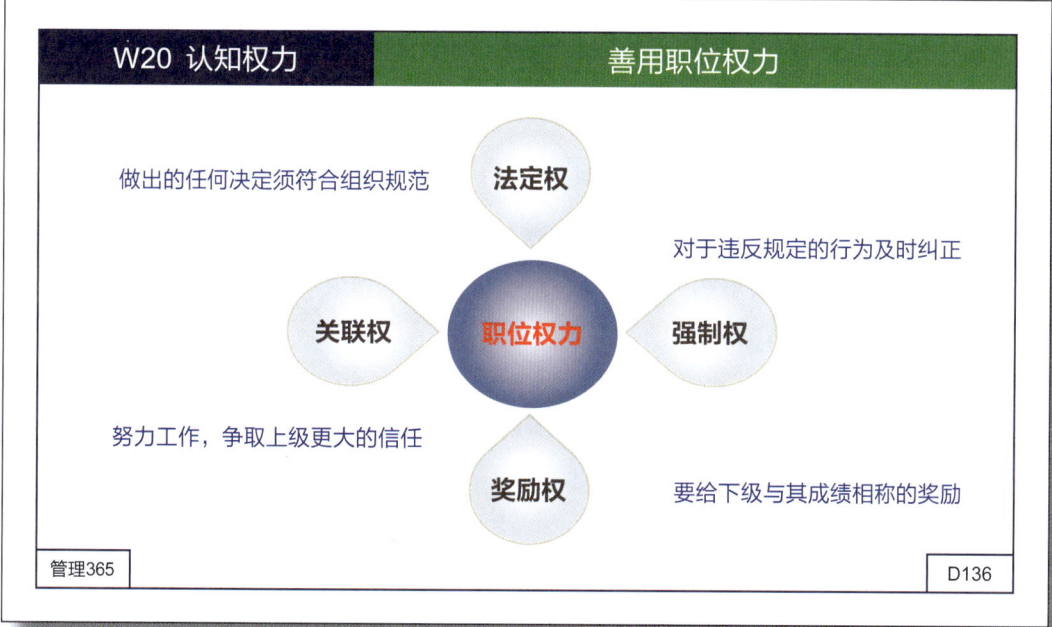

法定权的使用需要注意两个方面：（1）为团队完成任务，争取更多的组织资源并有效利用，会强化下级对上级拥有的法定权的认可；（2）不要超越职权行事，做出的任何决定都不能违反企业的规章制度，上级一但越权行事，下级很可能效仿，拿制度当儿戏。

强制权不要滥用，尽量少用，最好不用。强制权的使用会强化上下级的对立关系，甚至激化矛盾。但是，对于违章违纪行为必须予以及时纠正。作为上级，请永远记住：帮人逃避应受的惩罚就相当于教人不负责任。

奖励权的使用要把握度，不能过，也不能欠。比如，对下级完成某项任务奖励100元就够了，你给了300元，这就是过；下级希望你当众表扬他，你只是私下肯定，这就是欠。要给下级与其成绩相称的奖励。

关联权，争取上级更大的信任，更多的支持，但要走正途。耍手段、用计谋不会长久。走正途就是通过努力工作提升自己在组织内部的影响力和地位。

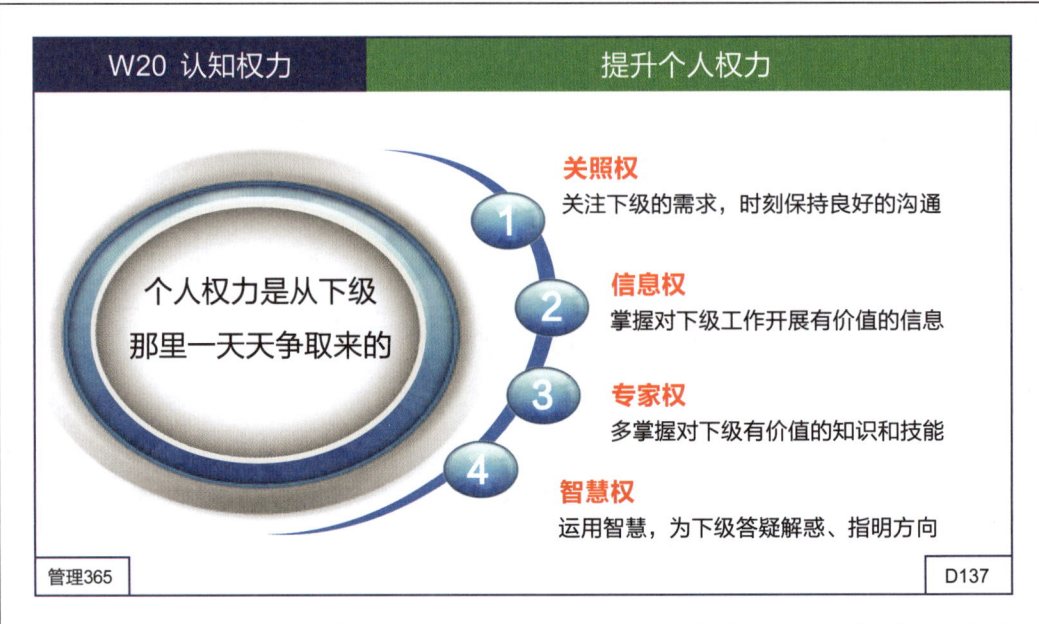

关照权：关心下级的心理需求——被接纳，被感激，被赏识，被赞同，被认可。与下级保持良好的互动，理解他们的感受和工作上的难处，帮助他们减压。

信息权：注意收集组织内部和外部对下级开展工作有价值的信息。外部信息如国家的政策法规、同业案例、其他行业可借鉴的做法等；内部信息如企业发展历程中的重大事件、经典范例等。

专家权：钻研业务，不但要做一个懂行的上级，还要成为解决问题的专家。但必须特别注意，作为管理者，不要和下级在专业上一争高下，这不是你的主要任务。你的主要任务是带领团队达成目标，如果下级个个都是高手，那么这会更彰显你的管理水平和领导能力。

智慧权：虽然专业上你不是最强的，但你站得高、看得远、格局大、经历多，下级无论有什么想不通的事情，跟你交流一下，马上茅塞顿开，豁然开朗，不再迷茫。智慧权会让下级钦佩，而且会激发下级的效仿意愿。智慧权在很大程度上也是人格魅力的体现。

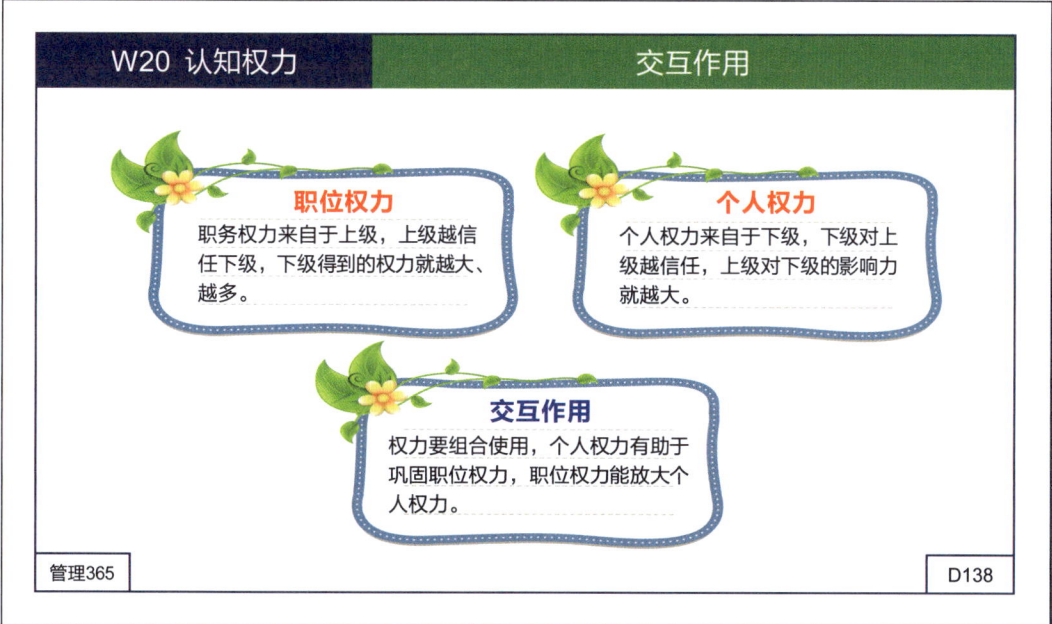

职位权力和个人权力的基础都是信任。职位权力来自于上级，上级越信任下级，下级得到的权力就越大、越多。个人权力来自于下级，下级对上级越信任，上级对下级的影响力就越大。权力要组合使用，个人权力有助于巩固职位权力，职位权力能放大个人权力。

无论是职位权力还是个人权力，都是经理人争取来的。经理人同时兼具管理者和领导者两种身份，如果他过分强调职位权力，管理色彩就会过重，下级的对抗性就会比较强；如果他主要依靠个人权力，领导色彩就更重，下级的对抗性就比较弱。

就权力而言，人们不仅关心你是否拥有它们，更关心你是否愿意并能够使用它们。比如，一位经理可以用奖惩权要求下属完成某项任务（职位权力），同时，他可以提供重要信息帮助下属完成任务（个人权力）。

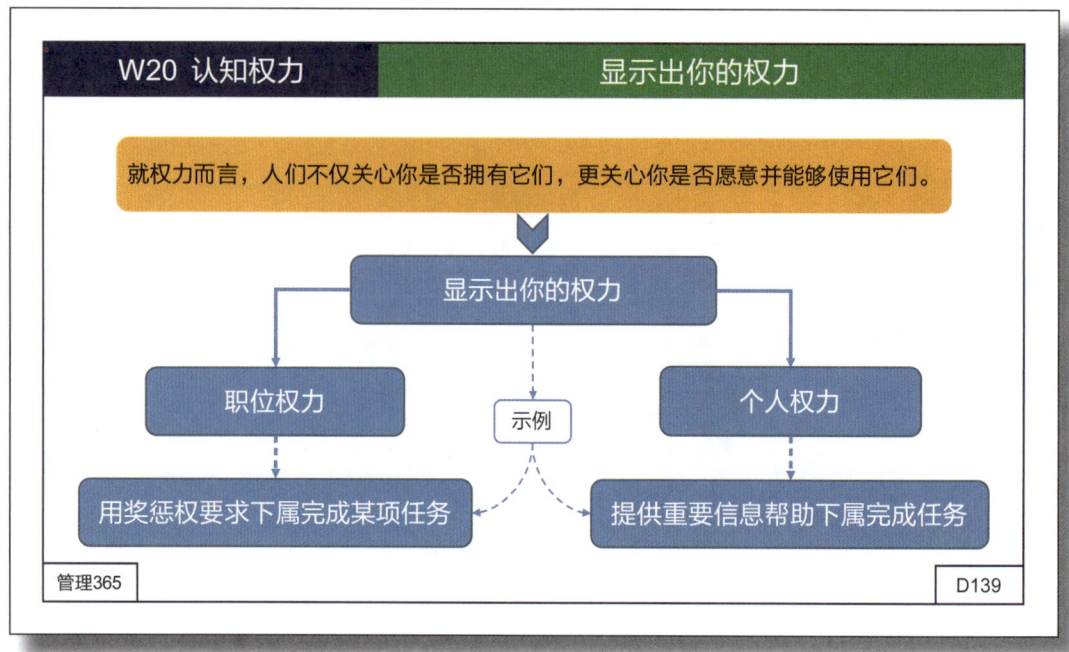

每周自问：如何应用已经掌握的知识解决当下的问题？

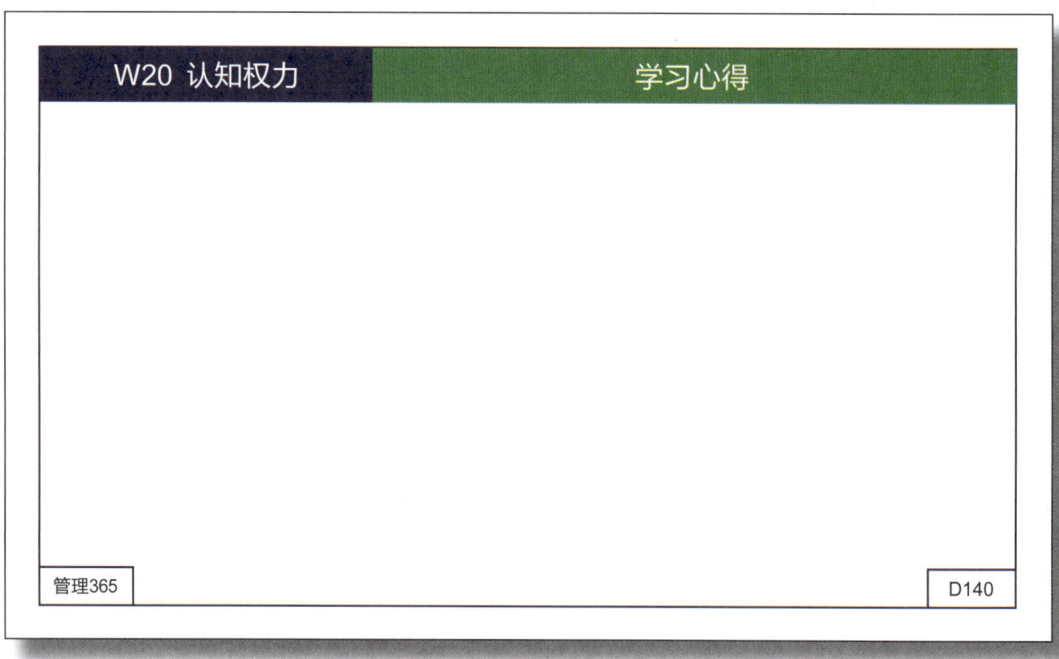

W21　管理与领导

　　《高效能人士的七个习惯》一书的作者史蒂芬·柯维博士说过，大多数企业频于管理而乏于领导。强调管理（Manage）和效率，是工业时代企业的典型特征，但现在我们已经进入信息时代，正在迈入知识时代，领导（Lead）的作用就越来越凸显了。

　　经理人有两个身份：一是管理者，二是领导者。经理人要平衡好管理者与领导者这两个身份：管理者注重效率，领导者注重效果；管理者关注登梯的速度，领导者关注梯子是否放对了墙；管理者把事情做正确，领导者做正确之事；管理者工作于系统之内，领导者工作于系统之上；管理者通过过程控制对下级施加影响，领导者主要靠角色的力量推动他人；管理者发挥作用的基础是职位权力，领导者发挥作用的基础是个人权力。

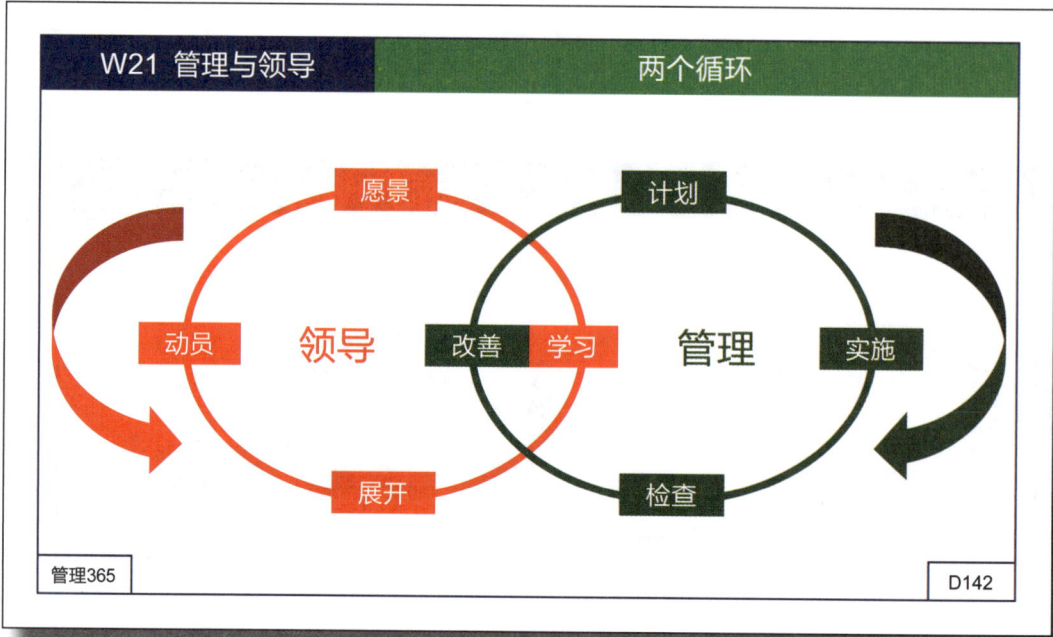

管理循环（PDCA）——计划（Plan）、实施（Do）、检查（Check）、改善（Act），也叫戴明环，最早用于质量管理，因其持续改善的思想具有普遍性，所以这一工具也被其他职能领域所认同。企业的年度计划，部门的月度计划，甚至每一项任务，都在运用 PDCA 循环进行过程控制，以达成目标并保证工作品质。PDCA 循环的每一个环节在日本企业里都做得非常扎实，企业的四个状态中的"质量处于受控状态"就是通过 PDCA 来实现的。

领导循环（LEAD）——学习（Learn）、愿景（Envision）、动员（Align）、展开（Deploy）也是一个闭环。领导循环是通过愿景来感召人、激励人、鼓舞人，使人们能够自动自发，并通过自主学习弥合差距、推动工作进程。

持续改善加主动学习，才是高质量完成任务的根本保障。学习不但能升级认知，还能提升员工的工作能力。

W21 管理与领导　　　两种行为

管理行为	领导行为
制订计划	确定方向
组织及配置人员	整合利益相关者
控制并解决问题	激励和鼓舞下属
⬇	⬇
建立秩序	产生变革

管理365　　　　　　　　　　　　　　　D143

　　管理行为（对应管理者身份）：根据上级下达的任务确定目标，制订工作计划（任务分配、行动方案、资源配置），同时设定工作标准，监控任务的执行过程并及时纠偏。管理行为其实就是落实 PDCA，其重点是在团队或组织内建立秩序、做好平衡。建立秩序是通过明确部门（团队）职责、落实岗位职责、制定规则来实现的，做好平衡的重点在于利益平衡，因为有利益平衡，才会有心理平衡。

　　领导行为（对应领导者身份）：确定和把握方向是领导者的第一要务。整合利益相关者，就是要平衡好各方利益，以获得内外部更多的支持和资源。激励和鼓舞下级，重点在于获得下级的认同，并与下级在目标上结盟。领导行为重在产生变革，这种变革首先是观念的变革、思维的转变，其次是开拓新领域、尝试新方法。

W21 管理与领导		两种认知	
领导认知		管理认知	
图解	○	图解	□
主导行为	激励追随者意愿 培养追随者能力	主导行为	职责强化，制度执行 流程管控，资源配置
信条	领导力就是影响力	信条	细节决定成败
变革逻辑	目睹——感受——变革	变革逻辑	分析——思考——变革

管理365　　　　　　　　　　　　　　　　　　　　　　　　　　D144

　　管理是方，领导是圆，没有规矩，不成方圆。

　　管理认知：外方内方，外方是棱角，是锋芒，是做事直来直去；内方是原则，是坚持。棱角、锋芒容易伤人、树敌，会对任务的完成产生阻力。管理者的主导行为是强化职责、执行制度，其行为基础是职位权力，如强制权、奖励权。管理者的变革逻辑是先有理性分析再发动变革，所以，管理者发起的变革总是动力不足，很难产生真正的变化。

　　领导认知：外圆内方，外圆是灵活，是变通，是做事迂回圆融；内方依然是坚持原则，但不会产生对立。领导者的主导行为是激励追随者意愿、培养追随者能力，其行为基础是个人权力，如关照权、智慧权。领导者的变革逻辑是先有感受再推动变革，因此，团队成员都有紧迫感，而且动力十足，通常很容易达成预期效果。

　　在下级看来，管理行为往往带有强制性和负面色彩，都是对他们不利的，往往产生对立关系。管理行为组织化，是指上级在处理问题时要依照企业标准而非个人好恶来做决策，避免下级把矛头对准上级，认为是上级个人有意难为他。切记，管理行为一定要符合组织规范，规避个人色彩。管理行为特别重视细节，因为细节决定成败。

　　在下级看来，领导行为是上级对他们的关心爱护、激发调动、支持帮扶，都是对他们有利的，往往产生跟随关系。如果下级钦佩上级，而且产生了效仿的意愿，那么就会产生追随关系。领导行为个性化，就是可以有自己的风格。领导力，在很大程度上就是影响力，所以经理人要加强个人修养，增强人格魅力。

　　在日常工作中，管理行为都是相似的，而领导行为却各有千秋。

W21 管理与领导　　要点总结

管理者	领导者
正确地做事	做正确之事
关注现在和短期发展	关注将来和长期发展
底线（监督控制）	上限（愿景牵引）
寻求秩序	喜欢变革
避免冒险	喜欢冒险
更多地诉诸理智，而非情感	既诉诸理智，又诉诸情感
在系统内把工作做好	把系统工作做好
关注登梯速度	关注梯子是否放对了墙
更多地借助职位权力	更多地运用个人权力

每周自问：如何应用已经掌握的知识解决当下的问题？

W21 管理与领导　　学习心得

W22　新任经理

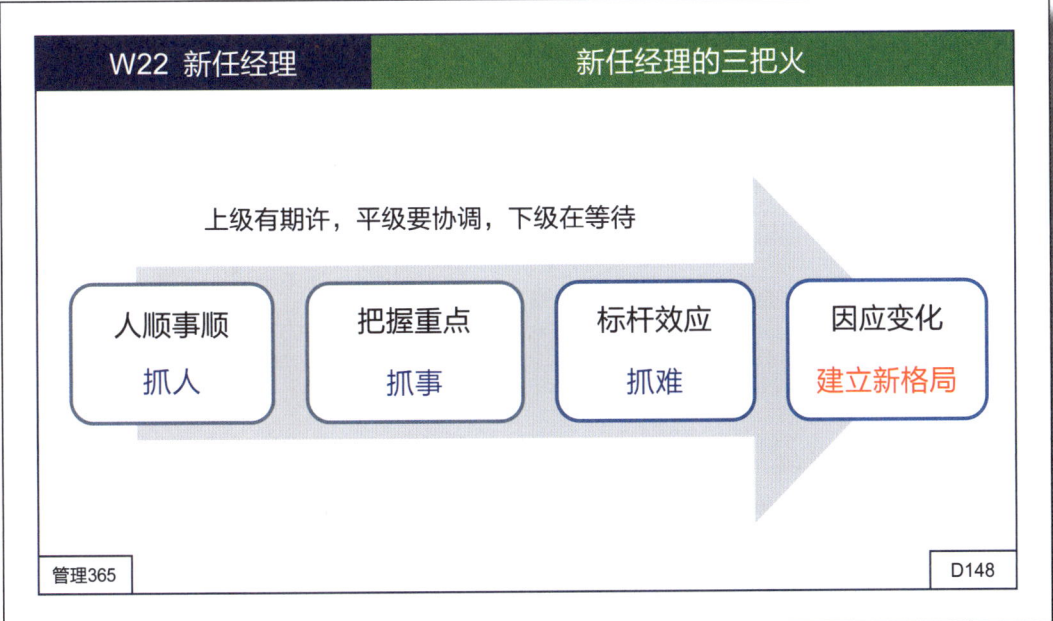

新官上任，开局很重要！新任经理上任之后，要抓好开局三件事——抓人、抓事、抓难。

抓人：做好对上、对下和平级沟通。对上，请求帮助和指导；平级，了解对方的期望，告知本部门的工作变化；对下，了解情况，掌控进展。抓事：首先，厘清部门职责；其次，明确岗位职责；最后，重新定义工作关系。由于经营环境不断变化，企业也随之不断调整，企业内的部门职责也处在变动之中，因此，新任经理必须及时修订部门职责，才能有效开展工作。相应地，岗位职责也要随之变化，才能高效完成任务。部门职责的变化要求岗位间的协作和流程关系必须随之调整，甚至工位都可以调换。抓难点，优先解决那些长期以来悬而未决的、大家又很关注的问题。比如，利益分配、考核机制。这些问题的解决有标杆效应，能够使新任经理迅速建立威望，获得大家的信任和支持。

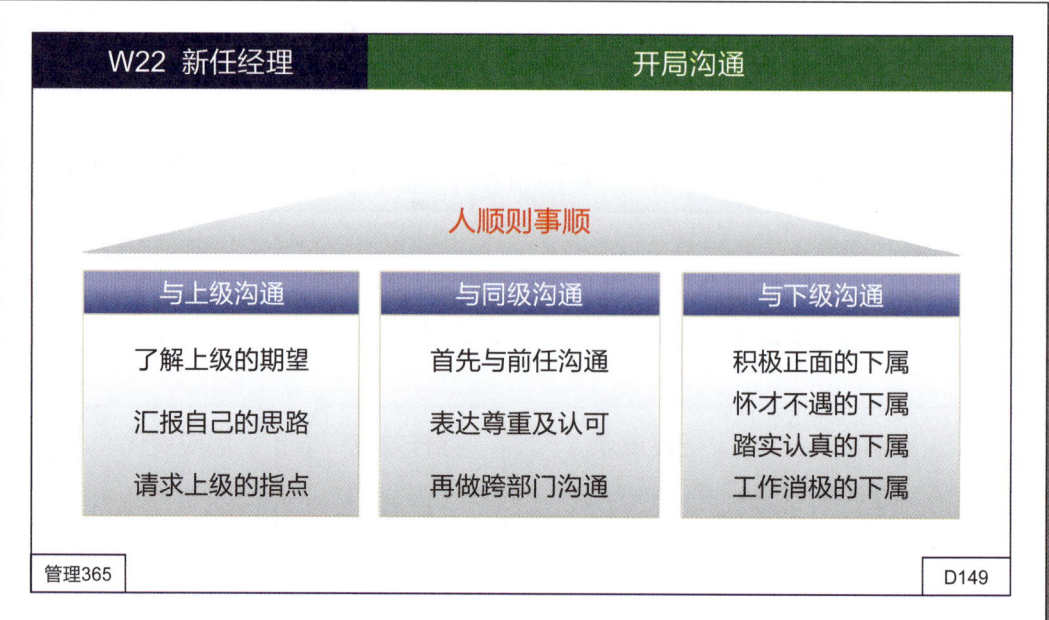

新任经理要做好和三个群体的沟通。

主动与上级沟通：了解上级对自己的预期，汇报工作计划，同时，就如何管理新团队向上级征询建议，期望得到上级的指导。上任初期也是磨合期，新任经理必须注意与直接上级的沟通，一定要主动、及时。

主动与平级沟通：尤其是对那些工作中经常打交道的部门，新任经理要了解一下对方的要求和期望，同时，告知对方本部门岗位的调整情况，以便工作上能够顺畅对接。此外，新任经理往往忽略或刻意回避与前任沟通，实际上，没有人比前任更了解你所面临的困境，没有人比前任更清楚你该从哪里入手，没有人比前任更在意你的"三把火"怎么烧。

主动与下属沟通：新任经理要注意与下属沟通，了解他们的工作状态和责任状态，判断他们的能力水平。与下属沟通，应注意沟通顺序，合理的顺序是：积极正面的下属——怀才不遇的下属——踏实认真的下属——工作消极的下属。

W22 新任经理　　理解人性

理解人性	含义	对策
生理层次	要求拥有快乐而不是痛苦	营造氛围，处理冲突
心理层次	渴望得到尊重而不是贬抑	肯定下级，使其感受到尊重
精神层次	长远目标而不是虚度人生	启发格局，提升境界

管理365　　D150

　　理解人性，是管理的起点。每个人都有三个层次的渴望，即生理层次——拥有快乐而非痛苦；心理层次——得到尊重而非贬抑；精神层次——有长远目标而非虚度人生。首先，经理人要及时处理冲突矛盾。遇到问题，先处理心情，再处理事情，使团队成员能够快乐工作，为团队营造积极正面、坦诚交流、相互帮扶的人际氛围。其次，经理人要肯定每位团队成员的重要性，因为每个人对自身重要性的追求是永久的激励因素。尊重下级，只是上级发出的动作，下级是否认为是尊重，那是他的感受。所以，让下级感受到尊重，才是最重要的。最后，经理人要不断启发下级树立大局观，和下级探讨工作的意义和价值，提升下级工作的境界，增强下级的使命感，鼓励他们设定长远目标，满足下级对价值感、获得感、幸福感的追求。

W22 新任经理		理顺事情
理顺事情	原则	措施
厘清职责	明确责任，避免扯皮	明确部门职责，落实岗位职责
优化流程	写我所做，做我所写	明确流程所有者，指定责任人
明确制度	配套流程，界定清晰	明确制度所有者，指定责任人

基于对人性的理解，经理人要做好以下三件事：厘清职责、优化流程、明确制度。

厘清职责：职责不清，扯皮就会不断，大量时间就会消耗在协调上。因此，经理人必须清晰界定部门职责和岗位职责，落实一对一责任，即责任人在事前做出承诺。

优化流程：组织内的大多数冲突都是因为流程不顺而导致的。流程要能增值、有效率。本着"写我所做，做我所写"的指导思想，经理人要组织对流程的梳理和优化工作。要想工作一次做到位，流程必须顺畅。

明确制度：有流程，必然要有制度与之配套。制度要明确权力、责任和利益。完备的制度是流程顺畅的保障。经理人要时刻注意维护制度的严肃性，坚持管理的一贯性，并坚决杜绝制度弹性。总之，职责、流程、制度三位一体，缺一不可。

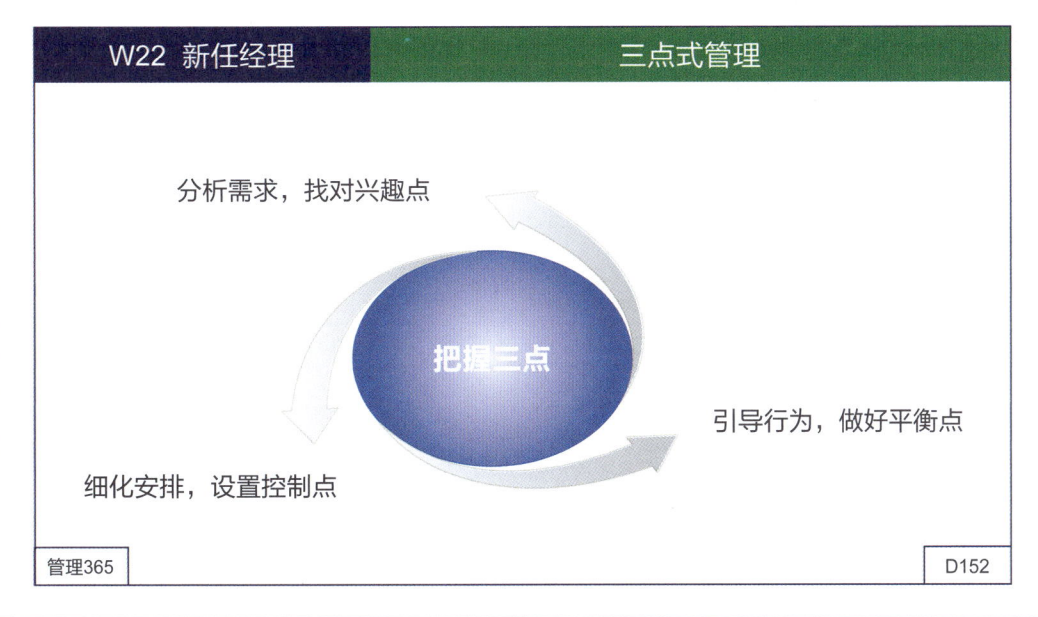

管理不能过于复杂化，简单管理更容易统一思想、提高效率。

分析需求，找准兴趣点：需求是管理的起点。对外，分析客户需求；对内，分析员工需求。此处只讨论对内的问题。每个人都有五种渴望：渴望被接纳，渴望被感激，渴望被赏识，渴望被赞同，渴望被认可。在这五种渴望（也称心理需求）中，人们被感激和被赏识的需求通常被忽略的程度是最高的。

引导行为，把握平衡点：对行为的要求是规范、负责、合作。做好责任平衡、权力平衡和利益平衡。责任平衡是指不能有人责任过重，也不能有人责任过轻；权力平衡是指避免有人权力过大，任何权力都需要监督；利益平衡是指分配机制公平，避免利益失衡。

细化安排，设置控制点：工作分解到位，才能做到细化安排，不至于有疏漏。要求越明确，执行就越到位。需要控制的要点有三类，要么是让你不放心的人，要么是你感觉不踏实的事，要么是关键环节。

W22 新任经理		常犯错误及对策
序号	常犯错误	对策
1	缺乏自律：若你喜欢在上班时间闲聊，你的下属也会同你一样	严于律己，率先垂范
2	判断错误：资料不够就下决定，很可能导致许多决定需要更改	充分调研，再下判断
3	松紧难定：你不知道在管理上何时要"紧"、何时必须"松"	洞察规律，张弛有度
4	做得太多：事情你都做了，下属不知道做什么，没有锻炼机会	鼓励行动，从旁观察
5	管得太细：下属说用其他方法也可以做到，但你担心他做不好	信任下级，授权赋能
6	一套标准：习惯以同一种方式、同一套标准管理所有的员工	掌握状况，区别对待
7	抱怨太多：角色已转变为政策执行人，但仍然在下属面前抱怨	提倡正面，拒绝负面
8	逃避决策：有些事件搁太久而不决策，往往导致麻烦越来越多	敢于面对，及时决策
9	否定前任：终止前任好的做法或合理政策，想推行自己的新政	延续良策，慎推新政

每周自问：如何应用已经掌握的知识解决当下的问题？

W22 新任经理	学习心得

W23　设定目标

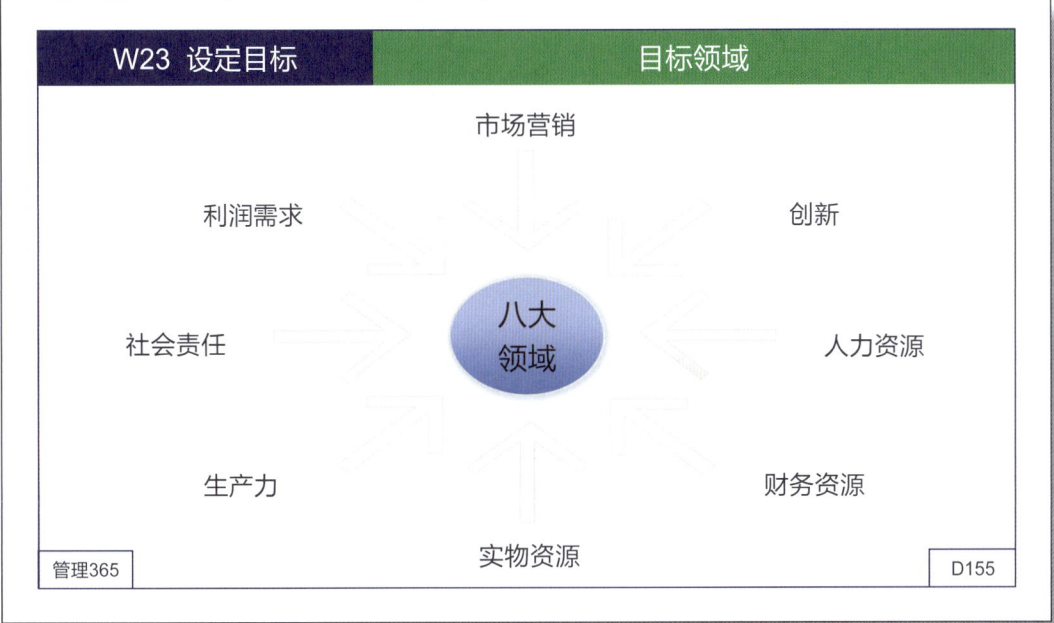

企业没有目标就无法管理，而管理就是管理一系列精心制定的目标。

（1）市场营销：确定企业要进入的领域和为哪些客户服务——市场定位。（2）创新：管理层要清楚，达成市场营销的目标需要哪些创新。（3）人力资源：人才市场上有哪些合适的人才？企业必须怎么做才能吸引这些人才？（4）财务资源：管理人员只有在遇到资金困难时才开始操心资金的供给，但往往为时已晚。（5）实物资源：任何一个生产物质产品的企业都必须能够获取实物资源，必须确保实物资源的供应。（6）生产力：它是对组织绩效的真实检测，也是管理竞争力的一个指数。（7）社会责任：企业占有大量的资源，对社会影响很大，必须把履行社会责任作为一项目标。（8）利润需求：企业必须决定它在一段时期里对利润的最低需求，利润是检验企业是否健康的标准。

W23 设定目标		企业目标	
目标类型	目标领域	设定依据	督导部门
经营目标	财务视角	与获利能力有关，如销售额、利润等	企管部门
	客户视角	战略实施应获得的成果，如市场份额	企管部门
管理目标	内部流程	注重对客户满意度和财务目标的贡献	企管部门
	学习成长	弥合三个差距：人力、信息、组织资本	人力资源

　　企业的目标分为两大类：经营目标和管理目标。经营目标包括销售收入、利润、生产力、市场占有率、客户满意度等；管理目标包括骨干人才保持率、员工满意度、IT系统完备率、建立授权体系、健全质量管理体系等。经营目标来自于企业的经营系统（人、财、物，产、供、销），管理目标来自于企业的管理系统（使命、愿景、流程、制度）。但现实情况是，企业重经营而轻管理，只追求财务结果而忽略各方面的平衡发展。

　　按照平衡计分卡的观点，企业需要在四个领域设定目标：财务、客户、内部流程、学习成长。财务和客户领域的目标属于经营目标，内部流程和学习成长领域的目标属于管理目标。财务、客户、内部流程方面的目标由企管部门督导考核，学习成长方面的目标由人力资源部门督导考核。学习成长目标的实现依赖于人力资本（能力）、信息资本（科技）和组织资本（协同）。

（1）理解企业的整体目标并向下传达是第一步，但这一环节经常被忽略。告知员工他们的工作和企业整体目标的关联关系，才能培养他们的责任感和主人翁意识。（2）设定的目标至少要满足三个特征：具体、可衡量、有时限。假大空的目标不是目标，而只是口号。（3）检验自设目标与上级目标的一致性。有些工作如果不必再延续，就该停止，要和企业的目标保持一致，避免浪费资源。（4）列出可能遇到的问题并提出对策，也就是制定预案。企业经营实践中难免会遇到重大变化，如竞争加剧、政策失效等，部门要有预案意识，以保证目标的实现。（5）所需的上级授权和技能要求。新的目标可能需要企业的特殊授权，同时，新的任务对团队成员有更高的要求，这些都需要企业的大力支持。（6）确定内外合作对象和资源保障。内外合作都需要资源支持，要提前做好预算。（7）设置里程碑，就是设置关键控制点，设定关键绩效指标。

W23 设定目标				部门目标			

- 长期目的(Objectives)，短期目标(Goals)，实施策略(Strategies)，衡量指标(Measures)
- OGSM是一个严谨的目标管理体系，可用于公司层面，但更适用于部门层面设定目标

长期目标(O)	短期目标(G)		实施策略(S)	衡量指标(M)			责任部门或跨部门专案
	目标项	2020	2021		指标项	2020	2021

D158

OGSM是一个严谨的目标管理体系。O——长期目标是指部门职责中的主要内容以及公司赋予的重点工作；G——短期目标是指为支撑长期目标的达成而必须完成的若干短期目标项；S——实施策略是指为保证短期目标的实现而采取一项或多项行动措施；M——衡量指标是指为考核行动措施的完成情况而采取的量化评价方式。

长期目标既包含经营性目标，也包含管理性目标。例如，某快餐连锁企业市场开发部的目标除了经营性目标以外，还包含人才养成和制度精进。长期目标通常是描述性的，也可以是量化的。短期目标通常为年度目标，要尽可能量化。实施策略是指每个年度目标项都需要有多个措施来保证，而且某些措施可能支持两个以上的年度目标项。衡量指标是指每个措施至少要通过一个指标来衡量落实情况。

W23 设定目标 — 岗位目标

部门名称					考核人：		被考核人：	
考核周期：					起始时间：			
以下由考核人填写					以下由被考核人填写			
分类	序号	目标项	权重	期望目标值	是否认同	不认同的理由	建议目标值	协商意见
部门安排	1							
	2							
自设目标	3							
	4							
考核人签名			被考核人签名			日期		

管理365　　　　　　　　　　　　　　　　　　　　　　　　D159

　　管理大师德鲁克说过，不是有了工作就有了目标，而是有了目标之后才能确定每个人的工作内容。不仅企业层面、部门层面需要目标，而且每个岗位也要有目标。目标管理的理论基础是 Y 理论，这一理论认为，人天生是愿意工作、愿意负责任的，也能自主决策。

　　部门层面有上级下达的目标，也包含自设目标。岗位层面也是如此，有部门安排的，也有自己安排的。岗位自设目标体现了员工的工作自主性，这一点对知识型员工意义重大。有些企业甚至允许员工有 20% 的自由时间自行决定做什么事情，恰恰这 20% 的自由时间成就了很多优秀的产品和创意。可见，给员工自由度是非常有价值的。上图中的表格内容包含考核人填写和被考核人填写两大部分，难能可贵的是表格中有上下级协商的环节，这是对员工的尊重和民主的表现。这个表格可以作为绩效合同或者绩效协议。

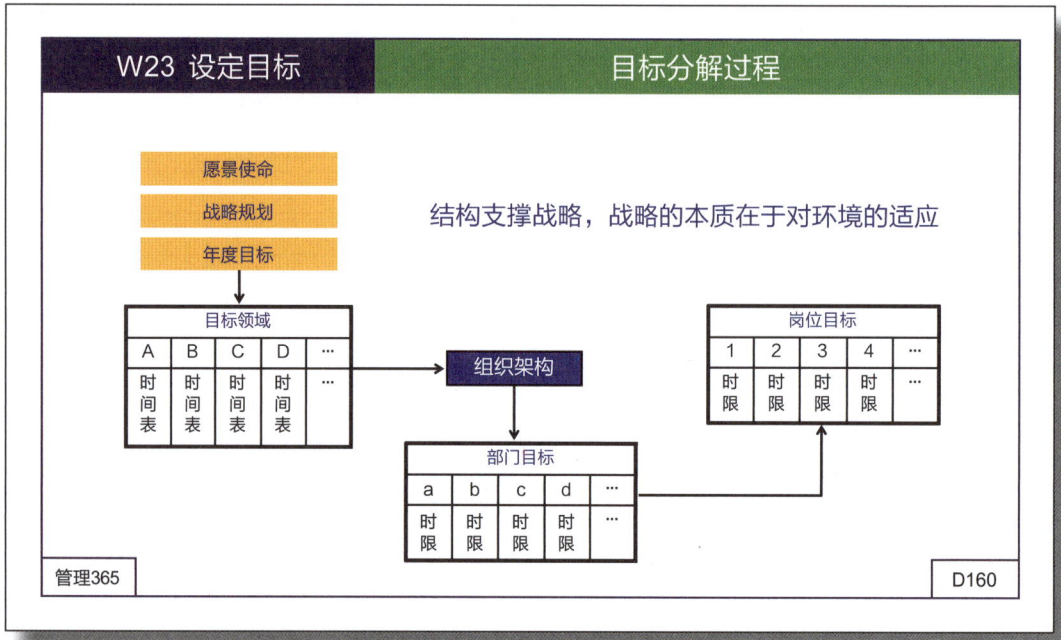

每周自问：如何应用已经掌握的知识解决当下的问题？

W24 制订计划

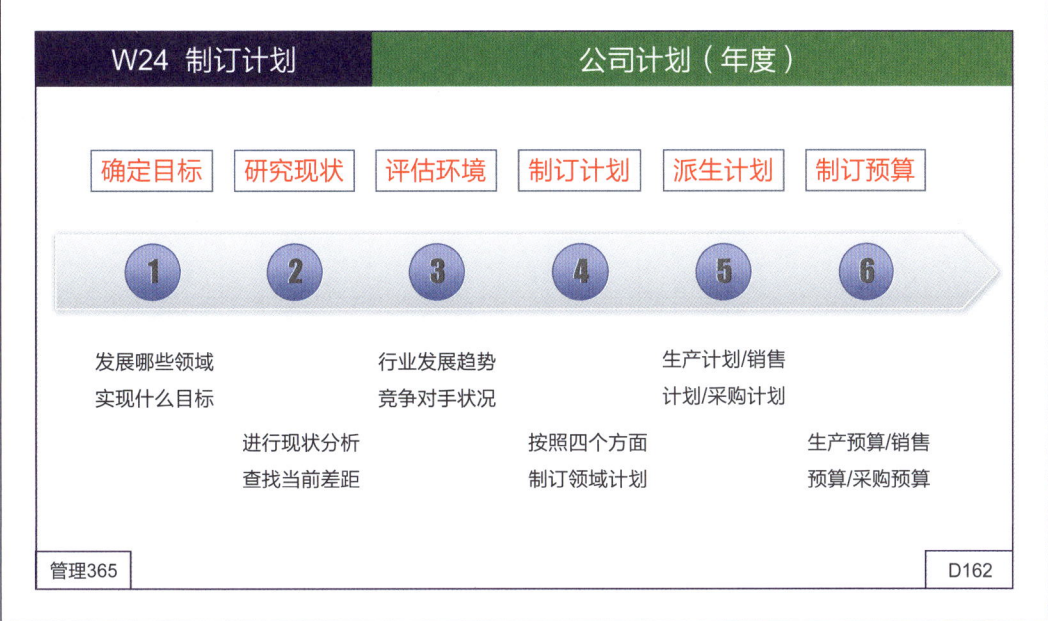

（1）确定目标：在定目标之前，企业必须要确定重点发展的领域。发展领域定了，经营目标也就有了。为了保证经营目标的实现，企业还要确定相应的管理目标。（2）研究现状：重点在于进行现状分析，以查找当前的差距。这个差距是指与行业平均水平的差距、与竞争对手的差距、与预期目标的差距等。（3）评估环境：要做宏观环境分析、产业环境分析、资源能力分析，以评估风险、发现机遇。（4）制订计划：目标是计划的起点，企业可以围绕财务、客户、内部流程、学习成长等四个目标领域做计划。这四个领域的计划是基于管理的便利而制订的，具体落实到部门还需要有派生计划。（5）派生计划：派生计划也就是职能计划或部门计划，一般根据职能性质而定，如生产计划、销售计划、采购计划等。（6）制定预算：计划中都包含着项目或重点工作，要保证预算匹配到每一个项目或重点工作中，尤其是那些与战略高度相关的项目或工作。

W24 制订计划							部门计划（月度）	
项目序号	工作事项	直接责任人	协助人或部门	时间要求	所需条件	完成标志	部门负责人评价	
							实施进展	完成质量
1							A 如期完成 B 接近完成 C 需要延期	A 非常满意 B 基本满意 C 有待提高
2							A 如期完成 B 接近完成 C 需要延期	A 非常满意 B 基本满意 C 有待提高
3							A 如期完成 B 接近完成 C 需要延期	A 非常满意 B 基本满意 C 有待提高

管理365　　　　　　　　　　　　　　　　D163

　　部门计划分年度、季度和月度三种形式。一般来说，时间周期越长，它的规划性越强，时间周期越短，它的计划性越明显。无论是什么周期的计划，都应该规避一些错误，包括脱离现实、预测不足、责任不明、协调不够、时间拖拉、人为错误。

　　（1）脱离现实：愿望太超前，做决策时往往是拍脑门，有很强的随意性。（2）预测不足：是由于背景资料不完备、认知有局限性以及对竞争对手的估计不足所导致的。（3）责任不明：表现为两个方面，一是几个人负责同一件事情，没有大小轻重，每个人负同等责任；二是有些事情根本没人管。（4）协调不够：没有事先和那些需要协作的人打招呼，或者跟对方打了招呼，对方不置可否，不知道会不会真的支持你。（5）时间拖拉：对任务没有设定精确时限，因为时间估算不准确，导致工作延误。（6）人为错误：看错、听错、说错、想错、记错、做错。

　　上图中的表格，要特别注意两点：一是完成任务的标志，二是进度和质量评价。

W24 制订计划			岗位计划（月度）				
序号	工作事项	权重	协助人或部门	所需条件	起止时间	完成标志	备注
1							
2							
3							
4							
5							
6							
7							

管理365　　　　　　　　　　　　　　　　　　　　　　　　D164

在制订岗位计划时，我们应先回答如下问题。

（1）目标是否具体、可衡量且有时限？（2）是否以重要性而非紧急性确定优先级？（3）下周工作是否已有清晰的概念？（4）是否在效率最高的时间内做重要的事？（5）是否每天都保留少量时间来做计划？（6）是否善用上下班的时间？（7）是否每天留出时间以应对突发事件？（8）是否尽量将例常性工作授权他人？（9）是否能安排时间培训下级？（10）是否宁可提前上班也不愿意延迟下班？（11）是否能促使自己迅速地做出一些决策？（12）是否对危机保持警觉并采取预防措施？（13）是否常为自己及他人定下截止时间？（14）是否能拒绝毫无益处的活动？（15）是否该努力一次就把一件事情做好呢？（16）是否设法避免不必要的干扰？（17）是否面对现实而非回忆过去的得失？（18）打电话前是否先准备好有关资料？（19）哪些工作无法按计划进行，原因是什么？（20）有没有比开会更好的解决问题的办法？（21）是否定期检查支配时间的方式？

_____

_____

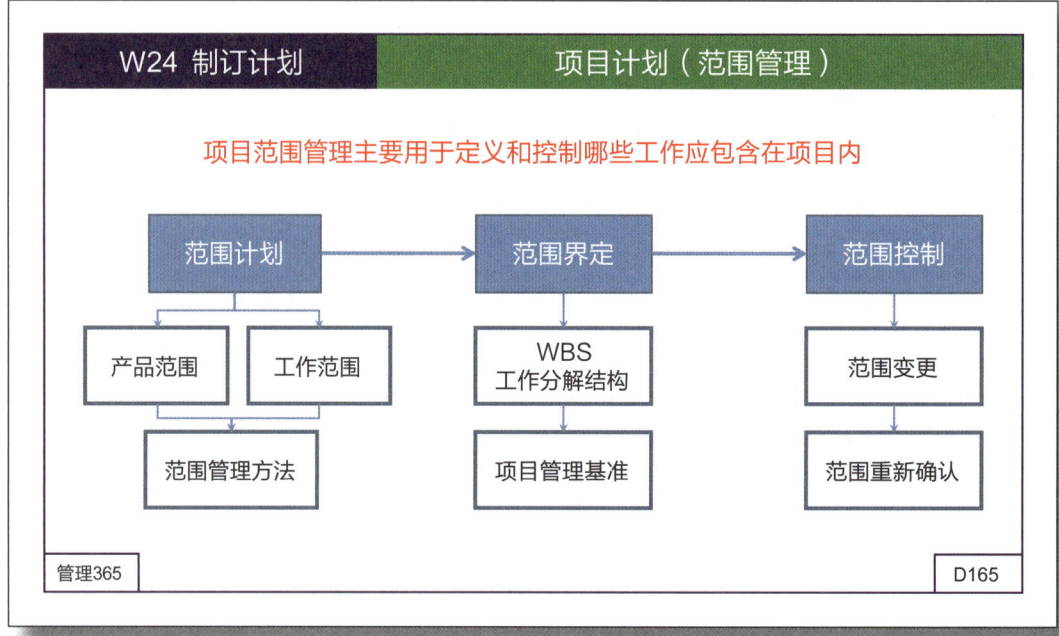

　　制订范围计划，计划里边包含了产品范围和工作范围，而产品范围和工作范围是通过收集项目干系人的需求得来的。很多时候，乙方到甲方去做项目，在执行过程中会出现很多的增项。因为当初他们在发布这个项目需求的时候，并没有深入地调研，以及广泛地征求意见，结果很多东西，尤其是很多关键的环节没有包含进去，导致范围扩大。所以，一定要把需求界定清楚，而且要形成完整的项目范围说明书，根据这个说明书去做工作分解结构（Work Breakdown Structure，WBS）。工作分解结构是一个包含了主要工作和具体任务的树状图。

　　项目范围说明书以及工作分解结构构成了项目管理的基准，所有变更包括成果的确认都要依据项目管理基准来实行。项目执行过程中，一旦出现了增项，就要走范围变更流程，进行项目范围的重新确认。

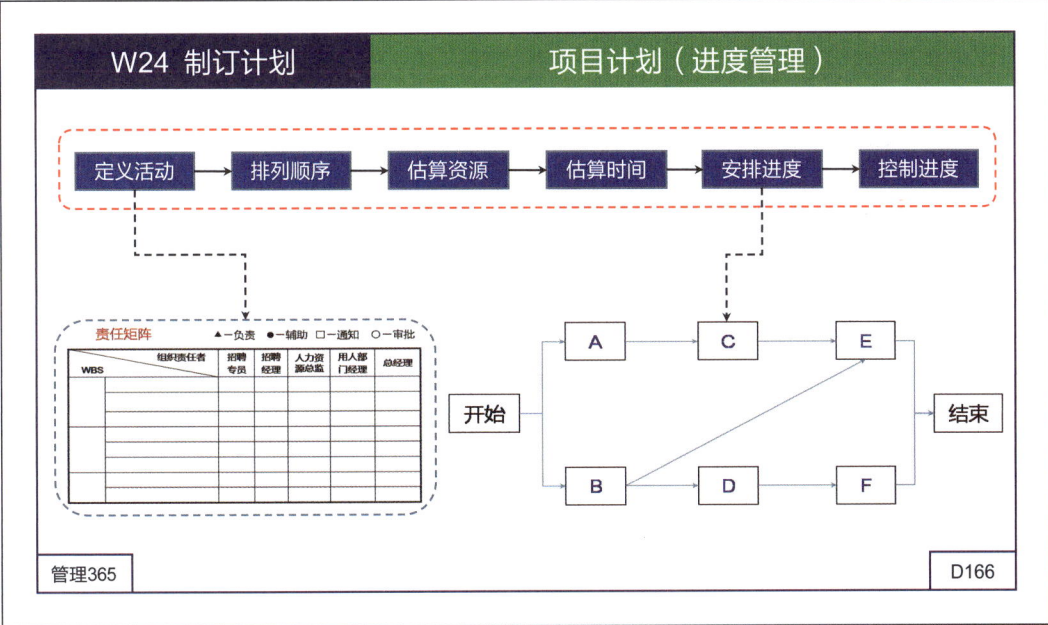

项目进度管理就是根据项目的进度目标编制合理的进度计划，并以此来检查项目的执行情况。如果发现执行情况与进度计划不一致，就要分析原因，并且采取必要措施对原计划进行调整或修正。进度管理的目的就是为了实现最优工期，多、快、好、省地完成任务。项目进度管理的基础是项目范围管理。

项目进度管理有两个最关键的环节：定义活动和安排进度。定义活动的依据是 WBS，根据 WBS 做出责任矩阵：根据已经确认的项目范围确定主要工作，对于每一项主要工作找到相应的责任人，以及确定他们负什么责任，负责到什么程度。安排进度就是对整个项目进度的安排，它是基于顺序的排列、资源的估计以及时间的估算，最终形成项目网络图。

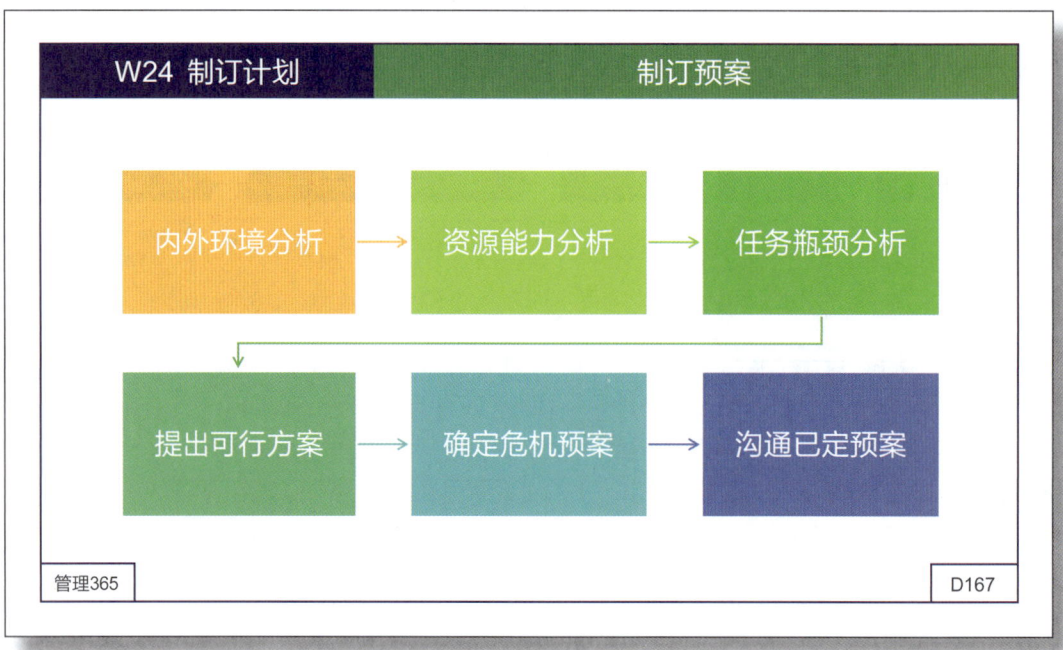

每周自问：如何应用已经掌握的知识解决当下的问题？

W25 确定标准

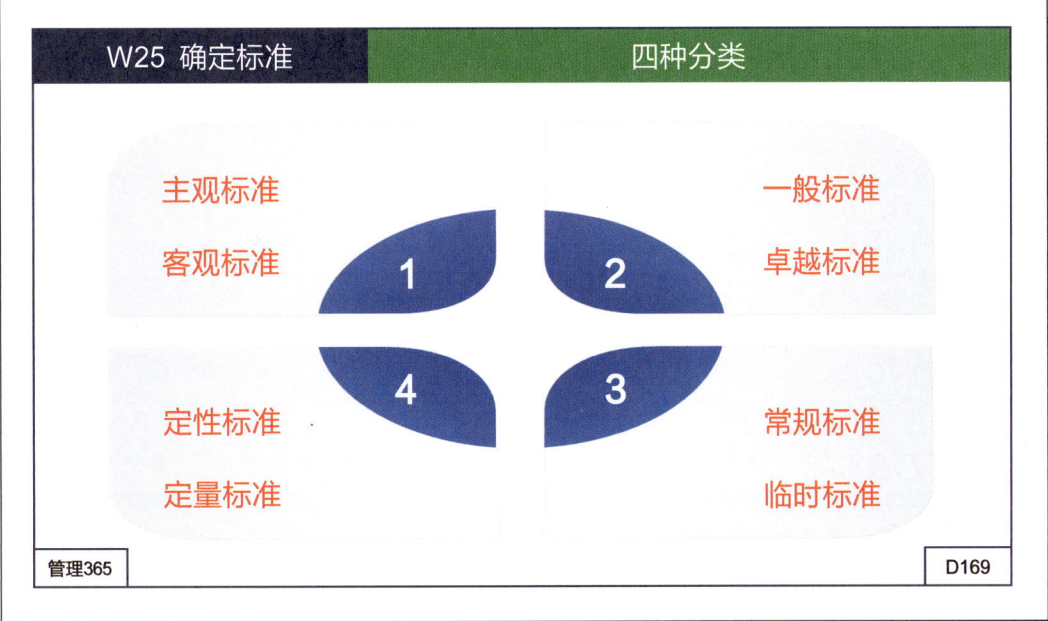

设定标准的目的是便于安排和检查工作，以及对工作结果进行追踪和考核。通常来说，标准包含三大类：技术标准、管理标准和工作标准，但标准还有另外四种分类方式，如上图。

（1）主观标准和客观标准：客观标准一般是量化的，而主观标准往往很难量化，带有主观色彩。但是，一个人的进步主要靠主观评价而不是客观测量来确认。绩效考核的数据结果往往是客观的，而绩效面谈中上级为下级指出的不足就是主观的。（2）一般标准和卓越标准：比如，安排一个司机去送货，一般标准就是安全、准时到达，而安全、准时、经济到达就是卓越标准。（3）定性标准与定量标准：这种划分是最常见的，所谓定性就是只能用文字去描述，所谓定量往往是用数字去表达。（4）常规标准与临时标准：常规标准是稳定的，适用于例常性情况；临时标准往往是针对临时性的任务或项目而定，任务或项目结束了，临时标准就不存在了。

W25 确定标准 — 制定标准的六点要求

要求	释义（举例）
目标指向	指向目标，即遵循标准总是能保持生产出相同品质的产品
显示原因和结果	务必要求检修工对称地、均匀地拧紧电机的四个地脚螺栓
准确	避免抽象比如"上紧螺丝时要小心"。模糊的词语是不宜出现的
数量化、具体	多使用图和数字，保证每个人都能以相同方式解释标准
现实	标准必须是现实的，即可操作的。不订立不切实际的标准
修订	工作是按标准进行的，因此标准必须是最新的，必须及时修订

从表中列出的对标准的六点要求和例子来看，标准意识的强调源自制造业，因为最早研究标准的是《科学管理原理》一书，代表人物是泰罗，他主张用科学化、标准化的管理替代传统的经验管理，标准化管理才是实现最高工作效率的手段。

（1）目标指向：也就是遵守标准的目的是什么，会有什么结果。例如，遵守标准能保证工作或服务品质。（2）显示原因和结果：只有这样操作，才会有预期的结果。例如，焊工要用3安培的电流，保持10分钟，以达到3毫米的焊接厚度。（3）准确：很多时候，人们总是用模糊、抽象的概念去描述标准，不够准确。（4）数量化、具体化：确保每个人能以相同的方式来解读标准，这一点非常重要。例如，洗衣服脱水时可以这样设定操作标准：以2挡速度转动5分钟。（5）现实：所定标准应该是做得到的，能够实现的。（6）修订：标准要随制度体系的变化而修订。

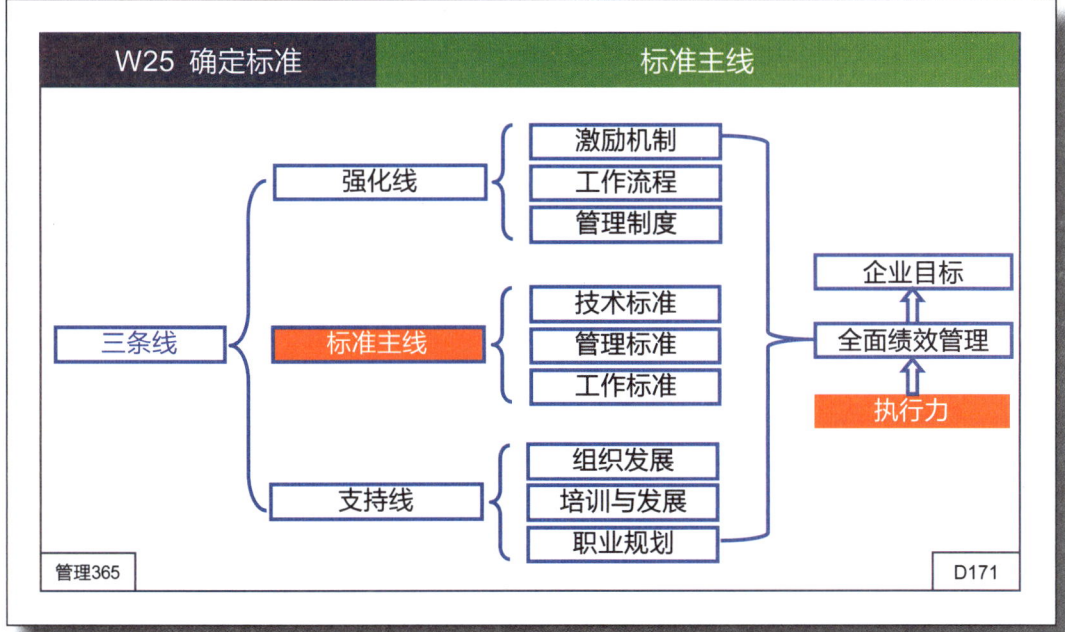

所有企业都是在三条线的基础上运行的，这三条线包括一条主线、两条辅线，主线是指标准线，辅线是指强化线和支持线。所谓支持线就是有人或有的团队达不到标准，要给他们一定的帮助和支持，使他们达到标准、符合要求。如果有人总是超出标准，就要进行正向激励。如果有人无论怎样帮助，他总是达不到要求，这样的情况要进行处罚，甚至要淘汰，这就是强化线。

支持线有三种方式：培训与发展，解决员工技能、领悟力和洞察力问题；职业规划使个人目标与组织目标同向；组织发展为员工开展工作营造一种支持性的、健康的组织氛围。

强化线也有三种方式：用激励机制去强化，如发奖金、晋升、给荣誉等；用工作流程去强化，让彼此间的配合更默契，过程更顺畅；用管理制度去强化，制度能约束人的行为，也能引导人的行为。

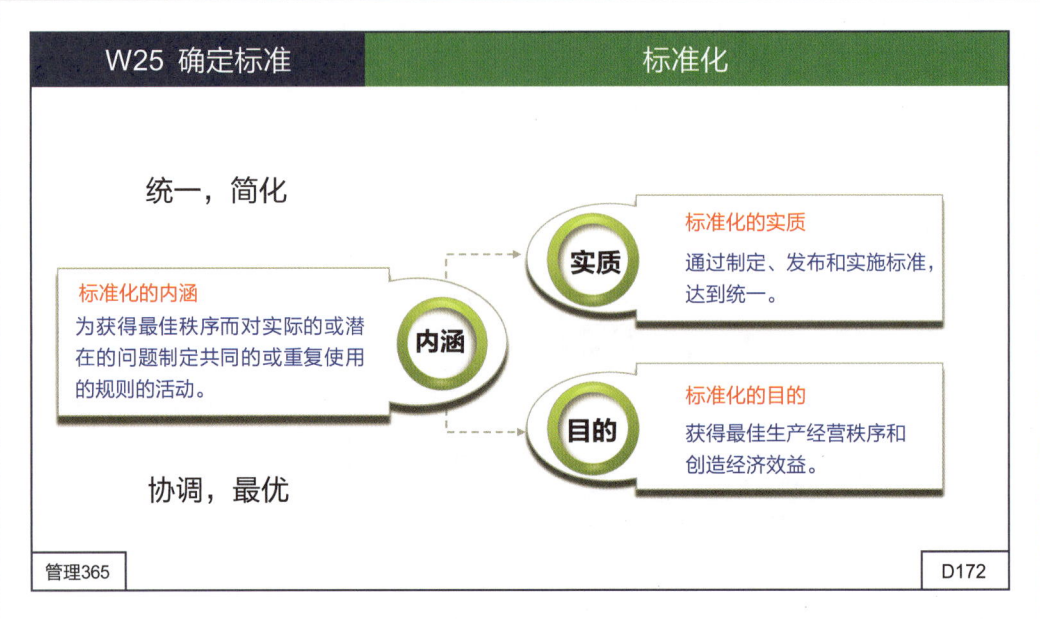

　　组织的运行有两大利器：一是标准化，二是创新力。标准化有什么作用呢？它不会让企业往前走，但至少它能保证企业不后退，也就是保持住现有的管理水平。只有创新力才能拉着企业往前走，通过内在变革来追求创新，推动企业往前发展。两者的作用显而易见：一个是推动力，另一个是制动力。对于管理的追求有四个状态，分别是活动处于协调状态、问题处于预警状态、质量处于受控状态、人员处于激励状态。这四个状态中的前三个状态都是和标准化密切相关的。

　　从标准化的对象来看有两类，一类是具体对象，另一类是总体对象。具体对象是指需要制定标准的那些具体事物，总体对象就是各种具体对象的总和。总体对象的目的在于研究各种具体对象，找出共同属性和普遍规律。标准化遵循三个原理——统一、简化、协调，最终目标是达成最优。标准化的内涵、实质和目的如上图。

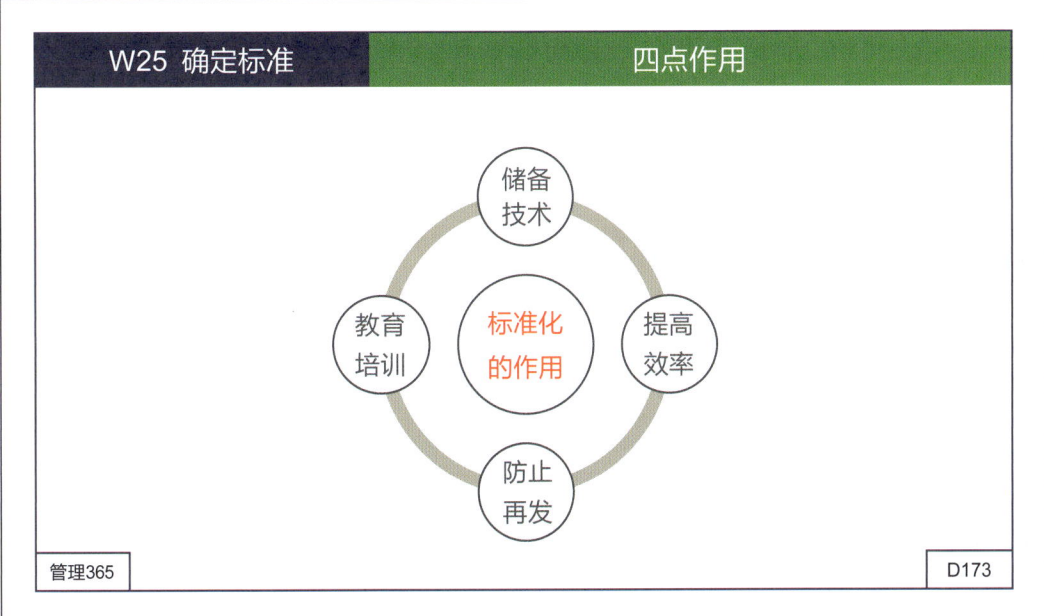

只有在制定规则标准并遵照执行之后,才叫标准化。标准化的目的有四个:储备技术、提高效率、防止再发、教育训练。

(1)储备技术:是指企业内的成员所积累的知识、技术、经验通过文件的方式加以保存,这样就不会因为人员的离去而流失技术,达到个人知道多少,组织就知道多少,让个人的经验充分转化为企业的财富。(2)提高效率:有了标准化,每一项工作即使换了不同的人来操作,也不会在工作效率和工作品质上出现太大的差异。(3)防止再发:单个人的传授是不稳定的,有了一种标准化的程序之后,无论新老更替,还是组建新团队,都可以把好的做法带过去,不会出现问题。(4)教育训练:有了规范的流程、标准化的操作手册,那么对新人也好,对转岗的人也好,这些都可以作为培训材料去教授他们。

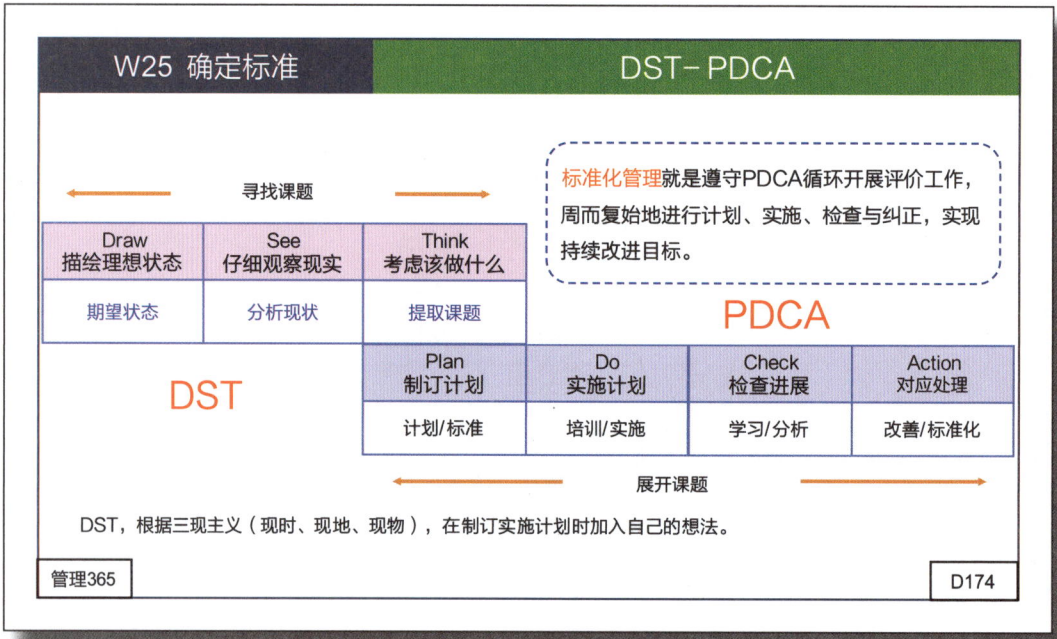

每周自问：如何应用已经掌握的知识解决当下的问题？

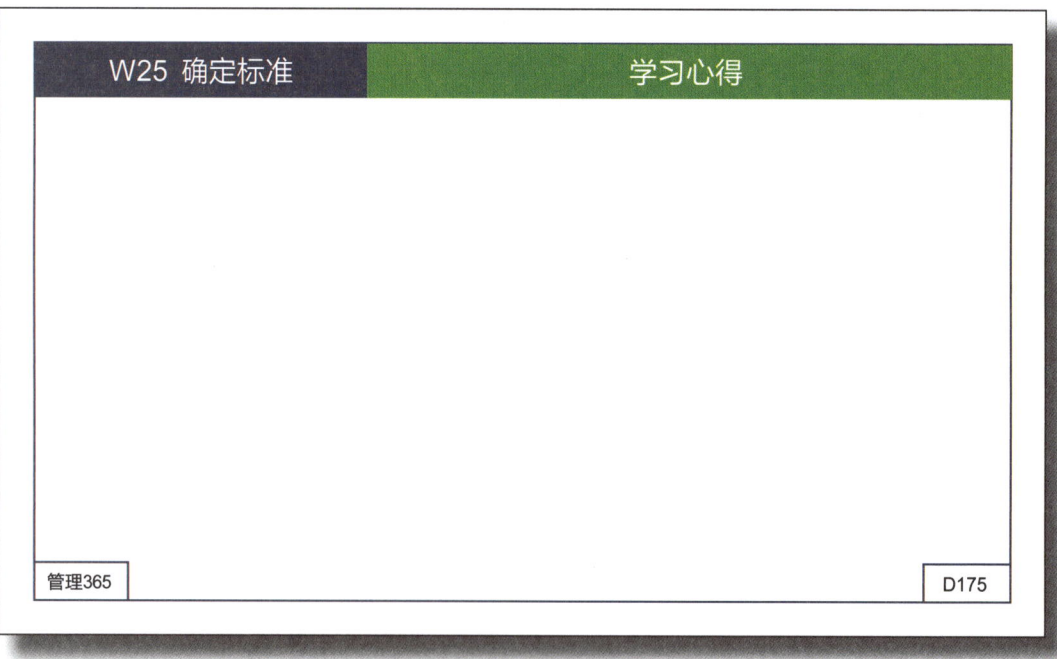

W26 安排工作

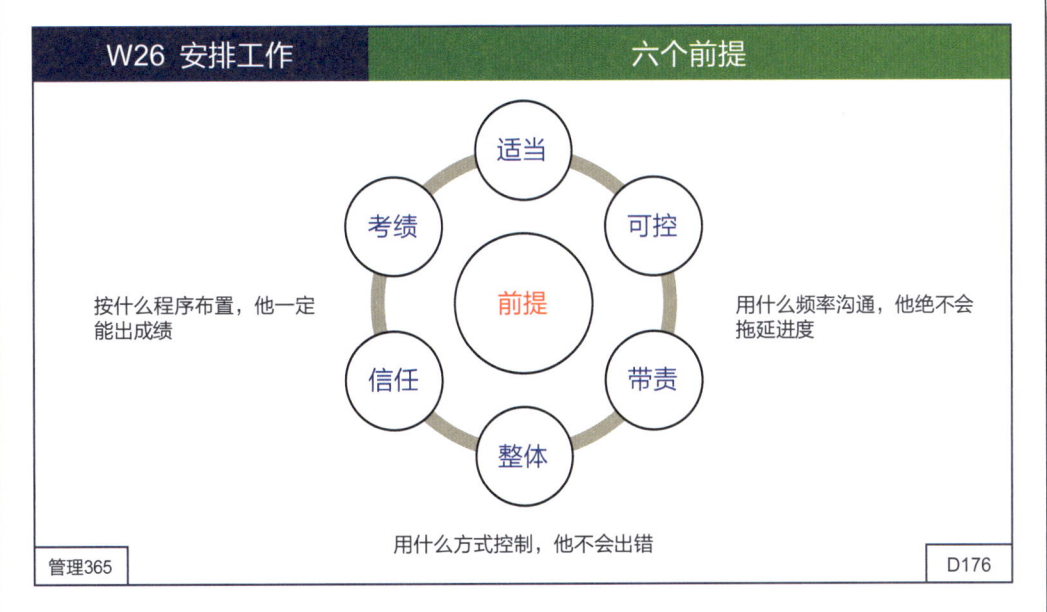

（1）适当：工作上压担子可以，但不能超过下级能力太多，略有挑战性即可，否则，下级就会认为，反正无论怎么干都完不成，索性就不干了。（2）可控：要想避免管理失控，必须要有过程检查。上级说话要算数，如果说检查却不检查，下级就会认为可干可不干，就没人关注结果了。（3）带责：责、权、利要对等，这是基本常识。但是，往往下级在领受任务的时候，要的是权，争的是利，淡化的是责任。所以，必须强调完不成任务要负什么责任。（4）整体：上级不是只有一个下级，下级也不是只有一项工作。上级要进行总体协调，做好平衡，避免鞭打快牛，失去公平。（5）信任：既然交给他去做，就不要干扰他的指挥或操作，充分信任下属。否则，他会被架空，失去威信。（6）考绩：无论如何，上级都要有强烈的结果意识，告知下级你要的结果是什么，而且对如何考核结果要心中有数。

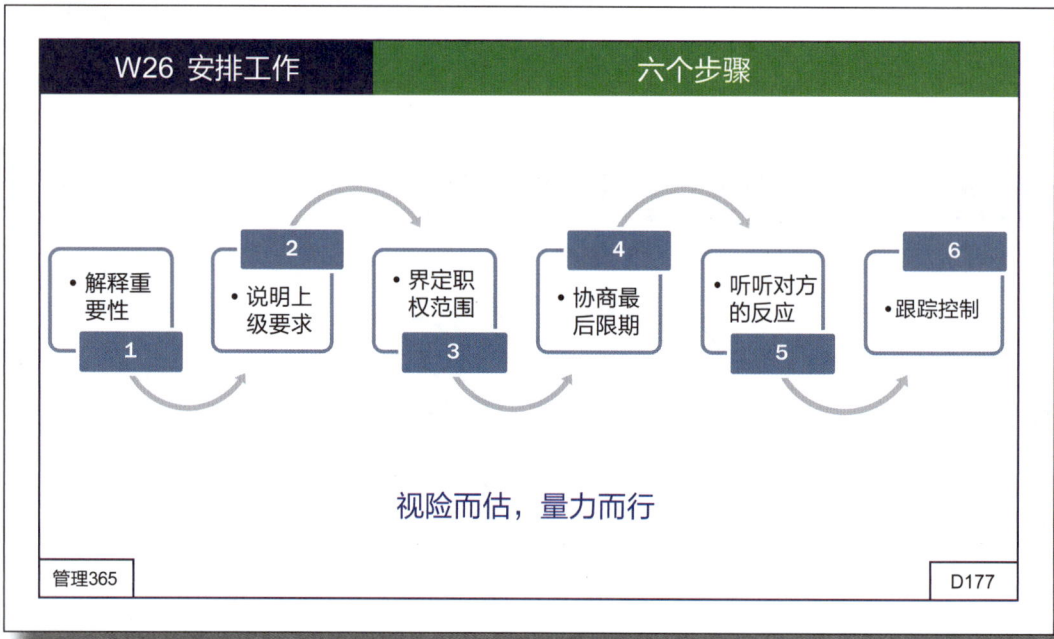

　　（1）解释工作的重要性：上下级不在一个层面，对同一问题的认识存在较大差异，因此，上下级必须统一思想，达成共识，形成共鸣。（2）说明上级要求：明确提出要求，设定具体标准，以此作为工作检查的依据和考核的标准。（3）界定职权范围：必须明确说明，什么能干、什么不能干，不能越权行事。因为越权之后，上级就要去救火、去善后。（4）协商最后限期：就完成任务的日期进行磋商，但上级也要清楚有些日期是不可谈的，视情况而定。（5）听听对方的反应：前四个步骤基本是上级在主导，下级是否完全理解需要上级进一步确认和澄清。（6）跟踪控制：提供纠偏措施，例如，下级拿不准的时候可以请教上级。上级与下级约定沟通的时间和方式，以避免出现赶工现象。

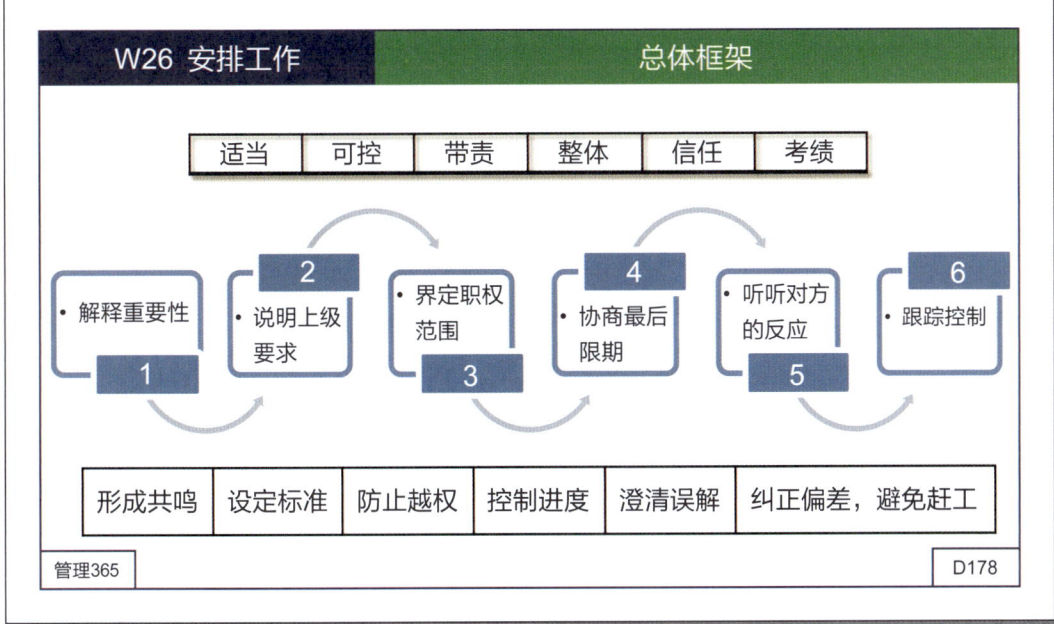

之所以有这样的步骤性安排,是因为上级提前做了思考;之所以不会厚此薄彼,是因为每一个步骤都有其独特的价值。

(1)形成共鸣:思想上达成共识,上下级保持一致。(2)设定标准:有了标准就便于追踪,也便于考核,下级也有了执行的基础。(3)防止越权:很多下级做事是有章法的,但要重点监督总是先斩后奏、胆大妄为的下级。(4)控制进度:底线一定要超前于下级的截止日期,很多时候下级因为各种原因会拖期,上级就必须严格控制进度,不然会影响全局。(5)澄清误解:上下级就沟通事项进行确认,防止误解。上级经常想当然地认为下级明白了,下级也往往因为好面子而说自己懂了。(6)纠正偏差,避免赶工:监控过程,及时纠偏,保持工作量的均衡性。

总之,安排工作的时候要"视险而估,量力而行"。先评估风险,然后根据对下级的成熟度(心理上和工作上都需要成熟)判断,决定把工作委派给谁。

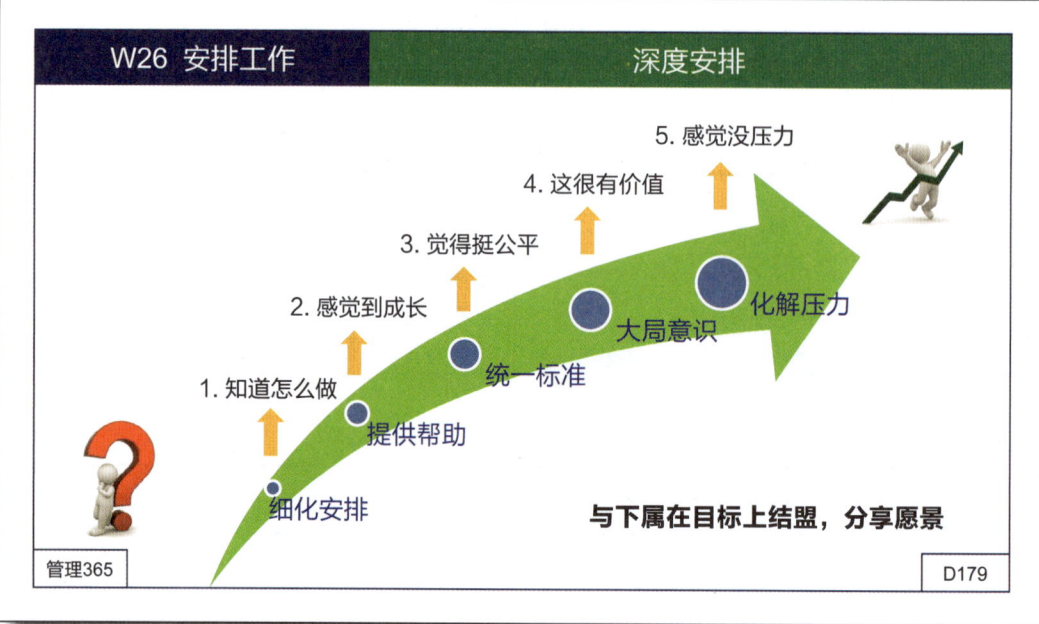

在上级自己认为已经安排完工作的时候，员工可能会有五种心理活动：（1）还是不知道怎么干；（2）我感觉不到成长；（3）对我不公平；（4）这项工作没有价值；（5）不想干，压力太大了。针对员工的这些心理活动，上级要有相应的对策，让员工知道怎么做、感觉到成长、觉得挺公平、认为有价值、感觉没压力。

第一，上级要做好解释工作，对于能力弱的员工，标准、步骤、方法要讲得更清楚一些；第二，为下级考虑到困难和挑战，提供必要的工具、方法，注意跟踪，及时发现并解决问题；第三，在分配任务时要公平，对工作进行整体性安排，做好工作量的平衡；第四，告知下级，他的工作对其他岗位的影响、对整体目标的价值；第五，上级要和下级一起分析一下，看看工作方法上是否存在问题，或者思维方式是否需要改进，这种情境，往往是培养员工的好时机。

W26 安排工作　　六种口气

口气	举例	句式	意义
吩咐	请在＿＿＿时间完成＿＿＿事情	陈述	亲切、温和
请托	请您＿＿＿，麻烦您再辛苦一趟	陈述	尊重、体谅
询问	这件事情我想请您去做，可以吗	问句	关心、体谅
暗示	事关重大，必须要责任心强的人去做	陈述	信任、肯定
征求	您看＿＿＿事情谁去做比较好呢	问句	尊重、信任
严厉	事情已再三延迟，本周务必完成	感叹	严肃、郑重

管理365　　D180

　　（1）吩咐：吩咐不是命令，通常使用陈述句式。上级的态度要温和，体现出亲切感。（2）请托：即托付，使用陈述句式，"小张，这件事还得再辛苦你一趟，上次你处理得很好！"这样的表达方式体现了上级对下级的尊重和体谅。（3）询问：使用问句，"这件事情我想请你去做，可以吗？"上级知道这项工作有难度，这种口气体现了上级对下级的关心和体谅。（4）暗示：往往使用陈述句式，"这项工作事关重大，必须要派一位责任心强的员工去"。这种表达方式充分体现了上级对下级的信任和肯定，往往有很好的激励效果。（5）征求：往往使用问句，"你看去HW公司谈判，谁去比较好呢？"这种口气往往带有征询的意味，体现了上级对下级的尊重和信任。（6）严厉：往往使用感叹句式，"事情不能一拖再拖，务必要在本周五下班前完成！"严厉的口气意味着不容商量，没有讨价还价的余地，显示了上级的决心，体现了严肃和郑重。

W26 安排工作 — 不按指令做事的原因及对策

问题	原因	对策
员工认为这不是我的事	工作职责不清楚，任务沟通不到位	厘清职责，解释具体的工作安排
员工不明白让他做什么	工作安排不明确，工作标准不确定	要明确工作内容，明晰具体要求
员工不知道应该怎么做	工作能力有问题，沟通方式不合适	培训，调整岗位，改进沟通状况
员工说超过了控制范围	资源不足或品质差，指令自相矛盾	给足高品质资源，保持指令一致
总认为上级处事不公平	干好干坏一个样，对工作认识不够	制定合理的奖惩方案，深度沟通
希望他做A，他却做了B	没有及时沟通，任务没有及时更新	员工及时反馈，上级要更新任务
员工担心出现负面结果	员工有恐惧心理，经验或技能不足	要引导员工放下包袱，进行培训
员工认为没有实际意义	员工考虑事情不周全，解释不到位	启发全局意识，解释背景和意义
员工认为自己的办法好	上下级的立场角度不同，沟通不足	让其尝试但不能影响大局，指导
员工认为指令无法实现	前提条件不足，任务本身要求过高	完善前提条件，设定合理的要求

每周自问：如何应用已经掌握的知识解决当下的问题？

W26 安排工作 — 学习心得

W27　检查工作

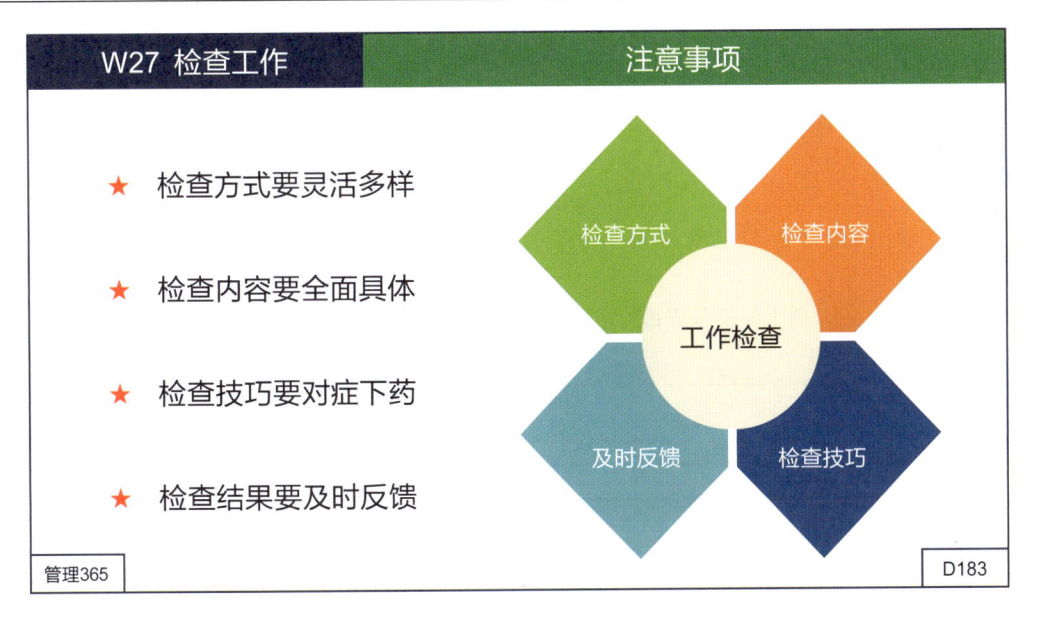

在《七项工作原则》中我们说过，人们不会做你希望的事，只会做你检查的事。该检查的不检查，就无法保证工作结果。工作检查是过程控制的主要手段，具体包括四个方面：检查方式、检查内容、检查技巧和及时反馈。

检查工作之前，要注意两个方面：做好准备和设定标准。检查前的准备工作包括：在什么地点检查、在什么时间检查、检查什么内容、用什么方式检查。在检查地点的选择方面，尽量不要当众检查，可能会伤面子；在检查时间的选择方面，最好不要在下级特别忙碌的时候检查。对于检查方式，上下级可以提前约定。关于工作标准，一定是上下级早就达成共识的，而不是上级随意设定的。随意设定标准，一定会招致下级的不满，甚至会引发冲突。

通常来讲，不能让下级找到检查工作的规律，因为很有可能出现"上有政策，下有对策"的情况。检查方式要灵活多样，检查内容要全面具体，针对不同的下级，还要采取不同的对策，最后要对检查结果进行系统分析，并给下级反馈。

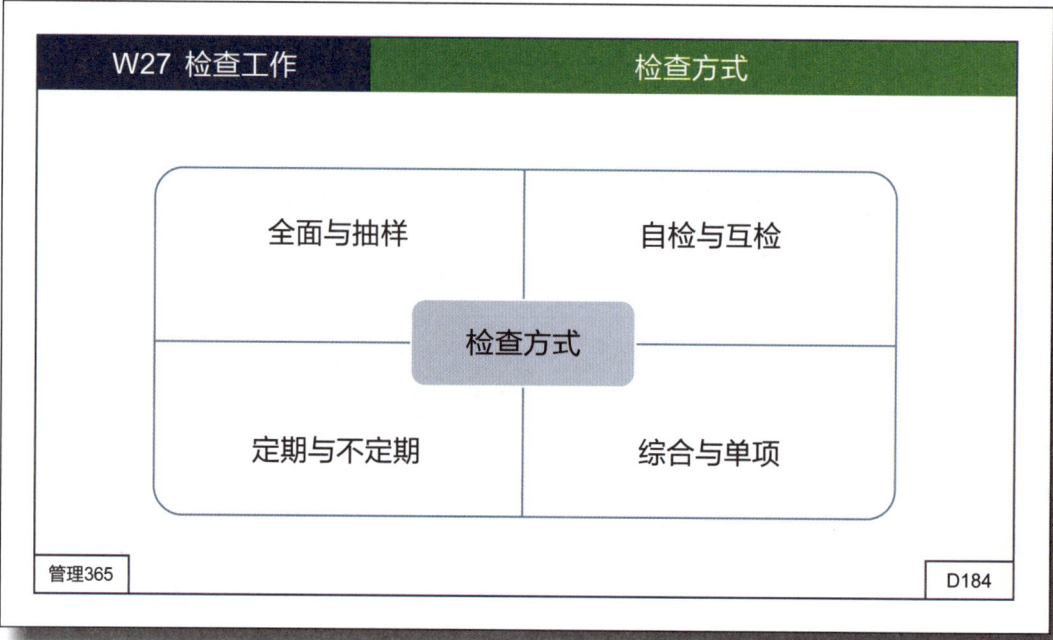

（1）全面检查与抽样检查：全面检查旨在掌握所有下级的工作完成情况，但这种检查的频度不宜过高；抽样检查是指具体选择某位下级或者部分下级进行检查，以点带面。

（2）自我检查与相互检查：自检是下级根据工作标准进行自我检查、自我分析；互检是指同级之间相互检查，发现问题及时提醒对方。自检中的盲点，互检能够避免。

（3）综合检查与单项检查：综合检查的目的是了解执行的全面情况，以发现和掌握各个方面的问题和进展；单项检查是只对工作中的某一方面的情况进行检查，如进度、质量等。

（4）定期检查与不定期检查：定期检查的期限是根据工作内容和实施进度的安排来决定，可量化的工作可每月检查一次。不定期检查适用于那些难以量化的工作，或者那些心里不踏实的事情，或者那些不踏实的人，检查周期可长可短，次数可多可少。

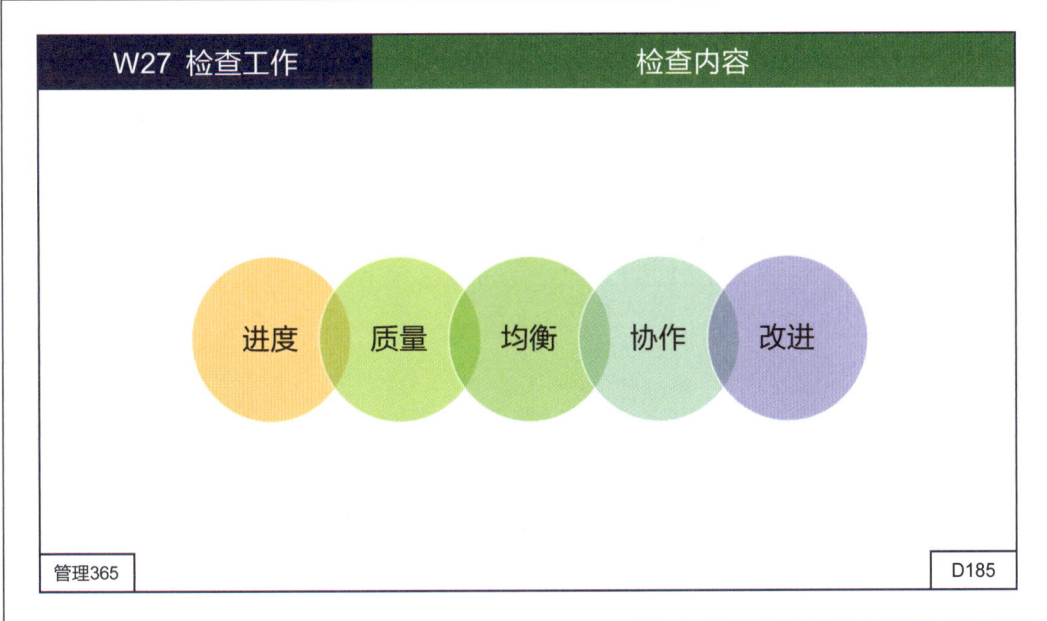

　　工作检查的重点内容包括工作进度、工作质量、工作均衡性、团队协作情况以及改进落实情况。

　　工作进度检查主要看工作是否按照预定计划执行，避免拖期，对其他人的工作或全局性工作造成影响。如果出现意外情况，应及时调整计划或采取补救措施。

　　工作质量检查的重点在于有无失误、有无偏离标准，工作质量往往是责任心的直接体现，工作质量高的人一定是做事认真细致的人。

　　工作均衡性检查的目的在于避免前松后紧的赶工现象，职场中，不少人干工作不紧不慢，甚至患有严重的拖延症，总是把工作拖到最后、堆到一起来做。上级必须要做好过程督导，否则他们总是仓促应对、敷衍了事。

　　团队协作性检查的目的在于观察下级间的配合程度和流程是否顺畅，工作上如有卡壳延误的地方，上级要给一点推动。

　　检查改进情况的目的是判断员工是否信守承诺，以前查出的问题是否已经改正。

W27 检查工作		检查技巧
序号	类型	要点
1	假装积极者	问进度
2	盲目求快者	问质量
3	效率低下者	问方法
4	粗心大意者	问细节
5	软磨硬泡者	问后果
6	得过且过者	问责任
7	争功诿过者	问格局
8	夸夸其谈者	问落实
9	自鸣得意者	问过失

（1）假装积极的人，实际上工作没干多少，企图蒙混过关，对这样的人，你一定要多问几个问题，让他无言以对，才能形成威慑。（2）盲目求快的人，不是方向搞错了，就是草草了事，对他们一定要严格把关。（3）工作勤恳努力，但工作效率低的下级，通常是他们的工作方法或使用的工具不合适。（4）粗心大意，往往是性格所致，上级要多费点心，在细节上，对这样的下级多提醒。（5）问问软磨硬泡的下级，这样做的后果是什么，让他们意识到问题的严重性。（6）对工作上得过且过、敷衍了事的人，一定要落实一对一责任。（7）遇到功劳就去抢，遇到责任就往外推，对待这样的下级要提醒他们境界需要提升，否则没有前途。（8）汇报的时候，讲得头头是道；执行的时候，做得一塌糊涂。对这样的下级，一定要了解他们是不是有真才实学。（9）对于那些有点小成绩就沾沾自喜的人，要多问他们工作上的不足，给他们点压力。

工作检查之后，要给对方反馈，反馈好的，叫"扬善"；反馈差的，叫"规过"。扬善要注意"三度"，规过要把握"三面"。

扬善有"三度"。准度：表扬一个人不但要及时，更要准确无误（夸人要确有其事），具体指出对方哪些方面值得表扬，同时要与对方同享成功的喜悦。适度：表扬要实事求是，而不是夸大其词；既不能过头，也不能不足。广度：扬善不要仅仅局限于某一个人，更要发现所有人的优点，进行有针对性的表扬。

规过有"三面"。脸面：批评人要留面子，不能让对方下不来台，所以批评人要在私下。私底下诚恳交谈，将心比心，既能保住对方的脸面，又能获得对方的信任。正面：学会正面表达，把人引向积极。这样的"批评"是不是更好："如果你的工作效率和你的工作质量一样好，我就更满意了！"全面：批评人不能只批不评，既要看到对方的缺点，更要看到对方的优点。

W27 检查工作					工作跟踪检查表					
序号	任务	完成标志	责任人	检查时间	进度	质量	均衡性	协作性	改进性	执行状态
1										
2										
3										
4										
5										
6										
7										

每周自问：如何应用已经掌握的知识解决当下的问题？

W27 检查工作	学习心得

W28 工作改善

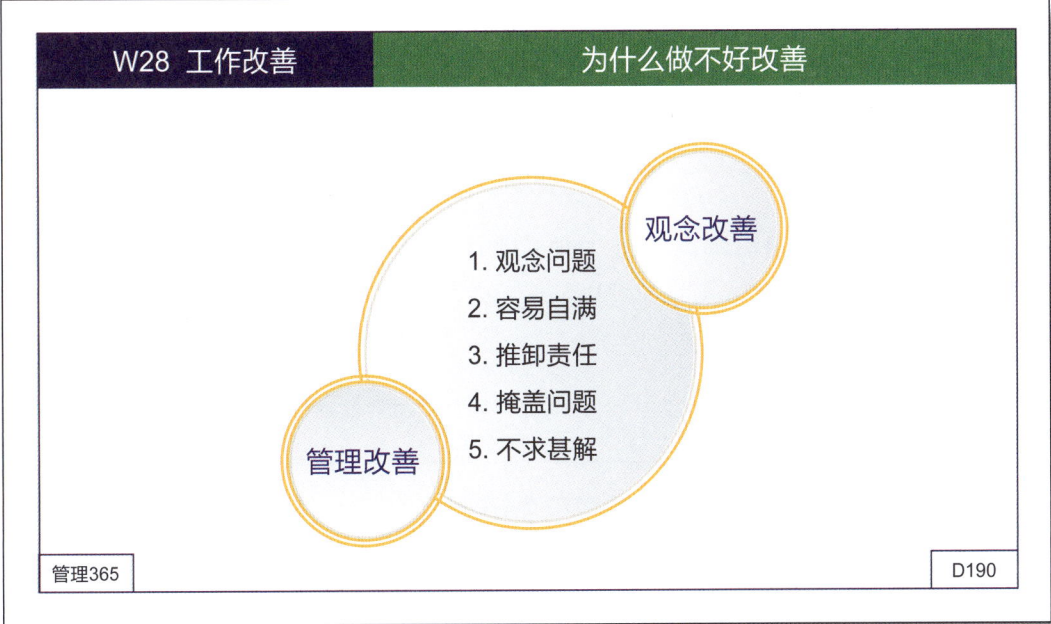

对于职场人，无论他是不是在管理岗位上、是不是带团队，他都应该熟知三种管理思想，分别是目标管理、标准化和改善。目标管理解决的是方向问题，标准化解决的是执行的依据问题，而改善实际上说的是质量意识。

如果一个人能够深刻领会改善的内涵，而且按照改善的要求来做，不断地做PDCA，那么他的工作质量一定是高的，但人们为什么往往做不好改善呢？主要有五个方面的原因。（1）观念问题：人们从思想意识上不重视。（2）容易自满：体现在两个方面，一是标准过低，对自己的要求不高，安于现状；二是骄傲，觉得自己做得很好了。自满就没有了改善的动力。（3）推卸责任：见了问题就躲，不愿意去承担。没有担当精神的人没有前途。（4）掩盖问题：大事化小，小事化了，得过且过，点到为止。（5）不求甚解：没有钻研精神，没有找到真正原因就草草收场。

W28 工作改善		工作改善的目的	
六大领域		改善目标	改善目的
Productivity	产量	缩短时间	提高效率
Quality	质量	保持品质	维护形象
Cost	成本	降低费用	确保利润
Delivery	交期	按时交付	累积信用
Safety	安全	防止事故	保证秩序
Morale	士气	减轻疲劳	尊重人性

　　此处所讲的工作改善的目的也是以制造型企业为例的，一个达到规模经济的制造型企业几乎囊括了企业应有的所有职能。或者再扩展一下，生产型企业范围更广，包含制造型企业。其实，此处所讲的工作改善的目的对没有在生产型企业工作的职场人更有借鉴意义。

　　产量、质量、成本、交期、安全、士气，是工作改善的六个方面，对应每一个方面都是改善的目标和目的。产量改善，缩短制造时间，提高生产效率；质量改善，保持稳定的品质，维护市场形象；成本改善，降低费用，确保利润，也能保持竞争力；交期改善，按时交付产品或服务，累积信用；安全改善，防止事故，保证秩序，也是对员工的关爱；士气改善，减轻疲劳，是对员工的尊重。从客户角度看，质量和交期是最重要的，也是他们最关心的。客户对成本的关心或者说对价格的敏感次之。安全和士气改善，除了基本目的之外，还有维护企业形象的作用。

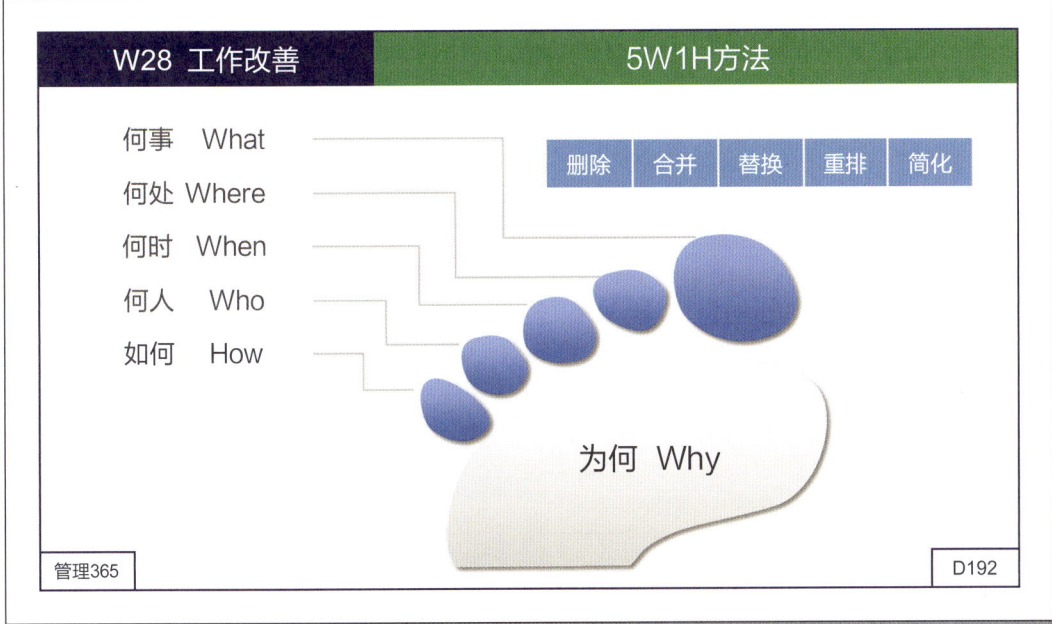

　　这种方法起源于1932年美国政治学家拉斯维尔提出的5W分析法。这种分析法经过人们不断运用和总结，逐步形成了一套成熟的5W1H模式，这一模式从六个方面对问题进行分析，分别是原因、对象、地点、时间、人员以及方法。

　　例如，领到了一项具体的任务，你首先要考虑为什么做这件事？这件事情包括哪些具体的工作（what）？在哪里执行（where）？什么时候开始干（when）？有哪些人参与（who）？如何把它做好（how）？这是一个基本的5W1H思考模式。每一种思考都需要一些选择，比如要考虑一些具体问题，此人是否胜任，采取了哪些安全措施，以及作业的环境地点，空间是不是受到限制，能否交叉作业等。考虑到这些具体的问题，就要对最初的那些5W1H的构想进行处理。处理的方式有五种：删除、合并、替换、重排、简化。

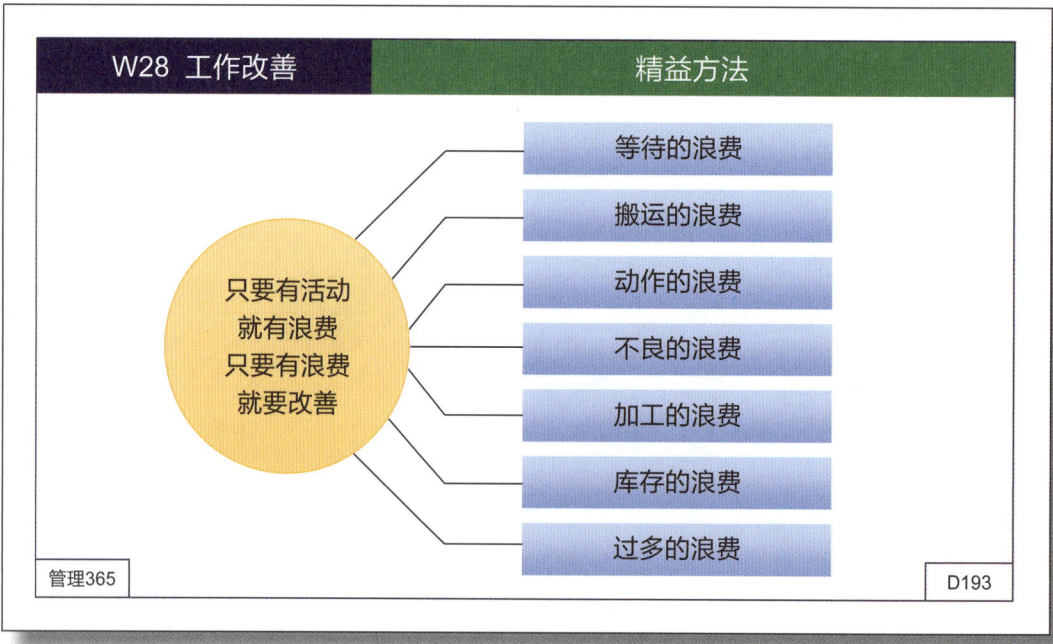

精益方法源于日本的丰田汽车公司，这种方法的基本指导思想是：只要有活动，就有浪费；只要有浪费，就有改进的空间。丰田公司之所以采用精益方法，应该说实属无奈。在1937年丰田公司成立时，市场需求不足，人力资源和原材料也相对匮乏，只能小批量生产，导致成本过高，只好尽量消除各种浪费。但这种模式在第二次世界大战结束之后迎来了勃勃生机，使丰田公司得以迅猛发展。

对于丰田模式，美国麻省理工学院的两位教授专门进行了总结，出版了一本书叫《精益思想》。此后，丰田公司的精益生产哲学就被迅速推广开来，获得了广泛的认同。在中国，精益方法曾一度演化为细节管理，被称为精益管理更合适。精益管理既是一种理念，也是一种管理方法，尤其是精益思想主张排斥人治、崇尚规则意识，更值得肯定。精益不是一场运动，而是企业追求尽善尽美、永续经营的过程，它是自上而下的积极引导和自下而上的自觉响应相结合的常态管理模式。

20世纪90年代,标杆管理(Benchmarking)、流程再造(Business Process Reengineering)、战略联盟(Strategic Alliance)并称为三大管理工具,引发了很多重大变革,极大推动了企业发展。

在众多得益于使用这些工具的企业中,美孚石油公司以标杆学习的典范而著称。美孚石油在20世纪90年代初期向4000名神秘顾客了解他们对旗下加油站的评价,最后汇总为三点抱怨:服务质量问题、服务速度问题、老顾客的安抚问题。于是,美孚石油成立了三个标杆学习团队:微笑团队、速度团队、安抚团队。标杆对象分别为丽思卡尔顿酒店、赛车服务公司、家得宝。显而易见,这些标杆对象都不是同行,可以说,这是异业对标。

到酒店,他们问门童、找服务员;在赛车服务公司,他们问拿着轮胎、油枪的操作人员;到仓储超市,他们请教理货员。这才是真正的学习。这叫他山之石,各个标杆学习团队回来之后总结出了适用于自身的核心流程,然后找试点,进行持续改进,最后,推而广之。

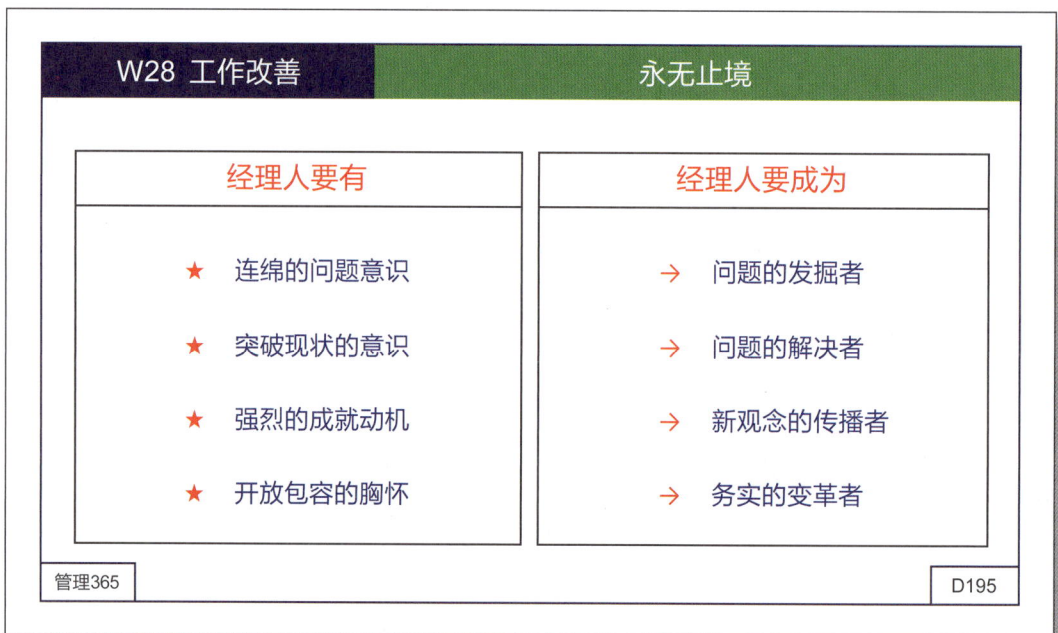

每周自问：如何应用已经掌握的知识解决当下的问题？

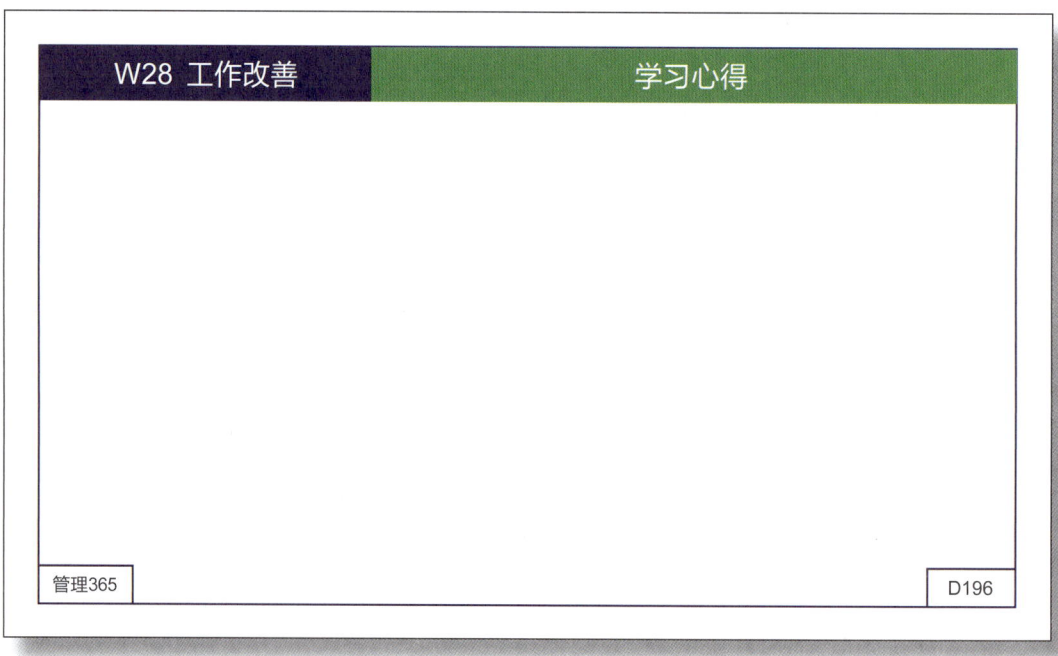

W29　工作总结

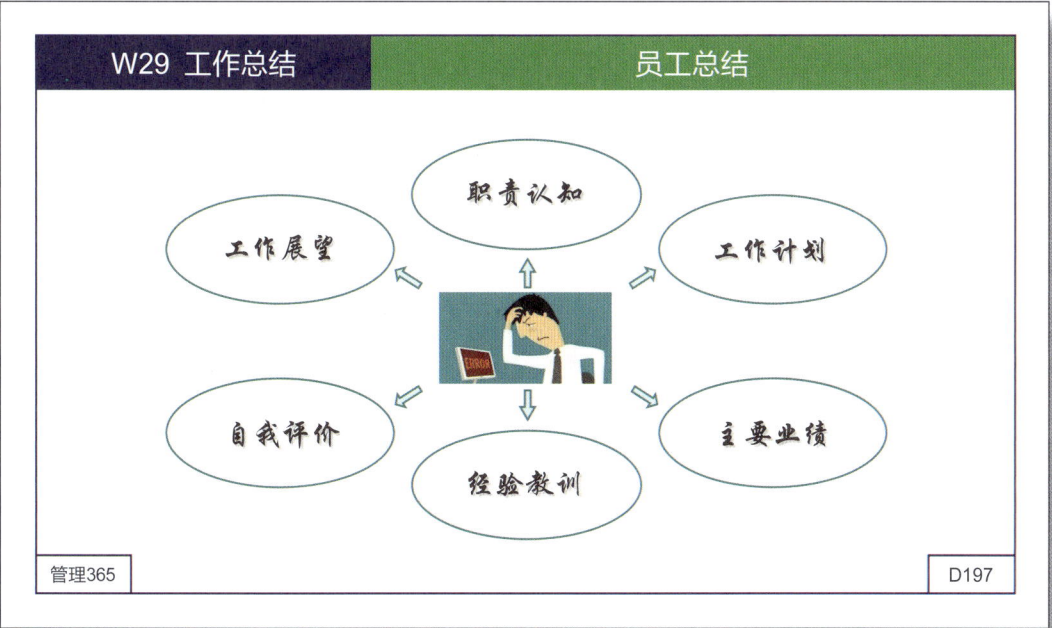

通常来说，如果是被组织或上级要求写总结，这样的总结往往会不全面、不深刻、流于形式；如果是主动写的总结，这样的总结一定是上级喜欢的，也是组织需要的。

（1）职责认知。这部分包括两个要点：简化和补充。简化就是要突出关键点；补充就是完善——出现了哪些变化，要增加哪些职责，对职责进行补充彰显了员工对工作的反思和责任感。（2）工作计划。计划是行动的指南，即要完成哪些工作任务。（3）主要业绩。这部分主要包括两个方面：分内之事和分外之事。做分外之事是对别人的支持和帮助，是有格局的表现。（4）经验教训。这部分主要谈六件事：①上级认可的一件事情；②上级还不知道的一件干得好的事情；③一件重要的事情；④一件紧急的事情；⑤做得不太好的一件事情；⑥需要做但还没开始的事情。（5）自我评价。一是在上级的帮助下取得的进步，二是通过主动学习有哪些提高。（6）工作展望。明确要坚持什么精神，也是下一轮工作的开端。

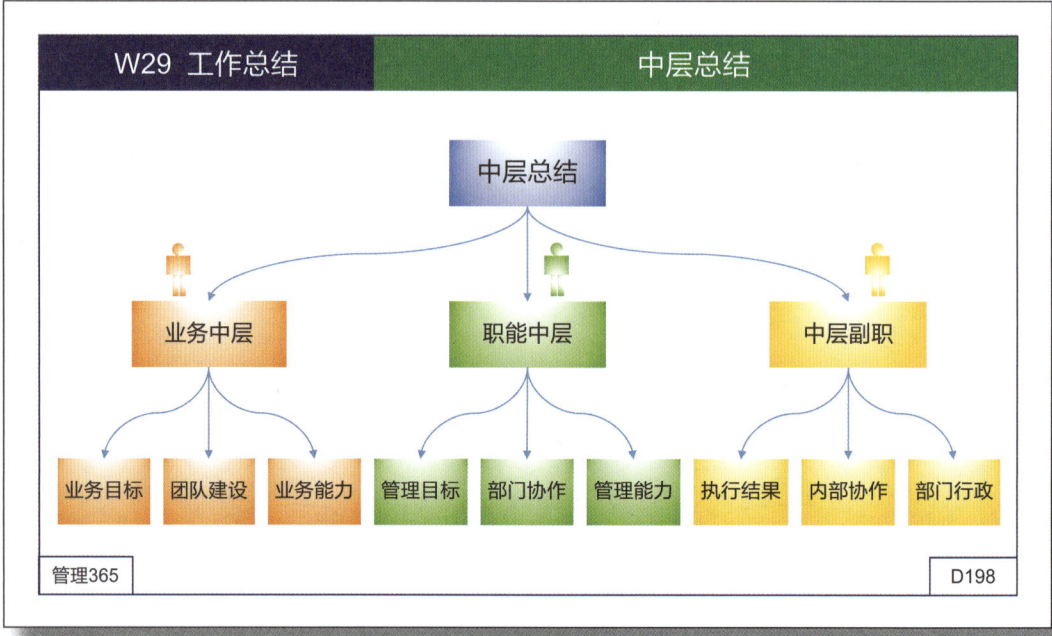

职能和业务部门的中层管理者的工作总结侧重点是不同的,以制造型企业为例,职能部门主要包括行政、后勤、人力、财务、法务、审计、质量、研发、工程;业务部门包括采购、生产、物流、营销、销售、服务。同时,正职和副职写总结也是有不同侧重的。

业务中层的总结重点是业务目标、团队建设、业务能力。每个业务领域都需要清晰的业绩目标,这是企业赖以生存和发展的基础。业务部门更需要团队作战,做总结时一定要检视团队合作的有效性。对于业务能力,要按照五级能力的划分盘点团队的能力状态。

职能中层的总结重点是管理目标、部门协作、管理能力。在组织里,职能部门都带有全局性管理的性质,因此,要有清晰的管理目标。既然带有全局性质,那么,对协作的要求要高于业务部门。职能管理能力,也就是专业性和解决问题的能力,要不断加强。

中层副职主要是在正职授权之下开展工作,要做好配合。

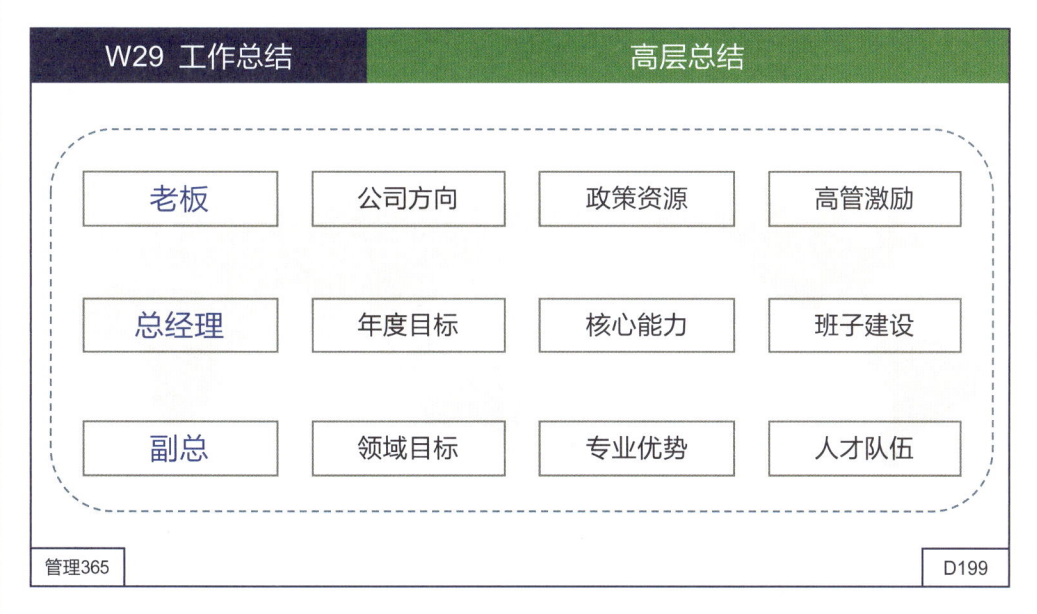

老板应主要关注三件事：公司方向，政策资源，高管激励。（1）老板要把握公司发展方向，组织制定公司战略，解决为谁服务、往何处去的问题。（2）要为企业从外部获取资源，争取一些有利于企业发展的政策。（3）要制定好激励政策，平衡好企业的成长性与收益性。除了激励政策，老板平时也要对高管团队做好安抚。

总经理应主要关注三件事：年度目标，核心能力，班子建设。（1）要完成老板交给的任务，也就是年度业绩目标。（2）要为企业构建核心竞争力，这就是为什么老板请你做总经理，而不是别人。（3）作为"班长"，要做好班子建设，甚至要关注整个企业各级管理团队的建设。

副总应主要关注三件事：领域目标，专业优势，人才队伍。（1）每个副总的分管领域都有自己的目标。（2）通过找标杆，主动提升，建立起相对于竞争对手的专业优势。（3）要想获得专业优势，必须要有专业人才。对于专业人才，企业一是自己培养，二是主动去寻找。

W29 工作总结 — AAR事后评估

美国军队修正错误的标准程序

- 行动之后立即回顾
- 指定主持人（非指挥官）
- 把任务按功能模块分解
- 对应各功能块给出建议
- 过程标准化
- 全员做记录
- 营造氛围

避免错误重犯

事后评估（After Action Review）是美军修正错误的标准程序，也是经典的做总结的方法。（1）美军每次军事行动之后都会立即做回顾，或者在山坡下，或者在树林里，或者在小河边，以保证时效性。（2）主持人不能是指挥官，以避免一言堂，使学习活动失去客观性和全面性。此时，指挥官只是一位普通的学习参与者。（3）把整个行动任务按照功能模块分解：负责信号的、负责掩护的、负责进攻的、负责保障的。（4）对应每一功能模块给出建议，保证讨论的专业性。有时候，他们甚至会请各模块的专家来参与讨论。（5）过程实现标准化，以保证每次学习活动不走样，都会产生有价值的成果。（6）全员做记录，这是硬性要求，以强化记忆和学习效果。（7）在这样的场合承认错误不受处罚，如果有所隐瞒或欺骗，马上会受到严惩。为了在全军推广学习经验，美军专门成立了军队教训学习中心。

_____

_____

_____

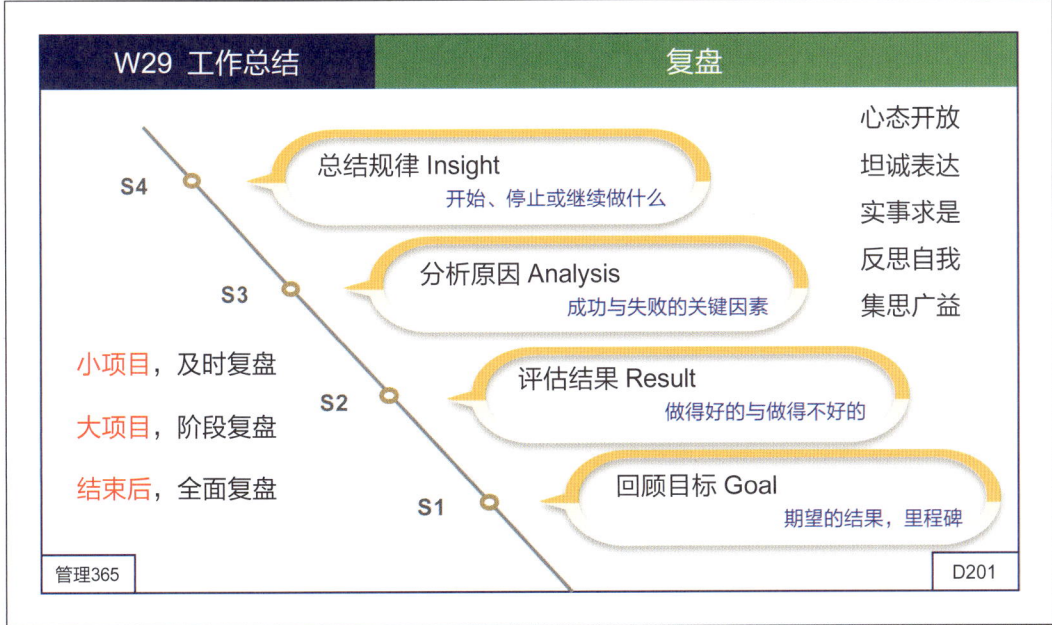

　　复盘是围棋术语，指对局完毕后复演该盘棋的记录，以检查对局中招法的优劣与得失关键，一般用于自学或请高手给予指导分析。后来，这种方法被引入了企业管理中。例如，联想公司于2001年开始使用复盘的方法做总结，取得了良好的效果。

　　复盘的目的有三个：避免错误重犯；传承经验和提升能力；总结规律，固化流程。要想做好复盘，需注意五点：心态开放，听得进不同意见，这是最重要的一点；坦诚交流，不藏着掖着；实事求是，不夸大其词；反思自我，找出差距；集思广益，共同提高。复盘的基本步骤是回顾目标、评估结果、分析原因、总结规律。在复盘活动中，必须要坚持正确评估，不夸大，不隐瞒，这是基本前提；然后是深入分析成功和失败的原因，正确看待得失。

　　复盘的思想和PDCA一样，也是闭环管理。一个大的项目要进行阶段性复盘，以及时修正错误、解决问题。整个项目结束后，再整体复盘。

W29 工作总结 — PDCA的八个环节

序号	工作任务	工作目标	工作计划	工作标准	工作安排	工作检查	工作改善	工作总结
1								
2								
3								
4								
5								
6								
7								

每周自问：如何应用已经掌握的知识解决当下的问题？

W29 工作总结 — 学习心得

W30 过程控制

控制方式	问题种类
事后控制	解决型问题
事中控制	改善型问题
事前控制	预测型问题

W30 过程控制 —— 三阶段控制

管理365　　　D204

　　控制是四种管理手段（计划、组织、领导、控制）之一，其基本作用是衡量实际工作、矫正偏差。最经典的控制方式是三阶段控制：事前控制、事中控制、事后控制。

　　事前控制是指活动开始前对最终产出的确定和对资源投入的控制，也就是对投入产出的预防性管理，如何做才能保证资源投入的有效性和最终产出的稳定性。事前控制也往往强调质量教育、工艺教育、安全教育等思想意识层面的举措。事中控制是指在某项活动过程中进行的控制，管理者在现场对正在进行的活动始终给予指导和监督，以保证活动按制定的规范、程序和方法进行。除了上级监督指导之外，巡回检查、交互检查、自我检查也都是事中控制的具体手段。事后控制是指某项活动结束之后，通过检测、评估等手段衡量工作完成情况，以达到纠偏的目的，如产品检验。事前控制是预测，事中控制是改善，事后控制是补救。

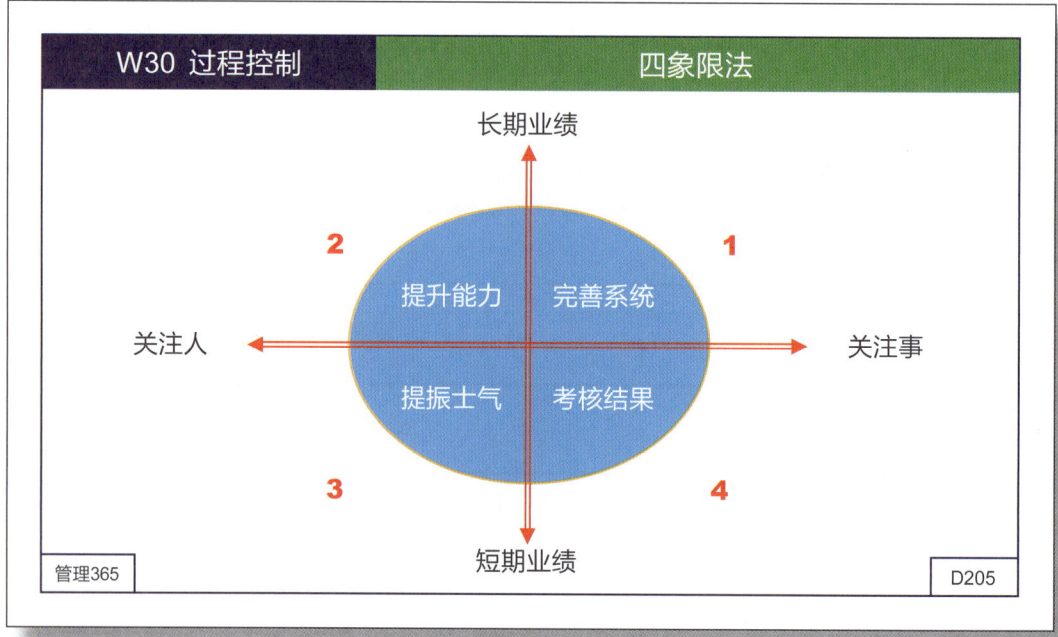

　　第一象限，任务导向且关注长期业绩：组织的侧重点是完善系统。例如，在组织内部建立授权系统，各级管理者都被赋予一定的权限，唯有如此，才能保证流程顺畅，各项活动才会处在有序状态（职责、流程、制度三位一体）。第二象限，人本导向且关注长期业绩：组织会特别注重员工能力的提升，以此达到对工作结果的保障和对工作品质的控制。员工能力提升主要有两种方式：一是通过培训提升员工能力，二是通过知识管理升级认知和学习间接经验。第三象限，人本导向且关注短期业绩：通过鼓舞团队士气达到过程控制的目的，这是短期激励手段。主要有两种方式：目标上结盟，利益上共享。第四象限，任务导向且关注短期业绩：控制方式主要是绩效考核，也就是KPI控制，通过控制过程指标保证结果的实现。组织应该注重在人本导向与任务导向平衡状态下的长期业绩的达成。

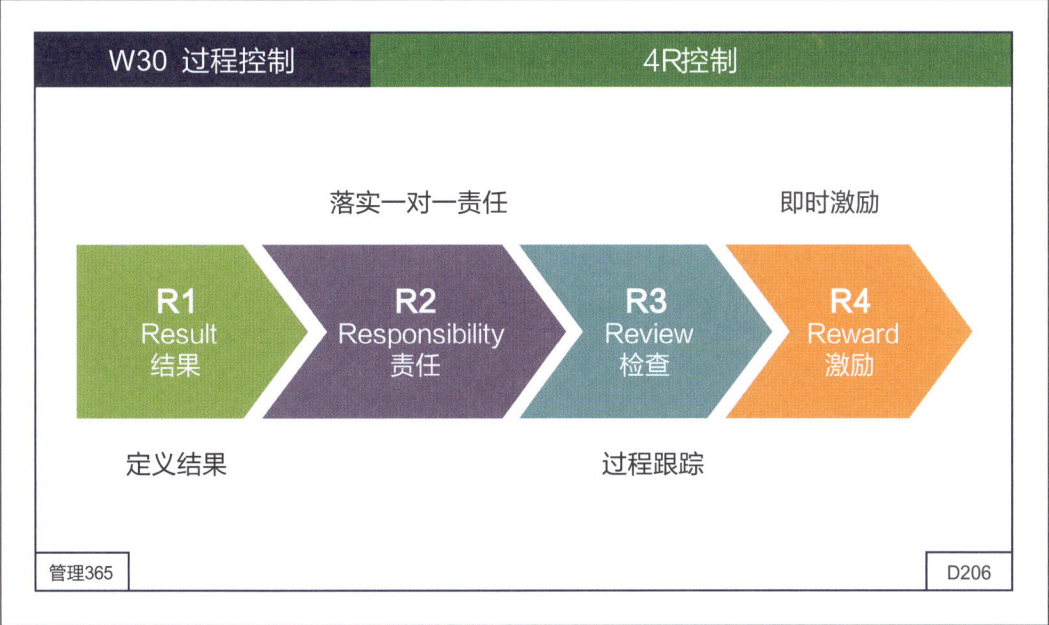

R1（结果）：结果定义得越清楚，执行就越到位。无论对高管还是员工，定义结果都是执行的起点。一定要明确每一个执行者追求的都是一个实实在在的结果，而不是含糊的任务安排。结果有三个特征：有价值、可衡量、有时限。R2（责任）：责任的起点是一对一约束。在组织层面，要明确结果的直接责任人；在个人层面，责任人要在事前承诺责任。没有责任的承诺，就没有好的结果。管理者要引导下属用自己的方式获取经验，让下属学会负责地做事。R3（检查）：监督和检查是一个企业真正把执行落到实处的最关键的一环。执行永远都是在不确定中进行的，什么意外都有可能发生，因此，监督和检查实际上是一个帮助系统。公开性、公正性、周期性、实效性是结果跟踪的四个要点。R4（激励）：除了物质奖励，领导者还要善于发现下属的价值，通过及时激励迅速给员工成就感！人们行动的最大动力来自于结果的反馈！

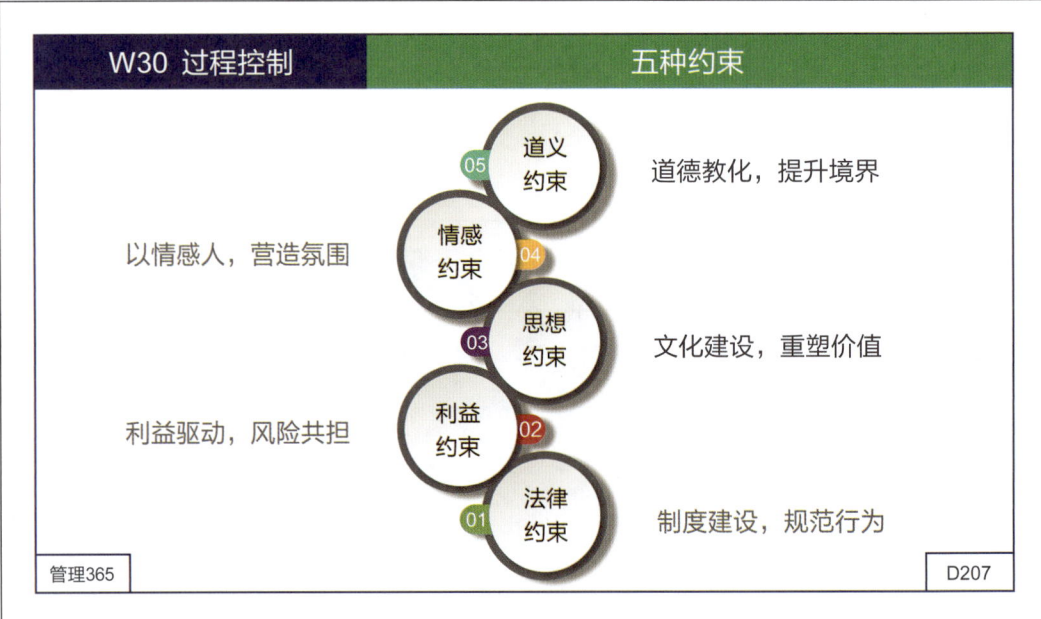

　　法律约束、利益约束、思想约束、情感约束、道义约束共同决定了组织成员的行为。

　　法律约束要关注两个方面：制度体系建设和强化法律意识。制度是对组织成员行为的约束和规范，而法律意识是指既不违法，又要有为组织防范法律风险的义务。例如，不随意处置违纪员工，管理行为要组织化。利益约束也要关注两个方面：以利益引导行为和做好利益平衡。以利益引导行为，是指利益指向哪里，行为就会被引向哪里。做好利益平衡，才有心理平衡，要满足员工的获得感。思想约束主要是通过文化建设，倡导核心价值观，重塑价值认同。联想公司的"搭班子、定战略、带队伍"和复盘理念就是很好的例证。情感约束就是营造积极正面、坦诚交流、相互帮扶的人际氛围，倡导"四解两容"，使组织成员产生归属感。道义约束是指法律、制度规定的是底线，境界提升要靠道德、道义。

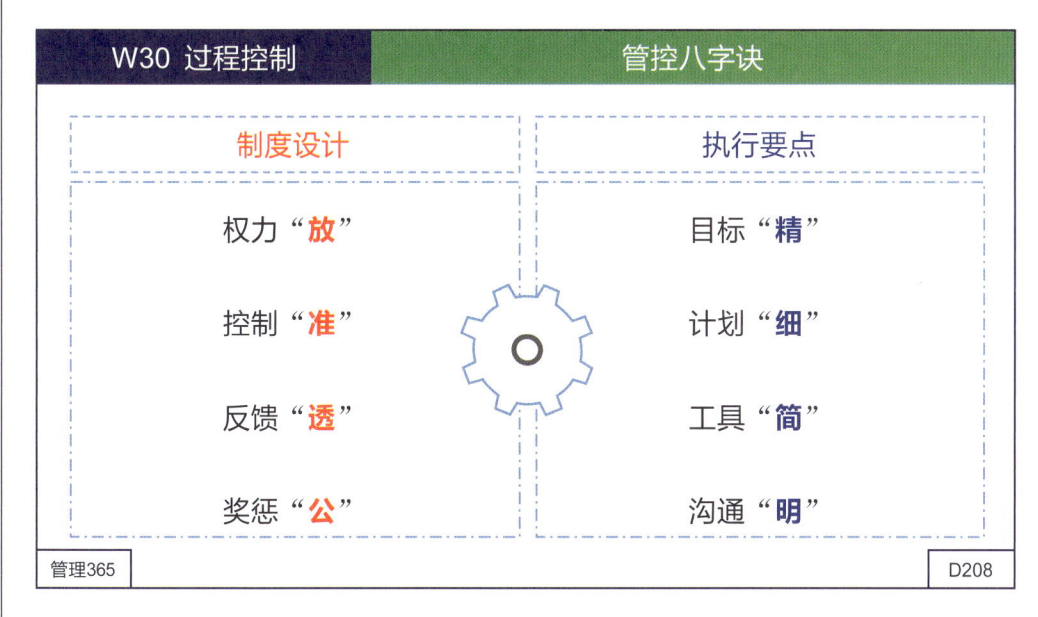

制度设计。企业要建立授权体系，赋予各级经理人一定的权限。唯有如此，经理人才会有主动性。同时，各级经理人对下要有授权意识，授权才能自主，授权才能自动自发。授权之后，要找准控制点并建立反馈机制，保证信息渠道畅通。最后，奖惩要公平、公正、公开。

执行要点。目标越少越好，避免注意力和资源分散。企业经常以指标代替目标，导致轻重不分、方向迷失，各级经理人和员工被各种指标束缚着，失去了主动性、自主性和积极性。做计划时，越细致、越周密越好，重大计划必须要有预案。平时，上下级的沟通要做到明明白白，不能让对方猜测意图。最后一点，完成任务的工具要简单，简则易循，简单就不容易出错。

（权力）放、（控制）准、（反馈）透、（奖惩）公、（目标）精、（计划）细、（沟通）明、（工具）简，我们称之为"管理八字诀"，制度设计和执行要点是提升团队执行力的两个关键。

_____

_____

_____

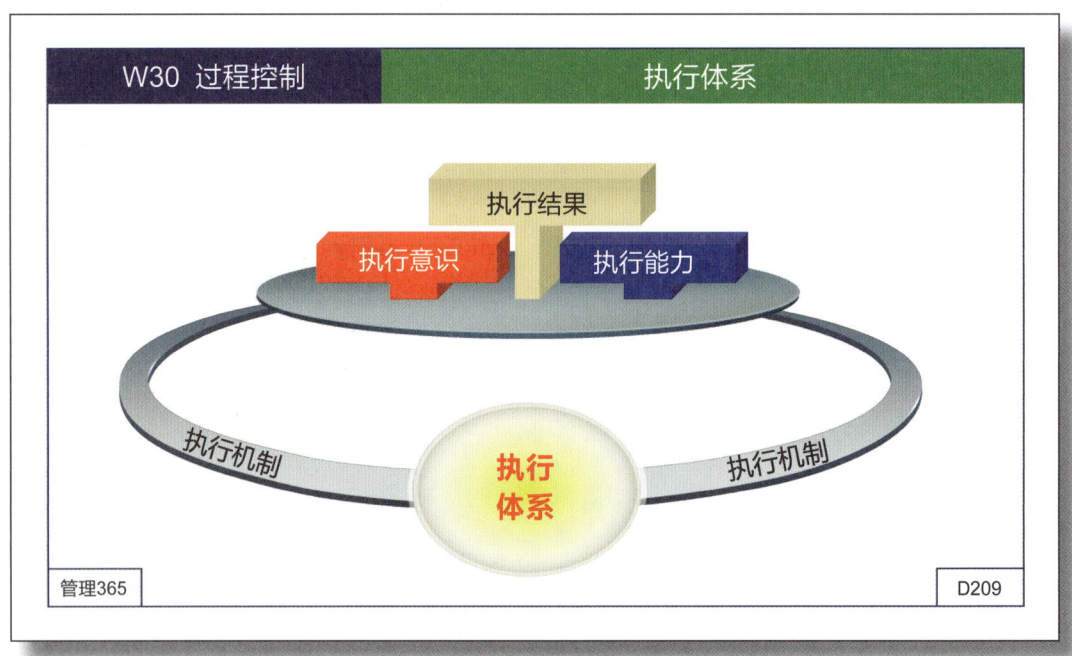

每周自问：如何应用已经掌握的知识解决当下的问题？

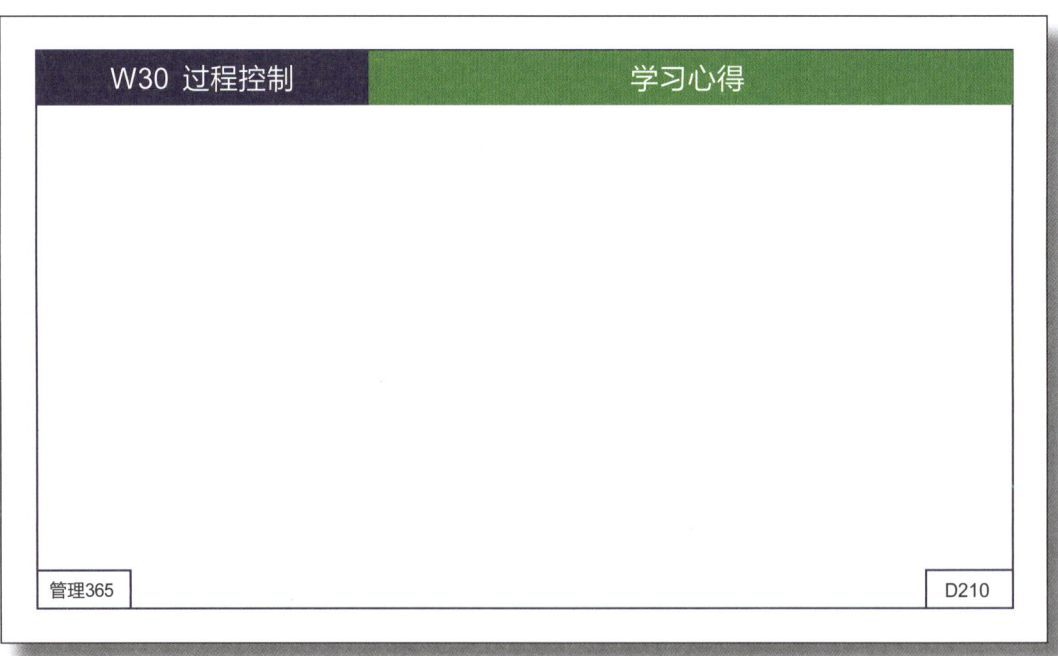

W31　团队管理

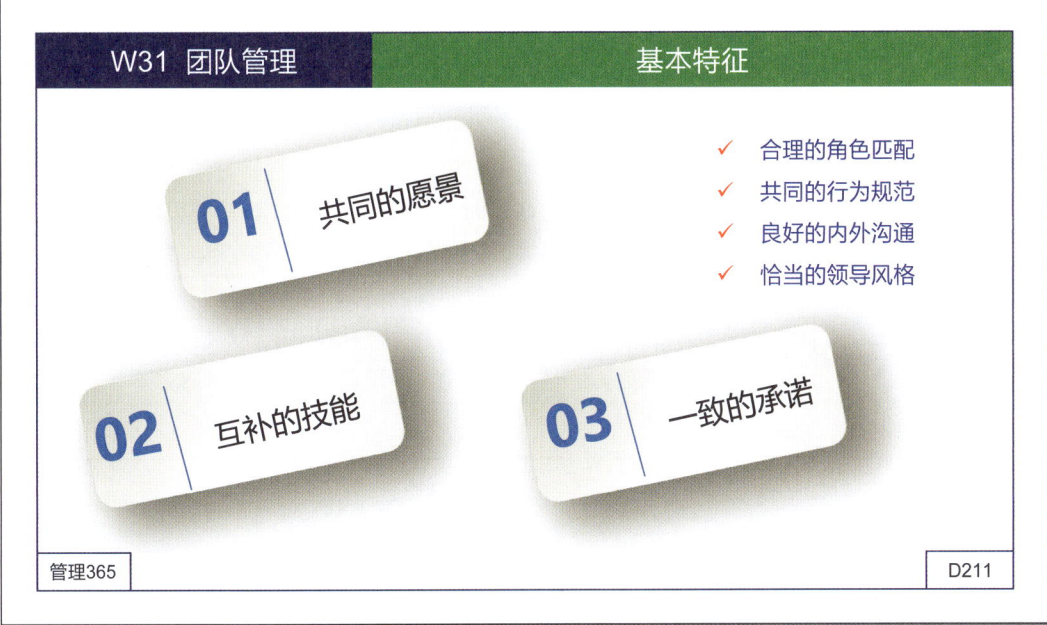

团队就是由两个或两个以上相互作用、相互依赖的个体为了特定目标和按照一定规则结合在一起的组织。这个定义蕴含了团队的三个基本特征：共同的愿景，互补的技能，一致的承诺。共同的愿景就是团队要以目标为导向，目标是一切行动的指引，目标统驭一切。没有目标，团队就是一盘散沙，充其量只是一个工作组而已。互补的技能是指团队不能都是同质化的人。团队需要三种技能或者三种类型的人：做决策的人，解决问题的人，沟通协调的人。互补的技能是合作的前提。一致的承诺是一种高度的责任感，承诺也会带来很高的工作涉入度（投入程度）。

除了三个基本特征，团队还要注意角色匹配、行为规范、内外沟通、领导有方。例如，角色匹配，一个团队要有九个角色：创新者、监督者、专家、协调者、凝聚者、外交家、推进者、实干家、完美者。这九个角色一个都不能少。如何匹配角色，请看 D212。

W31 团队管理	团队角色
角色名称	团队领导者必须要做到
创新者	鼓励创新者多提建议、多出创意，引导其与同事和睦相处
监督者	发挥其监督作用，提升其激励他人的能力，激发其想象力
专　家	让其对工作标准提出建议，引导其授权，发挥团队的作用
协调者	发挥其协调作用（对各种意见不带偏见），提升其创造力
凝聚者	发挥其人际交往及合作能力，提醒其危机时刻行动要果断
外交家	让其寻找资源，提供决策及工作信息，注意使其保持热情
推进者	肯定推进者积极主动、挑战困难的精神，提醒其控制情绪
实干家	发挥其组织能力，肯定其行动力，提升其灵活性和应变力
完美者	肯定其追求完美的精神，但也要提醒其注意提升工作效率

管理365　　　　　　　　　　　　　　　　　　　　　　D212

　　每个角色都是优点突出，但缺点也很明显。一个团队，人可以少，但角色不能缺。

　　（1）创新者，有创造力、有想象力、做事善于打破常规，但很自负，不善于与普通人来往。（2）监督者，冷静、有战略眼光和判断力，遵章守纪，但是缺乏推动和鼓舞他人的能力。（3）专家，自信，有智慧，专业性强，经验丰富，但自负、清高、专断，经常亲力亲为。（4）协调者，遇事沉着、冷静、客观，能够控制局面，但其创造力明显不足，思维局限。（5）凝聚者，善解人意、乐于助人、喜欢倾听，但做事优柔寡断，危机时刻会选择中庸的态度。（6）外交家，性格外向、健谈、喜欢主动探索机会，但总是一时热情，对事情会很快失去兴趣。（7）推进者，为人坦荡、思维敏捷、做事效率高、节奏快，但冲动、急躁、容易发脾气。（8）实干家，守纪律、可信赖、决策后立即行动，但为人处事比较保守，甚至有些固执。（9）完美者，尽责、善于发现错误、守时、关注细节，但有时候过度忧虑，不愿意授权。

W31 团队管理	如何带团队	
团队三要素	行为三要素	行为的最高境界
共同的愿景	规范	自觉遵守流程和制度
一致的承诺	负责	有行动、有结果、有预防
互补的技能	合作	熟悉对方并主动支持

管理365　　D213

  人与人之间，因相同而吸引，因相异而成长，因相融而升华！这句话适用于人际交往，更适用于团队建设。因为这句话蕴含了团队的三个基本特征：共同的愿景，互补的技能，一致的承诺。这三个特征必须同时满足，才能称为团队。带团队，就是让团队在这些方面发展。

  除了关注团队应有的特征，还要注意引导团队成员的行为。对团队成员的行为要求，也就是对团队成员职业化的要求：规范、负责、合作。规范有三个境界：被迫遵守，认同遵守，自觉遵守。负责也有三个境界：承担责任，采取行动；采取行动，效果良好；思考对策，做好预防。合作也要注意三个境界：干好本职，主动支持，熟悉对方的工作并主动提供支持。

  遵守规范，就是对共同愿景的认同；一致的承诺，就是高度负责；互补的技能是合作的前提。行为三要素与团队三要素具有横向一致性。

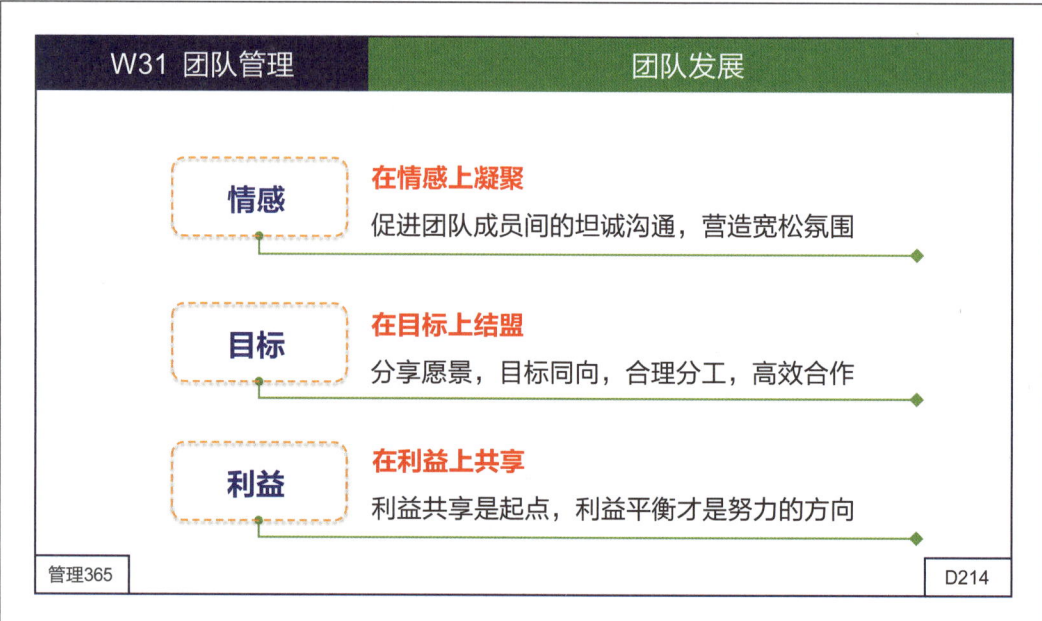

在情感上凝聚：促进团队成员之间的坦诚沟通，营造宽松的交流氛围，是团队领导者的首要职责。作为团队领导者，必须了解团队成员的心理需求和情感诉求。心理需求有五个层次：被接纳、被感激、被赏识、被赞同、被认可。情感诉求方面，要为团队成员提供表达和宣泄的机会。

在目标上结盟：与团队成员分享愿景，把团队成员的个人目标与团队目标连接起来，实现目标同向。团队管理者应牢记两点：一是每个人对自身重要性的追求是永久的推动力；二是人们只对自己高度认同的事情任劳任怨。通过情感凝聚、目标结盟，管理者可以促进团队成员之间的有效合作。

在利益上共享：利益共享只是起点，利益平衡才是努力的方向。因为有利益平衡，才有心理平衡。利益平衡需要建立公开透明的机制。例如，恒大集团的三公开：办法公开、结果公开、数额公开，按团队贡献来奖励个人。

W31 团队管理　　　团队检核表

1. 你是否已熟知团队的基本特征？
2. 你是否了解对队员的行为要求？
3. 你是否根据情境匹配团队角色？
4. 你是否已掌握团队的建设步骤？
5. 你的团队中是否强调规则意识？
6. 你的团队是否做到了高效沟通？
7. 你的团队中是否存在群体思考症？
8. 你的团队中是否注重创新思维？

管理365　　D215

　　（1）共同的愿景、互补的技能、一致的承诺是团队的三个基本特征，缺一不可。（2）规范、负责、合作是对团队成员的行为要求。（3）团队中有九个角色，一个都不能少：凝聚者、监督者、外交家、实干家、创新者、协调者、推进者、完美者、专家。一个团队，人可以少，但角色不能缺。（4）在情感上凝聚，在目标上结盟，在利益上共享，这是团队建设的三个步骤。（5）团队必须做到令行禁止。团队提倡什么、反对什么，必须旗帜鲜明。（6）高效沟通是团队运作的根本保障，无论是对上沟通、对下沟通，还是平级沟通、团队沟通，都必须顺畅。（7）群体思考症是指对内压制少数人的意见，对外排斥来自其他团队的意见甚至专家的建议。团队领导者要高度警惕这一点！（8）团队发展靠创新，创新需要群策群力。团队是一种组织形式，更是一种工作方式。团队建设是个长期过程，需要不断磨合。

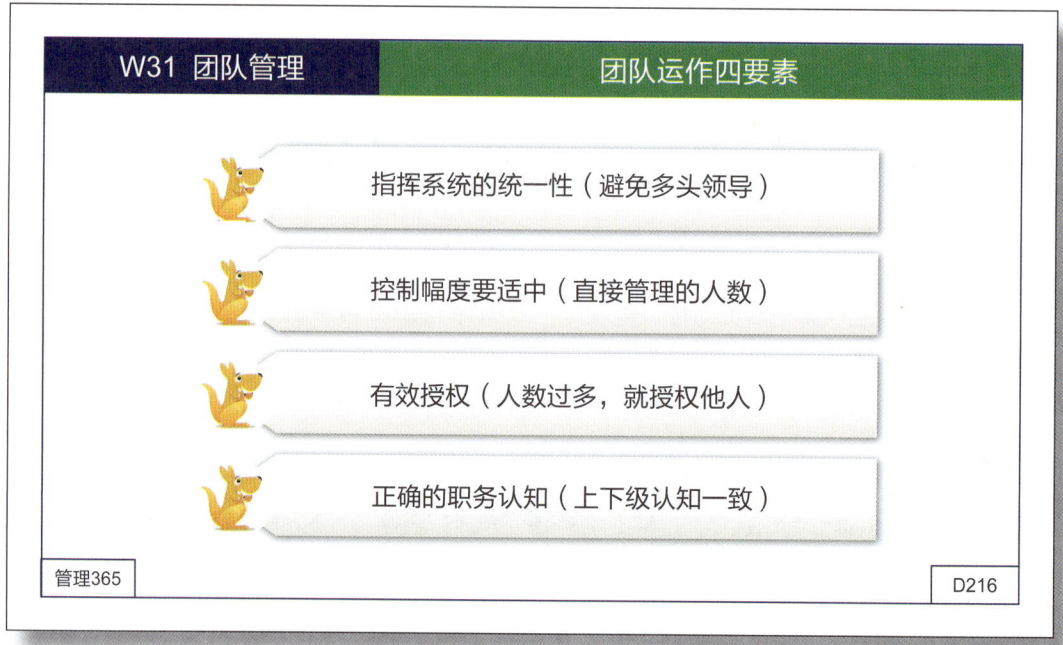

每周自问：如何应用已经掌握的知识解决当下的问题？

W32 培育下属

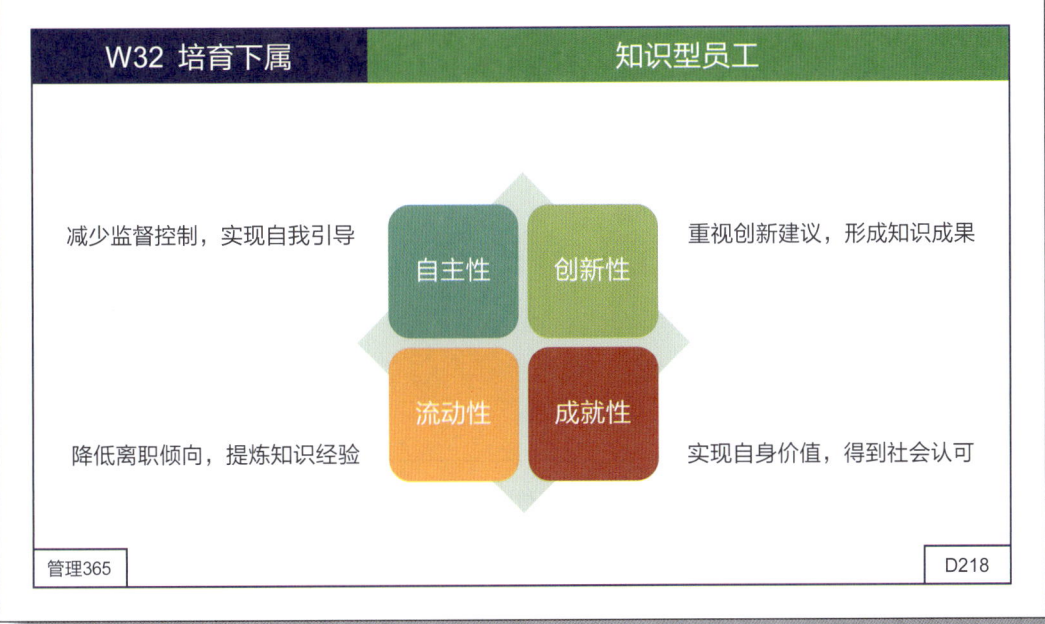

知识型员工特指那些利用知识和信息开展工作的人,这个概念最早由德鲁克提出。对于知识型员工,管理者要注意两个方面:(1)把这些员工看成资产,而不是成本,管理者的职责就是要提高资产的产出;(2)关注知识型员工的品格,如果一个人缺乏正直和诚实的品格,那么迟早会败事。对待这样的员工,管理者尤其要有胸怀。

知识型员工有四个特点:自主性、创新性、成就性、流动性。自主性也称独立性,知识型员工不喜欢被干预,管理者要尽量减少对他们的监督和控制,鼓励他们进行自我管理。对这些员工进行授权,会产生很好的激励作用。创新性:利用知识和信息开展工作,本身就是个创造性过程,鼓励知识型员工多提建议和创意,并注意落实和转化。成就性:知识型员工更注重实现自身价值,以期得到社会的承认与尊重。流动性:知识型员工因其创新性和成就性,拥有更多的职业选择权,管理者要注意降低他们的离职倾向,平时要注意提炼他们的隐性知识。

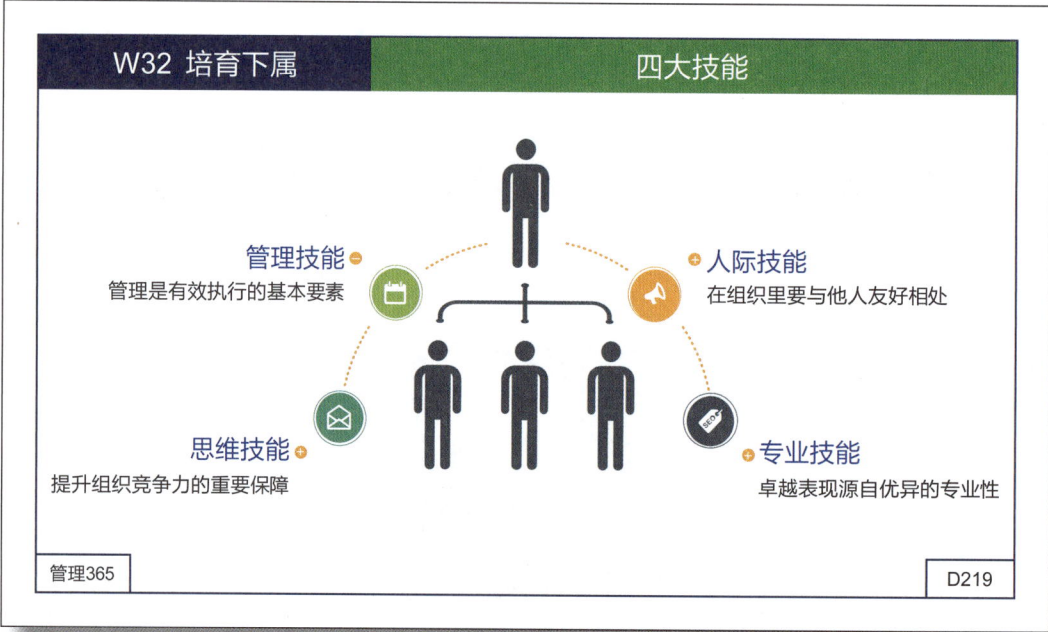

　　培育下属，要从价值观和技能两个方面去努力。引导下属树立正确的价值观，同时传承企业的核心价值观。在华为，干部的一个很重要的角色就是核心价值观的传承者。技能方面，除了专业技能，还要注意培养他们的思维技能、管理技能和人际技能。

　　思维技能：我们在本书开篇就讲过了逻辑思考，目的就在于提升员工的思维技能，思考力决定竞争力，甚至能决定收入差距。思维技能（善于谋事）是提升组织竞争力的重要保障。管理技能：企业的资源重做最有效的组合，必须依赖良好的管理，管理也是保证组织运作顺畅、任务有效执行的基本要素，必须是人人都会的功夫。人际技能：组织是人的组合体，没有办法与其他人友好相处的人，不论能力多强，都会变成组织的麻烦与障碍。专业技能：演员必须演什么像什么，企业中的人干什么职位都要有像样的表现。

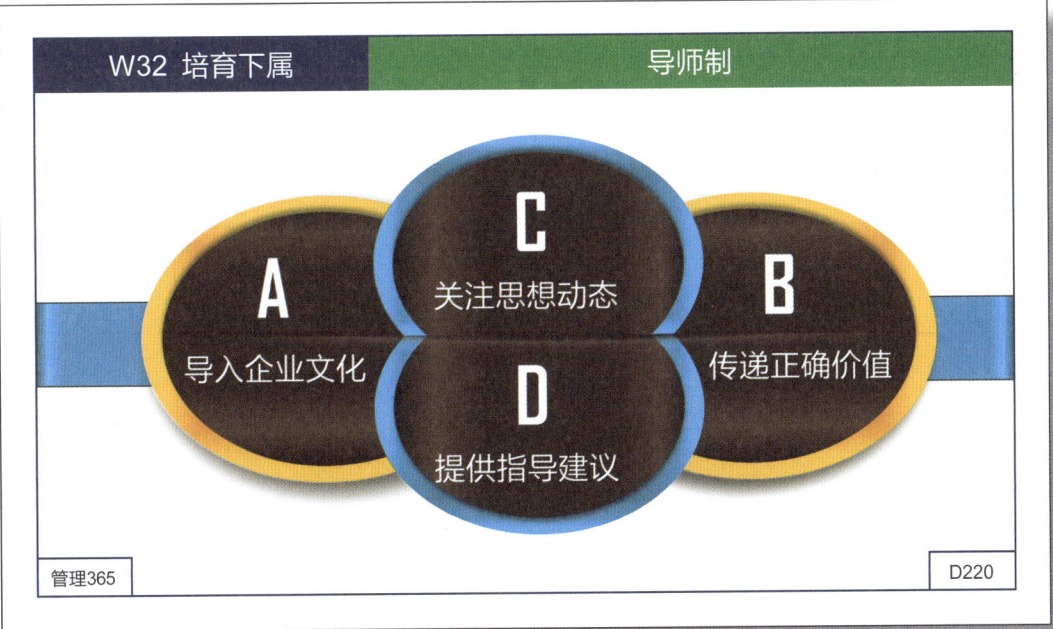

要想使导师制培养方式落地生根，进而开花结果，企业必须从管理导向、导师和指导对象三个方面入手，建立导师制管理机制。导师制培养方式将在三个方面产生效果。

第一个方面，公司：（1）人才培养方式更加丰富化；（2）加速新员工的成长；（3）降低离职率；（4）人际氛围更加融洽，矛盾冲突日趋减少；（5）员工的向心力得到加强；（6）企业后备干部充足；（7）企业文化得到广泛认同；（8）企业经营业绩不断提升。

第二个方面，导师：（1）自我要求越来越严格，改掉不良的行为习惯；（2）增强责任感；（3）提升业务能力；（4）提升管理能力；（5）思维方式更加系统成熟；（6）创新能力得到加强；（7）人际关系更加和谐；（8）奉献意识得到强化。

第三个方面，指导对象：（1）迅速完成职业化转型；（2）明晰努力方向；（3）很快融入企业氛围；（4）提升业务能力；（5）加强管理素质；（6）体会"感恩"；（7）不断"自省"；（8）个人目标与企业目标同向。

W32 培育下属 — 两种方式

对比项	离岗培训	在岗培训（OJT）
态度	响应，信服	修正价值体系，重塑人格
知识	识记，理解	分析，应用，综合，评价
技能	了解，掌握	应用，提升，优化，创新

离岗培训是指离开工作现场而到公司外部或者在公司内部参加的培训课程，在岗培训（On-The-Job Training，OJT）就是不离开工作现场而接受的一对一或一对多的指导或辅导。离岗培训和在岗培训都可以从态度、知识、技能三个方面影响培训对象，但两者的影响程度却有很大差别。

下面以安全管理培训为例，我们做个对比说明。离岗培训在态度方面的影响主要集中在响应和信服上，比如，遵守（响应）或自觉遵守（信服）安全管理制度；而在岗培训则能影响培训对象的价值观和行为习惯，比如，能劝阻不安全的行为，养成安全检查的习惯。离岗培训在知识方面主要集中在识记和理解，比如阐述安全管理的理念（识记），解释安全管理的原理（理解）；而在岗培训则能从分析、应用、综合、评价四个方面影响培训对象，比如，识别危险源、使用安全标识、设计安全体系、比较方案优劣等。在技能方面，离岗培训重在了解和掌握，在岗培训重在应用和优化。

W32 培育下属　　OJT重点分配

对象＼形式	集中训练	个别指导	互动学习
资深人员	●	●/●	●●●
中坚人员	●●	●●	●●
新进人员	●●●	●●	●

管理365　　D222

　　实施 OJT 的着眼点在于发掘下属的成长可能性并激发他们的动机，协助下属提升工作能力，提供机会让下属发挥自己的能力，同时，让下属尝到完成工作的成就感，启发他们迈向新成长。

　　员工有三种类型：新进人员、中坚人员、资深人员。OJT 的形式也有三种：集中训练、个别指导、互动学习。

　　针对不同类型的员工，实施 OJT 的侧重点是有差别的。针对新进人员，应以集中训练为主，如果没有学会，还需要主管个别指导，在团队会议上给他们发言或提出建议的机会，但要慎重对待。对于资深人员，应以团队互动学习为主，调动他们的积极性，让他们主持学习活动，或者让他们当师傅带徒弟。除非有新技术、新方法要学习，否则不要对资深人员进行集中训练。对于中坚人员，三种 OJT 方式可以平均使用。中坚人员往往更需要职业发展上的建议或帮助，主管要为他们答疑解惑，指明方向。同时，在团队学习活动中，主管要多听听他们的建议和想法。

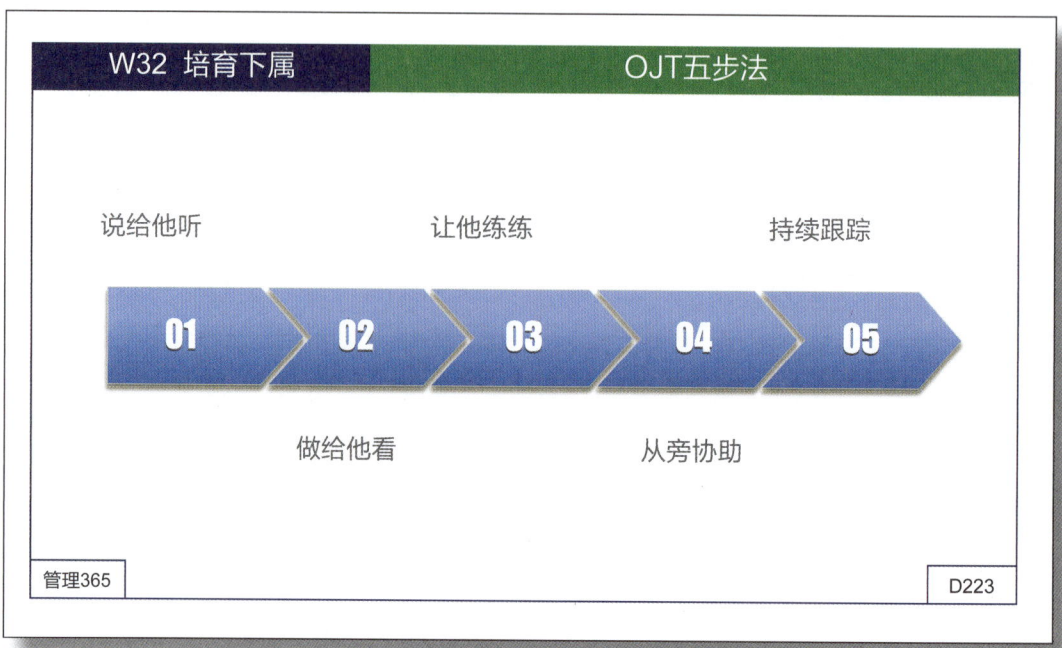

每周自问：如何应用已经掌握的知识解决当下的问题？

W33　解决问题

W33 解决问题	准确定义问题
理解问题的定义：标准与现状的差距就是问题	1
区分式思考问题：以便能界定解决问题的方向	2
要避免二元思维：以深度理解需要解决的问题	3
清晰地描述问题：问题要有文字描述以便沟通	4

管理365　　　　　　　　　　　　　　　　　　　D225

　　准确定义问题，比解决问题更重要！准确定义问题要从四个方面入手：(1)理解问题的定义；(2)做到区分式思考；(3)避免二元思维；(4)清晰地描述问题。

　　(1)什么是问题：问题就是现状与标准的差距。人们之所以发现不了问题，是因为没有标准。假如有标准，依然发现不了问题，那就是标准定低了。标准定得合理，但还是发现不了问题，那就是责任心的原因了。(2)区分式思考：知道了问题所在，接下来就要通过区分式思考来界定问题的性质。区分式思考确定的是解决问题的方向。(3)避免二元思维：人们往往把问题对立起来考虑。有二元思维习惯的人，往往容易给人贴标签。(4)清晰描述问题：问题发生在哪个领域，症状是什么，能否量化表达，解决问题的目标是什么，这些都是描述问题时应该考虑的事项。例如，某工厂的生产车间这样描述问题：过去4周中每日标签的贴错率平均达63%，我们务必在2周内将标签贴错率降为零。

W33 解决问题 — 问题排序

序号	问题事项	重要性	紧急性	发展性
1	权责不清晰	高	高	高
2	本位主义	高	高	中
3	无奖惩标准	高	中	中
4	会议效率低	中	高	低
5	工作统筹不足	中	中	中

问题分为三类：救火类，即已经发生的问题；发现类，即需要根据标准去查找的问题；预测类，即可能发生的问题，要用工具去分析。问题排序主要是针对救火类问题而言的。

上表是一个真实的案例，有家房地产企业举行了一次组织效能提升研讨会，在研讨会上，为了保证更多地发现问题，与会的管理者被分为四组进行讨论，每组都找出了五个影响组织效能的问题，经过归类、合并，最后，全体与会者认为上述五个问题是最亟待解决的。按照重要性和紧急性，进行了简单排序，并把排序结果发给了一位组织效能的提升专家。专家建议，问题排序时再加一列发展性。所谓发展性，就是这个问题如果不马上解决，事情或局面恶化的程度和速度如何。同时，专家建议，最好放弃原来的高、中、低三级评价，改为5分制赋值，结果会更准确。

第二篇 管理方法

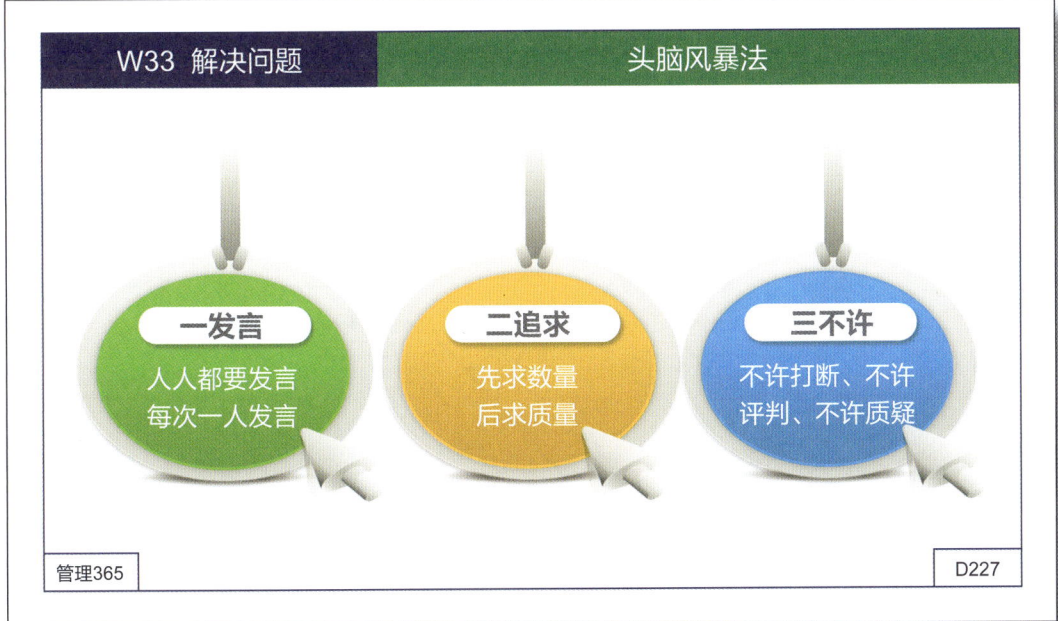

头脑风暴法是指在融洽和不受任何限制的气氛中以会议形式进行讨论，打破常规、积极思考、畅所欲言、充分发表看法，其目的在于产生新观念或激发创新设想，是一种集体研讨行为。

要想通过头脑风暴法产生新观念和创意，必须坚持"一二三原则"：一发言、二追求、三不许。（1）一发言：每个人都要发言，每次只能一个人发言。主持人要注意调动每个人的积极性，保证人人都能畅所欲言，贡献自己的想法。主持人还要保证发言的秩序，不能开小会，比如窃窃私语。（2）二追求：先求数量，后求质量。要想有足够的想法或建议，必须要有足够的时间和充分的讨论。头脑风暴会议往往要经历三个时期：常规期、荒唐期、创意期。不经历荒唐期难以达到创意期。（3）三不许：不许打断、不许评判、不许质疑。打断别人发言就是干扰别人，影响别人的思路。评判有了倾向性，有人可能就不想说了。质疑别人，就会容易引起争论。

_____

_____

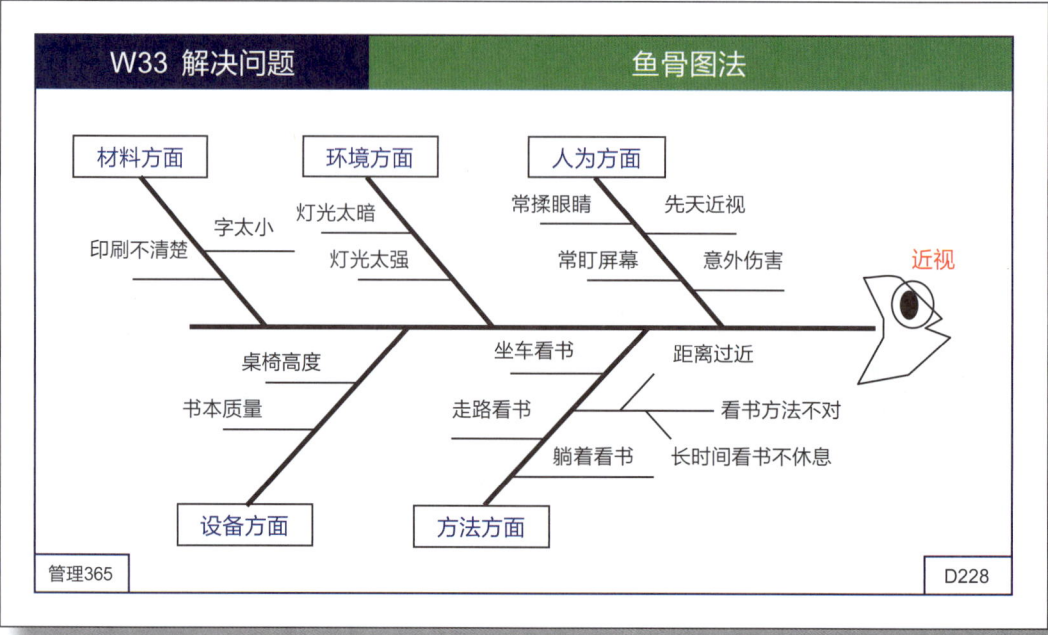

　　鱼骨图是一种发现问题根本原因的分析方法,有两种基本结构:现场作业一般从"人、机、料、法、环"着手;管理类问题一般从"人、事、时、地、物"开始。人、机、料、法、环,分别指人员、设备、物料、方法、环境;人、事、时、地、物,分别指对象、事件、时间、环境、资源。

　　应用鱼骨图查找原因时,注意遵循以下三个步骤:(1)确定要查找的问题并写在鱼头上;(2)召集同事用头脑风暴法讨论,把相同的问题分在一组,标在鱼骨图上;(3)找出最重要的原因。要特别注意,在鱼骨图上,必须分析到第三级以上,才能找到真正的原因。如上图所示,对患近视眼的原因的查找,就是在第三级找到了真正的原因:方法方面——看书方法不对——距离过近和长时间看书不休息。在分析问题时,并不是只有"人、机、料、法、环"和"人、事、时、地、物"两种框架,我们可以根据问题性质来决定鱼骨图的分析框架(第一级要因)。

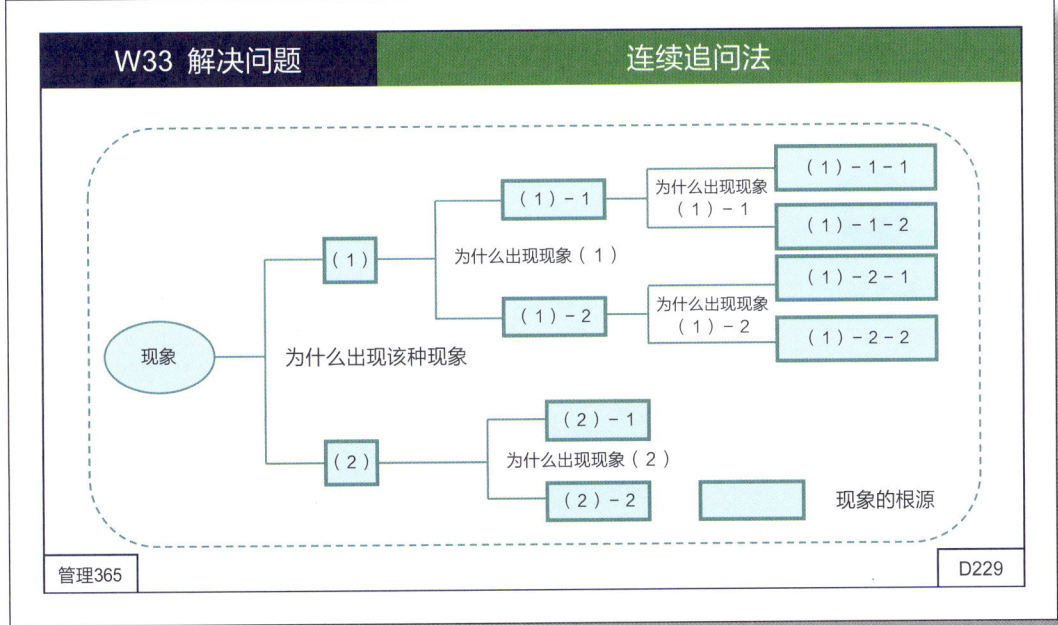

问题为什么会发生？从"制造"的角度追问。问题为什么没有被发现？从"检验"的角度追问。为什么没有从系统上预防事故？从"体系或流程"的角度追问。每个层面连续5次或N次的询问，得出最终结论。只有以上三个层面的问题都探寻出来，才能发现根本问题，并寻求解决。

丰田汽车公司前副社长大野耐一曾举了一个例子说明如何通过连续追问来找出问题的原因。问题一：为什么机器停了？答案一：因为机器超载，保险丝烧断了。问题二：为什么机器会超载？答案二：因为轴承的润滑不足。问题三：为什么轴承会润滑不足？答案三：因为润滑泵失灵了。问题四：为什么润滑泵会失灵？答案四：因为它的轮轴耗损了。问题五：为什么润滑泵的轮轴会耗损？答案五：因为杂质跑到里面去了。

经过连续5次不停地问"为什么"，才找到问题的真正原因和解决方法——在润滑泵上加装滤网。如果没有以这种追根究底的精神来发掘问题，很可能只是换根保险丝草草了事，真正的问题还是没有解决。

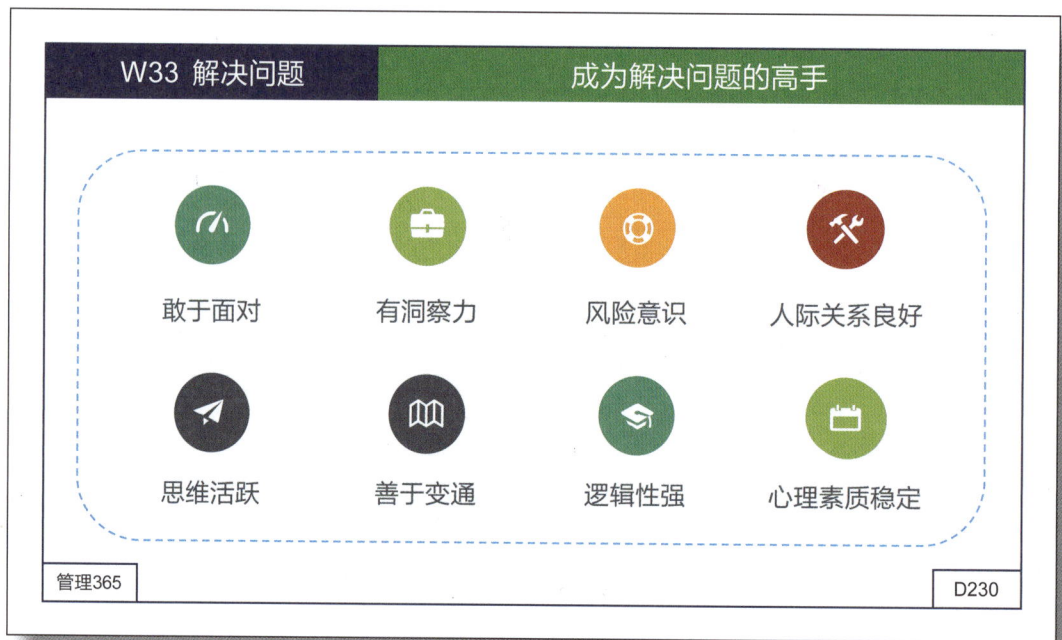

每周自问：如何应用已经掌握的知识解决当下的问题？

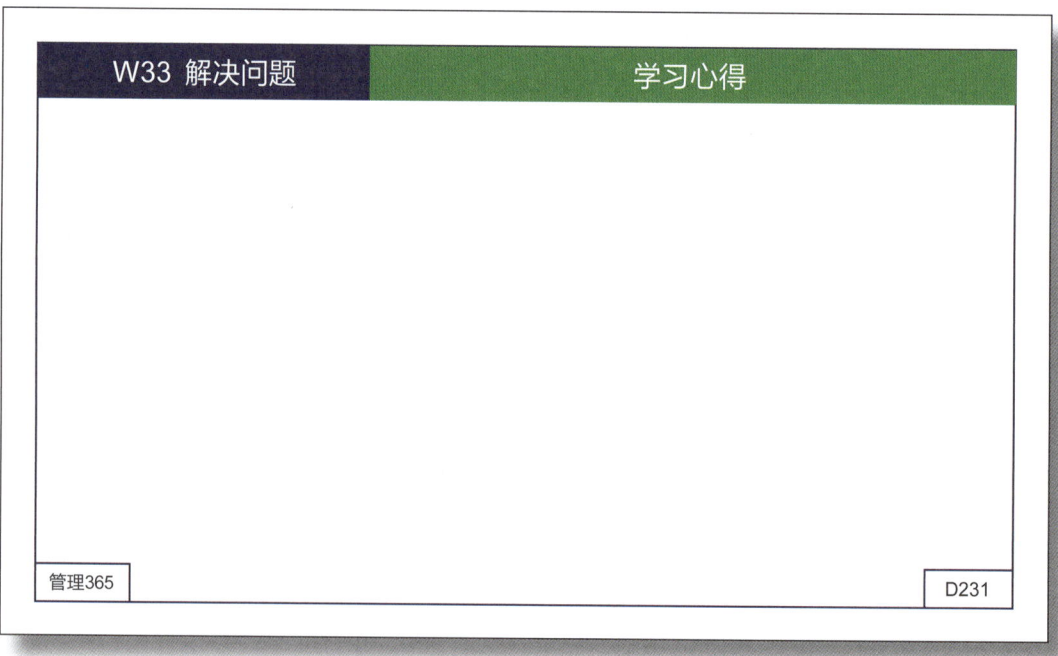

W34　流程管理

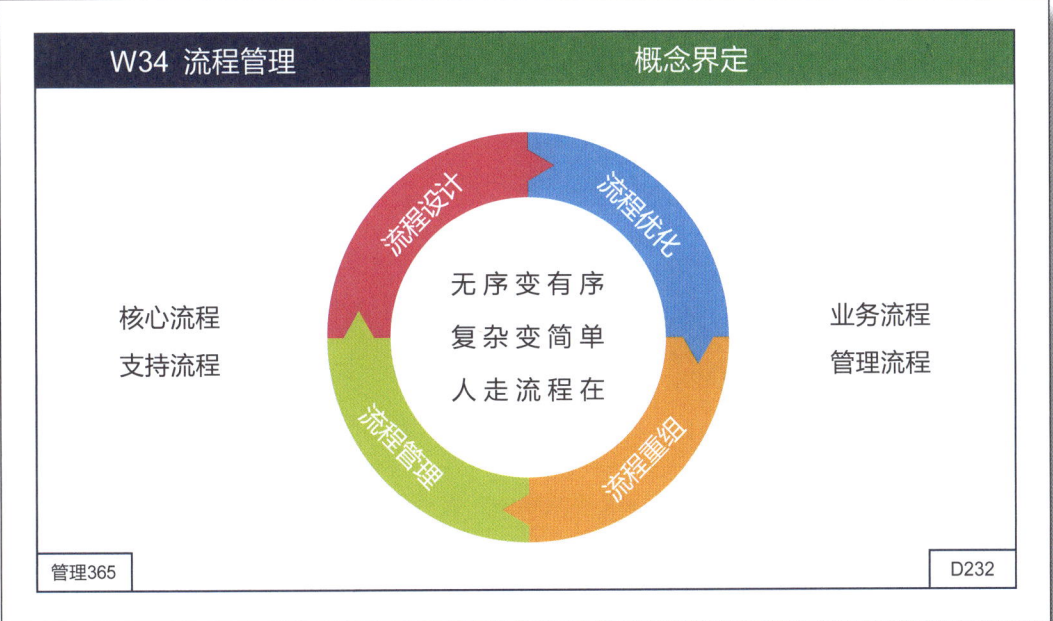

　　流程就是一组能够一起为客户创造价值的相互关联的活动进程。关于流程，必须要区分四个概念：流程设计，流程优化，流程重组，流程管理。流程设计是实现从无到有的过程；流程优化是从有到好；流程重组是推倒重来，是大改大革；流程管理是对设计、优化、重组的全过程管控。此外，还要区分两对概念：核心流程与支持流程，业务流程与管理流程。这两对概念是一回事，但不要错位组合——核心与管理、业务与支持，否则容易造成困扰。

　　流程的作用主要有三个：无序变有序、复杂变简单、人走流程在。（1）无序变有序：看似杂乱无章的活动通过流程串到了一起，消除了混乱。（2）复杂变简单：梳理流程的前提是把一项工作、一个项目拆分为可执行的任务单元。这样，再复杂的工作或项目都会因分解而变得简单了。（3）人走流程在：有了流程，就减少了对能人的依赖。新人来了，工作也很容易上手。

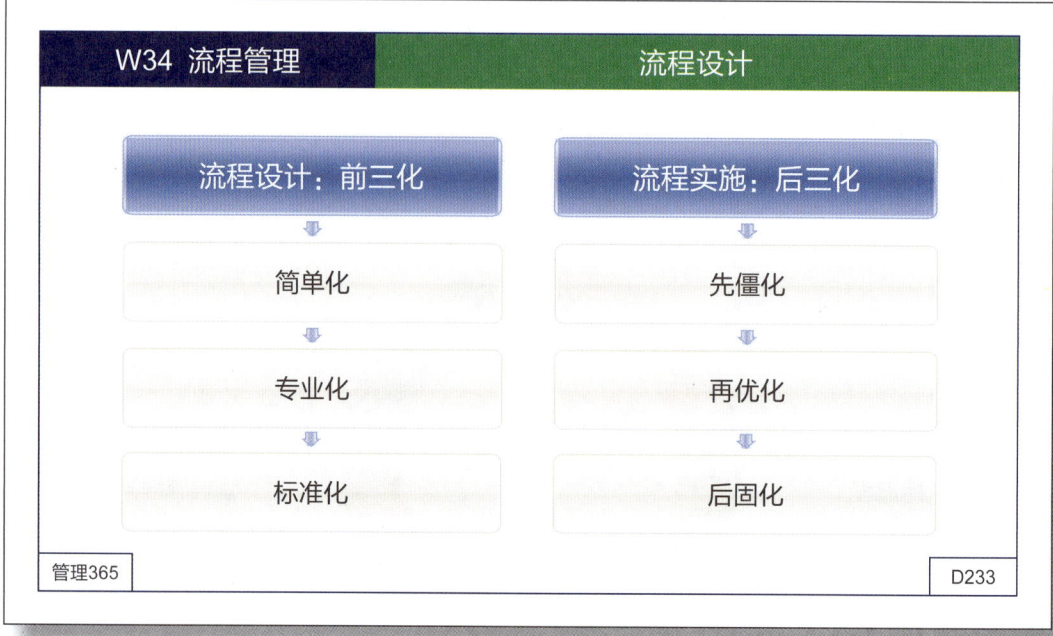

　　流程设计要遵循前三化的原则：简单化，专业化，标准化。（1）简单化：简单就容易遵循，简单就不容易出错，简单就不容易产生歧义。例如，傻瓜相机把简单的操作呈现给了用户，把复杂的设计留给了自己。（2）专业化：专业才能保证品质，专业就是对消费者负责。我们为什么容易相信大品牌？因为他们舍得在专业性上下功夫。过去的诺基亚手机为什么品质好？因为他们长期坚持由第三方查错。（3）标准化：实现了标准化，成本就低，就容易普及。

　　流程实施要遵循后三化的原则：先僵化，再优化，后固化。（1）先僵化：做好了流程先用起来，不能瞻前顾后。批评的意见可以听，但不能因此犹豫不决甚至停下来观望。（2）再优化：在执行过程中，有问题、有建议可以提，逐渐完善流程。(3)后固化：是指流程最终要稳定下来。一个流程不能总是在试行状态，优化到一定程度就要发布正式版。

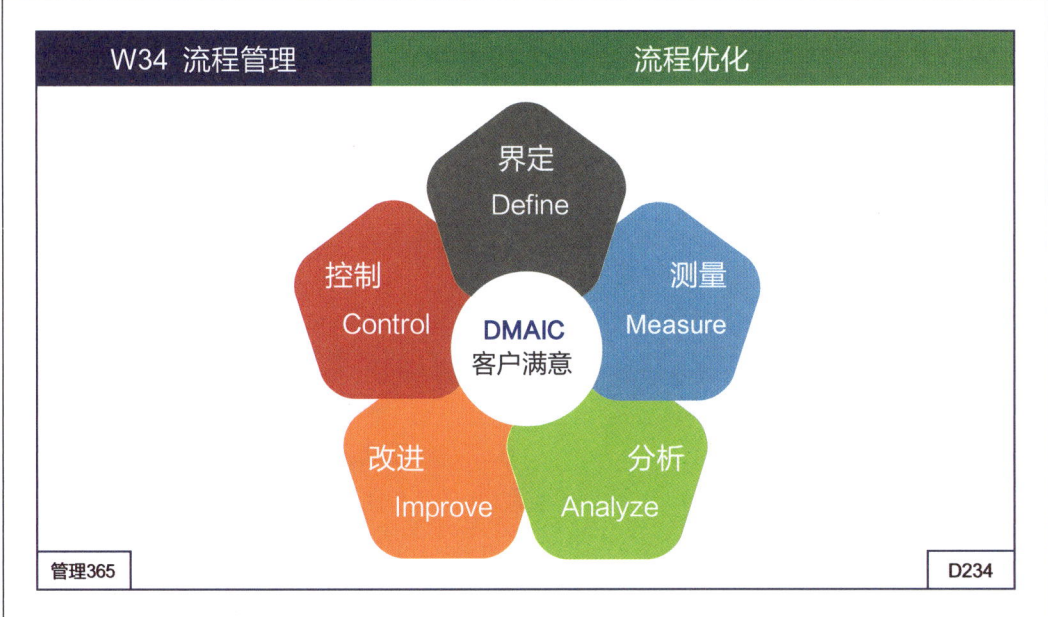

　　DMAIC 模型是实施六西格玛的一套操作方法，DMAIC 的各个字母分别是指 Define、Measure、Analyze、Improve 和 Control，它是用于优化业务流程的一种基于数据的改进循环，实施 DMAIC 的基本目的是使客户完全满意。

　　（1）界定（Define）是识别客户需求，确定影响客户满意度的关键因素。要特别解决的问题是什么？解决这个问题的限制条件是什么？解决这个问题涉及的范围有多大？（2）测量（Measure）就是对关键质量指标进行量测，收集整理数据，为量化分析做好准备。（3）分析（Analyze）是运用多种统计方法找出存在问题的根本原因。影响产品质量和顾客满意度的因素很多，运用统计方法可找出影响顾客满意度的主要原因。这些方法主要有直方图、鱼骨图、控制图等。（4）改进（Improve）是实现目标的关键，这一过程中的困难点往往是员工长期的习惯不会轻易转变。（5）控制（Control）是将主要变量的偏差控制在许可范围内，没有工作描述和过程程序就谈不上控制。

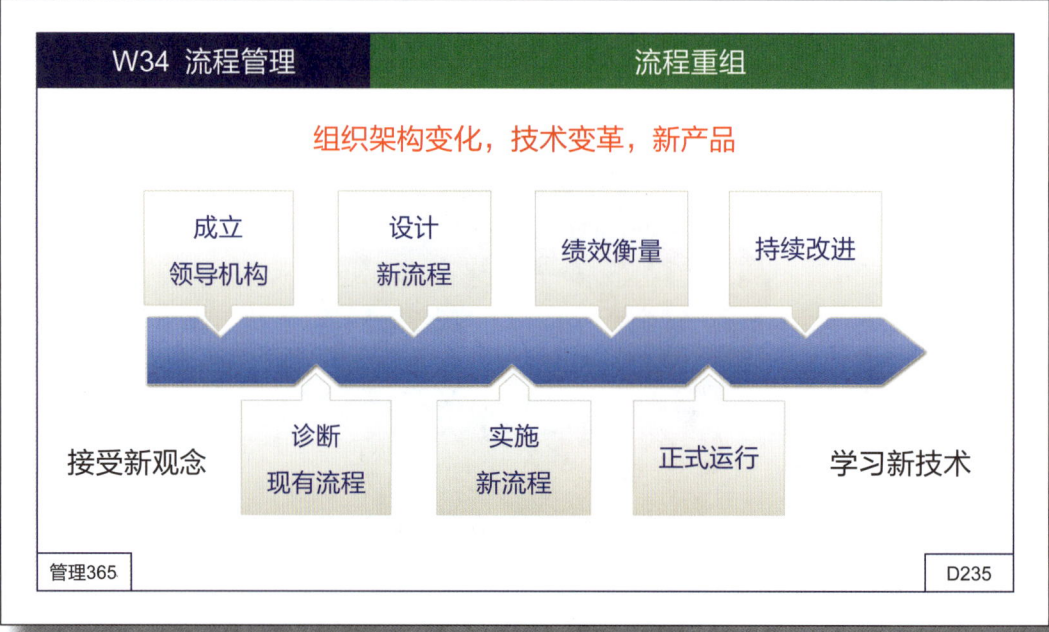

　　流程重组就是对企业的业务流程进行根本性的再思考和彻底性的再设计，从而获得成本、质量、服务和速度等方面的巨大改善。流程重组只可能发生在三种情况之下：新产品投产，发生了重大的技术变革，组织架构发生了变化。

　　新产品投产往往要求流程进行大改大革，局部优化已经解决不了问题，必须要进行业务流程重组才能满足需要。行业内外发生了重大的技术变革，导致竞争加剧，甚至重新洗牌。企业自身的业务会受到很大冲击，必须要进行业务流程重组。例如，社交软件对电信业务的冲击，新媒体对传统媒体的冲击。企业组织架构的变化往往意味着企业战略选择的变化，也就是企业的经营领域甚至经营方式发生了改变，此时，流程重组势在必行。

　　流程重组属于重大变革，而变革成功的首要因素就是接受新观念，此外，还要努力学习新技术，在上图中所示的流程重组的七个步骤中，要特别注意第一步和第五步。

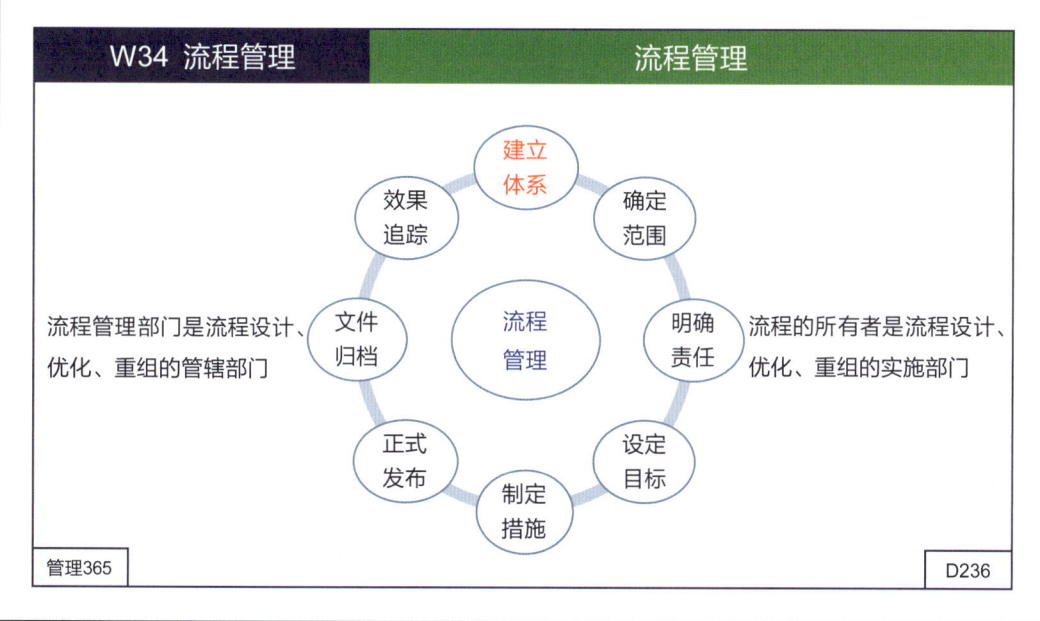

　　上图中有两个重要概念：流程所有者和流程管理部门。某个流程中的主要工作由哪些岗位或哪些部门来完成，这个部门或这个岗位就是流程的所有者。有流程就要有制度与之配套，相应的，流程所有者也是制度所有者。那么，流程所有者或制度所有者的职责就是设计流程、优化流程、重组流程以及配套制度的修订，他们是发起者，也是实施者。流程管理部门就是流程设计、优化、重组的管辖部门，关于流程、制度的所有变化都要归口到这个部门。这个部门的名字往往叫企管部或企划部，其有三个主要职能：战略研究，年度计划牵头制定及督导落实，职责、流程、制度体系的统筹管理。

　　为了做好流程管理，流程所有者不能各自为政，流程、制度的任何变化都要知会流程管理部门，流程、制度的调整结果要向流程管理部门报备，因为不同部门间的流程、制度都是相互关联的。

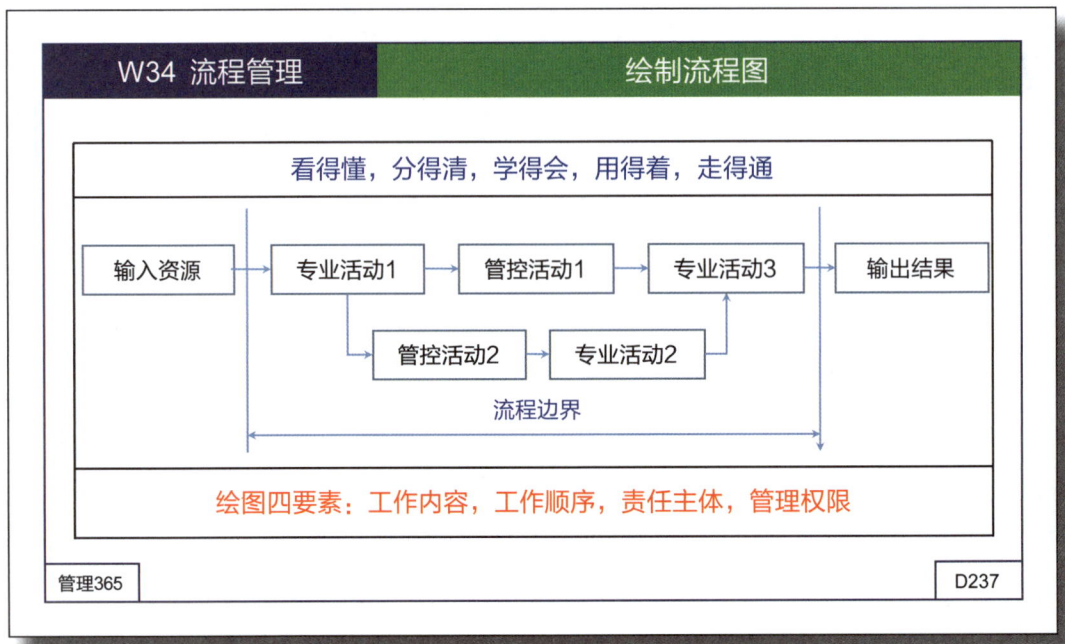

每周自问：如何应用已经掌握的知识解决当下的问题？

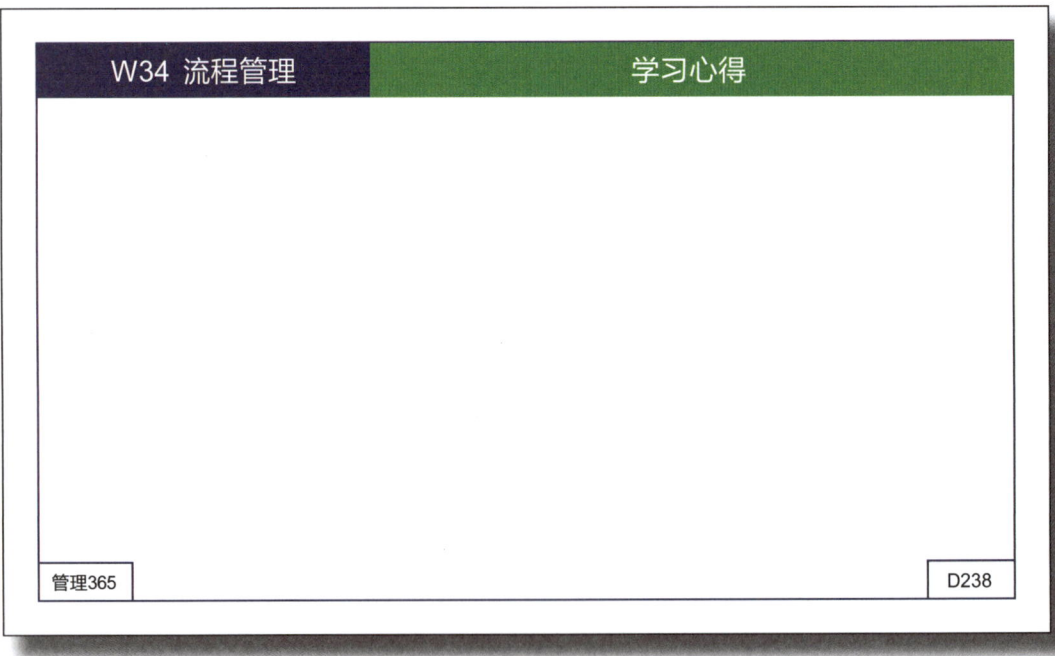

W35　制度管理

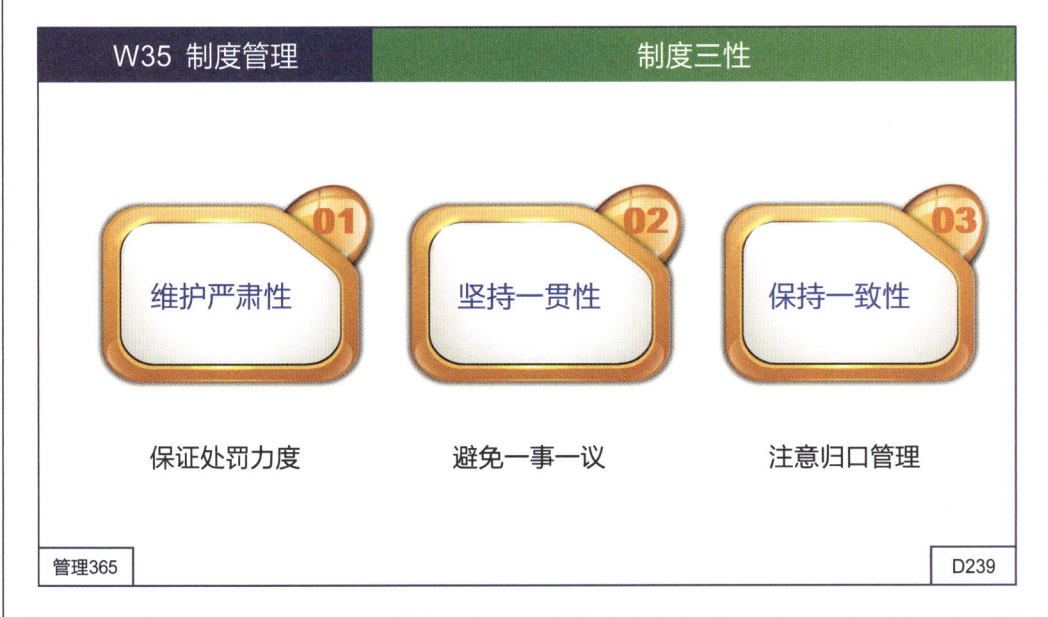

企业的制度可分为岗位性制度和法规性制度两种类型。岗位性制度适用于某一岗位上的长期性工作，如《档案管理规定》。法规性制度是对某方面工作制定的带有法令性质的规定，如《职工休假管理规定》。如上图所示，制度要注意三性：维护严肃性、坚持一贯性、保持一致性。严肃性就是权威性，一贯性就是保证公平，一致性就是制度之间不能有冲突，要做好归口管理。

我们经常会听到管理者以"下不为例"来警示违规的下属。在实际工作中，这种处理问题的方式实则埋下了很多隐患。第一，下不为例破坏的是制度的严肃性，下属会把制度当儿戏，制度的威慑力就大大降低了；第二，下不为例损坏了制度的公平性，也就是说，管理失去了一贯性；第三，下不为例弱化了管理者的权威性。帮助别人逃避应受的惩罚，就是教人不负责任！下不为例，不如以此为例，绝不姑息纵容。

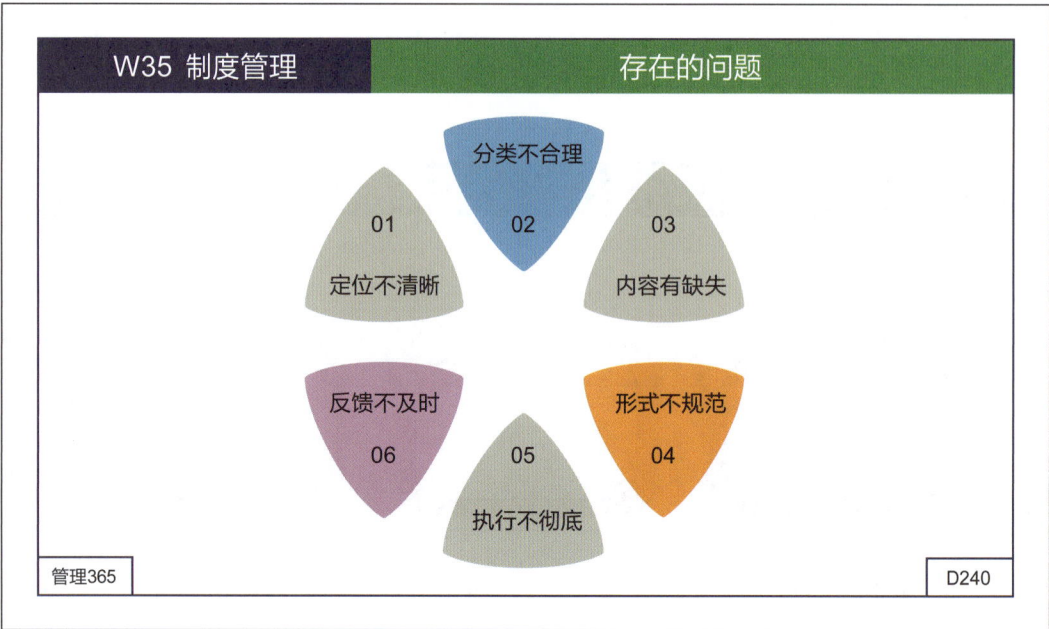

制度不落地,主要原因有六个。

(1)定位不清晰:制度建设缺乏明确定位,没有系统规划,部门之间难以达成共识,宣传贯彻工作没有深入人心。(2)分类不合理:没有明确的制度分类体系,没有全面考虑部门职责和工作标准,没有做好沟通协调,缺乏归口管理机制。(3)内容有缺失:在制度设计过程中,局限于管理的时效性,缺乏前瞻性,制度规定不详尽,内容有遗漏、缺失。(4)形式不规范:制度编制的规范性差,制度的相互引用、定义、编号、流程与表单等方面缺乏统筹。(5)执行不彻底:没有依据合理的工作流程和工作标准去执行,责任归属不明确,难以为绩效考核提供必要支持。(6)反馈不及时:没有设计反馈机制,授权范围不清晰,出现问题时,只是相互推诿、逃避责任,而不是去主动完善。

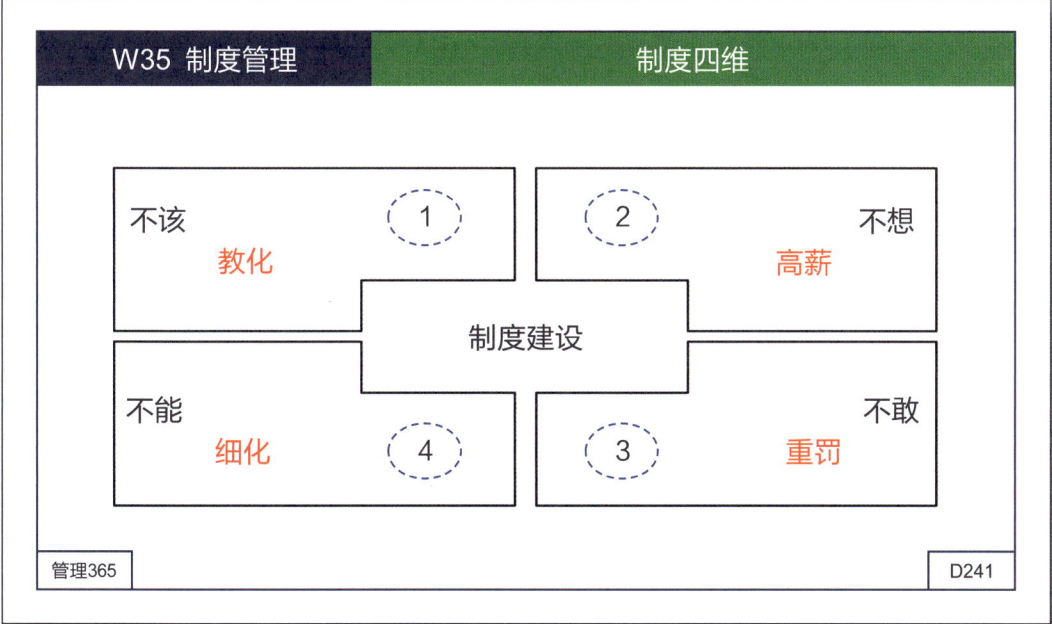

一个好制度可以使人的坏念头受到抑制，而坏制度会让人的好愿望四处碰壁。制度建设应该做到"四不"，如上图所示。不该，通过文化引导、思想教育，在道德层面约束人；不想，用高薪养廉，使人们不愿意做那些违法乱纪的事情；不敢，因为害怕遭受严惩，而不敢去违反制度；不能，制度里规定得很细致，没有弹性，没有交易空间。

其实，无论在组织还是社会里，好的制度能让坏人干不了坏事，不好的制度会让好人变坏。人的欲望是无限的，本性的好坏也是随时而变的，只有在明晰了角色之下的责、权、利，再有一套组织制度去监督，这样才能人尽其能，才会有一个和谐的环境。人性有光辉的一面，也有阴暗的一面，只有好的规则和制度，才能让人性的阴暗无处发挥！

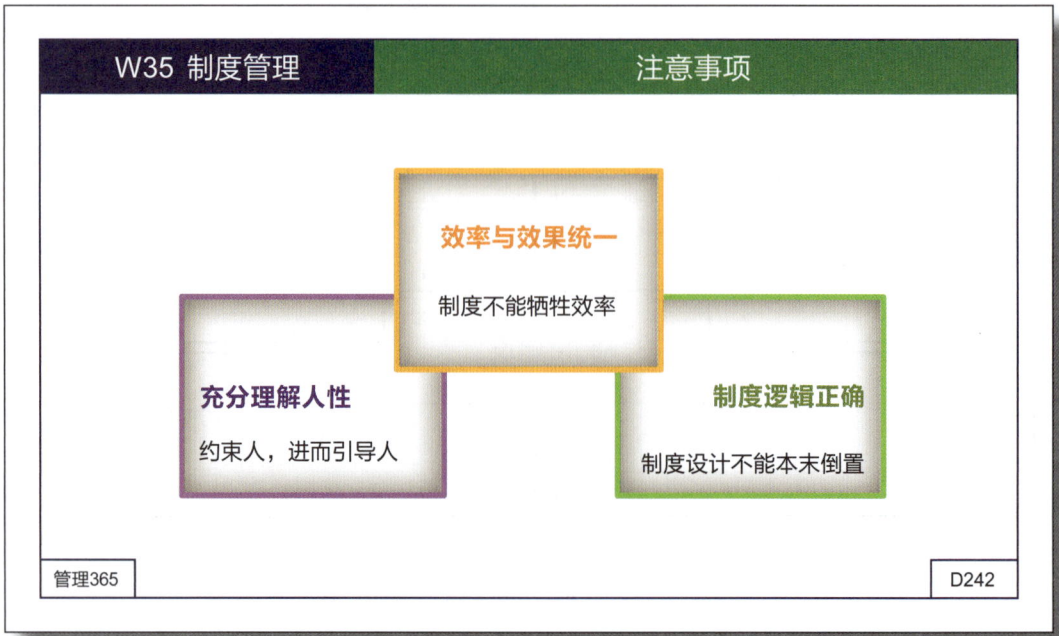

理解人性，是制度设计的前提。首先约束人，进而引导人，这是制度设计的基本原则。

制度设计必须要注意以下事项。

（1）充分理解人性：新加坡的购房政策（与父母同住有奖励和优惠）和富翁遗嘱公式（富翁寿命越长，子女得到的遗产越多）这两个案例说明，理解人性是制度设计的前提，制度设计是以价值观为前提的。好的制度能够约束人，进而引导人。（2）效率效果统一：在大家都熟悉的分粥的故事中，尽管三人的分粥委员会和四人的监督委员会保证了公平，但牺牲了效率（分匀了，但粥也凉了）。分粥者后拿，才是既保证效果又有效率的制度设计。（3）制度逻辑要正确：与其教育猫，不如看住鱼。制度设计，逻辑不能颠倒。但制度设计者必须清楚，猫吃鱼是天性，吃不到鱼它是不会甘心的，因此，必须要有激励机制让猫可以通过工作吃到鱼，它才不会再去找制度漏洞，甚至内外勾结，与老鼠结盟。

W35 制度管理			实例分析	
等级	差错性失误	技术性失误	违规性失误	失职性失误
1级				
处理办法				
2级				
处理办法				
3级				
处理办法				
4级				
处理办法				
5级				
处理办法				

管理365　　　　　　　　　　　　　　　　　　　　　　　D243

（1）差错性失误：因工作疏忽而造成的工作失误，如延误、差错、质量问题、投诉、冲突、纠纷案件、泄密、经济损失或事故。（2）技术性失误：因使用不适当的技术、方法、操作工艺或当事人能力缺乏造成的工作失误，举例同上。（3）违规性失误：明知故犯，违反公司流程、制度、规定或国家法律法规造成的工作失误，举例同上。（4）失职性失误：因无故脱岗、不作为，不负责任、破坏、泄密、隐瞒或缺乏职业道德等造成的工作失误，举例同上。

一级：能通过补救措施弥补失误，没造成不良后果。二级：信息失实或对工作造成延误不超过5天（含）。三级：造成部门工作延误5天以上、返工、投诉、冲突、泄密。四级：导致纠纷案件或造成公司经济损失但不超过10万元，或被通报。五级：导致诉讼或对公司造成经济损失10万元（含）以上，或被市级（含）以上媒体报道。

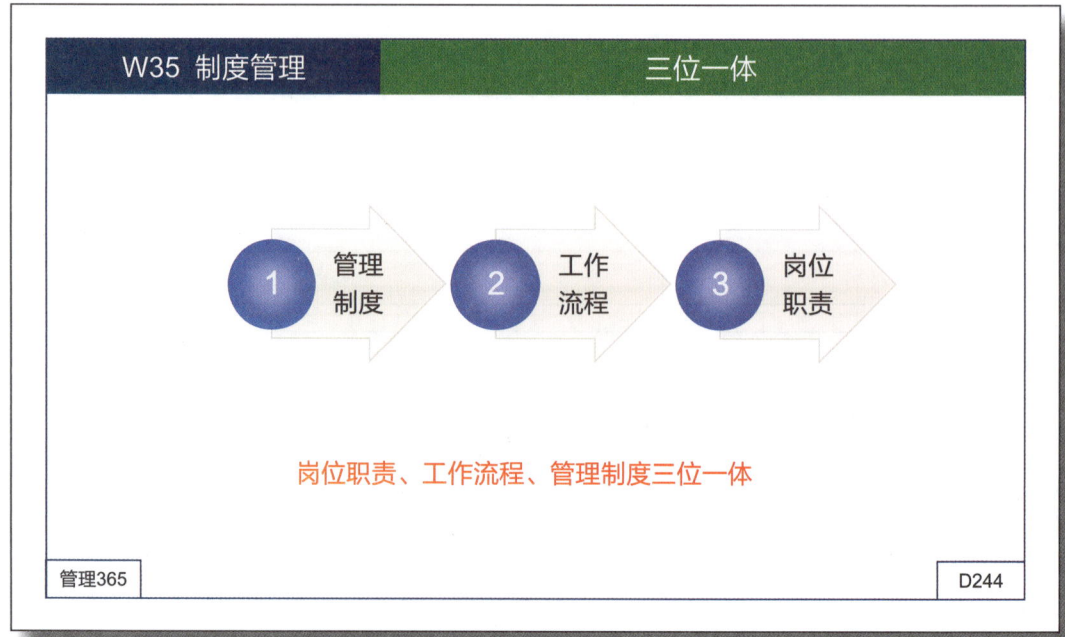

每周自问：如何应用已经掌握的知识解决当下的问题？

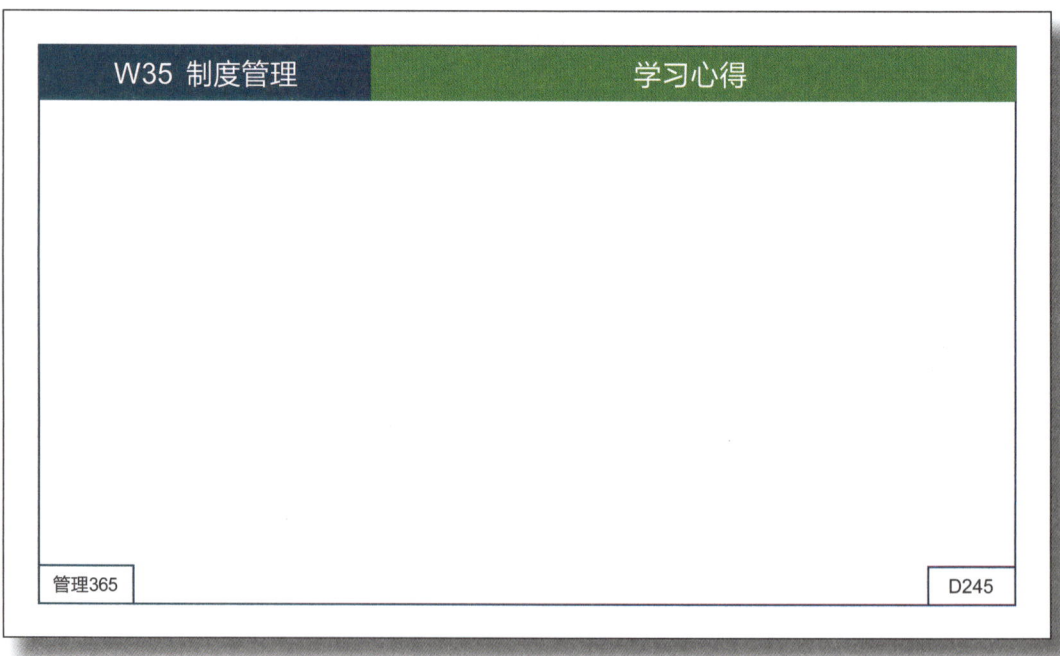

W36　选拔配置

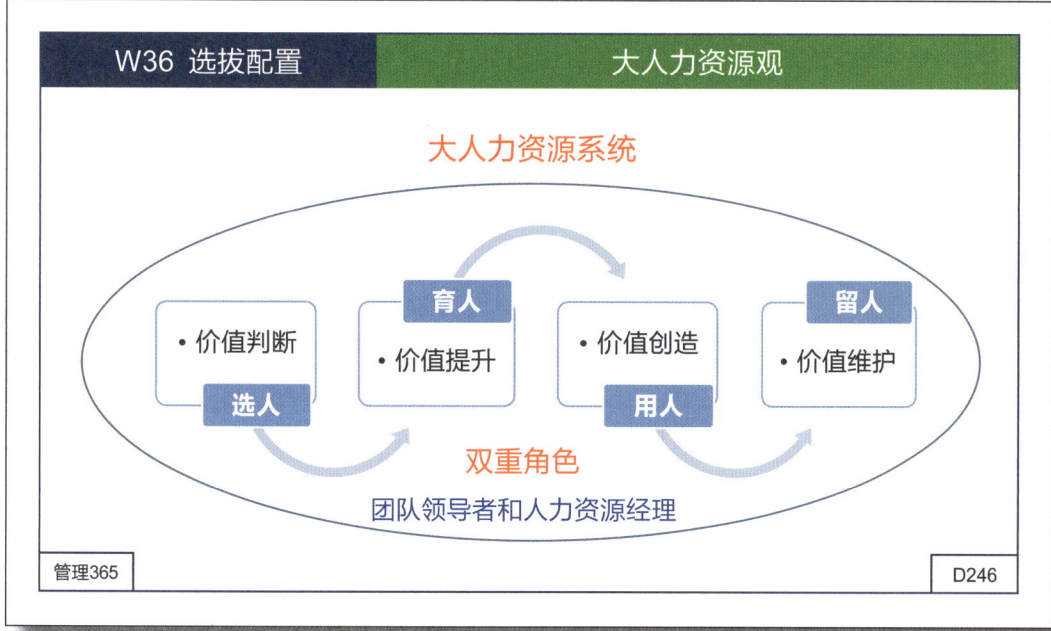

现代人力资源管理理论认为，每个团队的负责人既是本团队的行政领导也是人力资源经理。选人、育人、用人、留人是所有经理人的共同职责。

选人：一定要让合适的人上车，否则大家都浪费时间。育人：90%以上的培训都发生在工作现场，尤其是操作技能类的培训，要重视在岗培训（OJT）。用人：在合适的时间把合适的人配置到合适的岗位上，同时注意工作能力与工作意愿相匹配。留人：留人从招聘开始，留人就是要留能人；留不下能人，留下关系；留不下关系，留下离职的原因；留不下原因，要留下对企业有利的证据。

选人是价值评价，育人是价值提升，用人是价值创造，留人是价值维护。树立大人力资源观是战略性人力资源管理的前提，没有观念的转变，没有境界的提高，就无法提升企业的人力资源管理水平！

W36 选拔配置 — 专业人才与管理人才

考察项目	专业人才	管理人才
思维方式	☐ 收敛思维、重执行；善于做加法 ☐ 量化、科学性 ☐ 非黑即白、非对即错（二元思维）	☐ 发散思维、有创意；善于做乘法 ☐ 概念、艺术性 ☐ 非对立思维，总是寻找最合适的方法
行为习惯	☐ 注重过程和细节 ☐ 做事以个人为主 ☐ 很难接受他人建议，但善于总结个人经验	☐ 注重结果和方向 ☐ 做事强调团队的力量 ☐ 善于接受他人建议，并教授他人经验方法
人际交往	☐ 对事不对人，内方外方（内方指原则） ☐ 单纯（说话直来直去） ☐ 注重技术、技能	☐ 对事又对人，外圆内方（外圆指变通） ☐ 世故（说话有分寸、留余地） ☐ 注重人与人之间的合作

管理365　　　　　　　　　　　　　　　　　　　D247

　　如果一位员工是专业人才，却被提拔到了管理岗位，他很可能带不好团队，因为他没有管理意识，不会借力，更不会创造合力。专业人才和管理人才的判断标准是相对的，不是绝对的。

　　一个人到底是专业人才，还是管理人才，我们可以从思维方式、行为习惯、人际交往三个方面进行比较，然后再下判断。无论是思维方式、行为习惯，还是人际交往，我们都可以从五个方面去对比。需要特别强调的是，任何事情都不能绝对化，因为每个人都有两面：专业面和管理面。只不过，每个人的侧重点是不一样的。请见上表。

　　上面这个表格有两个作用：自我评估和评估下级。在做自我评估时，必须避免求好心理，才能作出准确判断。对下级的评估，可以作为提拔晋升的依据，也可作为辅导培养的参考。通过评估，如果你发现准备提拔的对象确属管理人才，那么提拔他就是正确的。如果他管理意识欠缺，那就要有的放矢地培养他，不能着急。

W36 选拔配置		ABC人才识别法	
A类	B类	C类
入职一个半月完全胜任	入职六个月完全胜任	永远不能胜任工作
识别A	转化B	拒绝C
Knowledge 经验、知识、能力	A的特征 就是B的培养方向	凡是不满足以下 三个匹配条件之一的，就是C
Desire 需求层次高或能自我激励		人岗匹配（能力）
Information 信息处理能力强	C的特征 就是B的规避方向	人人匹配（情商）
Communication 沟通能力强		人企匹配（价值观）

管理365　　　　　　　　　　　　　　　　　　　　　　　　　　　D248

　　前边我们说过，要让合适的人上车，不然大家都浪费时间。如何找到合适的人？这是一个值得思考的问题。根据到岗后达到完全胜任状态的时间长短，可以把员工分为三类：A类（一个半月），B类（6个月），C类（永远达不到）。

　　那么，A有什么特征，C又如何识别，B该如何处理？A通常同时满足四个特征——KDIC，即Knowledge（知识、经验、技能的统称），能够胜任工作；Desire（需求层次高），能够自我激励；Information（信息处理能力强），意味着运用信息解决问题的能力强，Communication（沟通能力强），情商高，适应性强，很快能融入团队。凡是不满足以下三个匹配条件之一的，就是C：人岗匹配，人人匹配，人企匹配。人岗匹配，考察的是是否胜任；人人匹配，也就是人与团队匹配，考察的是适应性及是否合群；人企匹配，考察的是个人价值观与企业文化是否有冲突。A就是B的发展方向，C就是B的规避方向。

W36 选拔配置	经典八问	
序号	八个问题	考察内容
1	请举个例子，说明你如何设定一个目标然后达到它。在达成目标的过程要注意什么。	目标管理
2	请举个例子，说明你如何采取主动性并且起到领导作用，最终获得你所希望的结果。	领导能力
3	请举个例子，你必须去寻找信息，发现关键问题并自己决定依照一些步骤获得结果。	解决问题
4	请举个例子，说明你是怎样通过事实来使他人达成一致的。这一过程的要点有哪些。	沟通能力
5	请举个例子，说明在完成一项非常重要的任务时，你是怎样和他人进行有效合作的。	团队合作
6	请举个例子，说明你的一个有创意的建议曾经对一项计划的成功起到了重要的作用。	创新能力
7	请举个例子，说明你怎样评估所处的环境，聚焦于最重要的事情上以获得期望的结果。	评估决策
8	请举个例子，说明你是如何学习一门技术并怎样将它用于工作中的，你有哪些收获。	学习能力

经典八问是宝洁公司提出的八个面试题，因其广泛的适用性而被众多组织采纳。作为面试关键岗位候选人的标准问题，这八个问题在不同组织里的排序是不同的。宝洁公司的排序是2、1、4、3、5、6、7、8。

作为面试官，应该知道，既然经典八问知名度很高，很多候选人在面试前应该进行了准备，在这种情况下，面试更需要技巧，一定要深挖且多问。例如，第二个问题考察的是领导力，可以让候选人谈谈对领导力的理解，领导力的基础是什么、它和管理能力有什么不同等。例如，第四个问题考察沟通能力，可以延伸提问如何做好对上沟通、平级沟通或跨部门沟通等；第七个问题考察的是风险控制和决策能力，可就题干进一步提问（比如，如何界定事情的重要性，依据是什么）。总之，不能仅凭候选人准备好的答案做判断。

W36 选拔配置		分级管理		
层级	配置	培训	激励	流动
精通者	安排重要岗位或作为接班人	高层领导一对一培养并制订个人培训计划	要注重长期激励以及倾斜性薪酬福利政策	作为内训师 避免流失
指导者	管理性岗位或团队负责人	针对性的培训计划	适度长期激励 辅以短期激励	规定淘汰比率 避免人才流失
掌握者	专业性岗位或管理性岗位	与本职相关的培训或开展多技能培训	针对性的激励	保持一定流动率 保证组织活力
熟悉者	操作性岗位	操作性、基本技能培训	短期激励为主	根据需要招聘和淘汰
初学者	事务性岗位	基本技能培训	短期激励	临时雇用

管理365　　　　　　　　　　　　　　　　　　　　　　D250

　　这五个层级主要是针对专业人才的分级管理模式，我们在开篇的"骨干格局"一节中就讲过，能力可以划分为五级，五级能力和五级人才有一一对应的关系：初学者（知识级）、熟悉者（规范级）、掌握者（技巧级）、指导者（技能级）、精通者（变通级）。不同层级适用不同的人力资源政策。

　　对组织成员按专业性进行分级管理，是岗位配置、人才发展、接任计划以及制定激励政策的基本依据。此处，我们重点关注第四级（指导者）和第五级（精通者），这两级人才才有资格当别人的师傅和做内训师。组织应该把这两类人才掌握的技巧、技能提炼出来，做好总结并进行传播。专业人才能力强、工作态度好，往往就会被组织列为重点培养对象。因此，对第四级和第五级人才还要注意培养他们的管理意识，给他们锻炼的机会。

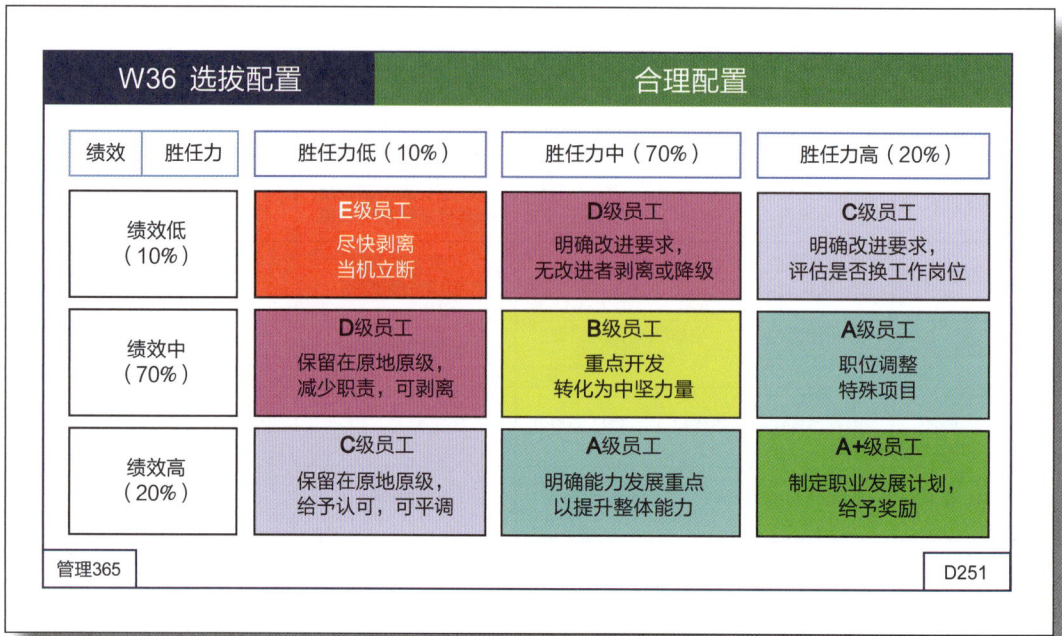

每周自问：如何应用已经掌握的知识解决当下的问题？

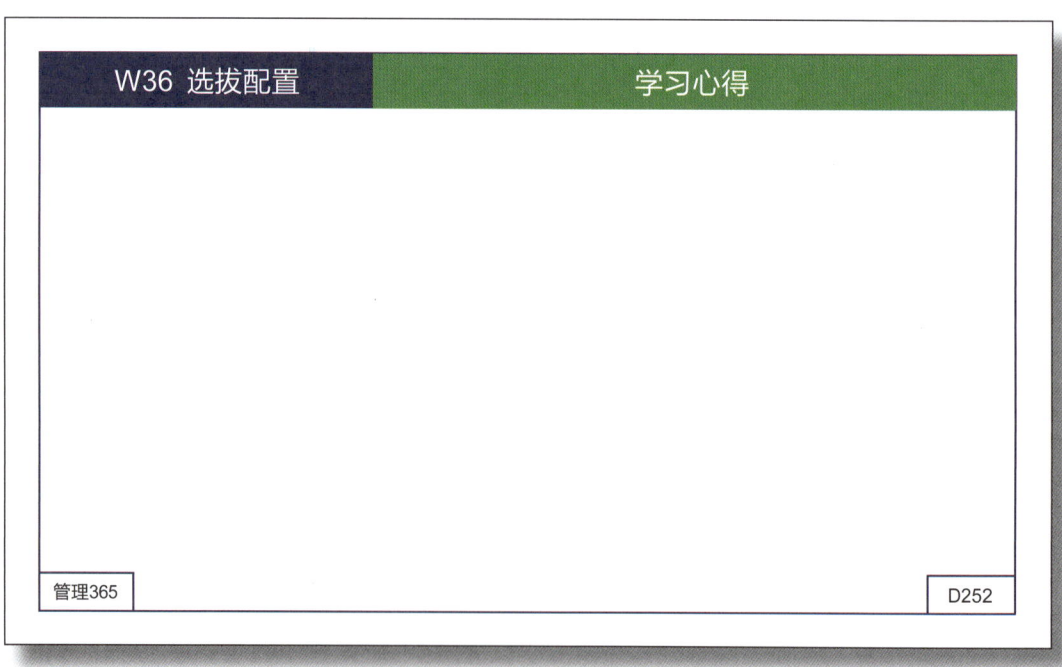

W37 绩效管理

W37 绩效管理	七个误区
绩效管理不分阶段，总想一步到位	①
把能力作为绩效考核项	②
目标与指标混为一谈	③
关键绩效指标与非关键绩效指标不分	④
KPI就是目标分解	⑤
考核内容随意设定	⑥
将绩效考核等同于绩效管理	⑦

管理365　　　　　　　　　　　　　　　　　　　D253

（1）不分阶段，总想一步到位：要想走到绩效管理阶段，必须要经历计划考核和行为考核。计划考核是让所有被考核者有所约束，行为考核是在计划考核的基础上让被考核者有规矩意识。（2）把能力作为绩效考核项：能力考核是对胜任力的衡量，是提拔晋升的依据。（3）目标与指标混为一谈：一个目标的完成需要多个指标保障。把指标当目标，必然会陷入琐碎事务，迷失方向。（4）关键与非关键不分：所谓关键指标，是指这个指标完不成，目标必然无法实现，否则它就不是KPI，而是PI。（5）KPI就是目标分解：目标与KPI不是分解关系，而是支撑与保障关系。（6）考核内容随意设定：KPI、关键任务、行为要求，这三者是有内在联系的。三者的基本比例为50：30：20。（7）将绩效考核等同于绩效管理：绩效考核只是管理立场，绩效管理才是双赢立场。绩效考核关注的只是一个时点的结果，而绩效管理关注的是投入产出的过程。

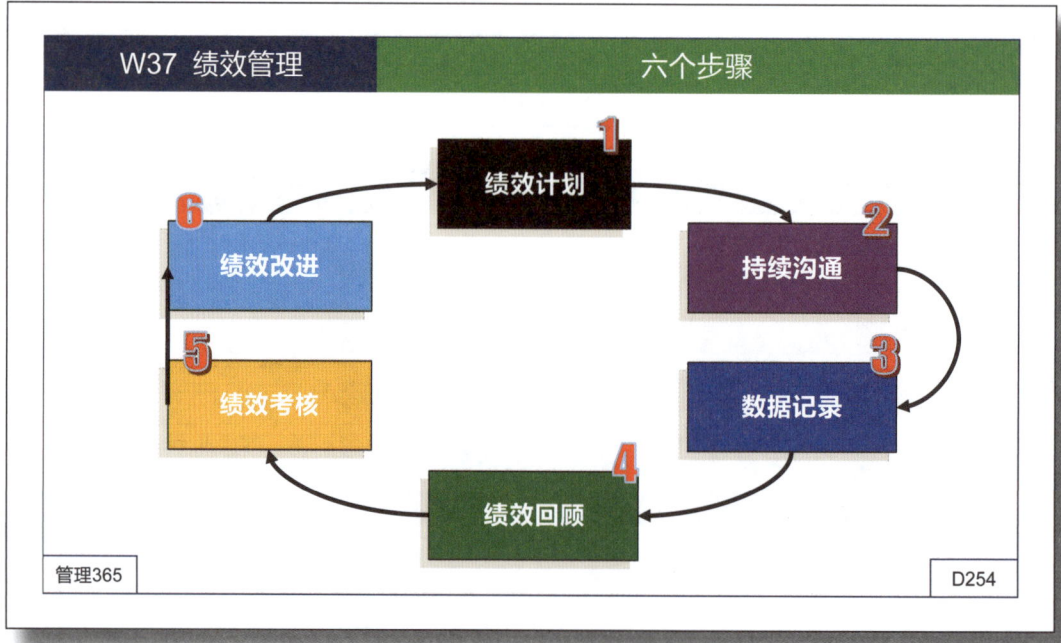

绩效管理是一个完整而又连续的过程，包含六个环节。

（1）绩效计划：订立目标、关键绩效指标、日常绩效标准、绩效协议。不只是公司、部门有目标，岗位也要有目标。不但要有定量标准，还要有定性标准。（2）持续沟通：进一步明晰标准，持续跟踪以发现问题，关注下属成长。（3）数据记录：为将来的绩效考核提供基本依据，但经常被考核者忽略。平时做好记录，规避考核的随意性。（4）绩效回顾：也被称为中期面谈，目的是及时发现差距，修正错误，提供支持。在很多企业，根本没有中期回顾，只是等到做绩效考核时，少数企业才会做沟通面谈。（5）绩效考核：对评估人员进行培训，回顾绩效标准，做出客观评价，将结果作为奖惩依据。（6）绩效改进：通过面谈找出绩效差距，同时设定改进计划，设置改进的检查点以利于跟踪。

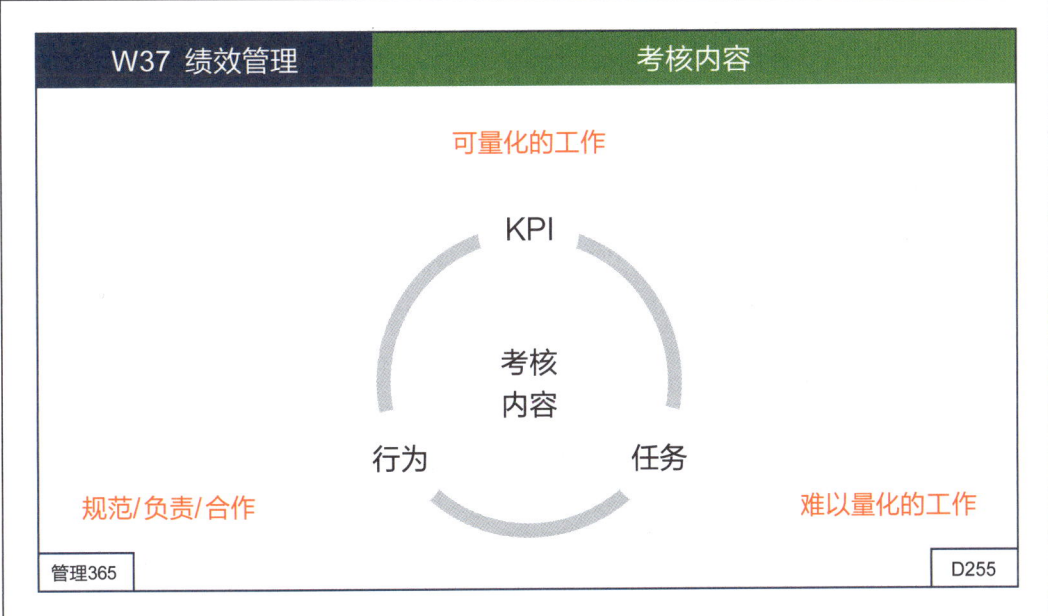

　　绩效考核的内容通常包含三项：KPI（可量化的工作）、关键任务（难以量化的工作）、行为要求。这三者是有内在联系的。三者的基本比例为50：30：20，按照岗位性质不同，比例可以调整，一线部门的KPI比例可以加大，中后台部门的关键任务比例可以加大。行为的质量保证关键任务完成的质量，而关键任务完成的质量保证KPI的达成。例如，销售人员的KPI之一——新产品销售收入占比，对应的关键任务是新产品发布会、推介会、客户拜访，也就是你要想办法让客户知道你有了新产品，才能保证这个指标的实现，而保证关键任务完成的行为要求则是规范、负责、合作。KPI是量化的，考核标准很容易确定；关键任务是难以量化的，上下级事先要协商考核标准；行为要求往往是按照组织的规章制度来确定考核标准。关键任务和KPI的考核频度是一致的，而行为考核则不宜过频，每季度或半年一次即可。

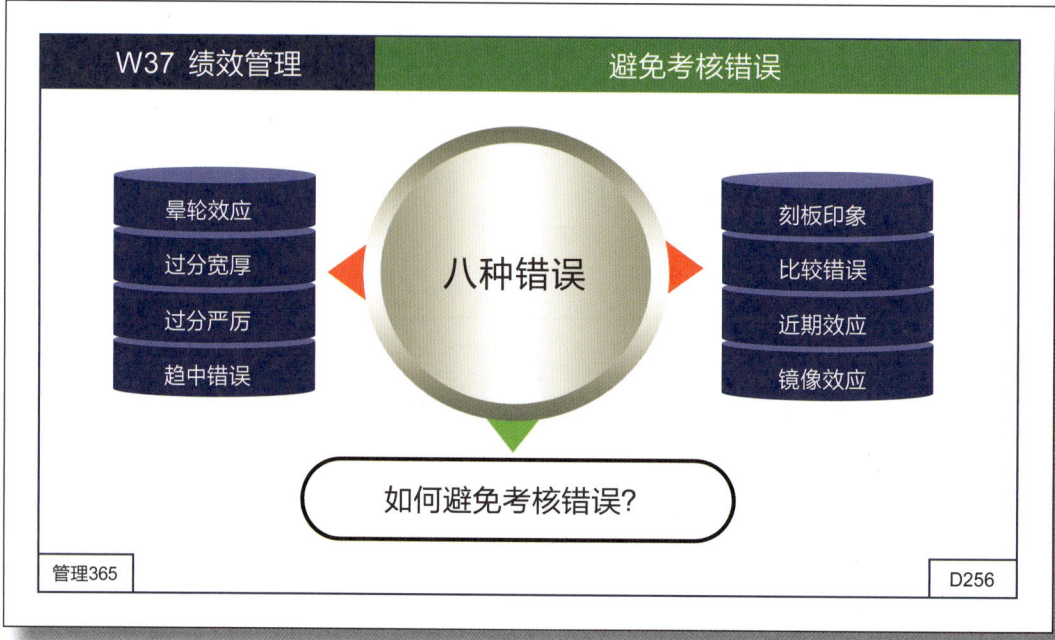

（1）晕轮效应：只看到优点，而忽略了缺点，一白遮百丑。被考核者容易因此滋生骄傲自满的情绪，他的缺点会长期存在下去，有时候会给团队甚至给企业带来灾难。（2）过分宽厚：对下属过分宽容，有时候甚至纵容。尤其当工作任务具有挑战性、很难完成时，上级容易降低标准，出现你好、我好、大家好的现象。（3）过分严厉：为了考核而考核，对下级过于苛责，甚至把考核当成处罚下级的主要手段。（4）平均主义：这种考核的结果可能和过分宽厚的结果一样，但过分宽厚的出发点是仁慈，而平均主义的出发点是怕事，唯恐下级因为考核结果不好而发难。（5）刻板印象：看不到下级的进步，认为下级的成绩是运气或别人的帮助所致。（6）比较错误：与不同级别的人比，与不同岗位的人比。（7）近期效应：根据近期表现而不是整个考核周期评价下级。（8）折镜效应：是指任人唯亲等现象，对那些听话、关系好的员工在考核中予以关照。

W37 绩效管理		绩效面谈与改进
上级	坦诚相见	营造非正式的氛围，赞扬和鼓励，询问与倾听
上级	直面问题	引导自我评估，讨论表现而非个性，积极正面
上级	一致目标	设立讨论框架，关注事实，订立可衡量的目标
下级	回顾过去	哪些做对了，哪些做错了，牢记哪些经验教训
下级	检查现在	有问题的，做得不错的，可以做得更好的工作
下级	展望未来	你的个人发展、个人目标，什么可以助你成功

管理365　　　　　　　　　　　　　　　　　　　D257

　　绩效面谈就是通过上级和下级之间的对话，找出工作中的优点及不足并制定改进方案的过程。绩效面谈作为提高下级能力和绩效水平的重要工具，在西方企业受到高度重视，但是在很多国内企业，尤其是在国有企业和民营企业中，却被忽视或流于形式。

　　绩效面谈做得不好，除了一些文化因素之外，还有两个主要原因：一是很多上级不掌握绩效面谈的要领；二是下级很被动，面谈之前没有任何思考和准备。推动企业做好绩效面谈，要做好两项工作：上级应该掌握绩效面谈要领；下级在面谈之前应该做好准备。

　　下级在绩效面谈之前应该从三个方面进行准备：回顾过去，检查现在，展望未来。上级在绩效面谈之前也要做相应的准备，例如，要安排好面谈时间、地点，整理记录。除此之外，更重要的是经理人要掌握绩效面谈的三个要领：坦诚相见，直面问题，达成一致。这三个要领也是绩效面谈的基本步骤。

W37 绩效管理 — 绩效检核表

1. 你是否与下属签订了 绩效合同？
2. 你是否对下属进行了 绩效辅导？
3. 你是否与下属进行了 绩效回顾？
4. 你是否与下属进行了 绩效面谈？
5. 你是否注意到考核的 刻板印象？
6. 你是否克服了考核的 平均主义？
7. 你是否出现过考核的 比较错误？
8. 你是否规避了考核的 近期效应？

每周自问：如何应用已经掌握的知识解决当下的问题？

W37 绩效管理 — 学习心得

W38 绩效实践

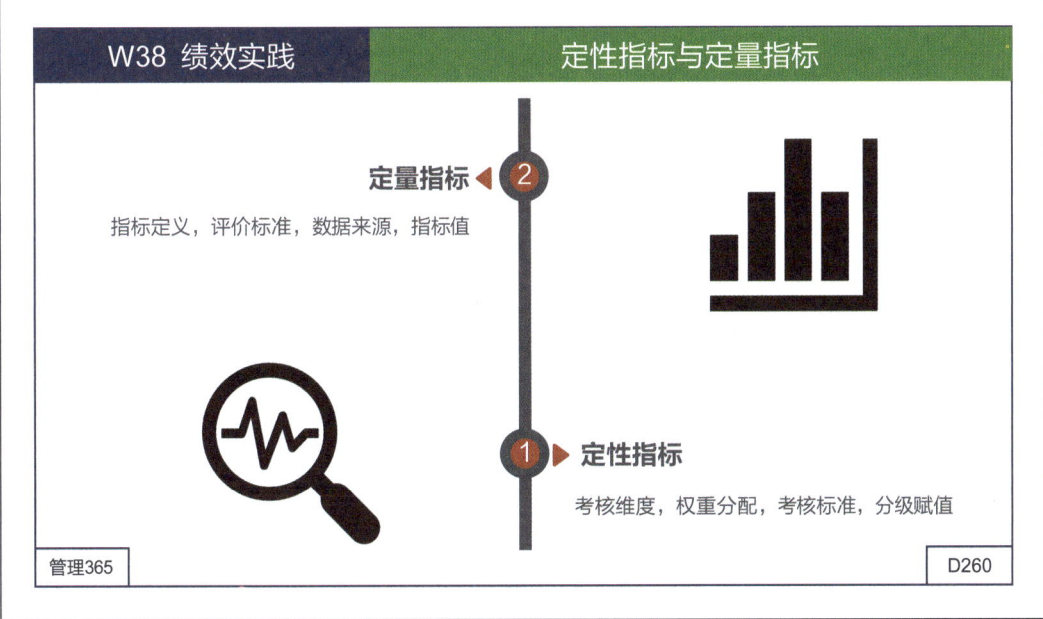

定性指标是指在无法直接通过数据对考核对象进行量化考核的情况下,用来对考核对象进行客观描述和分析的相关指标。企业需要组织制定定性指标的考核维度,并根据重要程度确定各维度的权重。在考核维度和权重确定之后,企业应设定具体的考核标准,使考核具有可操作性,并减少考核者的主观因素对考核结果的影响。最后,企业要对考核标准进行分级赋值。D263的行为考核就很好地说明了定性指标的控制要素。

定量指标是指可以准确定义数量并且能够准确衡量的考核指标。定量指标客观而又具体,能够准确反映工作成果。定量指标分为两种类型:绝对定量指标,如销售收入;相对定量指标,如销售收入增长率。定量指标包括四大要素:指标定义、评价标准、数据来源、指标值。一个定量指标是否合理、有效,取决于企业是否设定了合理的绩效目标。

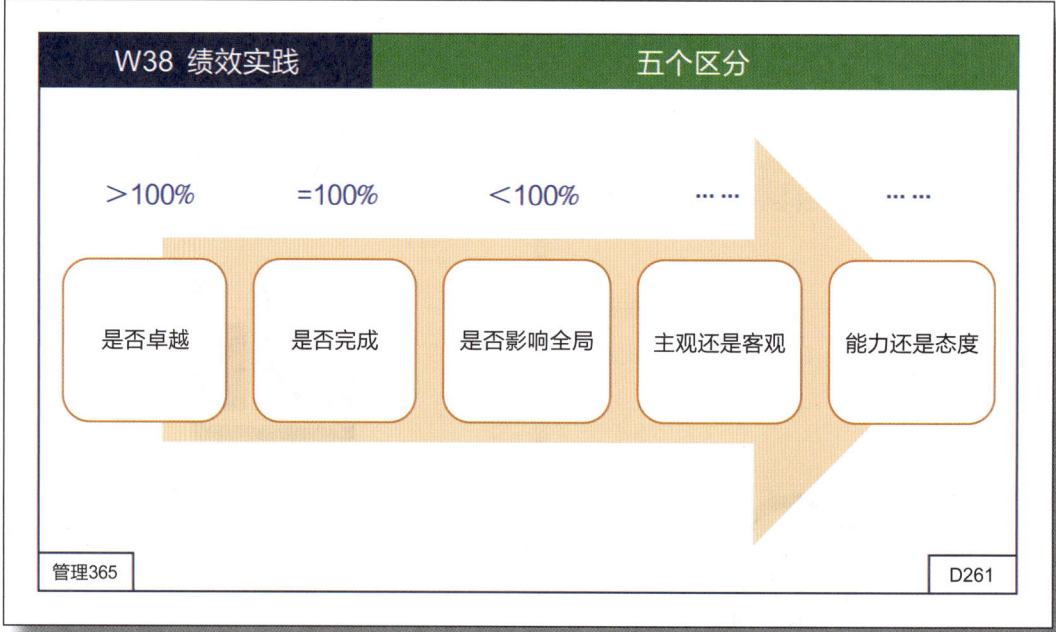

如果一个岗位的工作难以量化,可以通过上表中的形式按照工作任务是否卓越完成、完成、未完成进行考核。卓越完成,就是工作任务完成率超过了100%而且工作品质高,卓越的业绩应该对应卓越的奖励,这种行为值得提倡和推广。完成了任务,就是完成率等于100%;未完成任务,就是完成率小于100%。

如上图示,进行具体考核时要进行五个区分:是否卓越,是否完成,是否影响全局,主观还是客观问题,能力还是态度问题。如果没有完成任务(比如,完成了80%),但并没有影响全局或他人,而且任务难度确实很高,这种情况不一定非要扣发奖金。如果影响了全局或他人,就要找找原因,如果是客观原因所致,尚可原谅;如果是主观原因所致,还要作深入分析:是能力问题还是态度导致了没有完成任务,能力所致尚可原谅,态度所致就不能姑息。通过五个区分判断下级的绩效水平,让下级能真正认识到问题所在。在执行过程中,既要坚持原则,又要有一定的弹性。

W38 绩效实践 价值观考核

对于企业的绩效管理来说，价值观与业绩同等重要

考核项目	评价标准				
客户第一	尊重他人，随时随地维护公司形象	微笑面对投诉和受到的委屈，积极主动地在工作中为客户解决问题	与客户交流过程中，即使不是自己的责任，也不推诿	站在客户的立场思考问题，在坚持原则的基础上，最终达到客户和公司都满意	具有超前服务意识，防患于未然
分值	1	2	3	4	5
拥抱变化	适应公司的日常变化，不抱怨	面对变化，理性对待，充分沟通，诚意配合	对变化产生的困难和挫折，能自我调整，并正面影响和带动同事	在工作中有前瞻意识，建立新方法、新思路	创造变化，并带来绩效突破性的提高
分值	1	2	3	4	5

管理365　　　　　　　　　　　　　　　　　　　　　　　　D262

　　为了让企业文化有效地渗透到企业中去，企业最强有力的措施是将价值观的行为表现纳入绩效考核中，与员工的收入挂钩，这就是"价值观考核"，就是看员工的行为是不是体现了企业的价值观。价值观考核做得最到位的公司，非阿里莫属。

　　"阿里历史上所有重大的决定，都跟钱无关，都跟价值观有关。"这是马云对阿里价值观地位的描述。阿里一直都在寻找一群所见略同、有着一样信条的同路人。上表是"阿里六脉神剑"中的两项——"客户第一"和"拥抱变化"的考核方式，从中可见阿里对价值观的重视程度。每个季度对员工表现进行评分，在考核价值观时，主要标准是个人行为与公司价值观的契合、对自己所在团队的正向影响，以及与其他团队的合作度。价值观这件事说起来好像很虚，但却告诉了员工公司的底线是什么，对内我们做事的规则是什么。它就好像红绿灯和斑马线，可以规范你在过程中向左还是向右，确保你不偏离方向，但是给你一定的弹性，这是阿里绩效考核的最大特点。

	W38 绩效实践		行为考核	
分值	规范	负责		合作
8~10	自觉按照规范开展工作并能推动他人	承担责任，有行动、有结果、有预防措施		熟悉对方的工作，并且能主动提供支持
6~8	按照规范要求开展工作并能影响他人	遇到问题承担责任，有行动并有结果		有较强的合作意识，能够提供必要支持
4~6	能够按照规范要求开展工作，无违纪	遇到问题承担责任，有行动但无结果		有合作，但因客观原因造成了工作延误
2~4	偶尔不能按照规范开展工作，有违纪	遇到问题承担责任，但没有采取行动		有合作，但因主观原因造成了工作延误
0~2	时常不按规范要求开展工作，有违纪	遇到问题不承担责任也没有采取行动		只关注本部门（岗位）工作的完成情况

管理365　　　　　　　　　　　　　　　　　　　　　　　　　D263

由于行为考核带有较强的主观性，很容易引起考核对象的不满，因此，要特别注意四个要点：（1）考核项目不宜过多，最多三个即可，如上表所示；（2）考核频度不宜过高，一年内2～3次即可，给员工足够的改进时间，但平时要注意督导；（3）行为考核要结合情境或具体事例，不能泛泛而谈；（4）要建立行为案例库，比如，规范方面的标杆，负责方面的典型，合作方面的楷模，考核时，标杆、典范、楷模就是参照。

对于责任心的考核，我们结合一个例子来说。比如，当我们说一个人很懒或很不负责任时，经常会说："他连油瓶子倒了都不扶。"不同的人经过倒了的油瓶子的时候，不同的反应就是不同的责任层次，总共可分八层，分别是：视而不见，非我责任，无能为力，时过境迁（因为拖延，问题的性质发生了改变），有责无行，有行无果，有行有果，有预防。前四个层次对应上表中最下面的责任考核的第一级，后四个层次分别对应第二、第三、第四、第五级。

W38 绩效实践		个人绩效承诺PBC			
目标承诺		衡量标准	权重	完成情况	得分
结果目标承诺					
执行措施承诺					
团队合作承诺					
总体评价					

管理365　　D264

　　PBC（Personal Business Commitment），即个人绩效承诺，是IBM公司绩效管理的主要方式，也是华为公司绩效管理的主要依据。PBC体现了企业核心价值观和企业文化，强调承诺和共同参与的重要性。

　　（1）结果目标承诺：是指员工承诺的本人在考核期内所要达成的绩效结果目标，以支持部门或项目组总目标的实现。对于结果目标，一般应有衡量指标，说明做到什么程度或何时做完。（2）执行措施承诺：为达成绩效目标，员工与考核者对完成目标的方法及执行措施达成共识，并将执行措施作为考核的重要部分，以确保结果目标的最终达成。对于执行目标，由于它是一种过程性的描述，不一定都有明确的衡量指标。（3）团队合作承诺：为保证团队整体绩效的达成，更加高效地推进关键措施的执行和结果目标的达成，员工须就交流、参与、理解和相互支持等方面进行承诺。对于团队目标，主要是一种导向和牵引，强调对周边、流程上下游及上级的支持与配合。

W38 绩效实践 — 绩效考核表

| 姓名： | 部门： | 岗位： | 直接领导（签字确认）： | 计划制订日期： | 评估期间： 年 月 日 |

	项目	考核要点			100	90	70	60	50	说 明
1. 行为规范 (20%)										
	综合评分	结合以上各项综合评分（百分制）								
	本栏得分		最终得分*20%							

	工作任务	考核标准	权重	任务完成情况说明	完成情况评价					加权得分	备 注
					0	80	100	120	150		
2. 工作任务 (30%)											
	合计		100%								

	KPI	指标定义	计算方法	权重	KPI值 必达 / 挑战1 / 挑战2	完成情况	数据来源	成果评价 0 / 80 / 100 / 120 / 150	加权得分	备 注
3. 业绩指标 (50%)					100 / 120 / 150					
	合计			100%						

	考核得分	各季度考核等级			计划外业绩（可选项、填写本人业绩计划外的重要贡献）	直接领导评价		隔级领导确认	
4. 综合评价		Q1	Q2	Q3		年（季）度等级	签字	审核等级	签字

| 5. 结果沟通 | 领导对本人工作的期望或指导意见（可选项目） | 个人职业规划与能力发展计划（可选项，被考核人填写） | 被考核人意见：□ 认可评价结果 □ 不认可 主要理由： 签字：　　　日期： |

管理365　　　　D265

每周自问：如何应用已经掌握的知识解决当下的问题？

W38 绩效实践 — 学习心得

管理365　　　　D266

W39 培训管理

阶段	根本任务	实现途径	职能性质
阶段一	职业化转型	推动全员职业能力建设	培训发展中心
阶段二	全面绩效提升	HR各模块联动，业务伙伴	绩效优化中心
阶段三	知识管理	挖掘隐性知识，百花齐放	知识管理中心

W39 培训管理　三阶段任务　管理365　D267

　　培训是人力资源管理的重要职能，它在塑造企业文化、实现经营目标、沟通公司策略、开发人才潜能、增加未来价值、创造相互信任等方面起着不可忽视和不可替代的作用。

　　培训职能在组织里有三阶段任务。(1)全员职业化转型：推动全员职业能力建设，管理层的职业能力包括业务能力、管理能力、领导能力；员工的职业能力包括专业能力、人际能力、执行能力。每一种能力都对应了一组课程，企业每年可通过培训同时强化这些能力，以提升全员职业化程度。(2)全面绩效提升：培训部门的管理者的角色要从培训顾问转向绩效顾问，同时，培训职能需要和人力资源的招聘、绩效、员工关系等其他模块联动，真正起到业务伙伴的作用，全面促进绩效优化和提升。(3)知识管理：不断挖掘企业里的隐性知识，推动企业的学习型组织建设。培训职能的性质需要从培训发展中心转向绩效优化中心，最终成为企业的知识管理中心。

W39 培训管理

三个层面	五个环节				
运作层面	培训需求	培训计划	培训实施	培训评估	培训信息
资源层面	课程体系	培训师资	培训素材	培训设施	供应商管理
制度层面	管理架构	讲师管理	资源管理	奖惩管理	档案管理

运作层面：在五个环节中，培训计划和培训实施是两个最重要的环节。制订培训计划的基本步骤包括：根据需求分析结果，确定培训内容；经过充分沟通，确定培训重点；确定培训实施形式与预算，形成培训计划。在具体的培训实施中，首先要确定项目负责人，其次由项目负责人撰写实施方案，最后是做好行政组织工作。

资源层面：最重要的资源是课程体系和内训师队伍，课程体系是基于岗位胜任力而设计的一系列培训课程，由内训师和外部培训供应商共同实施。选拔内训师时，企业首先要制定选拔标准，其次要严格执行选拔程序，最后是确定内训师队伍。通常来讲，内训师负责员工基本素质课程和专业性课程的设计和讲授，管理性课程一般由外部培训供应商来执行，企业要对供应商推荐的培训师严格把关。

制度层面：企业要有合理的管理架构和管理权限，才能做好资源管理和奖惩管理。奖惩对象既有学员，也有内训师。

　　培训对个体的影响,按照从强到弱的顺序,依次是技能、知识、思维、心理、态度。(1)技能:技能分五级(知识级、规范级、技巧级、技能级、变通级),针对不同能力层次的个体,应采取不同的培训方式,配置不同的培训课程。(2)知识:培训能补充知识,比如新任管理者既需要管理技巧,也需要管理知识。知识只有经过转化、分享,才能产生力量。(3)思维:在培训课堂上,通过培训师对观点的讲解、案例的剖析,还有通过与其他学员的讨论、交流,参训学员看问题的角度和思维方式会发生转变,将学会跨界思维、换位思维、逆向思维,养成区分式思考的习惯,规避二元思维。(4)心理:学会了更多的知识和技能,再加上培训师和其他同事的鼓励,每位参训学员的心理会更加成熟。(5)态度:态度的改变是最难的,如果把态度改变作为第一位的培训目标,那么很可能会无法实现。培训只能影响人的态度,但很难改变人的态度。

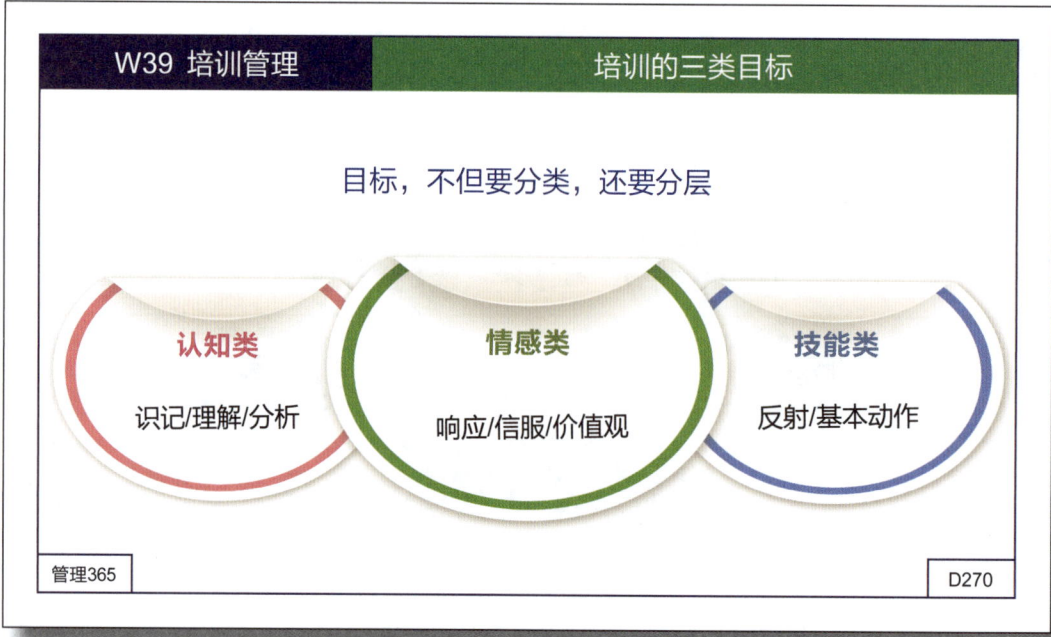

实际上，很多课程目标都是不切实际的。例如，通过本次课程，学员能够提升团队凝聚力、加强执行力等，这些目标既不具体也无法衡量，这种目标叫口号更合适！下面这样的目标才是可以实现的：通过本次培训，学员能够解释安全管理的原理并识别危险源。

培训目标分为三类：认知类、情感类、技能类。每一类目标还有不同的层级。（1）认知类目标分为六级：识记、理解、分析、应用、综合、评价。课堂上只能完成前三级，后三级要在课后不断练习才能达成。（2）情感类目标分为五级：响应、信服、价值观、价值体系、人格特征。课堂上只能达到第三级，后两级要在课后通过不断实践才能达成。（3）技能类目标分四级：反射、基本动作、生理能力、技能动作。课堂上只能达到第二级，后两级要靠课后的不断练习才能达成。了解了目标的分类和分层，才能订立可以实现的目标。

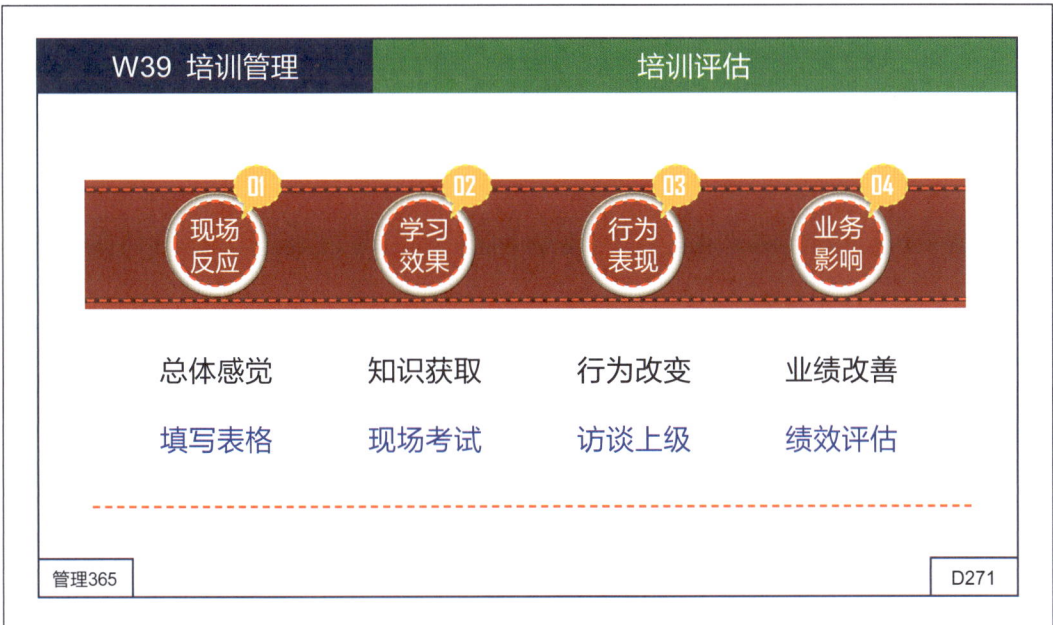

培训结束后，企业要对培训效果进行评估。培训评估通常从四个层面来展开：现场反应、学习效果、行为改变、业务影响。

（1）现场反应：往往通过填写评估表的方式进行，了解学员对培训课程的总体感觉，对课程难易度、培训师的专业度、授课风格、解决问题等方面进行打分。现场反应是最基本的评估环节，可以即时了解学员对课程的满意度。（2）学习效果：通过现场考试的方式，了解学员从培训活动中获得了那些知识、技能、方法等。试卷和参考答案要由培训师提供，阅卷工作要由培训组织者负责。（3）行为改变：通过访谈学员的直接上级，了解学员在工作表现上与培训前相比有哪些正向的变化。访谈要在培训结束的一个月之后，因为行为转变需要时间。除了访谈上级，也可以和参训学员沟通，让他们自己说说发生了哪些改变。（4）业务影响：通过绩效评估，了解培训对学员的工作业绩产生了什么影响。

W39 培训管理										当众讲话评估表
分值 要素	10	9	8	7	6	5	4	3	2	1	得分
开场自然											
紧扣主题											
逻辑严密											
表达清晰											
语音语调											
生动形象											
幽默风趣											
镇定自信											
调动气氛											
全情投入											

每周自问：如何应用已经掌握的知识解决当下的问题？

W39 培训管理　　学习心得

W40　职涯管理

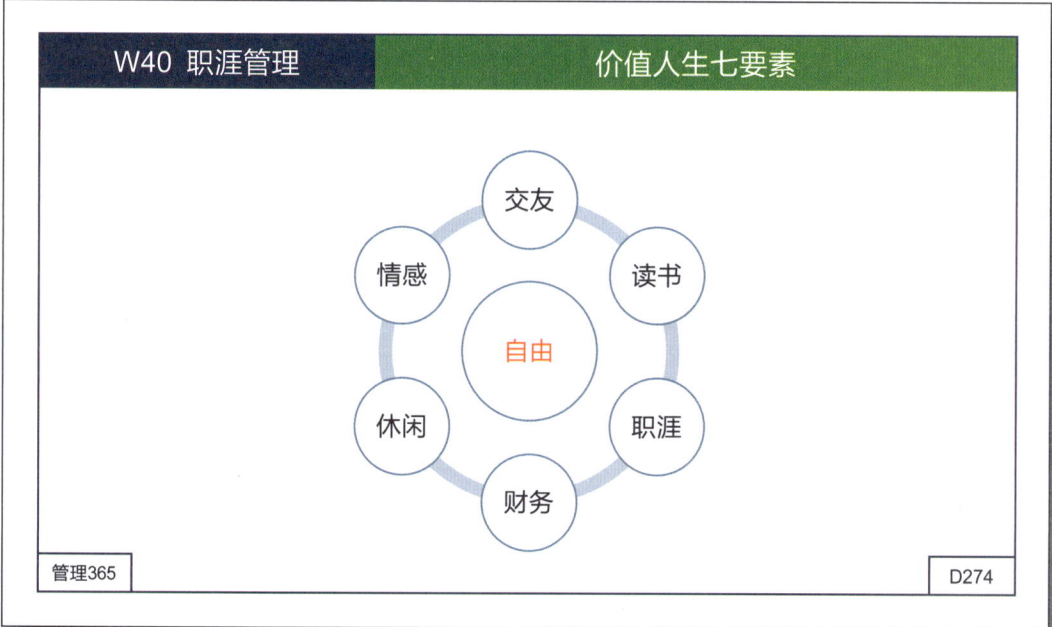

（1）交友：人生需要有同龄挚友，彼此绝对互信、无话不谈、没有顾忌，甚至可倾诉心底的秘密。除了同龄挚友，还应该有一位年长十岁以上的朋友，他的人生阅历足以为你提供借鉴，让你少走弯路。（2）读书：对书的选择要非常慎重。尽量多读出版十年以上依然还在再版的书籍，因为时间已经证明了这些书的生命力和正确性。读书有三个层面：知识面，通用技能，专业技能。（3）职涯：通过测评和征询，尽快确定自己该在哪个领域发展。（4）财务：除去必要的生活开支之外，将钱分成三份：一是风险准备，二是投资理财，三是学习充电。（5）休闲：学会给自己减压，读书品茗，放松身心。每年有三到五次的进山或者近水活动，平时至少有一项健身活动。（6）情感：不要因为忙而疏于对亲人的关爱，不要因为忙而失去了应有的平衡。（7）自由：有约束才有自由，追求没有约束的自由，最终换来的是不得不面对的不自由。

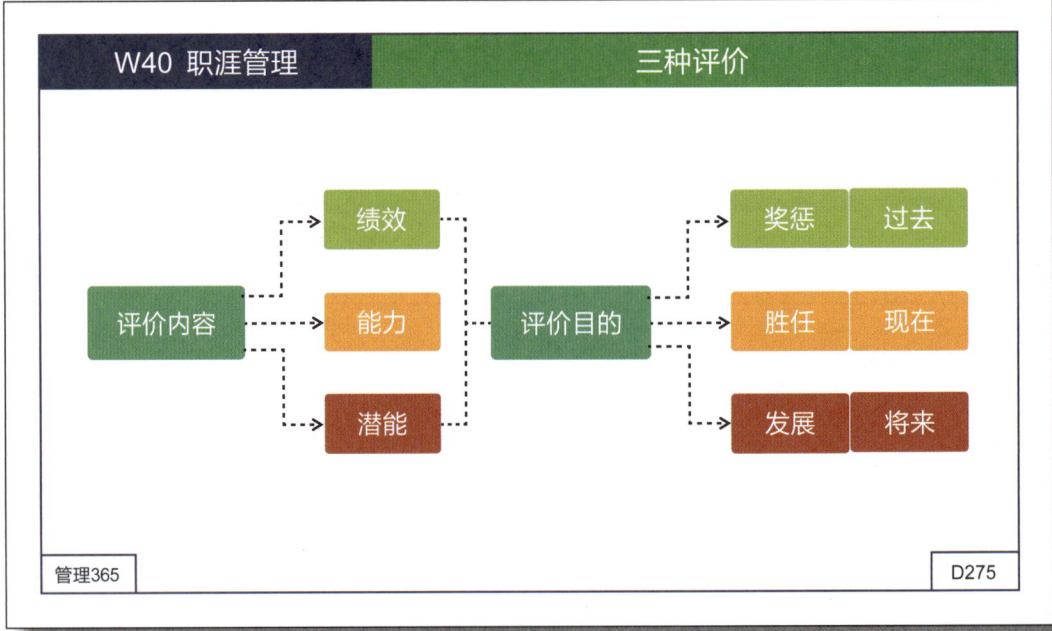

绩效评价的内容通常包括三项：关键指标、关键任务、工作行为。能力评价的内容主要包括基础素质、专业能力和管理能力。潜能评价的内容主要包括内驱力、思考力和人际影响力。评价的目的有三个：奖惩、胜任、发展。奖惩就是通过对员工的绩效表现进行评价，达到奖优罚劣的目的；胜任就是通过对员工的能力进行评价，判断其是否称职；发展就是通过评估员工的潜能，采取有效的激励措施，使员工产生高绩效，促进员工的职业发展。

绩效评估是对过去（行为和结果）的评价，能力评价是对当前状态（是否胜任）的衡量，潜能测试是对未来发展（职业生涯）的准备。要想做好员工评价，团队领导者要反思以下问题：（1）日常管理中，我对员工是否做出了全面评价？（2）我做绩效评估时，是否把能力作为了考核项？（3）如果发现员工不胜任，最佳的处理方式是什么？（4）为了激发员工潜能，我曾经采取过哪些措施？

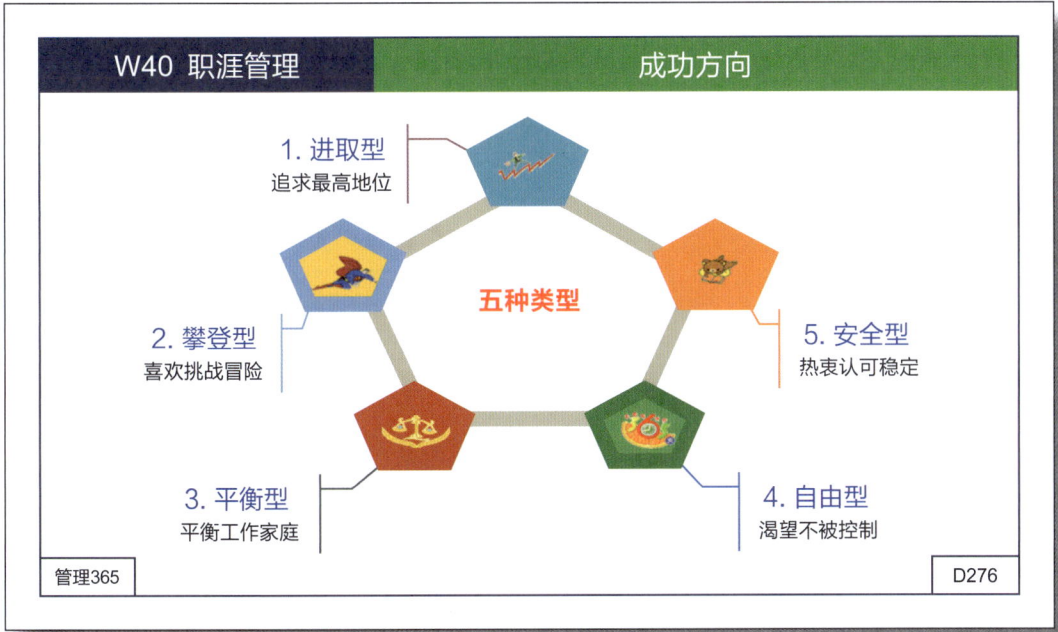

　　这五种成功方向给我们的启发是职业发展有多种可能性，不必挤独木桥。（1）进取型：主要表现为对职务高低的追求，更多是管理职务的追求，但也不排除对专业职务的追求。追求管理职务的高低，就要正确理解管理的内涵，还要有良好的人际关系和人际技能。（2）攀登型：往往表现为挑战困难、追求卓越，更多体现的是通过解决问题、攻克难关来证明自己的能力，彰显自己的价值。相对于对职务高低的追求，这样的人更注重专业影响力。（3）平衡型：追求三对平衡，即工作与家庭、金钱与健康、学习与休闲。相对于进取型和攀登型，这样的人少了些斗志和拼搏精神。通常，在职业发展初期，我们没有资格和能力选择平衡型。（4）自由型：希望不被约束，甚至追求绝对自由，但往往事与愿违。自由必须在约束下才会真正享有。（5）安全型：追求工作的稳定，这样的人甚至都不愿意换团队或部门，更不用说换职业了。

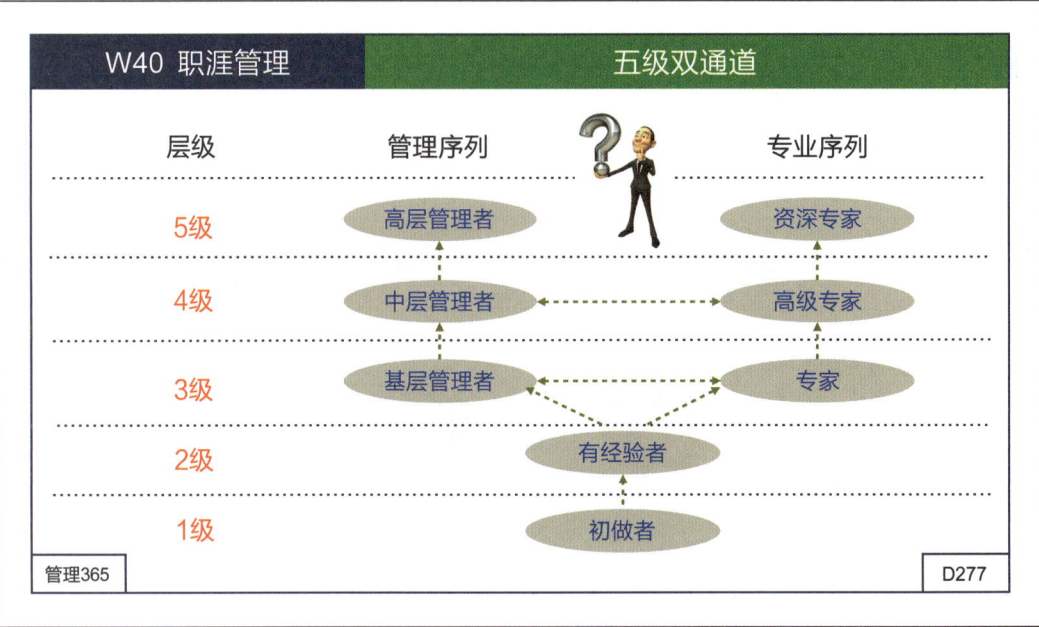

很多企业注重三支队伍建设：管理队伍、专业/技术队伍、技能队伍。技能序列可以认为包含在上图中的专业技术序列里。五级双通道，也称职业发展的Y形通道。

对于五级双通道这张图，我们要注意三点。（1）最关键的一步是成为有经验的人，也就是骨干员工。因为只有成为骨干，才有选择权——是走管理序列，还是走专业序列。每个序列所需要的能力是不同的：选择管理序列，需要理解管理的内涵和提升人际技能；选择专业序列，需要提升专业能力和解决问题的能力。（2）要想有发展，必须站得比自己所在的层级要高。例如，基层管理者要站在中层管理者的高度看问题，中层要站在高层的高度看待自己的工作。（3）基层管理者和专家、中层管理者和高级专家可以岗位轮换，但是不建议资深专家和高层管理者轮换，这样的轮换可能给组织带来灾难，除非资深专家深谙管理之道。

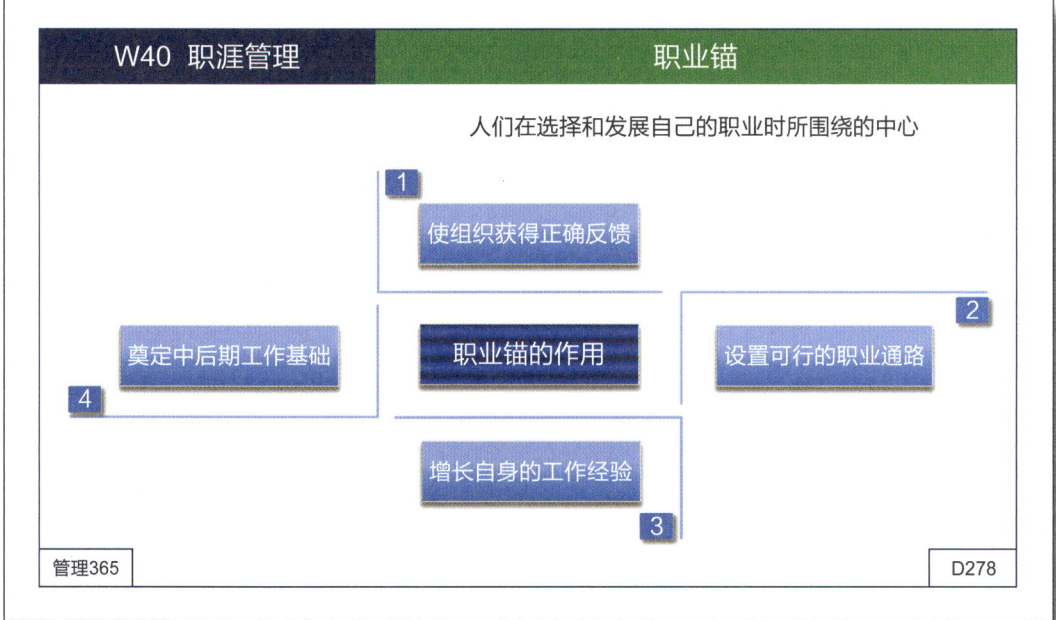

职业锚也叫职业系留点，是指当一个人不得不做出选择的时候，他无论如何都不会放弃的职业中的那种至关重要的东西或价值观。职业锚是人们选择和发展自己的职业时所围绕的中心。

根据职业规划领域的大师施恩教授的观点，职业锚有八种类型。

（1）职能型：追求在技术或职能领域的成长和技能的不断提高，喜欢专业领域的挑战。

（2）管理型：追求并致力于职务晋升，倾心于全面管理。

（3）独立型：希望随心所欲地安排自己的工作方式、工作习惯和生活方式。

（4）稳定型：追求工作中的安全与稳定感。

（5）创业型：创建属于自己的公司或完全属于自己的产品，而且愿意去冒风险。

（6）服务型：追求自己认可的核心价值，例如，帮助他人，通过新的产品消除疾病等。

（7）挑战型：喜欢解决看上去无法解决的问题，战胜强硬的对手。

（8）生活型：喜欢允许他们平衡个人需要、家庭需要和职业需要的工作环境。

W40 职涯管理 — 内职业生涯与外职业生涯

内职业生涯：从事一种职业时的知识、观念、经验、能力、心理素质、内心感受等因素组合及其变化过程。内职业生涯通过工作结果和言谈举止表现出来。

外职业生涯：从事一个职业时的时间、地点、工作单位、工作职务与职称、薪酬福利等因素的组合及其变化过程。外职业生涯通过个人的名片表现出来。

内　外

外职业生涯是别人给你的，所以，很容易被别人剥夺或否定。**内职业生涯**是我们自己给自己的，所以不容易被别人剥夺。把我放到另外一个地方，难道我的知识和经验就会消失吗？永远不会！我们常说的，我们是在为自己打工，就是指通过职场历练，丰富我们的内职业生涯。

D279

每周自问：如何应用已经掌握的知识解决当下的问题？

W40 职涯管理 — 学习心得

D280

第三篇　领导艺术

（D281–D350）

第三次转型

第三次转型——从管理者到领导者，不是职务变化，而是境界变化！

经理人兼具两个身份：管理者和领导者，二者是互补关系。但现实情况是，经理人往往很注重管理者这一身份，而常常淡化领导者的身份。管理者往往依据底线（制度、标准）来做事，而领导者常常靠上限（愿景、目标）来牵引。管理者履行职责的基础是职位权力，领导者发挥作用的基础是个人权力和人格魅力（个人影响力）。

双重身份必然对应着双重行为：管理行为和领导行为。管理行为必须组织化，领导行为可以个性化。在下级看来，管理行为往往带有强制性和负面色彩，容易产生对立关系。管理行为组织化，是指上级在处理问题时要依照企业标准而非个人好恶来做决策，避免下级把矛头对准上级，认为是上级个人有意难为他。领导行为往往产生追随关系。领导行为个性化，是指领导者对下级的关心、爱护可以有自己的风格。管理行为都是相似的，而领导行为各有千秋。

大多数企业频于管理，而乏于领导。如果一个企业经理人的管理行为过多，而领导行为过少，上下级的关系就会紧张，上级在与不在，下级的表现判若两人。如果领导行为过多，而管理行为过少，则团队没有规矩，会陷入混乱。因此，经理人必须做好管理者和领导者两个身份的平衡。

从管理者到领导者的跨越，首先是角色变化，其次是职责变化，然后是能力变化。

领导者有四个角色：探路者（探索航向），筑路者（整合体系），授能者（授能自主），垂范者（树立榜样）。探索航向：主动了解利益关系人的意图，并及时满足他们的利益需求，利益关系人包括客户、管理人员、员工和商业伙伴等。整合体系：整合、优化工作流程和组织架构，充分发挥人才优势，有效利用信息资源，从而根本改善团队的综合表现能力。授能自主：运用"双赢协议"规则，建立独特的工作文化，让员工和领导相互信任、共同进步，从而早日达到利益关系人的预期目标。树立榜样：坚持正确的领导原则，提升个人感召力。

领导者的职责就是发掘和诱导出下属的潜能，并能创造一个支持性的工作环境，使下属愿意全力以赴去达成目标。引导下属发挥最大潜能是领导者的光荣任务，不可等闲视之。领导者会通过愿景去感召下属，创造动力使任务沿着正确方向前进。总之，领导者的职责就是激励和支持。

领导者必须具备三项关键能力：激励他人，创新管理，变革管理。领导者首先要掌握激励下属的能力：通过改变他们的态度以调适其工作行为；同时，还要掌握通过优秀业绩和理解上级达到激励上级的能力。对平级同事，领导者可通过跨部门协作，营造共赢格局，调动他们的参与热情。比知识更重要的是智慧，比智慧更重要的是思维。领导者要突破思维障碍，善于发现机会、及时做出决策、引领变革，将机会和创意变成现实。

从管理者到领导者的跨越是经理人境界的提升！掌握高超的领导艺术，团队才会创造最佳业绩！

W41　领导格局

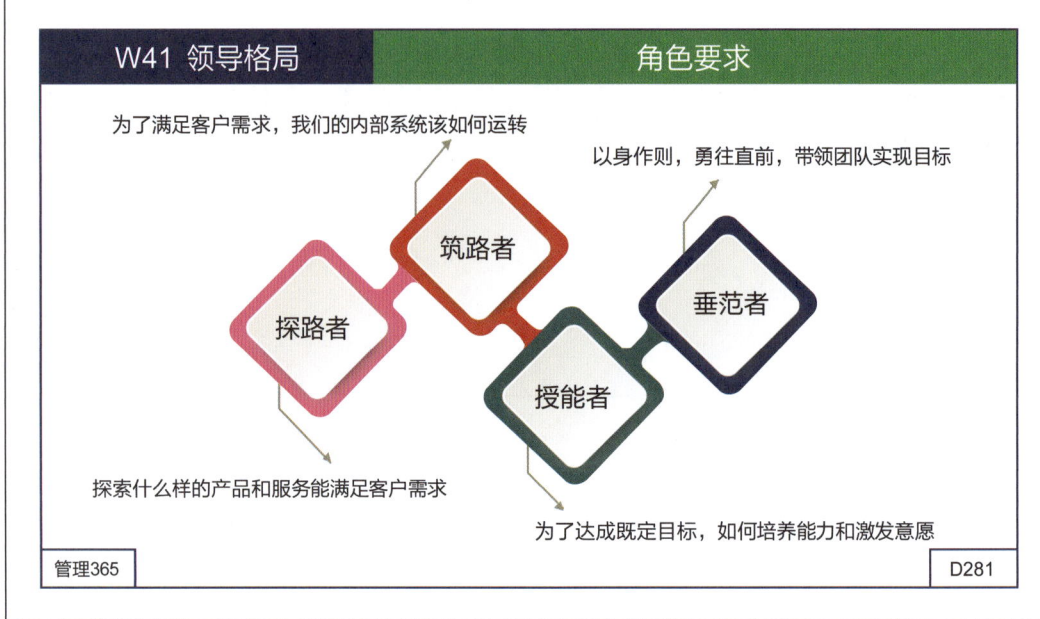

领导者最需要的是一种永远不变的核心和原则，这个核心和原则赋人以能去挑战周围永远不断的变化，让领导者有持久的能量及应变力。领导者的四个角色及其作用是探路者（探索航向）、筑路者（整合体系）、授能者（授能自主）和垂范者（树立榜样）。

探索航向：诊断先于处方，以终为始，没有参与便没有承诺。领导者应主动了解利益关系人的意图，并及时满足他们的利益需求，利益关系人包括客户、管理人员、员工和商业伙伴等。整合体系：局部影响整体，整体也影响局部，什么样的组合产生什么样的结果。领导者应整合、优化组织架构和工作流程，充分发挥人才优势，有效利用信息资源，科学制定决策，从而根本改善团队的综合表现能力。授能自主：领导者应运用"双赢协议"规则，建立独特的工作文化，对员工进行授权赋能并激发他们的工作意愿，从而早日达到利益关系人的预期目标。树立榜样：坚持正确的领导原则，与他人建立信任，提升个人感召力。

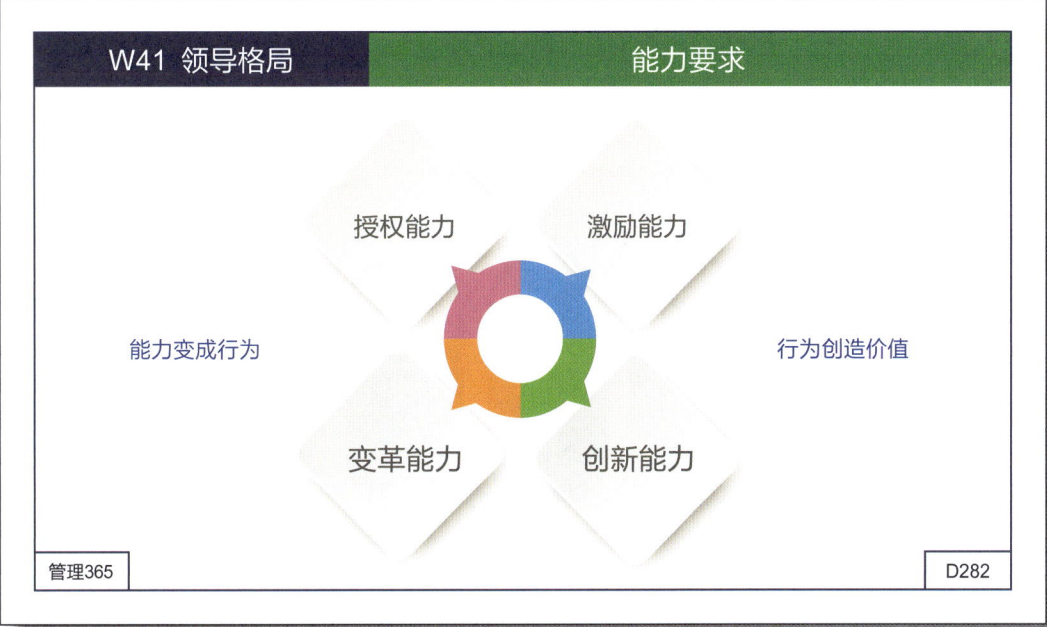

授权能力：授权才能自主，授权才能自动。通过授权，领导者可以更加专注于重要的事情，同时也能给下属锻炼的机会。领导者要创造一个能培养和发挥人们的创造性、天资、能力和潜能的环境，使他们沿着你所筑之路前进。

激励能力：激励，对个体来说，激发的是动机；对团队来说，鼓舞的是士气；对组织来说，塑造的是文化。激励就是通过改变下属的态度以调适其工作行为，使消极的人变得积极，使积极的人更加尽心尽力。

创新能力：创新就是探索新机会和新途径以获得持续竞争优势。例如，"六神"是一种花露水品牌，它冬天卖什么？促进销售可不是品牌建设的唯一目的。在这一点上，六神有他们的主张——卖品牌文化、卖价值主张、卖情感联系。

变革能力：创新都要通过变革来实现，变革也是创新。变革最大的阻力来自于人们的思想观念的抵制和现有体制的限制，只有打破阻力，变革才能落地。

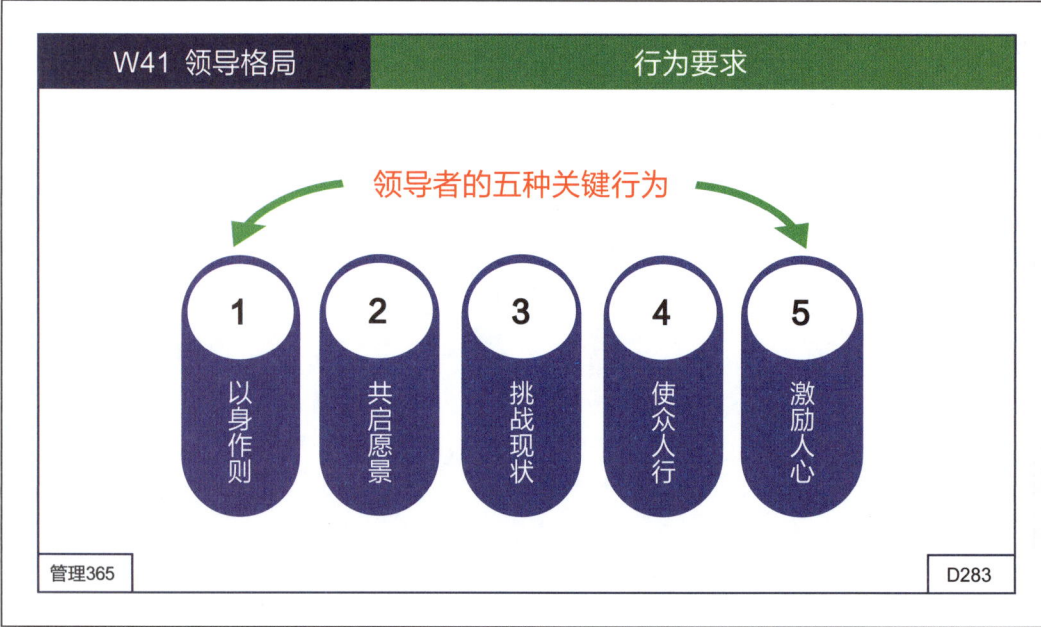

以身作则：明确并忠于自己的理念，使自己的行动与共同的理念保持一致，为他人树立榜样。想于人先，走于人前，就是以身作则的最好状态。

共启愿景：展望未来，想象令人激动的各种可能。诉诸共同愿景，感召他人为共同的愿景而奋斗。领导者要善于在产生挫折的地方创造希望，困难是暂时的，希望就在远方，和团队一起努力，携手并进。

挑战现状：通过追求变化、成长、发展、革新的道路来猎寻机会。进行试验和冒险，不断取得小小的成功，从错误中学习。教训往往比经验更深刻，建立对错误的敏感性，进行及时改进。

使众人行：通过强调共同目标和建立信任来促进合作，通过分享权力与扩大自主权来增强他人的实力。

激励人心：通过表彰个人的卓越表现来认可他人的贡献，通过创造一种集体主义精神来庆祝价值的实现和成功。

（1）学会带头：作为领导者，要想于人先，走于人前，当好表率。越是在困难条件下，领导者越要率先垂范。身教胜于言传，这是领导法则的第一要素。（2）研究期望值：作为领导者，要了解下属的现实需求。通常来讲，已经被满足的需求不再具有激励意义。每位领导者都要准确把握下属的需求，研究他们的期望值；同时要合理管理下属的预期，不能轻易承诺。（3）表现出你的关怀：对于下属的喜怒哀乐，领导者不但要看在眼里，还要记在心里。不动声色地帮助下属解决困难，是关怀下属的最高境界。（4）真心尊重下属：尊重下属不仅仅是客气和好态度，而且是发自内心地认可下属的专业性以及他们为团队创造的价值。（5）不要限制个人发展：关心下属的职业发展并提供必要的帮助是领导者的责任，更是领导者的义务。为什么下属愿意追随你？不外乎两点：一是他们接受你；二是跟着你有奔头儿。

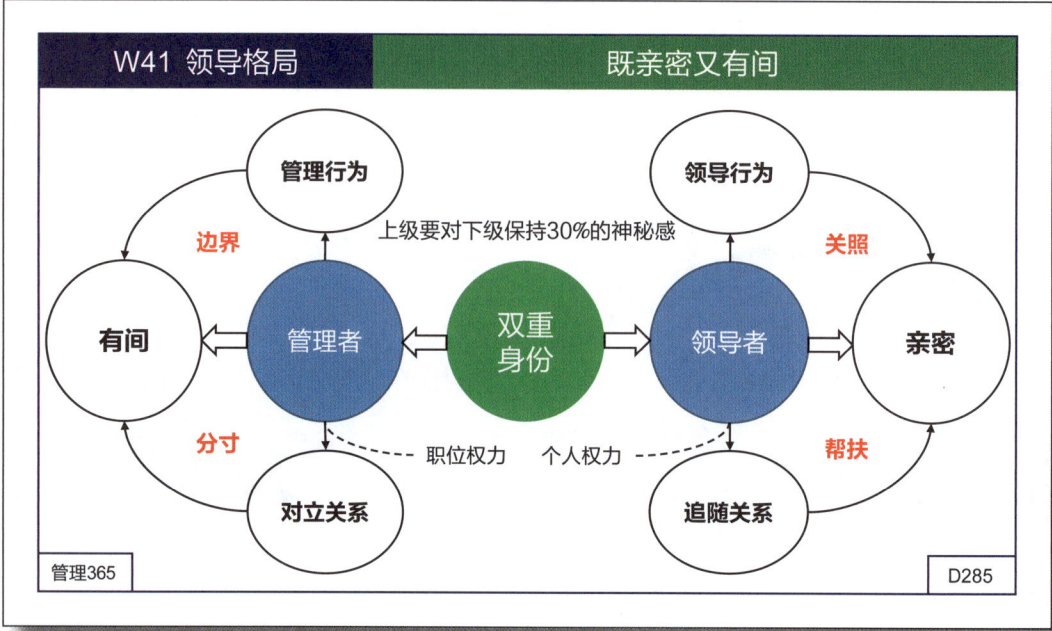

  有间,就是距离感。距离感是怎么产生的?管理者的职责是通过管理行为影响下属。管理行为就是对下属的约束、控制、奖罚。在下级看来,管理行为都带有强制特征,甚至负面色彩,因此,上下级之间就有了距离感。管理行为产生的通常是对立关系,因此,管理行为必须组织化,也就是上级做出的管理决定一定要符合组织规范。管理者发挥作用的基础是职务权力:强制权、奖励权、法定权、关联权。

  亲密,就是关系好。领导者通过领导行为影响下属。领导行为就是关心、关爱、激发、调动、帮扶,在下级看来,都是对他好,都带有正面色彩。领导行为产生的通常是跟随关系,甚至追随关系。因此,领导行为可以个性化。领导行为的基础是个人权力,包括关照权、信息权、专长权、智慧权,还有人格魅力。

  亲密有间,就是既有界限、分寸,又有关照、帮扶。无论如何,上级都要对下级保持30%的神秘感。

W41 领导格局 — 领导者的责任

每个人都想出类拔萃，
领导者的职责就是发掘诱导出下属的底蕴，
并且创造出一个使下属觉得有安全感的、能获得支持的工作环境，
使下属愿意全力以赴去达成目标。
这种责任是一种神圣的信赖，
不可以轻易背弃。
引导他人发挥其最大潜能，
是极其光荣的任务，
不可等闲视之。
身为领导者，
我们手中掌握着他人的命运，
这双手应当运作轻柔、送人关怀，
并且随时准备提供支持。

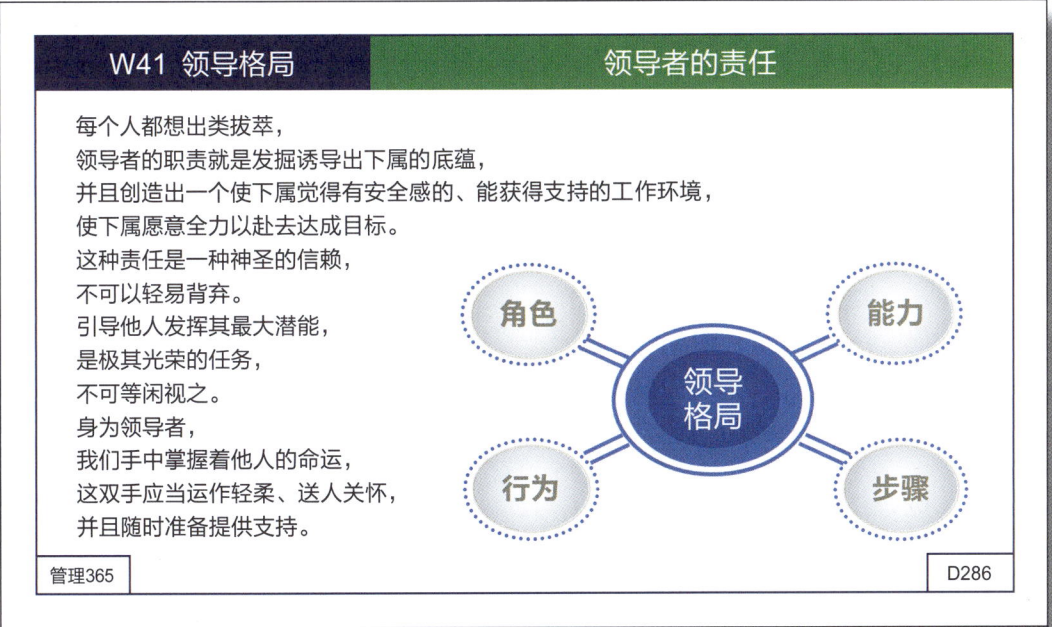

每周自问：如何应用已经掌握的知识解决当下的问题？

W41 领导格局 — 学习心得

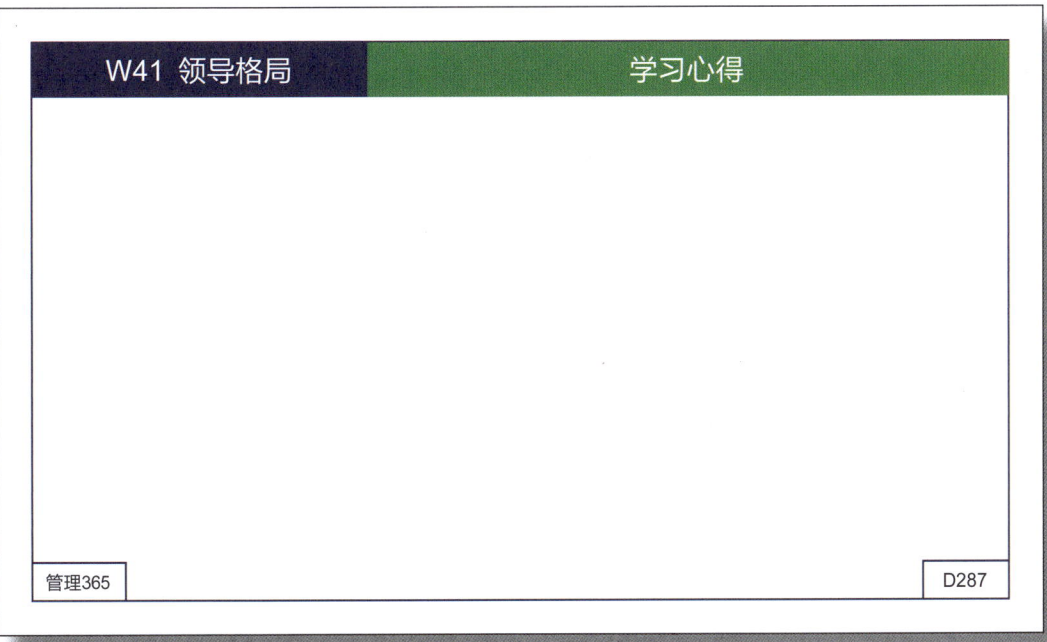

W42　个人影响力

信任包含三种类型：认知性信任、情感性信任和制度性信任。

认知性信任：在人际交往的初期，人们主要依靠从第三方获得的信息来判断一个人是否可信。随着交往的深入，人们会主动收集信息以判断彼此的信任关系是否值得维持。情感性信任：人们建立信任关系之后会逐渐对关系有情感的投入，从而产生情感的联系，彼此的信任关系就会更加稳固。制度性信任：主要是通过制度性的措施来保障交换双方的权利。然而，人们越是依赖法规来规范他们的互动行为，他们对彼此的信任程度就越低。

基于上述分析，我们从六个维度建立信任关系：正直、责任、忠诚、开放、能力、一贯。正直：明辨是非，疾恶如仇。责任：敢于担当，既对自己负责，又对别人负责。忠诚：忠于职责，忠于组织，不背叛。开放：互惠互利，共同提高；经验共享，交流信息，相互借鉴。能力：能力创造价值。一贯：行为具有可预见性，遵守规则。

W42 个人影响力　　影响力的基础

六个维度	基本含义
品格	● 人们对其动机、目的和价值观的认知
能力	● 专业能力，思维认知能力
言行一致	● 言必行，行必果；行为具有可预见性
有效沟通	● 连接自己与他人的行动，处理冲突，达成共识，分享愿景
关系网络	● 拥有的信息和资源以及整合能力
双赢思维	● 勇气与理解的平衡= 敢于行动（表达）且理解对方

管理365　　　　　　　　　　　　　　　　　　　　　　　　　　　D289

品格、能力、言行一致奠定了影响力的基础——信任。品格包含正直、责任、忠诚、开放等要素。能力包含认知能力和专业能力，在很大程度上，人与人之间的差距就在于认知，而专业能力是做好工作的最直接的要素。言行一致就是信守承诺，言行一致的人敬畏规则，他们都有良好的习惯，因此，他们的行为可以被预见，容易获得别人的信任，从而产生影响力。

我们每天都在做沟通，但最重要的就是保证沟通的有效性，只有有效的沟通，才能对他人产生影响。有效沟通需要把握时机、明确沟通目的并选择合适的方式。不断拓展人脉、获取信息、开发资源，强化自身的资源整合能力，形成具备强链接属性的关系网络。在人际交往当中，我们应时刻以双赢思维作为基本指导思想，既理解对方，又体谅对方，保持关系的互惠性。

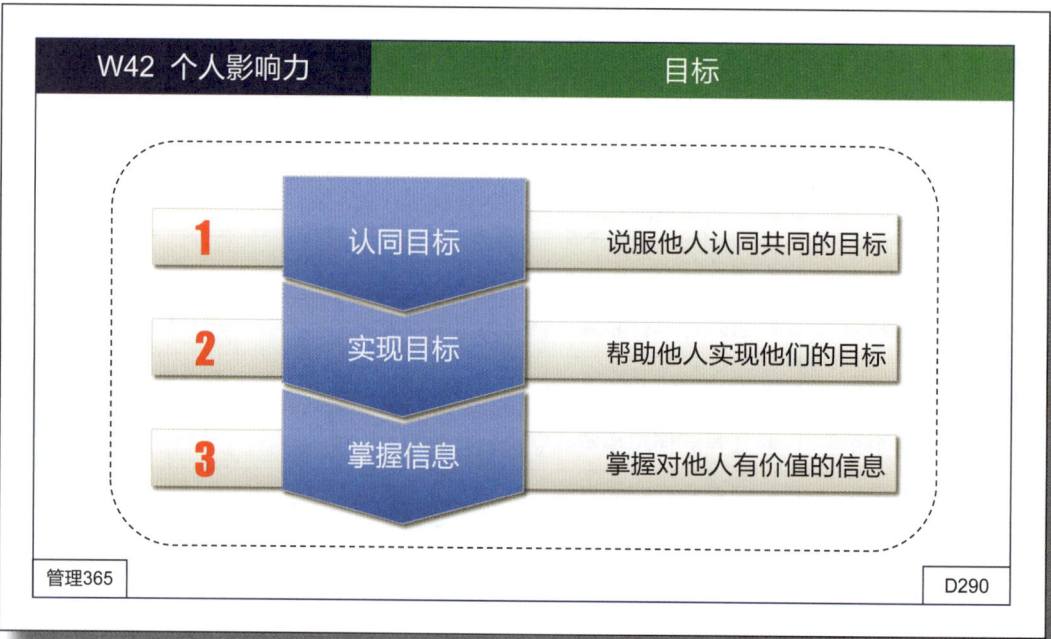

人们只对自己高度认同的事情任劳任怨。要想影响他人，就要激发人们对目标的认同。有共同目标，才会有凝聚力；有共同目标，才会有合作的方向。目标同向，利益绑定，人们才会共同对一份事业做出郑重承诺。人们不但要对目标认同，还要对职责、任务高度认同，有认同才有真正的投入。

甘为人梯，帮助他人实现目标，是一种牺牲，是一种胸怀，是一种境界，更是一种格局！格局有多大，胸怀就有多大，事业就有多大！多为别人提供帮助，推动协作，影响力就会越来越大。请谨记：帮助他人实现目标，不能有企图心。

收集信息，进行汇总归类，与同事、朋友分享，方便了自己，也帮助了别人。另外，我们可以用自己的条理性、规范化去影响同事、朋友、家人，让适当的信息在适当的时刻被适当的人共享！

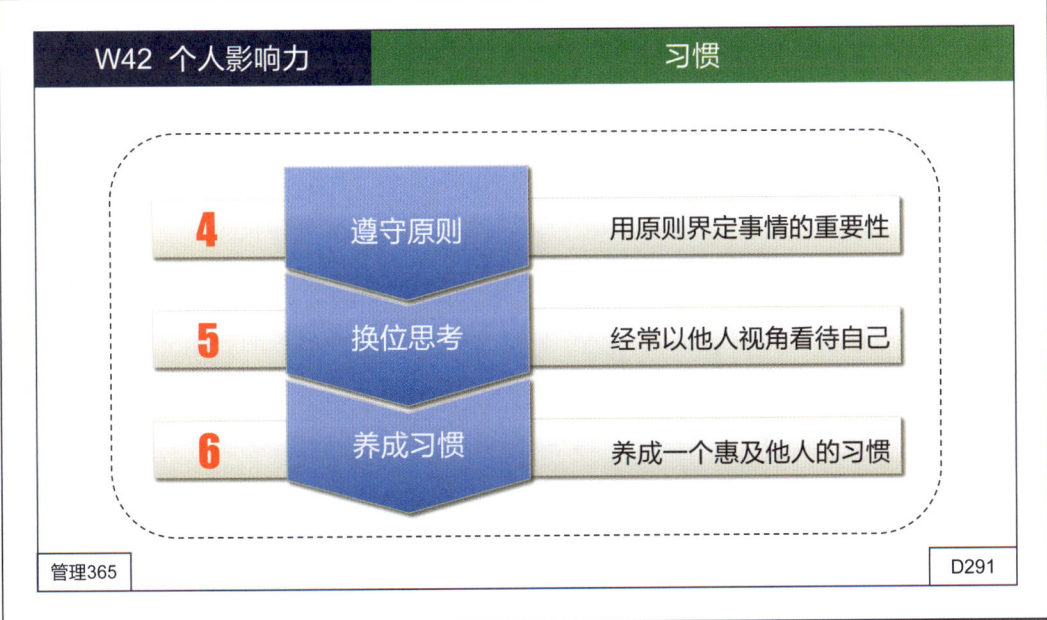

　　史蒂芬·柯维博士认为，原则就是不证自明的真理，它类似自然法则，是客观的，不会随着时间的推移而变化。正直、仁爱、公平、正义、开明、负责、忠诚、信守承诺、利他、谦恭、肯定个人尊严都是原则。以原则界定事情的重要性，就会获得别人的信任，从而产生影响力。

　　说对方想听的，听对方想说的。建立对方立场往往是制胜的法宝。我们应该以对方的便利性作为工作的出发点。推己及人、换位思考，不仅仅在乎自己，还要真诚地关心他人。己所不欲，勿施于人。

　　惠及他人是一种高尚的人格！好习惯的养成是一个渐进的过程！以原则为中心，以品德为基础，由内而外全面塑造自己！利他之心多一点，利己之心少一点！养成惠及他人的好习惯，如共享信息、交互检查、制作模板等，自己的影响力就会不断提升！

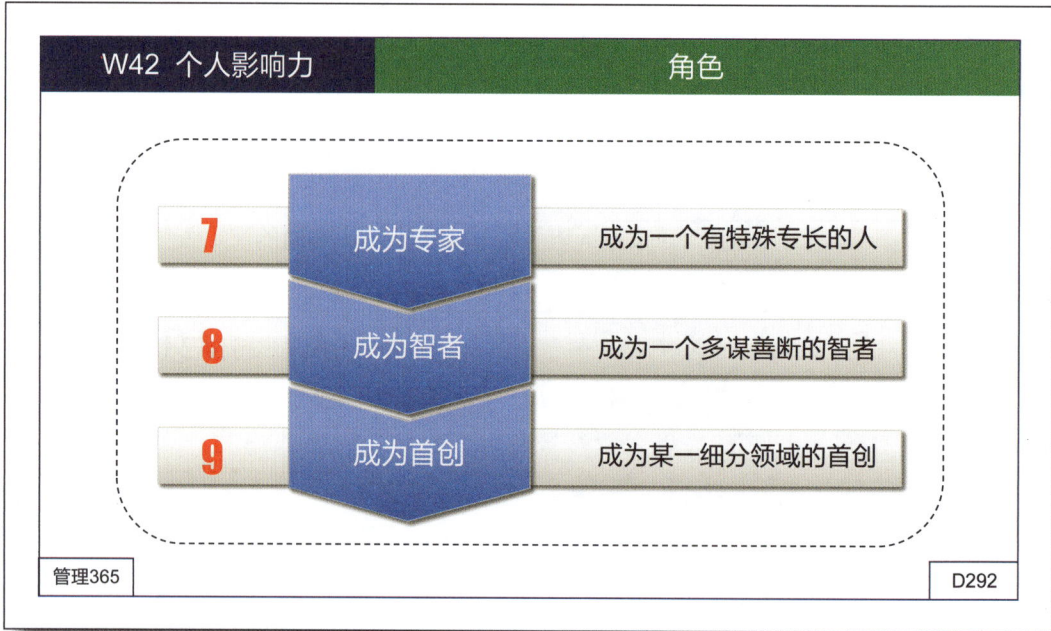

有一技之长，足以安身立命；有特殊专长，则可影响他人！特殊专长，就是一种稀缺性！当你的稀缺性成为他人的渴求之时，你就有了影响力！对特殊专长的掌握，需要我们扩展视野，走出舒适区并刻意练习（见D031）！

智者以其学识、阅历、感悟来为他人答疑解惑，指明方向！要想成为智者，我们需要博古通今、丰富阅历、升华感悟、丰满人生，还要主动传播知识、分享智慧、彰显魅力！在成为智者的路上会有很多挑战和困难，我们需要勇敢面对、战胜自我！

努力成为某一细分领域的首创（可以称"创始人"，但最好别称"第一人"），给自己一个精准定位！确定一个支撑这一定位的知识体系、能力架构和标杆对象！聚焦，聚焦，再聚焦！大而全不是追求，小而美才是境界！

W42 个人影响力 — 要点总结

目标信息类	认同目标	实现目标	掌握信息
原则习惯类	遵守原则	换位思考	养成习惯
角色形象类	成为专家	成为智者	成为首创

每周自问：如何应用已经掌握的知识解决当下的问题？

W42 个人影响力 — 学习心得

管理365：为团队及个体赋能

W43　营造氛围

| W43 营造氛围 | 七条定律 |

目标导向

1. 使每位员工的兴趣和专长与岗位相匹配
2. 为每位员工提供工作所需的材料和设备
3. 关注员工的工作表现并且及时提供帮助
4. 为每位员工提供正面的评价和绩效反馈
5. 促使每位员工把解决问题当作一种乐趣
6. 关注员工前途并提供学习和成长的机会
7. 为团队制定鼓舞人心的愿景和使命宣言

管理365　　　　　　　　　　　　　　　　　　　　　　　D295

（1）人岗匹配不只是能力与岗位匹配，还有意愿和兴趣。通过日常沟通，了解员工的兴趣、意愿和长项，以便进行更合理的岗位配置和工作安排。（2）为员工提供必要的背景资料、过往案例和经验教训。工欲善其事，必先利其器，必要的硬件资源也是必须要满足的。（3）关注每位员工的工作进展和工作质量。在员工需要的时候，及时伸出援手，帮助员工克服困难，给他们鼓励和信心。（4）不使用负面语言与员工沟通，强化正面引导，做好绩效面谈（见D257）。（5）人的能力是被逼出来的。只有敢于面对问题和困难的人，才有机会获得快速成长。每一个棘手问题的处理，都是提升自我价值的机会。（6）关注员工的职业生涯发展，引导员工进行有指向性的学习，努力寻找机会，让员工能够学以致用。（7）每个团队都需要有长远的发展目标——愿景，同时要制定使命宣言，也就是通过什么样的方式达成目标。

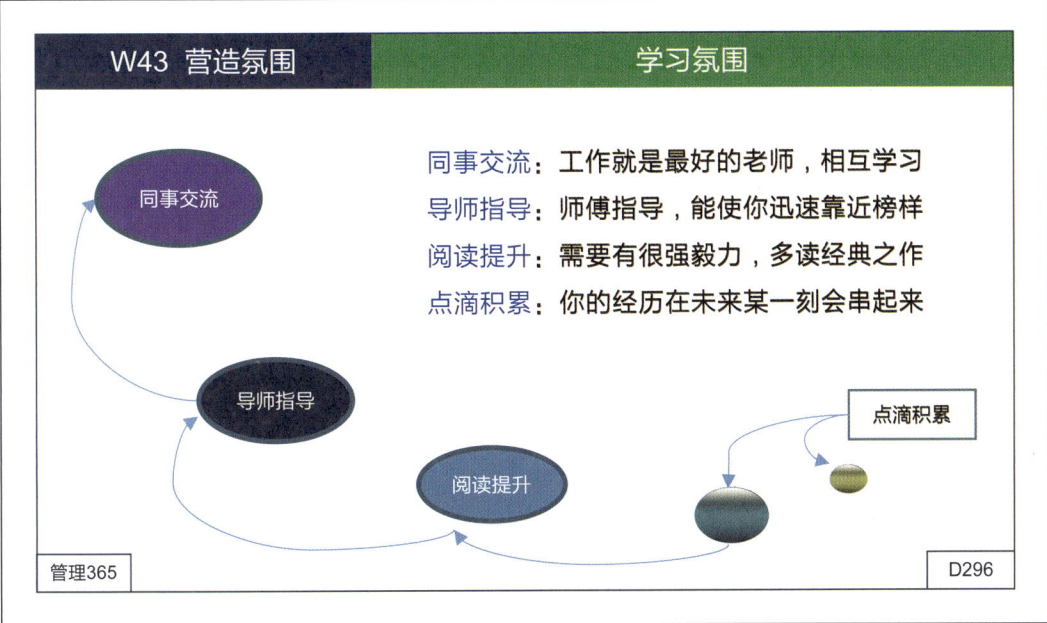

通过两大类措施营造学习氛围。一个人爱学习，这个人就是积极正面的；一个团队爱学习，这个团队就是好引导的。一类措施是依靠他人——同事交流和导师指导；一类措施是通过自己——阅读提升和点滴积累。

同事交流：放低姿态，向业绩突出、能力出色的优秀同事学习。工作就是最好的老师，自己的工作中出现了问题，多向这些同事请教。导师指导：一定要为职场新人选择那些人品好、有责任心、能力强的员工做师傅。通过师带徒的形式为新人树立榜样，使新人迅速进入状态，掌握工作要领，具备规范级能力。阅读提升：鼓励员工多读书，尤其要多读经典，如《高效能人士的七个习惯》《思考的技术》《瞬变》等。通过阅读，升级认知，提高判断力。点滴积累：乔布斯说过，你的经历在未来某一时刻会串起来，所以，要养成写感悟、做笔记的好习惯。经历不总结，就是经过；总结了，就是经验。

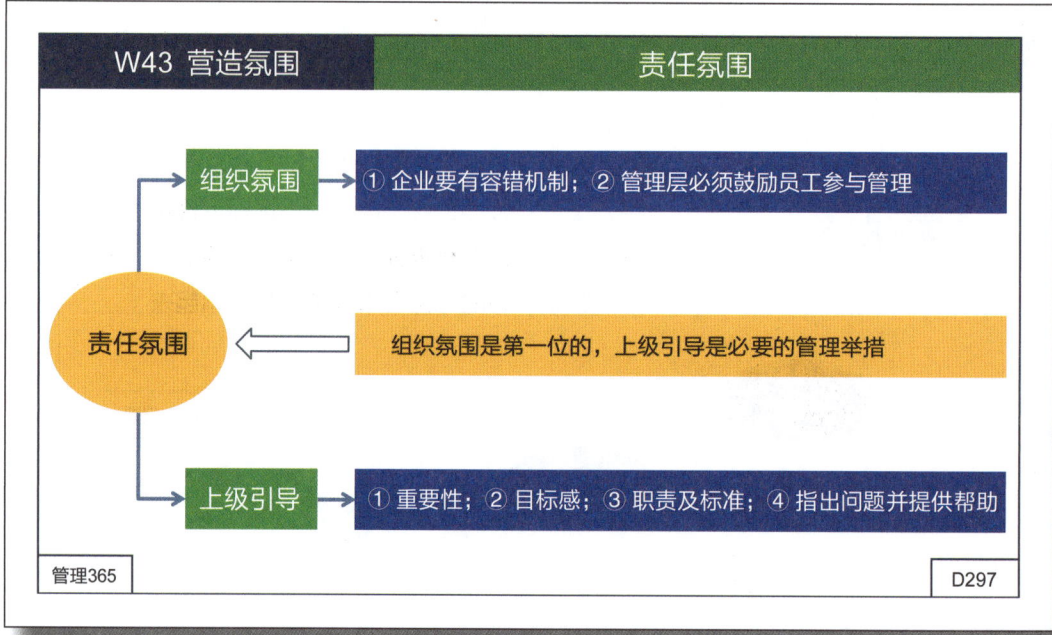

任何组织都期待敬业而又忠诚的员工，然而，敬业、忠诚离不开一个最基本的要素——责任感。我们不排除有人初入职场就表现出高度的责任感，但更多的职场人却需要组织和上级的引导才能表现出应有的责任状态。因此，培养员工的责任感更具有现实意义。具体来说，责任感的培养需要两个方面的努力：上级引导和营造组织氛围。

上级引导是指肯定重要性、培养目标感、明确岗位职责及工作标准、指出问题并提供帮助。每个岗位都有其独特价值，清晰的岗位职责是员工开展工作的前提，明确的工作标准能使员工了解组织及上级对他的期待。平时注意提醒员工工作的目的和意义，给模板、给工具、教方法。营造组织氛围是指要有容错机制并鼓励员工参与管理。如果员工出错就被重罚，他们就会逃避责任，或者选择不做事或少做事。为了促使员工努力工作，管理者应鼓励员工参与目标或决策的制定，使员工获得较大的满足感。

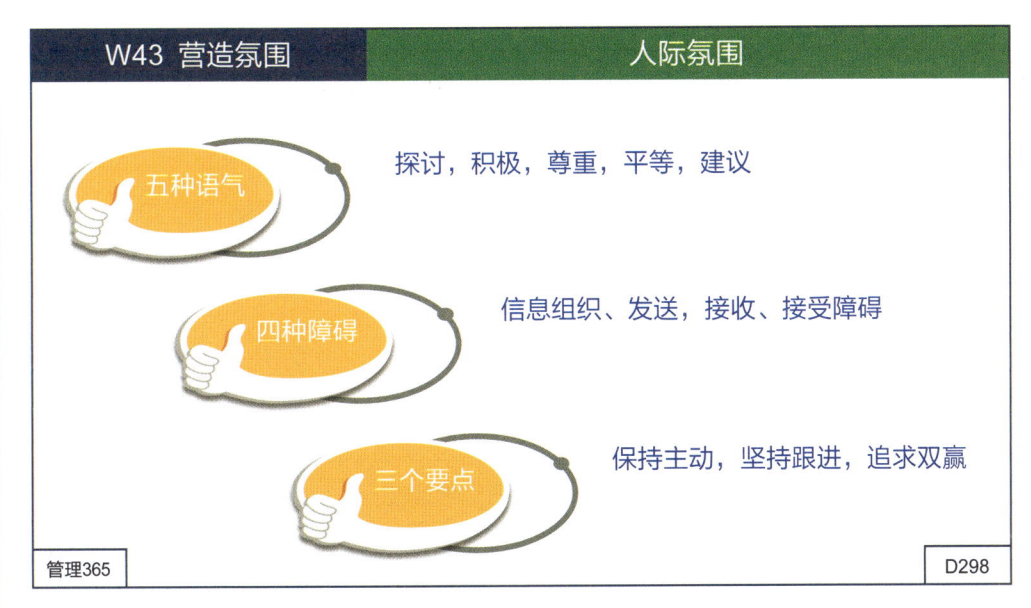

五种语气。在沟通中，应避免使用挑衅、消极、优越、命令、评价等五种语气，以免引起对方的反感，甚至引发冲突。当我们使用探讨、积极、尊重、平等、建议等五种语气与人交流时，很容易建立融洽的关系。

四种障碍。在组织信息时，如果信息过多、含糊其词、逻辑混乱，就会引发沟通障碍。在发送（传递）信息时，如果方式不当、使用方言、充斥术语、不注意角色转换，也会引发沟通障碍。在接收信息时，如果环境嘈杂、接收方身体不适、情绪异常、精神不集中，就会严重影响沟通效果。当接收方有成见、有偏见、进行价值判断过滤信息时，接受障碍就产生了。

三个要点。在沟通中，经常出现"三没"状态：对上沟通，没胆；对下沟通，没心；平级沟通，没肺。为消除"三没"，对上沟通，永远保持主动；对下沟通，永远坚持跟进；平级沟通，永远追求双赢。

W43 营造氛围		五个满意
五个满意	**操作要点**	**改进措施**
对工作本身满意	实现人岗匹配，并激发员工的认同感	岗位调整，强化认同
对工作回报满意	报酬必须公平、合理，实现利益平衡	薪酬调查，结构调整
对工作环境满意	从环境、健康、安全三方面关心员工	体系建立，整体提升
对工作群体满意	人际关系和谐，积极正面，坦诚交流	处理冲突，促进和谐
对所在公司满意	公司有社会责任感，而且有市场地位	行业自律，增强实力

（1）对工作本身满意：对人最大的激励通常来自工作本身，也就是通过完成工作创造价值、体现价值，这一价值对组织越是不可或缺，激励作用就越大。（2）对工作回报满意：工作业绩要与工作报酬相称，在企业里，虽然很难实现绝对公平，但相对公平是必须要做到的。（3）对工作环境满意：工作环境舒适，如工位设置、室内温度、空气清洁度；关注员工的身心健康，为员工减压、疏导情绪；安全教育到位，安全措施完善。（4）对工作群体满意：同事之间，坦诚交流、正面表达、相互帮扶，冲突矛盾能及时化解。经理人要善于营造这种支持性的人际氛围，为团队合作和跨部门协作创造条件。（5）对所在公司满意：实现公司目标与员工个人目标的同向，员工对组织就会产生归属感。当公司发展前景良好，尤其在所属行业颇具影响力时，员工就会产生自豪感。如果公司有很强的社会责任感，员工对公司会更加认同。

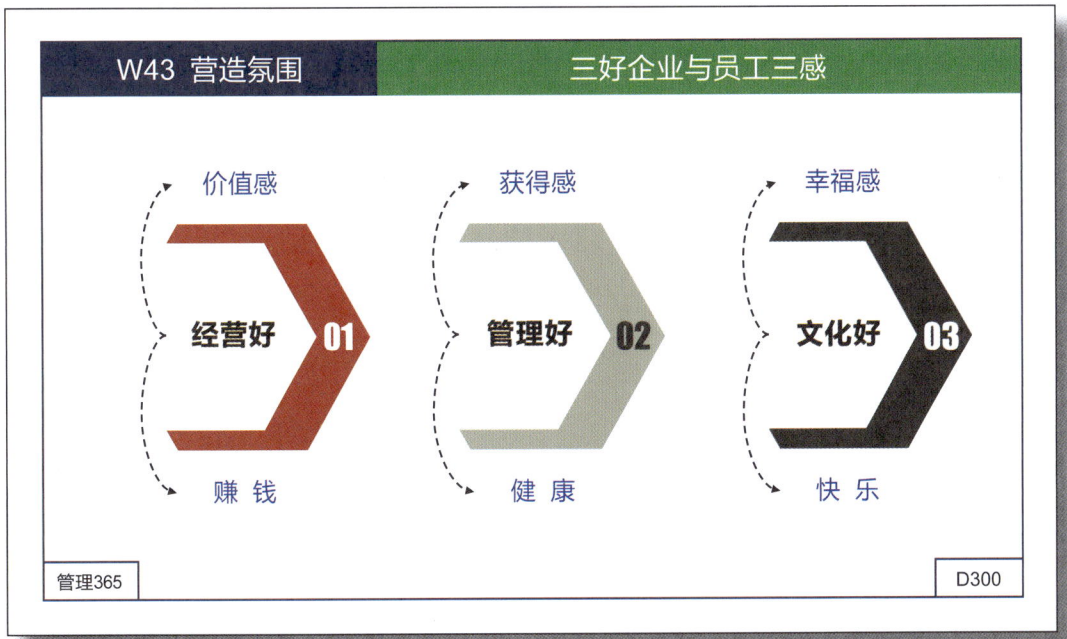

每周自问：如何应用已经掌握的知识解决当下的问题？

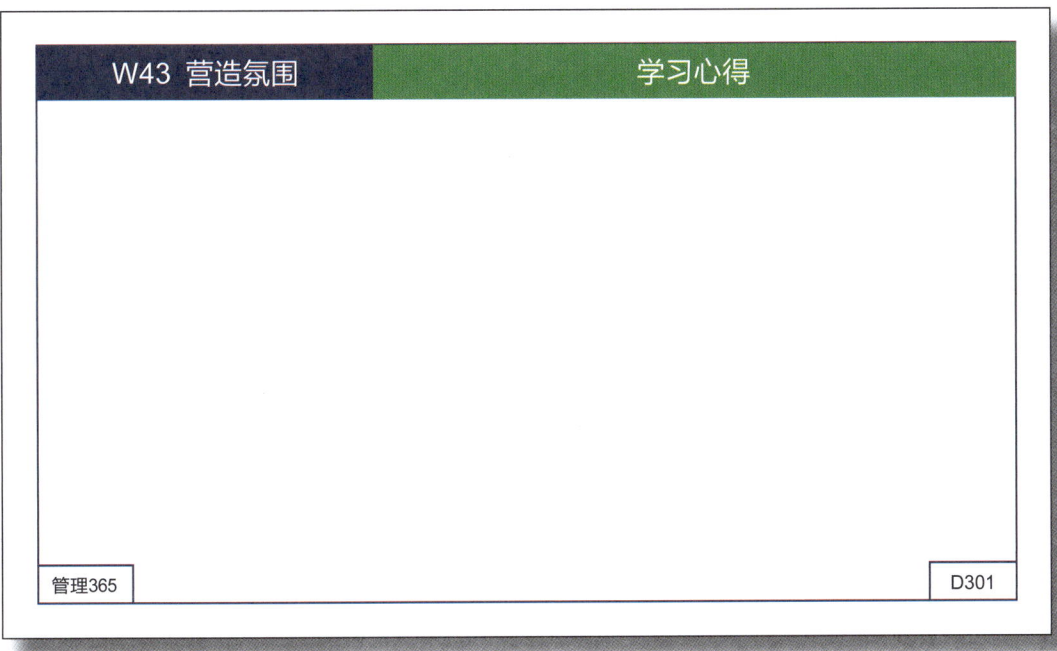

W44　理解激励

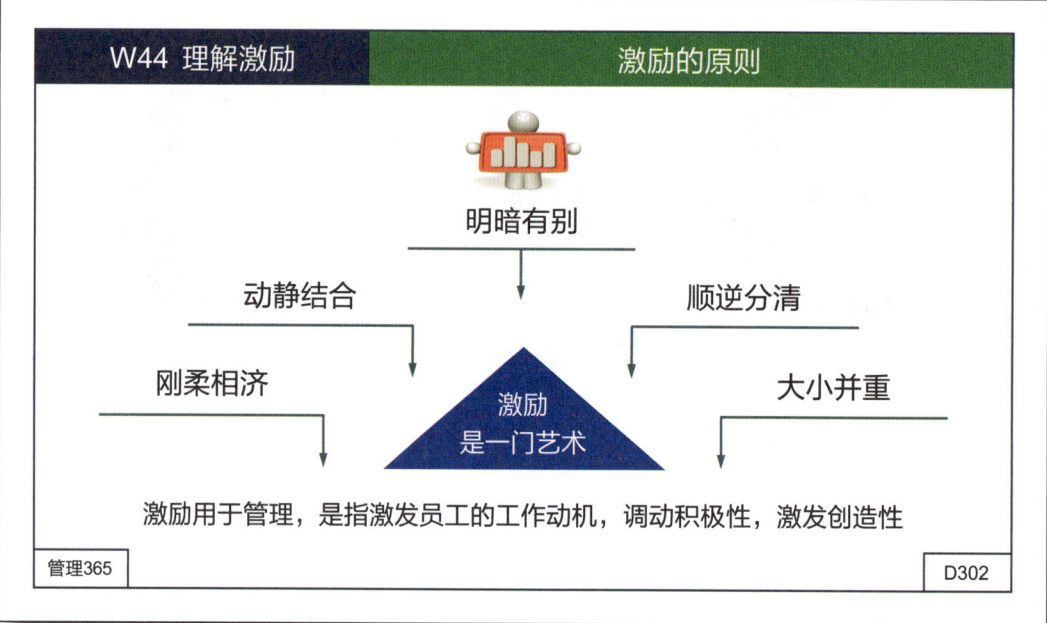

激励是一门艺术，短期来看，其目的在于吸引人、激发人、保留人；长期来看，其目的在于塑造认同、产生归属、做出承诺。

为了达到上述目的，经理人要遵循激励的五项原则。（1）明暗有别：适合明着奖的是有统一规则和明确标准的工作成果；适合暗着奖的是那些尺度只有上级掌握的工作成果。（2）顺逆分清：逆，就是用激将法，适用于新人或经验不足的员工；顺，就是用托付、信任的方式安排工作，适用于老员工或经验丰富的员工。（3）大小并重：赏贵小，罚贵大。赏要赏得开心（小额度，多频次，有成绩就肯定），罚要罚到痛处（让受罚者长点记性）。（4）刚柔相济：严厉处罚或批评之后，找到下级值得肯定的地方予以肯定、安抚，这是上级常用的策略。（5）动静结合：长期依靠一种激励手段，必然会失去激励作用，要注意变换形式。

获取：我们会努力去获取一些稀缺的东西，以提高幸福感。"获取"得到满足，我们就会感到高兴；反之，则会觉得不满意。相应的组织措施是制定激励政策。

结合：人是社会动物，需要生活在群体里边。融入所在团队，员工就会产生热爱、关怀等强烈的积极情感；反之，则会出现孤独、愤世嫉俗等消极情感。相应的组织措施是创建企业文化，发展团队文化。

理解：如果员工所做的工作具有挑战性，并能让他们成长和学习，他们就会受到激励；而当他们所做的工作看起来毫无价值或毫无前途时，则会士气低落。

相应的组织措施是进行岗位设计或轮岗，与员工进行深度沟通。

防御：寻求建立一系列制度来推动正义，明确目标和意图，并且允许员工畅所欲言。这种驱动力得到满足后，员工会觉得安全和自信，否则就会产生恐惧、憎恨等强烈的消极情感。相应的组织措施是进行制度设计，开展绩效管理，优化资源配置。

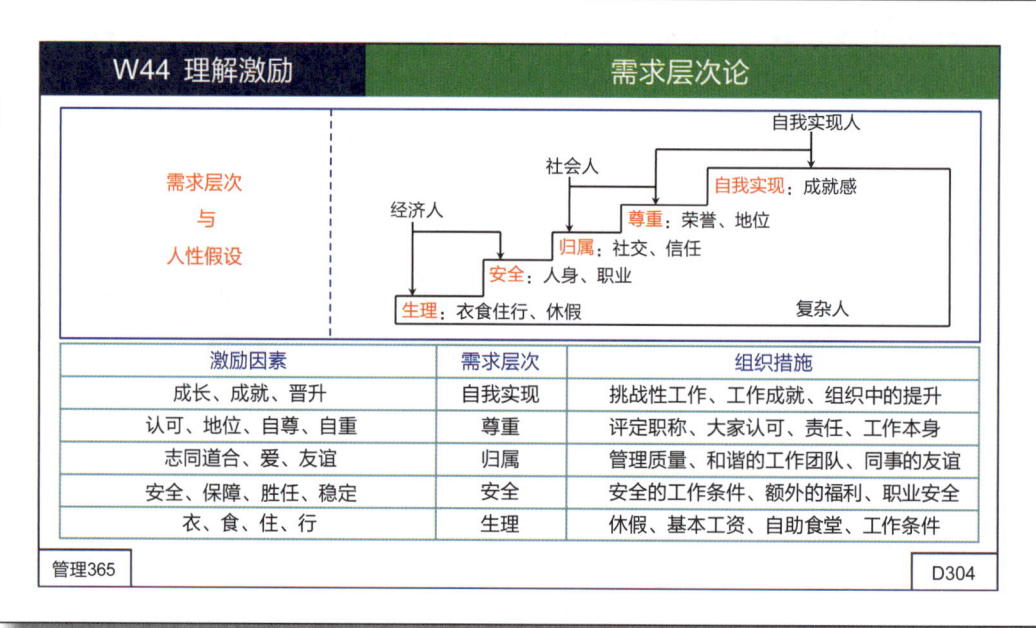

需求层次论由美国心理学家马斯洛于 1943 年提出，他将人类需求像阶梯一样从低到高按层次分为五种，如上图所示。雪恩提出的四种人性假设：经济人、社会人、自我实现人和复杂人，与马斯洛的需求层次论有高度的相关性。从上图中可以看出：生理需求和安全需求基于经济人假设，归属需求基于社会人假设，自我实现需求对应自我实现人假设，尊重需求带有社会人和自我实现人的双重特征。但是，我们很清楚，从来没有纯粹的经济人、社会人、自我实现人，因为我们都是复杂人！

相应的激励因素和对应的组织措施在上图中已经列出，领导者在应用这一理论时要注意如下事项：（1）一种需求被满足之后，下一层次会成为主导需求；（2）已经被满足的需求通常不再具有激励意义；（3）人的决策都是有限理性的，需求层次会倒退；（4）不同文化、民族、地域，最高需求层次并不一致；（5）高层次需求从内满足，低层次需求从外满足。

W44 理解激励　　双因素理论

类型	不具备时	具备时	与何相关	性质	应用
保健因素	不满意	没有不满意	工作条件	外激励	消除不满
激励因素	没有满意	满意	工作内容	内激励	使人满意

保健因素（维持性）：生理、安全、归属　　激励因素（进取性）：尊重、自我实现

激励因素和保健因素在一定条件下可能会相互转化

1959年，美国心理学家赫茨伯格提出双因素理论。保健因素包括公司的政策与管理、监督、工资、人际关系和工作条件等。这些因素都是工作以外的因素，满足这些因素之后能消除不满情绪，但不能使员工的行为更积极。激励因素与工作本身有关，包括成就、赞赏、工作本身的意义及挑战性、责任感、晋升、发展等。这些因素如果得到满足，可以使人受到激励，若得不到满足，也不会产生不满情绪。

企业可通过直接满足和间接满足两种方式激励员工。直接满足是员工通过工作本身所获得的满足，它能使员工学习到新的知识和技能，产生兴趣和热情，使员工具有责任心和成就感，因而可以使员工受到内在激励，产生极大的工作积极性。间接满足不是从工作本身获得的，而是在工作以后获得的，如晋升、嘉奖或物质报酬等。间接满足虽然也与员工的工作有一定联系，但它毕竟不是直接的，因而在调动员工积极性上往往有一定的局限性。

W44 理解激励		三重需要
（权力、三重需要、成就、亲和 示意图）	成就	追求卓越，争取成功，把事情做得比以前更好
	权力	影响和控制他人的欲望，承担责任，影响他人
	亲和	建立友好和亲密的人际关系的欲望，喜欢合作
高成就需要者所喜欢的工作能提供：个人责任、及时反馈、有挑战性、适度冒险		
高成就需要者不一定是优秀的管理者；最优秀的管理者有高权力、低亲和的需要		

管理365　　　　　　　　　　　　　　　　　　　　　　D306

　　麦克利兰认为人有三种重要的需要：（1）成就需要——追求优越感的驱动力，或者在某种标准下追求成就感、寻求成功的欲望；（2）权力需要——促使别人顺从自己意志的欲望；（3）亲和需要——寻求与别人建立友善且亲近的人际关系的欲望。

　　高成就需要者有两个特点：选择适度的风险和较强的责任感。他们既不甘心做过于轻松、简单的工作，也不愿冒太大风险做不太可能成功的事情。责任心和进取意识使高成就需要者往往在开创性工作中有出色的表现。高权力需要者喜欢有竞争性和能体现较高地位的场合或情境。这样的人可能会追求出色的成绩，因为这样才能与他们所具有的或所渴望的地位或权力相称。一个人的地位越高，其权力需要也越强，就越希望得到更高的职位。高亲和需要者在组织中容易形成良好的人际关系，容易对其施加影响，因而往往在组织中充当被管理的角色。许多出色的经理人在亲和性方面的需要水平相对较低。

_____

_____

W44 理解激励 — 激励理论的管理启示

- ▶ 定期讨论工作表现，给予相应的奖惩
- ▶ 尽快处理员工的不满，避免波及他人
- ▶ 了解员工的兴趣、习惯和敏感事物
- ▶ 让他们参与关系切身利益的决策
- ▶ 信任员工，充分授权，赢得其忠诚
- ▶ 聆听下级的建议，并给予适当反馈
- ▶ 利用每个机会表明你以员工为骄傲
- ▶ 批评要注重事实，并提出改进方法
- ▶ 使用正面语气，而不是转折语气批评

每周自问：如何应用已经掌握的知识解决当下的问题？

W44 理解激励 — 学习心得

W45　激励技巧

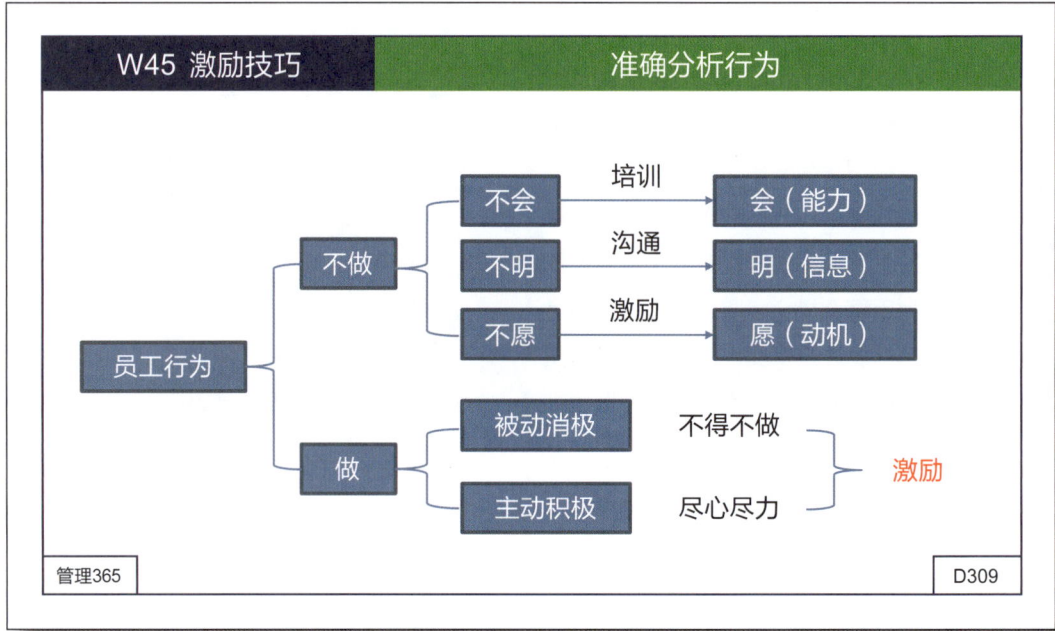

在本书开篇第二周我们就讲过，不能用非黑即白、非对即错的二元模式考虑问题。要准确分析员工的行为，就要规避二元思维。假设一位上级布置完工作，有的员工按照他的要求开始工作了，有的员工没动。如果这位上级只是按照"做与不做"两种状态判断员工的行为，就是二元思维模式。

为了规避二元思维，上级要想一想，就算做了，是不是还分情愿与不情愿、被动与主动呢？如果是不得不做，要想办法激励这样的人主动去做。另外，还要让主动积极的人更加尽心尽力。如果没做，还要分分情况，是不会做、不明白还是不愿做。如果是不会做，那么要培训他们，教会他们。如果是不明白要做什么，那么要进一步沟通，提供更详细的信息。如果是不愿意做，那么要激发他们的动机，也就是找到原动力。只有对员工的行为进行深入的分析，才能做出准确的判断，采取的对策才是合适的。

W45 激励技巧　　　　四类措施

措施类别	具体措施
目标资源	目标和标准明确，提供资源支持，岗位配置合理
工作氛围	双赢思维，融洽关系，营造氛围，考虑个性需求
沟通反馈	多沟通，勤反馈，及时给予认可，重视下级建议
管理方法	指挥系统要统一，保持公平公正，坚持跟进检查

管理365　　　　　　　　　　　　　　　　　D310

　　在职场中，很多组织经常会出现士气低落、人心涣散、团队氛围差等情况。出现上述情况，主要有12个原因，又可分为4类：目标资源类、工作氛围类、沟通反馈类、管理方法类。上表中的对策就是针对这四大类原因的。12个原因具体如下。

　　（1）缺乏目标，没有方向感，甚至没有考核标准；（2）缺少必要的资源和支援，无相关的培训机会；（3）员工的天分、技能被浪费，岗位配置不合理；（4）零和的工作环境，每个人只考虑自己的得失；（5）人际关系紧张，冲突矛盾很多，团队氛围差；（6）对个人需求不敏感，不考虑个体需求的差异；（7）无正常沟通，日常工作中，上下级缺乏交流；（8）绩效反馈不明确，不知道上级如何评价自己；（9）很少认可我们，我们的意见或建议不被重视；（10）管理缺乏一贯性，一事一议，没有公平可言；（11）无跟进，布置完工作任务，上级就不再过问；（12）多头领导，政出多门，让我们感觉无所适从。

激励，更多时候是指对下级的激发和调动。那么，上级在什么情况下可能被激励呢？我们知道，做任何事情都要有一个出发点，这个出发点就是一个人做事的动机，或称原动力。找到了原动力，就找到了可以激励的点。当然，做事的原动力也可以理解为需求或渴望，满足了需求或渴望，激励作用就产生了。

（1）认同上级的感受：就是理解上级的难处和压力，这是达成共识的基础。（2）达成既定目标：就是让上级对组织有所交代，他不会因为你完不成任务而被组织或他的上级责难。（3）节省上级时间：一是指自身的能力成熟，不需要上级更多的指导；二是指汇报工作言简意赅；三是指不需要上级帮你去协调，自己可以搞定。（4）有效整合资源：主动协调资源去开展工作，而不是一味等待上级出面。（5）提供最新信息：以利于上级做出正确决策。（6）呈现优秀成果：上级对你的指导结出了硕果，他以你为荣。

第三篇　领导艺术

W45 激励技巧	15种方法

目标激励	榜样激励	晋升激励	物质激励	竞争激励
沟通激励	关怀激励	情感激励	信任激励	兴趣激励
授权激励	参与激励	荣誉激励	成就激励	培训激励

管理365　　D312

　　目标激励：达成目标越困难，绩效水平越高。榜样激励：榜样是示范，是方向，是自己未来的样子。晋升激励：对于绝大多数人来说，晋升的激励作用是最大的。物质激励：组织或上级给予一定物质回报。竞争激励：引入竞争机制，产生你追我赶的效果。

　　沟通激励：了解下级的需求和建议，通报工作进展。关怀激励：关心下级，了解下级的所思所想。情感激励：通过强化情感交流，协调上下级关系，让员工获得情感的满足。信任激励：对于专业工作者效果会更加突出。兴趣激励：员工体会到工作的内在价值与意义，才会真正为了这份工作而积极努力。

　　授权激励：赋予权力以激发潜力，授权后要做好过程跟踪。参与激励：听取建议，及时反馈，参与决策，会产生积极效果。荣誉激励：发奖状、证书、记功等。成就激励：因工作成果中凝结了更多的个人贡献而得到更大的满足。培训激励：外出考察、培训学分制度、定期发布培训信息等。

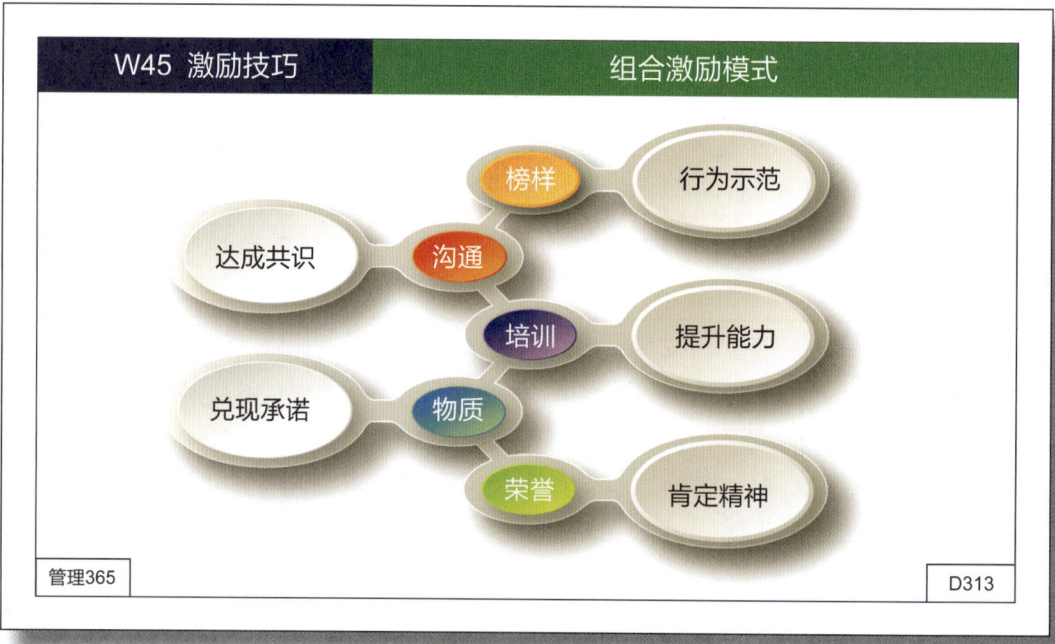

没有哪一位上级会长期使用单一手段激励员工，他们经常会多种激励方式并用，组合使用各种激励方式，以调动员工的积极性。上图所示就是榜样激励、沟通激励、培训激励、物质激励、荣誉激励等五种方式组合使用。

一位上级在分配完任务之后，首先，他为团队争取到了承诺的资源，率先完成了自己承担的任务，为员工树立了榜样，做好了行为示范。其次，他与团队成员进行了深度沟通，使团队成员加深了对工作任务的理解，与大家达成了共识，这也是在目标上结盟。最后，通过观察，他发现有些员工欠缺完成新任务的技能，于是为他们提供了必要的指导和帮助，这些员工的工作能力得到了提升，同时也受到了很大的鼓舞。在团队成员完成任务之后，他及时兑现了奖励，大家得到了物质回报。对于表现出色的员工，他当众进行了表扬，并为他们申报了奖项。

第三篇　领导艺术

W45 激励技巧　　激励因素自查表

激励因素	是否做到	阻碍激励的因素	是否存在
如果员工的工作单调，试着添加些乐趣		企业环境中充满政治氛围	
为员工提供完成任务的资源和工具方法		对员工业绩没有明确期望值	
提倡并鼓励责任感以及带头精神		设立许多不必要的条例让员工遵循	
鼓励员工之间的互动与协作		在员工中推行内部竞争	
允许员工犯错误，避免粗暴的批评		没有为员工提供完成工作的关键信息	
提高员工工作中的自主权		提供批评性而不是建设性的反馈意见	
为所有员工建立目标和挑战		容忍差业绩，绩优员工觉得不公平	
多加鼓励，日常交流中多表示赞赏		对待员工不公正	
设立衡量标准，反映绩效和效率的提高		未能充分发挥员工能力	

管理365　　　　D314

> 每周自问：如何应用已经掌握的知识解决当下的问题？

W45 激励技巧　　学习心得

管理365　　　　D315

管理 365：为团队及个体赋能

W46　授权管理

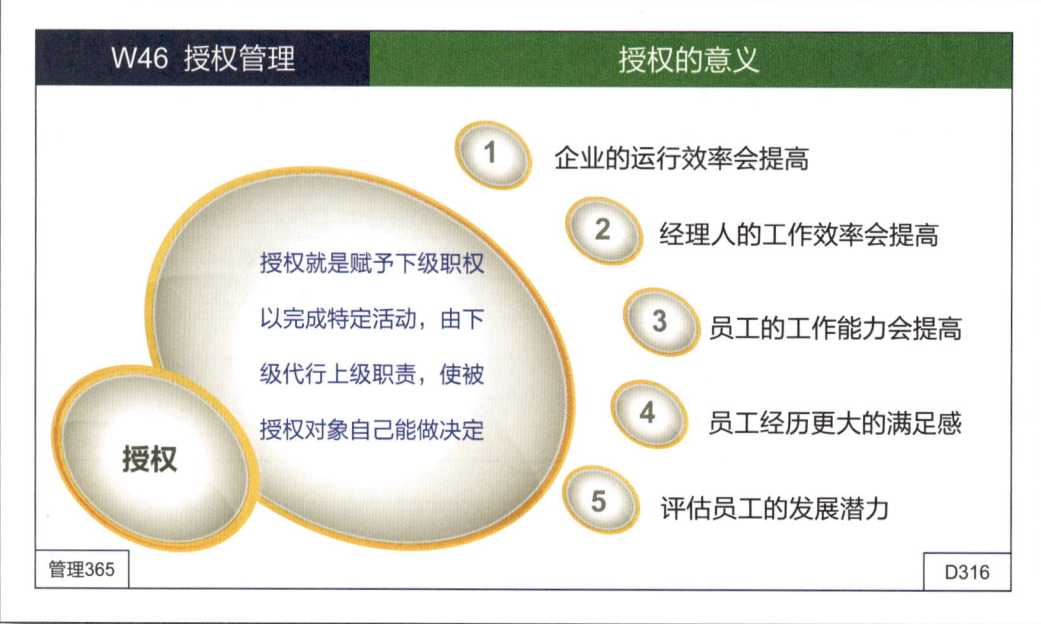

　　授权往往有两层含义：一是指组织里包含多级权限的授权体系，目的在于规范经营以及提升管理水平；二是指经理人的领导艺术，上级往往通过授权让下级有一定的工作自主性，使下级能够自动自发。从这个意义上来讲，授权就是赋予下级特定的职权，以完成特定的活动，或者由下级代行上级的职责，也就是去做那些本来应该由上级做的事情。

　　授权的意义如下。

　　（1）由于建立了授权体系，实现了权责清晰、流程顺畅，企业的运行效率被大幅提高。（2）由于把一些不太重要的工作交给下级去做了，经理人有精力专注于更重要的事情，他们的工作效率也提高了。（3）通过上级的授权，下级承担了一些本应由上级从事的工作，他们的工作能力得到了锻炼。（4）员工会经历更大的满足感，因为授权本身就是一种信任，员工得以自己做决定。（5）通过评估员工完成所授权工作的质量，来判断他是否有发展潜力、能否交给他更重要的工作。

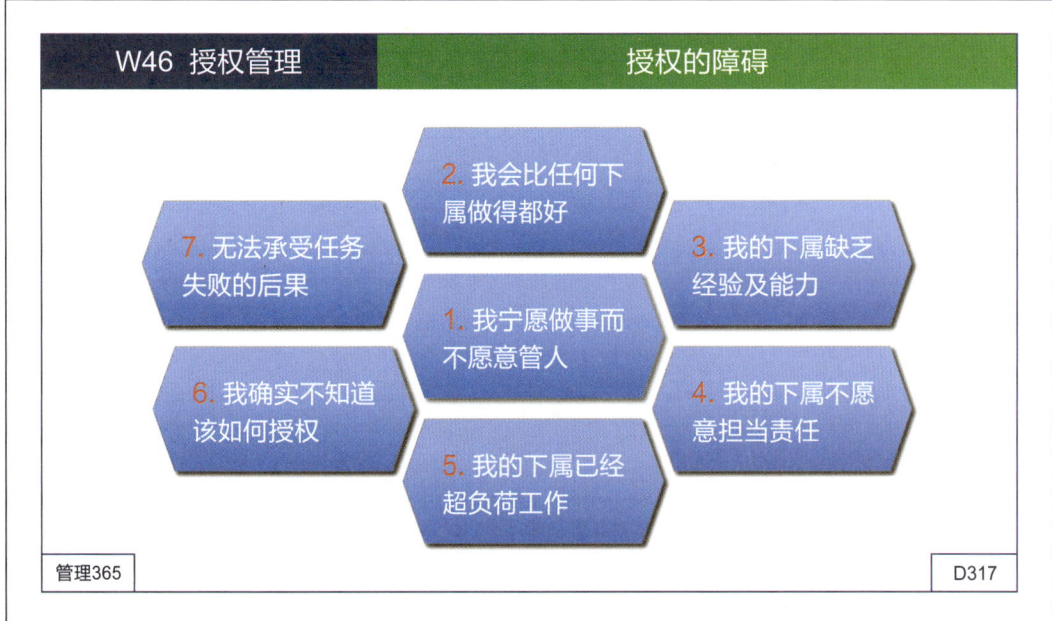

接下来我们谈一谈如何克服上述障碍。

（1）我宁愿做事而不愿意管人：必须强化经理人的人际思维，重新认知管理的内涵——理解人性，理顺事情（见 D150、D151），才能突破这一障碍。（2）我会比任何人做得都好：不少经理人在遇到问题的时候，就自然地回归了专家角色，代替下级思考，为他们提供答案，结果上级就成了下级的拐杖。上级要做一个引导者，鼓励员工用自己的方式去获取经验。（3）下属缺乏经验及能力：这恰恰是上级的失职。如果不破除第二个障碍，下级永远不会成熟。（4）下属不愿意担当责任：要消除下级的恐惧心理。一旦出现了问题，上级不要一味指责，而是要承担责任。（5）下属已超负荷工作：教给下属好方法，提升他们的工作能力和工作效率。（6）我不知道如何授权：对工作任务进行分类，了解下级的能力状况，把不太重要的事情交给下级去做。（7）无法承担失败的后果：以终为始，做好准备。

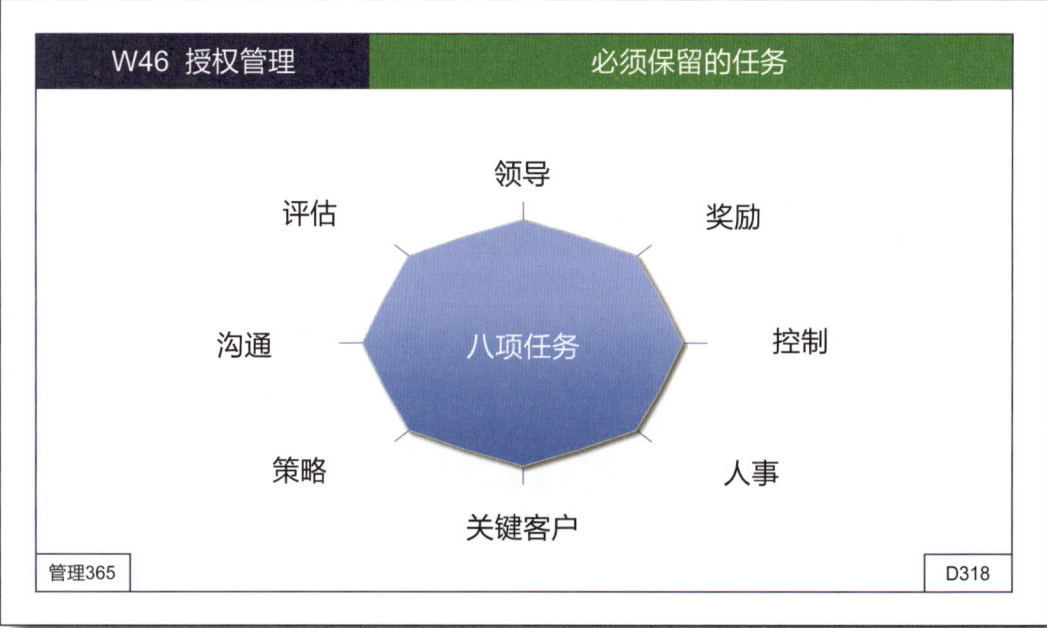

　　必须保留的任务，就是不能授权的任务，这些任务必须由上级掌控。

　　（1）领导：推动和管理一个项目或者一个机构，履行组织赋予的职责，完成上级交付的任务。领导权就是对全局的掌控，是不能假手他人的。（2）奖励：奖励的目的在于对人进行激励，调动积极性。奖励权往往体现为制定激励方案，如奖金的分配。（3）控制：控制的一个目的是为了纠正偏差，另一个目的是避免赶工现象。（4）人事：就是处理人力资源事务以及执行相关制度。人事权更多体现在岗位调配、任务安排等方面。（5）关键客户：主要指的是一些重要关系的维系，需要上级亲自去处理。（6）策略：确定目标以及达成这些目标的策略、措施和方法。（7）沟通：确保信息在你的团队内部得到有效的传递。（8）评估：是指对团队成员的工作表现的评估，这个评估就是绩效考核，考核权是不能授予别人的。

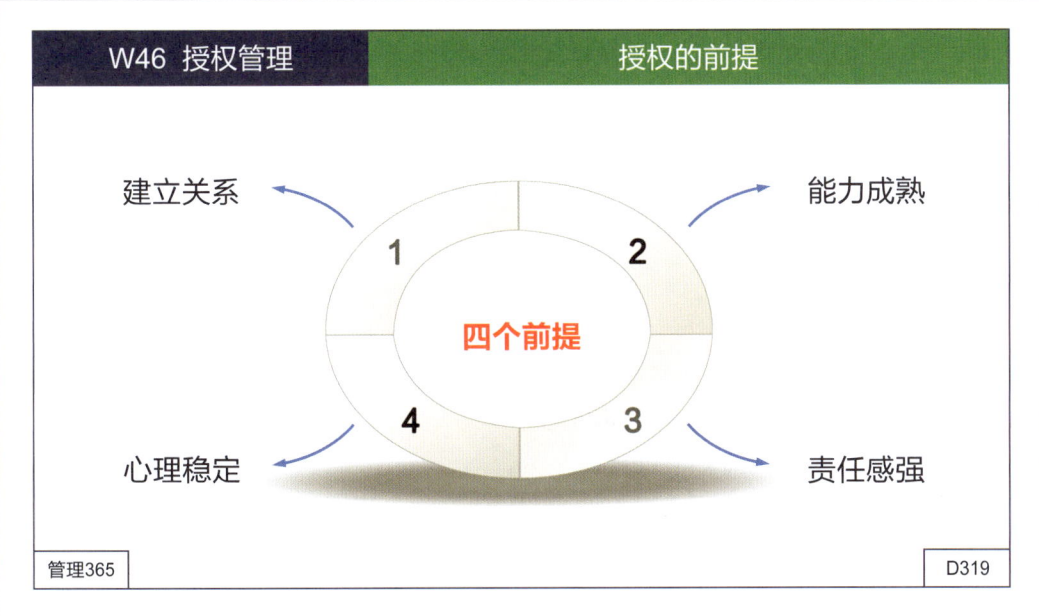

（1）建立关系：要想做好授权，就要与下级建立相互尊重并相互信任的关系。上级要想办法与员工顺畅沟通，努力发现下级的长处，使下级受到尊重。真诚对待并支持下属，允许下属有不同意见。己所不欲，勿施于人，不要把下属当替罪羊。建立信任关系需要时间和不懈的努力。（2）能力成熟：表现为善于沟通、制订计划和高效协作。按照五级能力划分（见D005），只有能力达到技能级以上的下级，才能被赋予重要职责，才是最理想的授权对象。（3）责任感强：表现为敢于面对、勇于担当，不怕困难和挑战。责任感是一种工作态度，责任感强的人不但对自己负责，也能对别人负责。（4）心理稳定：无论是授权，还是安排工作，要考虑下级的两个成熟度：工作成熟度和心理成熟度。工作成熟度往往是指工作能力强、经验丰富，心理成熟度是指心理素质好、心态稳定。

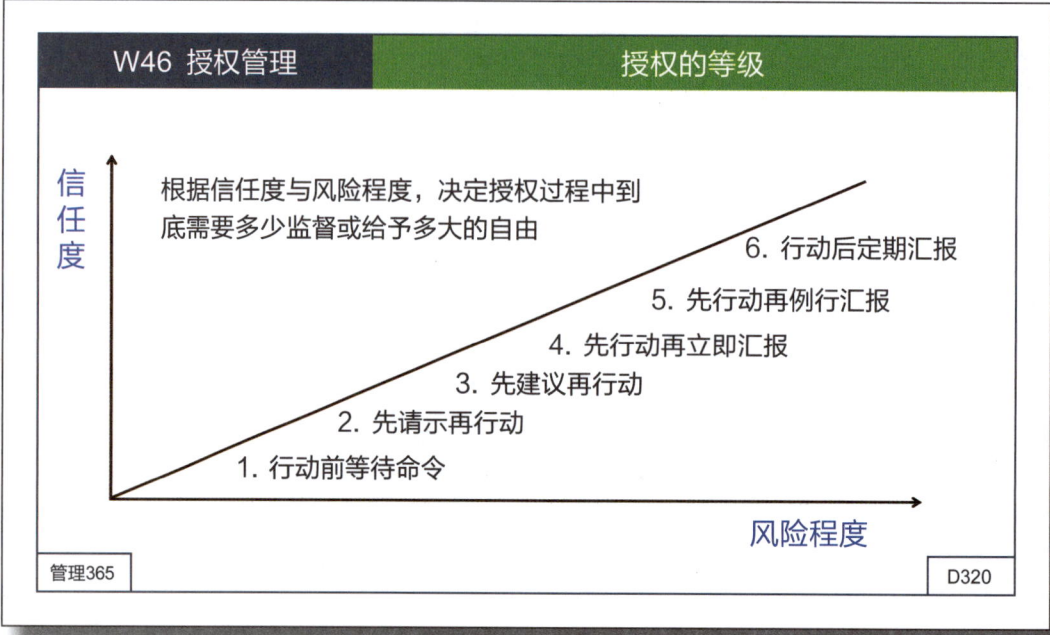

从整个授权的过程来看，它包含四个关键步骤。第一步，决定哪些事情可以授权；第二步，选择授权对象；第三步，根据不同等级进行授权；第四步，授权之后进行监督控制。前两步已经讲过了，接下来，我们谈谈第三步如何操作。

我们通常根据两个尺度——信任程度和风险程度，决定授权过程中到底给予多少监督或者给多少自由。风险程度就是对事情的重要性、可能发生的成本和意外情况的预判。信任程度来自于品格、能力和言行一致。综合这两种因素，我们把授权划分为六个等级，如上图所示。授权的六个等级和能力的五个等级有基本对应关系：知识级对应授权的第一级，规范级对应授权的第二和第三级，技巧级对应授权的第四级，技能级对应授权的第五级，变通级对应授权的第六级。除了能力的考虑，还要评估授权对象的心理承受能力。无论哪一级授权，都要做好授权后的监督控制工作，如减少风险、提供支持、及时反馈等。

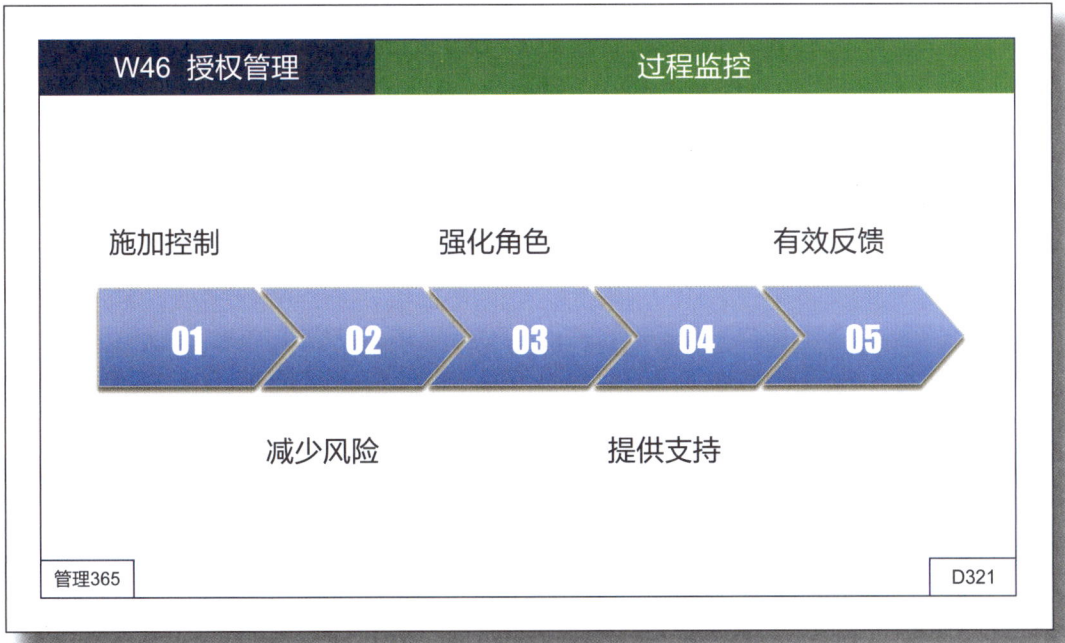

每周自问：如何应用已经掌握的知识解决当下的问题？

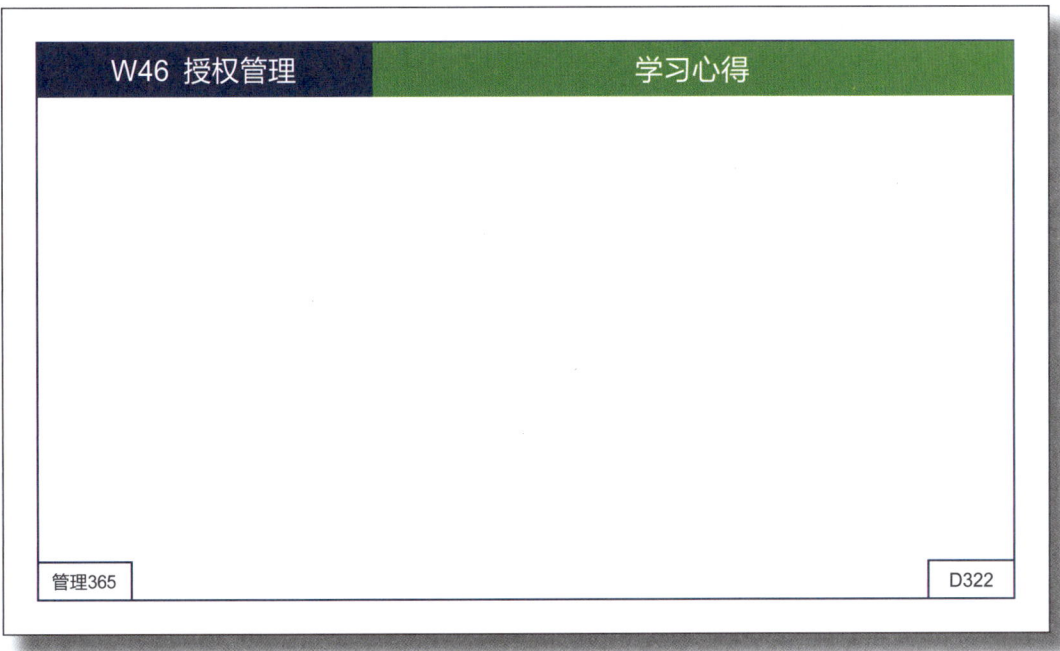

W47　有效决策

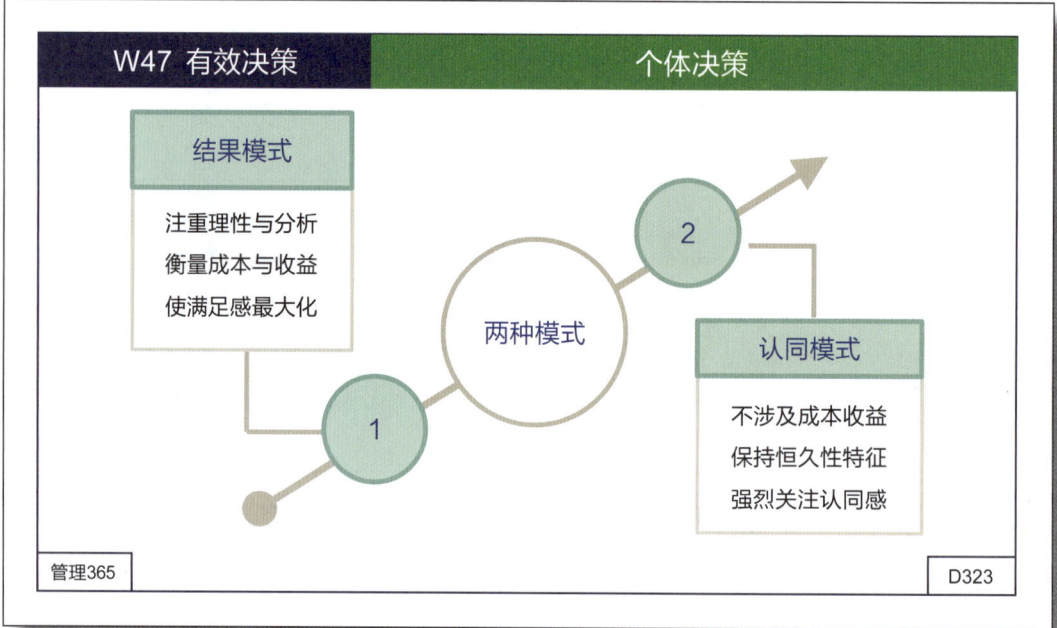

当面对选择时，人们倾向于依赖两种模式中的一种，这两种模式分别是结果模式和认同模式。结果模式假定我们每次做决策前总会衡量成本和收益，做出能让满足感最大化的选择，这种模式注重理性和分析。认同模式的决策过程是基于人们问自己的三个问题：我是谁？现在处于什么状况？像我这样的人在这种情况下该怎么做？这种模式完全没有考虑成本和收益。认同模式解释了为什么很多人做出的选择并不符合我们想象中"利己主义"的做法。

一般来说，当我们想到"认同"这个词时，指的是某些不可更改的恒久性特征，如种族认同、民族认同、地域认同等。但许多认同并非与生俱来，我们会在一生中接纳各种认同。在后天形成的认同中，职业认同（比如当一名科学家）是长期寻找所获得的认同，也是潜移默化陶冶出来的认同。认同是影响人们决策方式的关键因素，违背认同的变革方案往往会以失败告终。

在五种决策方式中，最常用的是说服。要想说服别人，既要动之以情，又要晓之以理。也就是既有感性的一面，又有理性的一面。总是板着脸跟别人讲道理，即使再有理，别人也很难接受。

强制，在五种决策方式中，这是最让人反感的。强制别人投赞成票的人往往是位高权重的人或手中掌握重要资源者，不接受他们的方案会有不良后果。

表决，在五种决策方式中，这是最不得已的选择。因为大家各执一词，争执不下，只好通过表决的方式进行决策。在很多组织中，表决是一种被大家认可的主要决策方式。

谈判，在五种决策方式中，这是最具交易性的。决策参与者分成了两大阵营，双方各有一个主谈人，代表各自的委托人进行磋商。

结盟，在五种决策方式中，这是最具持久性的。在决策过程中，先是形成一个个小的联盟，最后大家统一了思想，在目标上结盟了。这样的决策方式非常利于决策的执行。

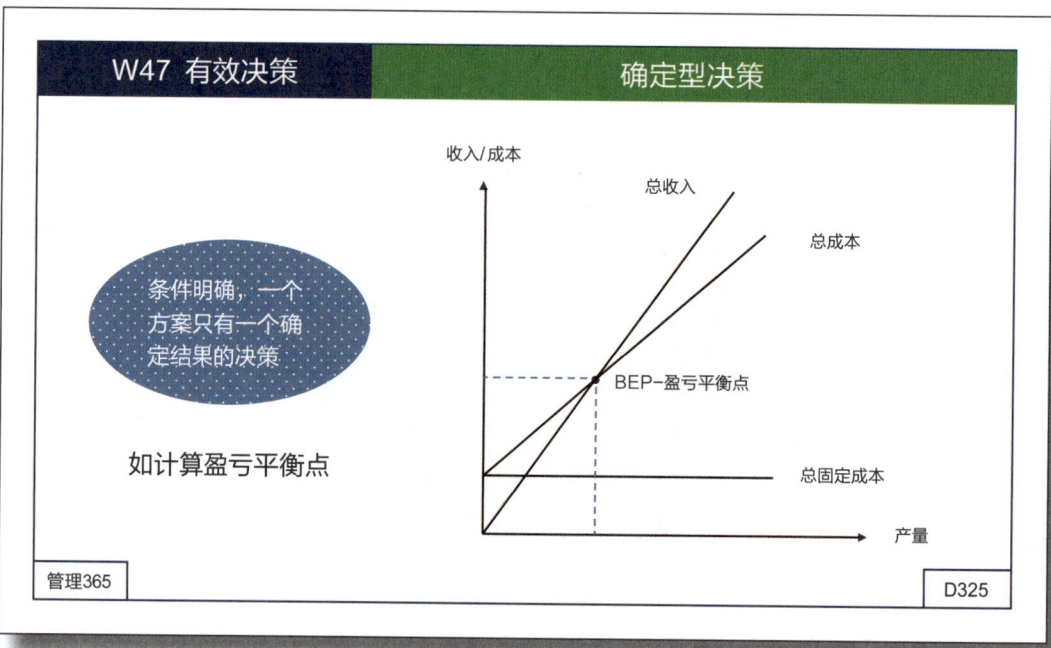

决策,按时间划分,有长期决策与短期决策之分;按重要性划分,有战略决策与战术决策之分;按主体划分,有个体决策与群体决策之分;按方法划分,有定量决策与定性决策之分。其中,定量决策又包含确定型决策、风险型决策和不确定型决策。

确定型决策是指条件明确、一个方案只有一个确定结果的决策。具体来说,确定型决策包含四个条件:(1)存在着决策者希望达到的一个明确目标;(2)只存在一个确定的自然状态;(3)存在着可供选择的两个或两个以上方案;(4)不同方案在确定状态下的损益值可以计算出来。

确定型决策的方法主要有两个:线性规划法和量本利分析法。线性规划法就是在满足规定的约束条件下,寻求目标函数的最大值或最小值,求取最优方案。这样的决策过程类似解方程。量本利分析法也叫盈亏平衡法,如上图所示,就是计算盈亏平衡点(BEP)。

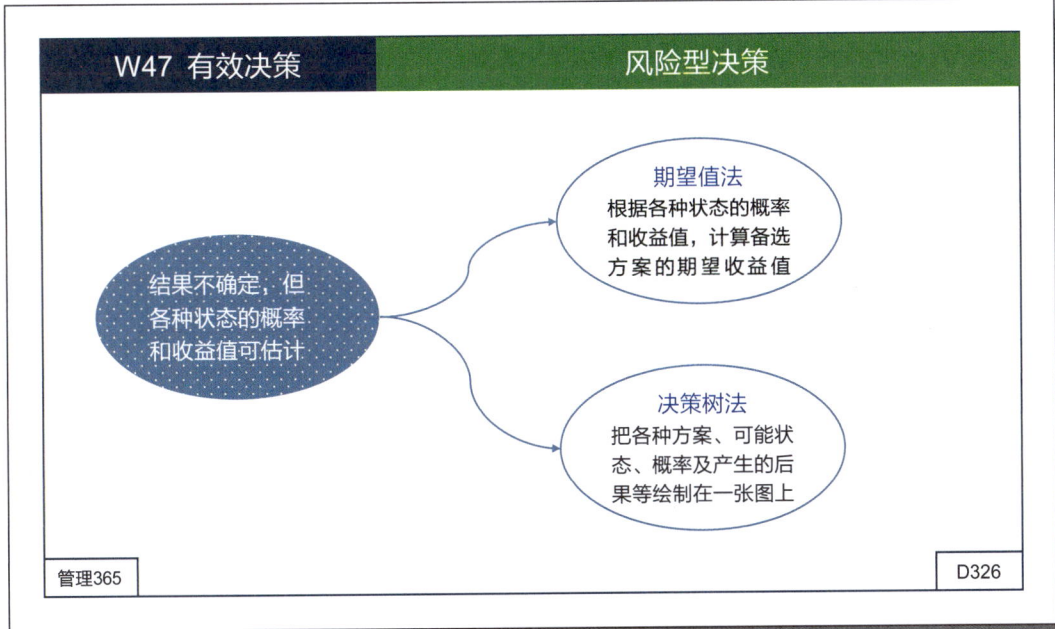

风险型决策必须具备以下条件。(1)存在着决策者期望达到的目标;(2)有两个以上方案可供决策者选择;(3)存在着不以决策者的意志为转移的几种自然状态;(4)各种自然状态出现的概率已知或可估计出来;(5)不同行动方案在不同自然状态下的损益值可以估算出来。

风险型决策主要有三种方式:最大可能法、期望值法和决策树法。

最大可能法:一个事件的概率越大,其发生的可能性就越大。基于这种思想,选一个概率最大的自然状态进行决策,其他自然状态可以忽略,此时风险型决策就变成了确定型决策。

期望值法:它是以期望值准则为依据,期望值准则就是把每个行动方案的期望值求出来,加以比较,选择期望值最优的行动方案。

决策树法:理论依据仍是期望值准则,它能表示出不同的决策方案在不同自然状态下的结果,显示出决策的过程。决策树法内容形象、思路清晰。

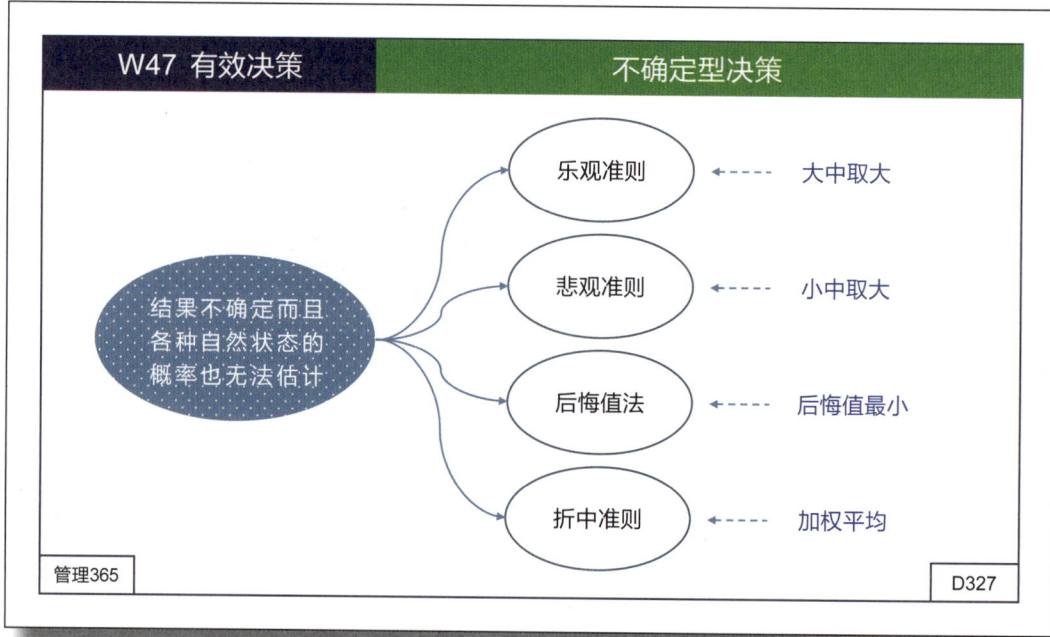

不确定型决策，指各种可行方案发生的后果是未知的，决策时无统计概率可依的决策问题。与风险型决策相比，该类决策缺少第四个条件。常用的不确定型决策方法有悲观法、乐观法、后悔值法和折中法等。悲观法是小中取大（赔得最少）；乐观法是大中取大（赚得最多）；后悔值法是先计算各种方案的最大后悔值，然后取后悔值最小的作为决策方案；折中法是决策者确定一个乐观系数，运用乐观系数计算出各方案的乐观期望值，并选择期望值最大的方案。

田忌赛马是一个典型的确定型决策，也就是当且仅当齐威王按照上马、中马、下马的顺序赛马时，孙膑的策略才奏效。当齐威王不按照上、中、下顺序赛马时，原来的确定型决策就变成了不确定型决策。因为齐威王有六种选择：上中下、上下中、中上下、中下上、下上中、下中上，而这六种顺序发生的概率又是未知的。为了能赢，田忌要去评估六种顺序的概率都有多大，如果能算出确定的概率，就又成了风险型决策。

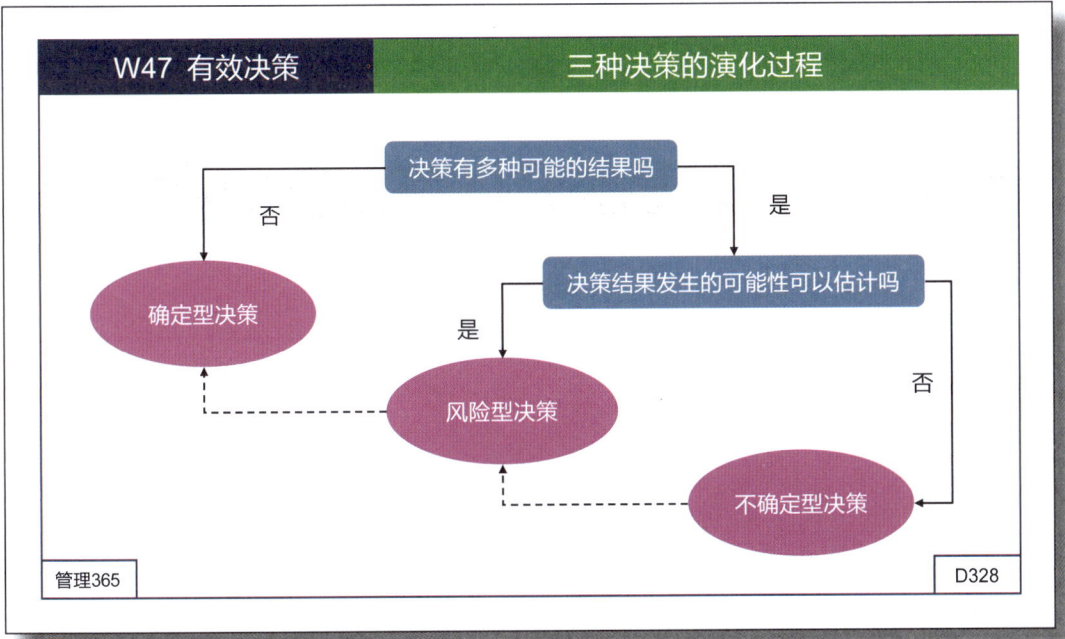

每周自问：如何应用已经掌握的知识解决当下的问题？

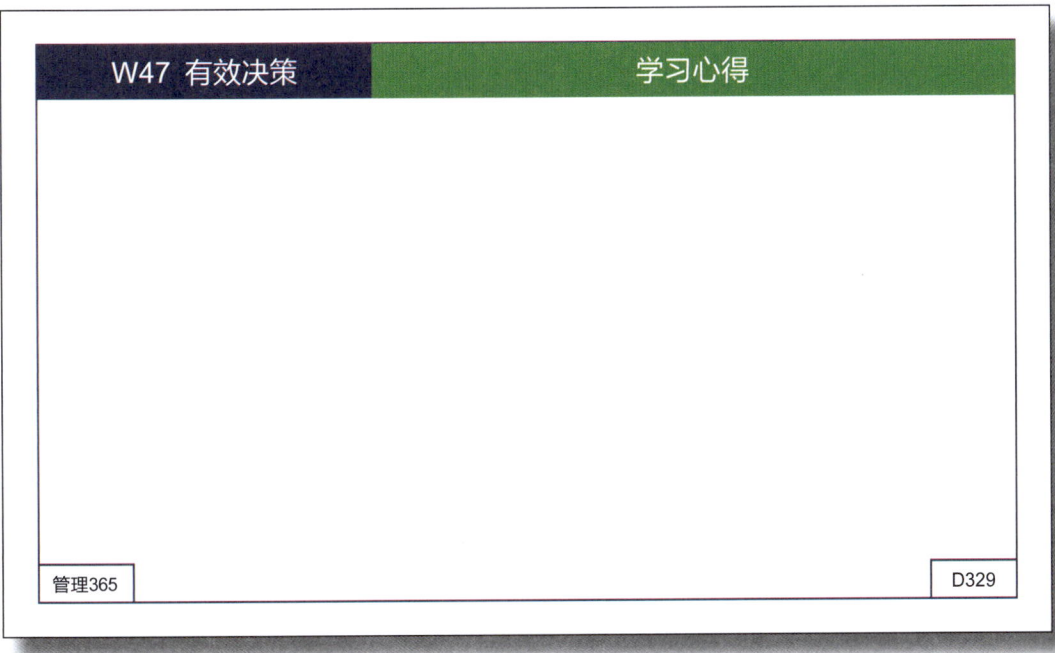

W48　商业敏感

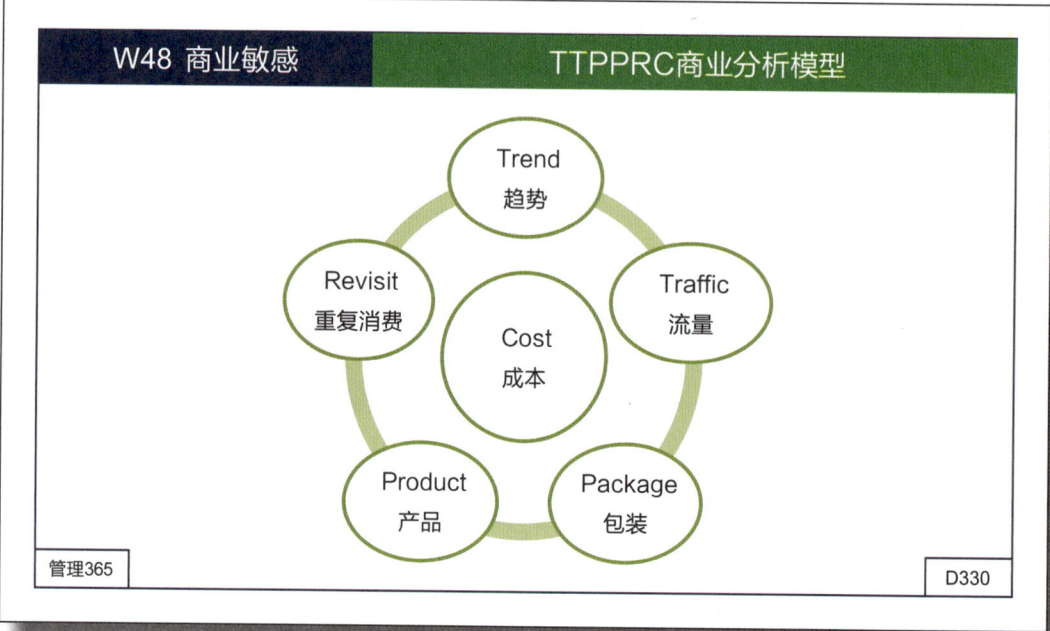

（1）趋势来自对行业的深度思考，在趋势（Trend）面前，个人能力终归都是渺小的，顺势而为是从事一切商业活动的首要因素。（2）流量（Traffic）就是让目标客户了解到他们有这么一个消费选择。衡量一个商人商业能力高低的首要标准，就是看他能为自己的生意导入多少流量。（3）包装（Package）是指在目标客户得知他们有这样一个消费选择之后，你的生意是以怎样的面貌呈现在消费者面前的。（4）一个优秀产品（Product）的威力之大，可以瞬间打通TTPPRC中的四个要素（产品、流量、包装、重复消费），这是其他任何一个环节做得再好也无法做到的。所以，对于一个打算做长久生意的企业而言，产品质量永远是重中之重。（5）对于绝大多数商业项目而言，重复性消费（Revisit）能力直接决定了企业的发展方向和生命周期。（6）一切抛开了成本（Cost）的商业模式都是空谈，成本分析是渗透在TTPPRC模型的每一个环节中的。

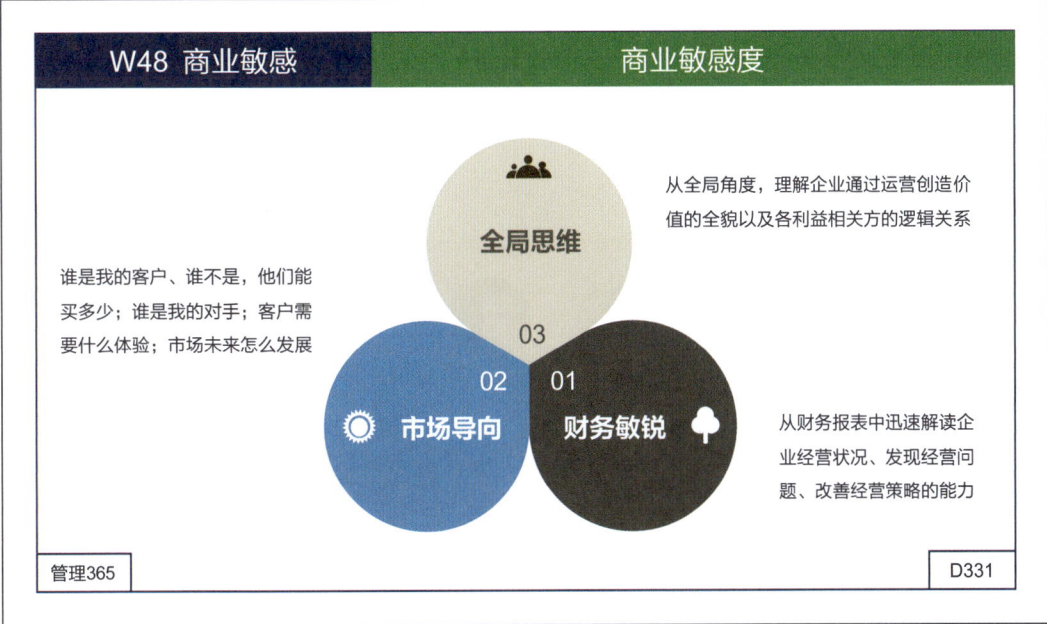

商业敏感度（Business Acumen）是能够深刻理解经营的本质、准确快速做出商业判断、实现业绩增长的综合素质，包含三项能力：财务敏锐、市场导向和全局观。

（1）财务敏锐——要求经营者洞悉哪些驱动因素决定了利润的产生和资金的流转，简言之，即企业是如何创造价值的；（2）市场导向——是指经营者要了解企业的业务增长与顾客及竞争对手之间的关系，即企业的核心价值是什么；（3）全局观——则是经营者能否对企业经营的全景以及企业各组成部分之间的内在关系有深刻理解，即企业如何达成业绩目标。

麦肯锡公司一项针对企业高管的全球调查显示：企业管理者并没有因为多年的管理经验和专业积淀而"自然而然地"获得商业敏感度。商业敏感度缺失引发的各类"企业病"更是后患无穷。设想企业在高速运转中不断遇到局部的"血栓"，关键部位的"血管"常常堵塞，那么就算是心肺功能再强大，也会时刻面临着中风瘫痪的危险。

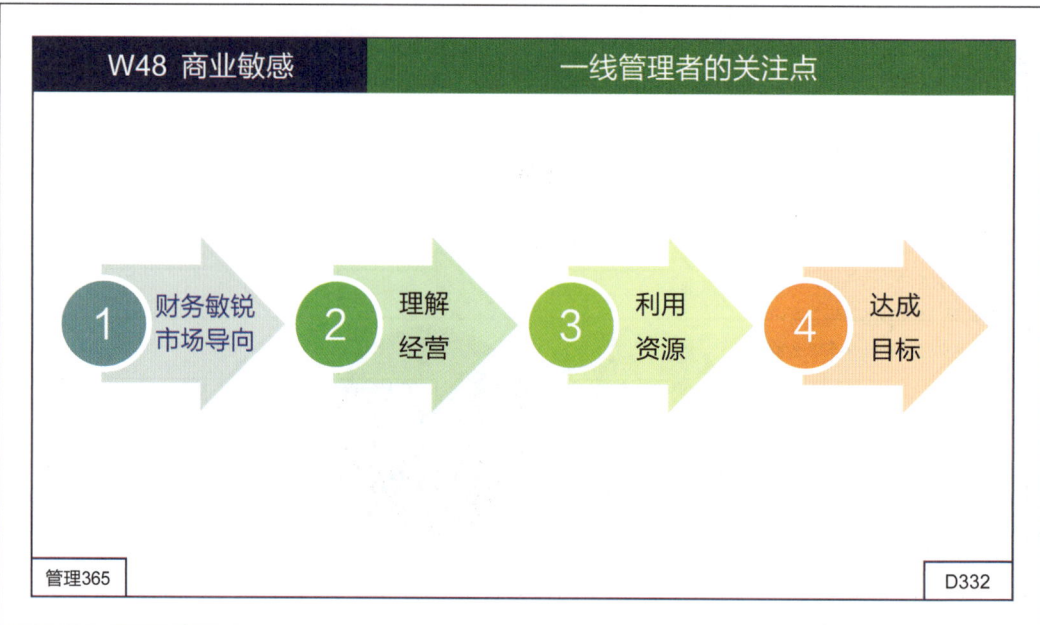

在企业中，由于专业化的分工和 KPI 导向，几乎没有一个岗位能使人同时锻炼商业敏感度需要的所有能力。而正如街头小贩与 500 强企业高管对商业敏感度的需求不同，不同层级的管理者对商业敏感度的要求也不尽相同。

一线管理者因为管理权力有限，工作内容以高效执行为主。他们的商业敏感度更多地体现为理解企业经营的基本原理，并有效地利用力所能及的资源，保证与其相关的细分业务指标达成。财务敏锐和市场导向是他们需要关注的重点。

强烈的市场导向是一线管理者最基本的职业素养，唯有如此，他们才能带领一线员工通过制造产品或提供服务满足客户需求。而且，相对于中高层管理者，一线管理者距离产品、服务和客户最近，他们最清楚企业的利润来自哪里，由什么决定。以市场导向和财务敏锐为出发点，一线管理者要强化投入产出意识，协调各种资源以达成目标。

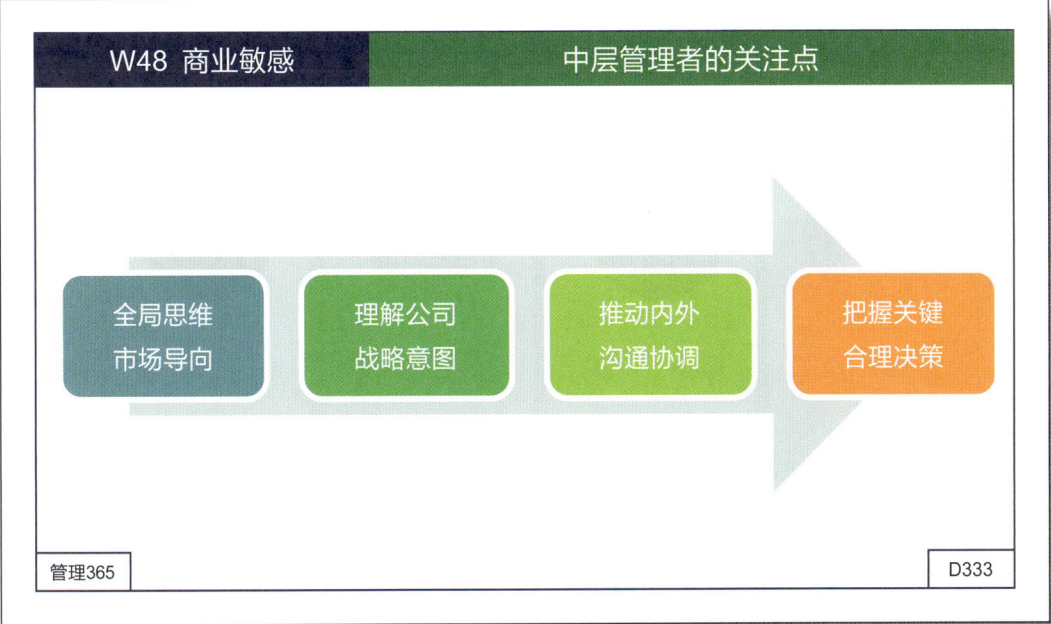

中层管理者应具备全局思维，即对企业经营的全景以及企业各组成部分之间的内在关系有深刻理解。面临更复杂的管理情境，包括大量跨部门协作和对战略举措的传递和实施，中层管理者需要为此投入更多的精力。一方面，他们应当清楚自己的决策如何影响企业的关键业绩指标，并做出合理的判断；另一方面，他们要理解企业的重大举措和战略意图，学会合理配置资源和协同其他部门，将战略准确地分解实施。

除了全局思维，市场导向同样是支撑中层管理者决策的重要基础。中层管理者要清晰了解企业的业务增长与客户及竞争对手之间的关系，从而能更好地影响基层管理者并指导他们开展工作。一线管理者要站在中层管理者层面考虑问题，中层管理者要站在高层管理者层面考虑问题，才能放大格局并能更好地达成目标。

高层管理者因为已经基本脱离了具体的业务工作和事务性的管理工作，其工作重心已转移到战略的规划和促进组织层面的协同。所以，他们需要从组织全局出发，通盘考虑企业的商业模式、经营方向、各部门间的关系，并制定出关键战略、财务目标和战略优先级。

具体表现为塑造商业模式、理解战略目标的内在逻辑、促进跨部门协同、全球化思维以开拓新地区市场等方面。商业敏感度是企业高管的必备素质，不是可有可无的加分项。我们常常羡慕那些"天生就会做生意"的人。实际上，经营天才的商业敏感度同样是经过后天不断的历练逐渐提升的。比如家庭氛围的熏陶，一次次小生意的尝试。

那些成功孕育了大批优秀领导者的先进企业（像GE、宝洁、花旗银行等），正是在内部复制了经营天才的成长路径，从而源源不断地输出具备高超商业敏感度的管理者。

第三篇　领导艺术

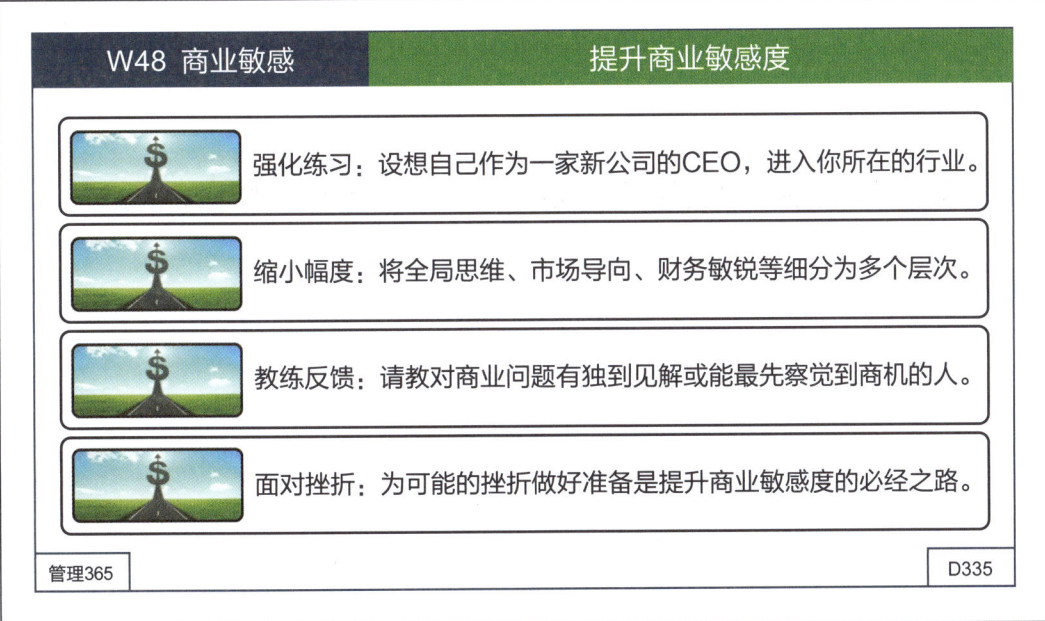

| W48 商业敏感 | 提升商业敏感度 |

- 强化练习：设想自己作为一家新公司的CEO，进入你所在的行业。
- 缩小幅度：将全局思维、市场导向、财务敏锐等细分为多个层次。
- 教练反馈：请教对商业问题有独到见解或能最先察觉到商机的人。
- 面对挫折：为可能的挫折做好准备是提升商业敏感度的必经之路。

每周自问：如何应用已经掌握的知识解决当下的问题？

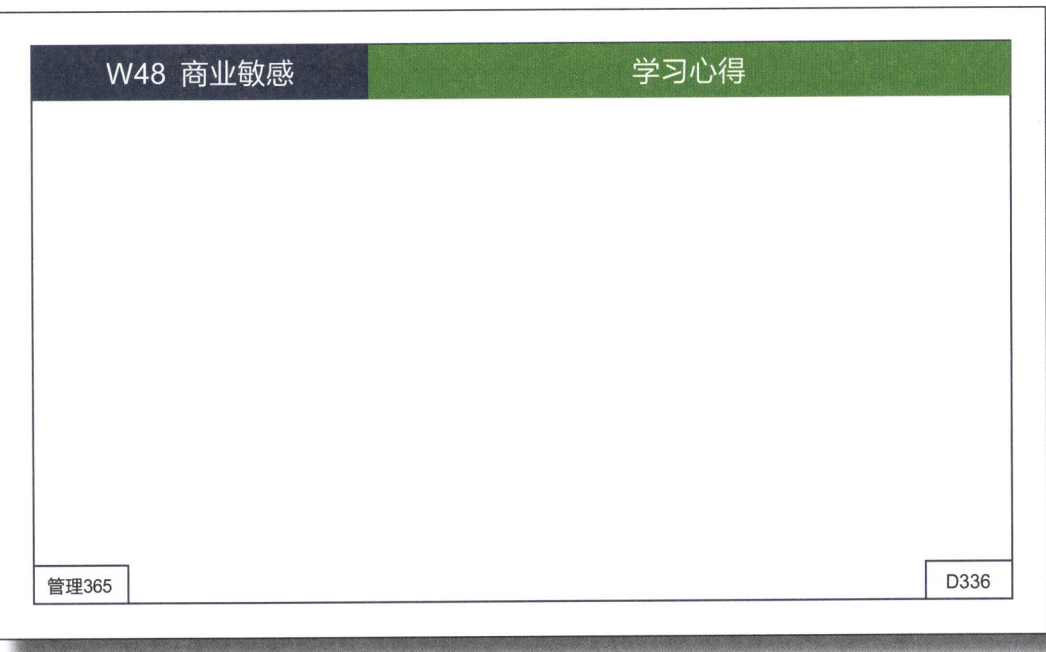

| W48 商业敏感 | 学习心得 |

W49 创新管理

好奇：好奇是创新的起点，或者叫创新的萌芽。好奇心是探索未来的动力，保持好奇心，要思考三个问题：你是不是感觉让你感兴趣的事情越来越少？你是否越来越不愿意面对挑战和不确定性？你是否已经不愿意接受新鲜事物或新体验？

兴趣：兴趣是创新的土壤，这么说一点也不为过。兴趣制造快乐，有兴趣就能够坚持做下去。谷歌允许员工有20%的自由时间不按照主管的指令去做事情，而是按照自己的意愿、兴趣去做事情，而正是这20%的自由时间造就了谷歌很多优秀的产品。

质疑：我们常说创新源于不断的追问，敢于质疑某些权威观点，尤其是那些貌似正确的权威观点或一些已经成为常识的做法，才可能有创新。"细节决定成败"，对这样貌似正确的观点就应该去质疑它。

探索：如果说质疑是创新的举措，那么探索就是创新的方法。探索就是我们采取的行动。真正的改变、真正的进步，源于思维的改变。

W49 创新管理		思维障碍
★	思维定式	从众型思维、权威型思维、经验型思维
★	求稳情绪	以求稳为特点，人们内心深处不敢冒险
★	麻木心理	习以为常是人的思维本能，缺乏好奇心
★	标准答案	局限了我们的思维，妨碍创造力的发挥
★	群体思考	该思考方式限制了各种方案的充分展现

管理365　　　　　　　　　　　　　　　　　　　　D338

　　思维定式有三种类型：从众型、权威型、经验型。从众就失去了自我意识，人云亦云；迷信权威就失去了挑战的可能，错误观点就没法纠正；完全依赖经验就失去了灵活性，看不到形势的变化。

　　求稳情绪：追求稳定，内心深处不敢冒险。机遇往往与风险并存，问题是，首先我们要敢于冒险，其次才是如何识别风险，进而防范风险。

　　麻木心理：习以为常是人的思维本能，它会使人们进入一种近乎麻木的状态，失去对事物的好奇心。因此，保持好奇心是对抗麻木心理的有效措施。

　　标准答案：在我们的潜意识里，什么事情都应该有标准答案。标准答案意识局限了我们的思维，妨碍了我们创造力的发挥。实际上，很多事情有多种可能，答案不止一个。

　　群体思考：这是团队里的一种思维方式，表现为否定少数人的意见、排斥来自外部专家的建议。后果是正确的意见往往受到压制，因为真理或创新方法往往掌握在少数人手里。

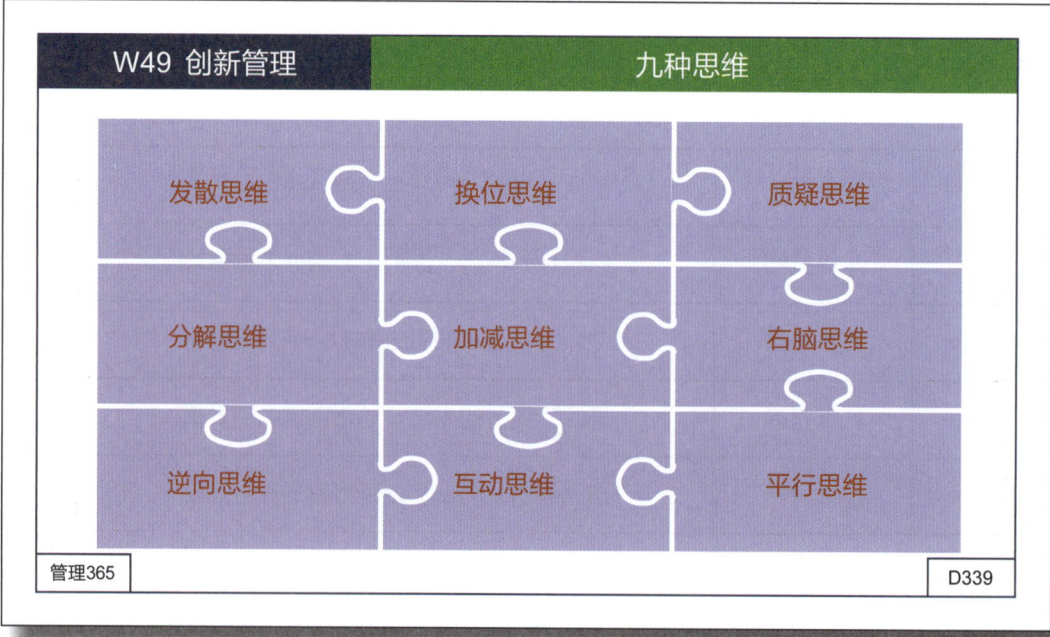

（1）发散思维：是指沿着不同的方向、不同的角度思考问题，从多方面寻找解决问题的方案的思维方式。（2）换位思维：就是设身处地将自己摆在对方位置，用对方视角看待世界。对方立场往往是制胜的法宝。（3）质疑思维：质疑是人类思维的精髓，善于质疑就是凡事问几个为什么。创新源于不断的追问，要有绵绵不断的问题意识。（4）分解思维：化大为小、化整为零，把大目标分解成小目标，然后进行累计得出总和，以达到创新目标。（5）加减思维：加法——画龙点睛的神来之笔；减法——因减少而丰富。（6）右脑思维：右脑活跃起来有助于打破思维定式,提高想象力和形象思维能力。(7)逆向思维：也叫反向思维，是以逆常规的思维方法，从对立面提出问题和思索问题的过程。（8）互动思维：对某一主题集思广益，激励大家献计献策，最终达成团队创新，形成思维合力。（9）平行思维：将不相关的要素组合在一起，以获得对问题的不同创见。

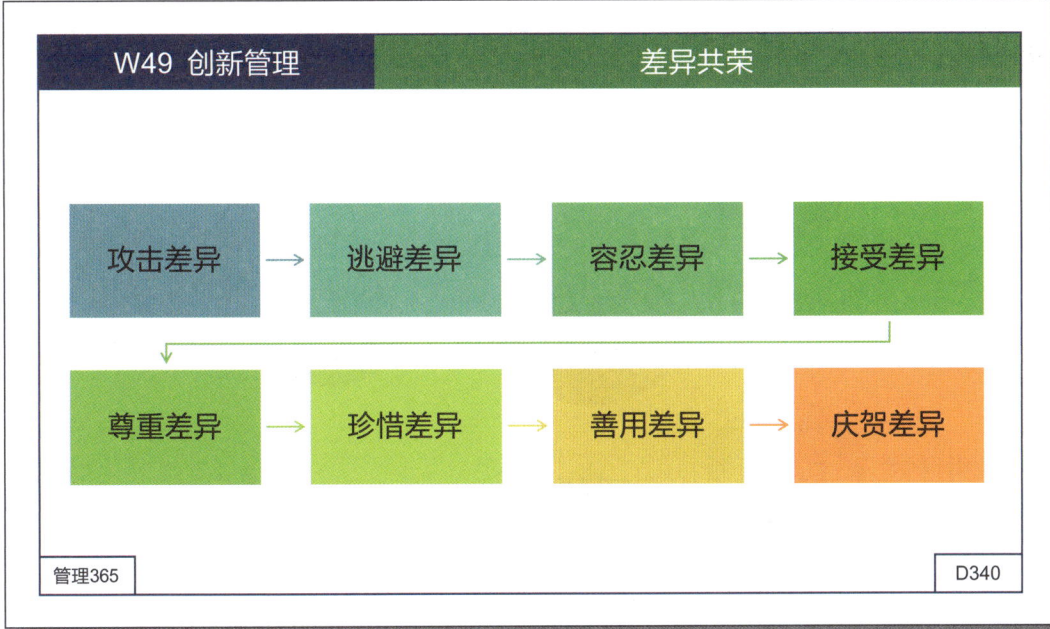

差异是指不同意见，或者与我们观点相左的建议。差异往往是解决问题的一种新的途径或者好的办法，同时也是创新的重要来源。如果一位有相当聪明才智的人和我们意见不同，那么对方的主张必定有我们尚未体会的奥妙，值得加以理解，并且进行深入分析。假如两个人意见相同，其中一人的意见必属多余。与有分歧者沟通，才有收获。

我们追求的境界是差异共荣！在现实中，人们听到不同的意见时，首先会感觉不舒服，表现为攻击对方。这种攻击就是指责或抱怨。后来，什么也不想说了，再听到不同意见时就选择回避或逃避。躲也躲不掉的时候，就选择了容忍。心情好的时候，觉得对方说的也有道理，就接受了差异。接受差异，才是利用差异进行创新的起点。接受差异，才有了尊重差异的可能。尊重差异，才能众志成城。差异解决了问题，带来了改变。因此，人们开始珍惜差异，善用差异，最后实现了团队成功。

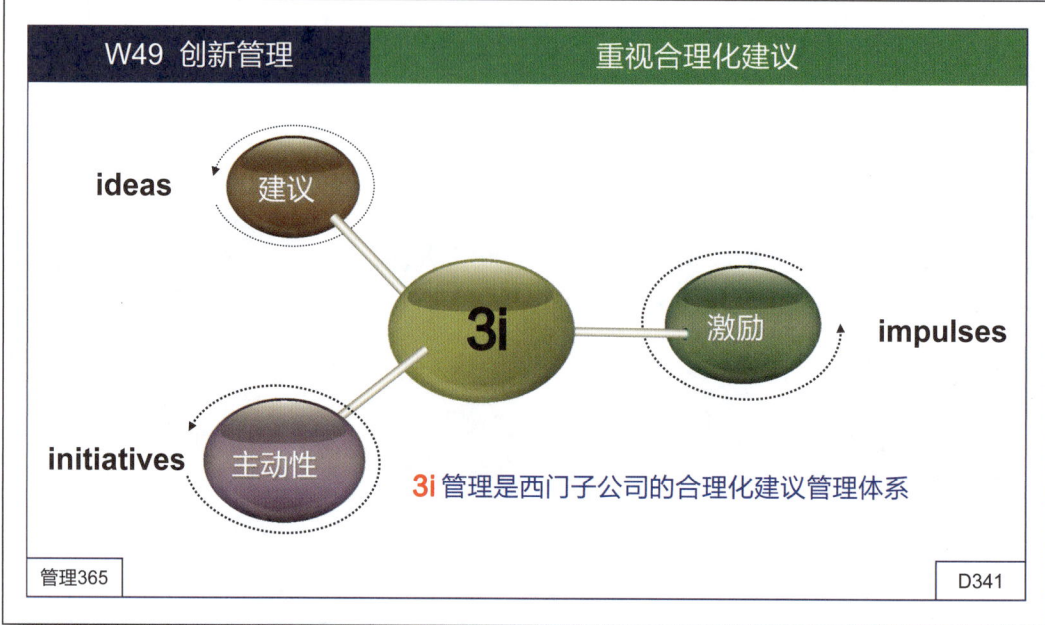

几乎每个组织都有合理化建议制度，但真正让这个制度发挥作用且有成效的组织少之又少。究其原因，就是没有真正重视员工的建议，具体表现是员工提了建议，但绝大多数都石沉大海，没有回应。得不到反馈，人的行为就不会被强化。没有反馈，员工以后就不会再提建议了，合理化建议制度也就形同虚设了。还有些建议就算被采纳了，奖励的力度也很小，对提出者来说可以忽略不计。这样人们的积极性也会越来越低。

针对上述情况，很多公司都在改善提案制度或合理化建议制度。其中，西门子公司的 3i 合理化建议制度值得提倡。如上图所示，3i 代表了建议、激励、主动性。为了保证每一条建议都有反馈，西门子公司设置了合理化建议管理岗：3i officer，这样就保证了合理化建议的持续性。对采纳的建议进行重奖，使员工有积极性去思考提案或建议。此外，员工在向公司提建议的时候，他的直接上级有知情权，也就是合理化建议既要报给 3i 主管，也要报给直接上级，这就保证了建议的正面性。

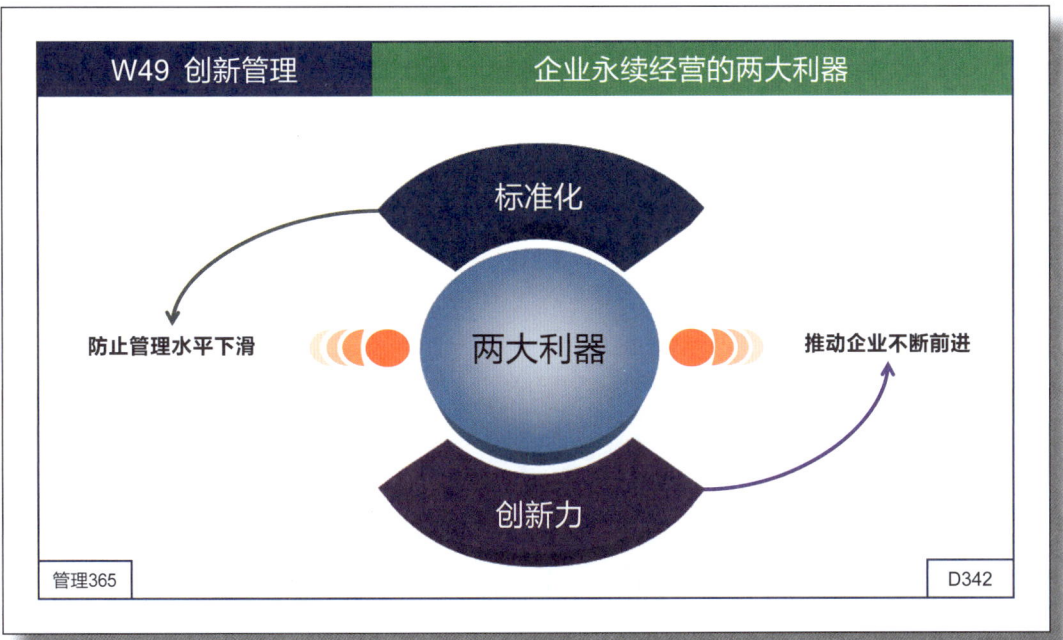

每周自问：如何应用已经掌握的知识解决当下的问题？

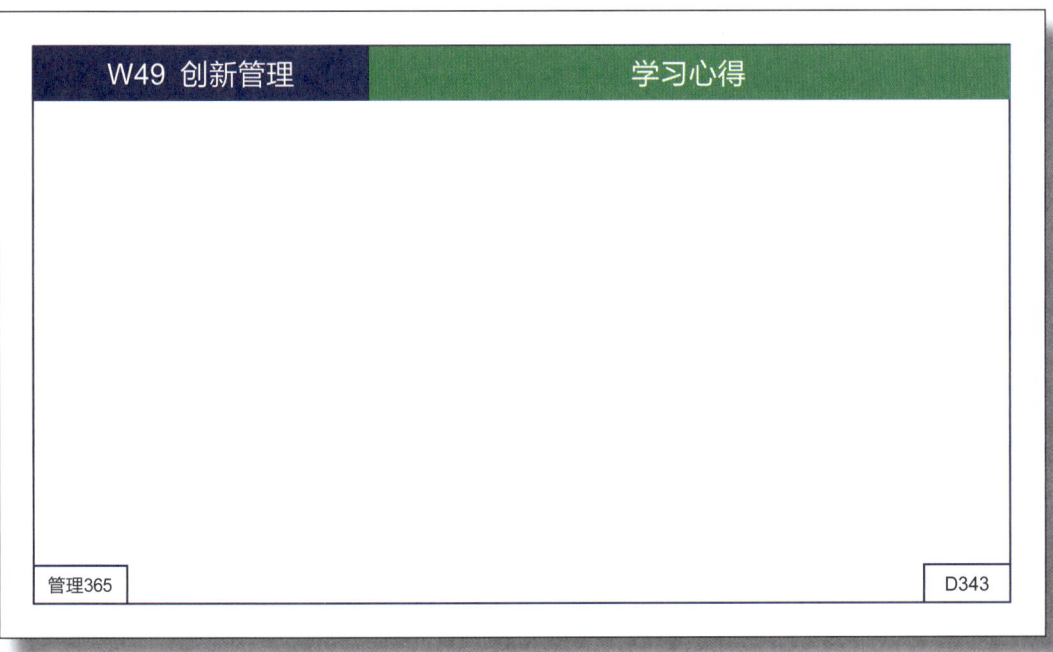

W50 变革管理

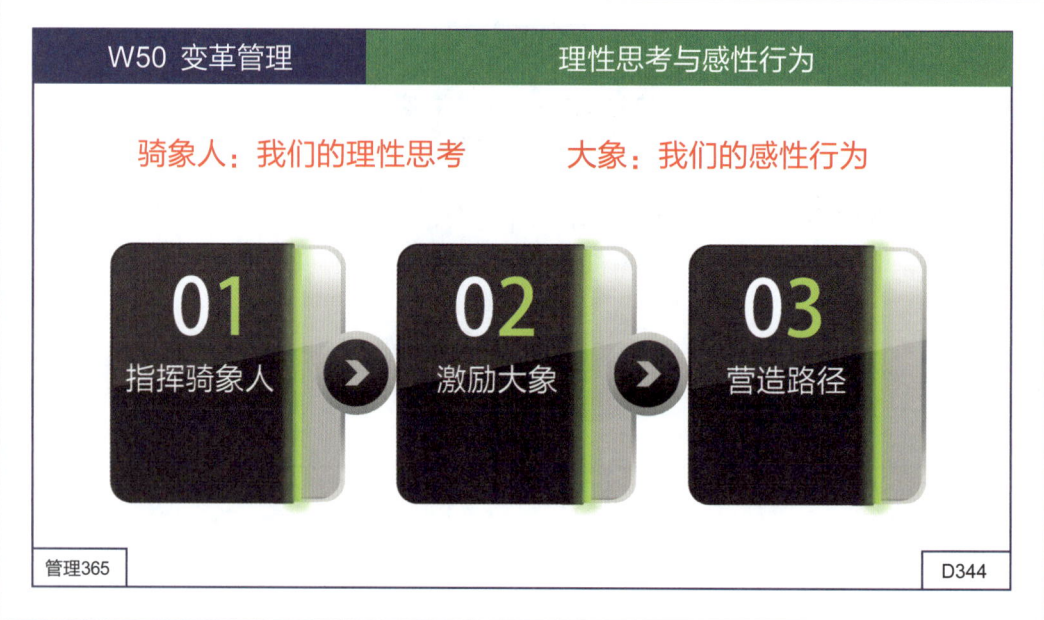

谁也无法说服他人改变，因为每个人都守着一扇从内开启的改变之门，无论是动之以情，还是晓之以理，我们都不能替别人开门。个体的变化是内生的，最恒久的激励只能来自于人的内心，也就是自我激励，最彻底的变革就是战胜自我！

改变，是我们生活中始终要面对的问题。有时，我们主动想要改变——不再拖延，不再懒散，不再逃避；有时，环境的变化要求我们改变——市场竞争，婚姻危机，工作掉队。但不管多么必要，我们却发现改变如此痛苦，又如此艰难。为什么？怎么办？世界一流的行为心理学家、《瞬变》一书的作者希思兄弟认为，阻碍我们进行改变的重要原因是我们希望变革的理智思考与已经存在惰性的情感需求不合拍，两者互相牵制使得我们难以做出改变。他们借用了一组有趣的比喻，"人类的情感与理智，就如大象和骑象人：骑象人希望走向自己的目的地，但存在惰性的大象却不听使唤，仍在原地踯躅不前"。

W50 变革管理　　　行为改变

三要素	优点	缺点	对策	方法	行动示例
骑象人（理性）	理性思考 未雨绸缪	过度分析 犹豫不决	指挥骑象人	找到亮点 制定关键举措 指明目标	如阅读带来机会
大象（感性）	掌握情感 能量动力	及时行乐 眼前利益	激励大象	找到感觉 缩小改变幅度 影响他人	如每天阅读30页
路径（环境）	蕴藏机遇 提供支持	环境恶劣 无从下手	营造路径	调整环境 培养习惯 召集同伴	如每晚10点阅读

管理365　　D345

　　头脑（骑象人）是生活的方向盘，情感（大象）则是生活的动力源，而环境则是生活的路径，给骑象人提供方向。三者结合，改变就能发生。《瞬变》一书所讲的就是教你如何协调骑象人、大象和环境，让改变简单起来的9种方法，这9个方法处于下面的三大要素框架里。

　　（1）指挥骑象人：表面上看上去冥顽不化，其实是缺乏清晰的目标，因此要提供清晰无误的方向。

　　（2）让大象动起来：表面上看上去懒散，实际上却已筋疲力尽。骑象人不可能强迫大象，要调动感性的大象。

　　（3）营造改变路径：看上去像是人的问题，实际上却经常是外界环境的问题。

　　比如，对于养成阅读习惯来说，就可以按"指挥骑象人，让大象动起来，营造改变路径"的方式来做，先"找到亮点"——阅读带来机会，再"缩小改变幅度"——每天阅读30页，再到"培养习惯"——每晚10点阅读。经过这样的努力，阅读就成了常态。大象、骑象人、路径，都有优点，也都有缺点，发扬优点，克服缺点，改变就在眼前。

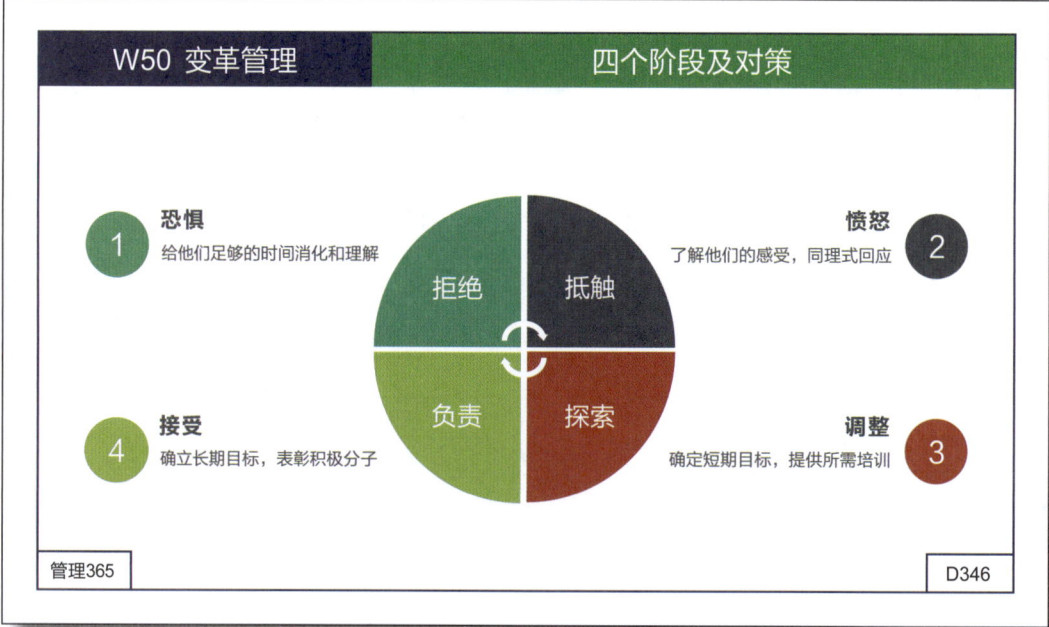

拒绝阶段：人们对变革都会有恐惧心理，会担心失去安全感、失去利益、失去能力、失去关系、失去方向。对策是给每个人提供信息，让他们知道变革即将发生，说明期待并建议他们采取哪些行动来调整自己、适应变革。给他们足够的时间来吸收和理解，然后安排一个计划会议来探讨问题。

抵触阶段：在这个阶段我们应倾听、了解他们的感受，作出同理心的回应并加以鼓励和支持。不要试图劝说人们克服情绪、改变或强拉到一起。如果你接受他们的反应，他们会继续告诉你他们的感受，这有助于你对他们关心的问题作出答复。

探索阶段：在这个阶段，我们应把重点放在当务之急的事情上，并提供所需的一切培训，跟进项目进展情况，确立短期目标，集思广益，共享愿景，召开规划会议。

负责阶段：在这个阶段，我们应确立长期目标，重点做团队建设，创造使命宣言并广而告之；表彰和奖励那些对变革作出积极回应的人，保持前瞻性。

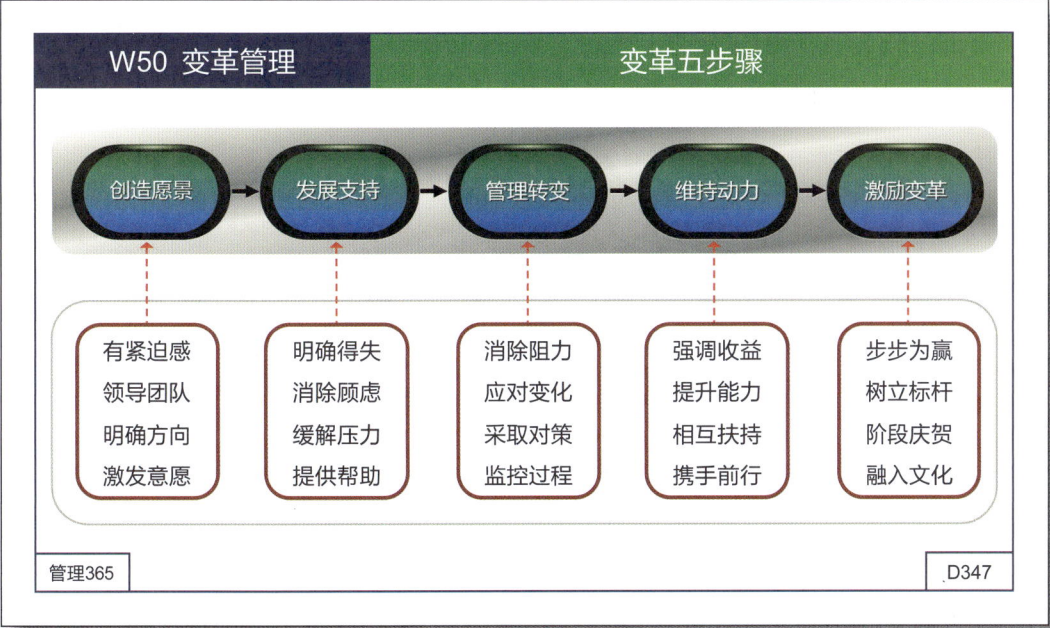

创造愿景：真正成功的变革不是源于理性的分析，而是来自感性的目睹。变革成功的首要因素是增强紧迫感，其次就是建立坚强的领导团队，为变革指明方向，激发利益相关者的变革意愿。

发展支持：明确变革中的得与失，一方面要消除人们对变革的恐惧；另一方面也让人们看到变革之后带来的变化。缓解人们的工作压力，提供必要的支持帮助。

管理转变：变革是逐步展开的一个过程，不但要做好沟通说服工作，还要采取措施应对各种变化。过程控制是变革最终取得成功的重要保障。

维持动力：首先要强调变革的收益，让人们看到希望；其次要提升处理问题、应对变化的能力；最后要相互扶持，变革的路上需要相互鼓舞。和团队在一起能增强信心、促进互信。

激励变革：善于树立标杆以激励团队。创造短期胜利以提振团队信心，同时注意阶段性庆贺。最终，变革的成果要融入企业文化当中，促进变革的深入展开。

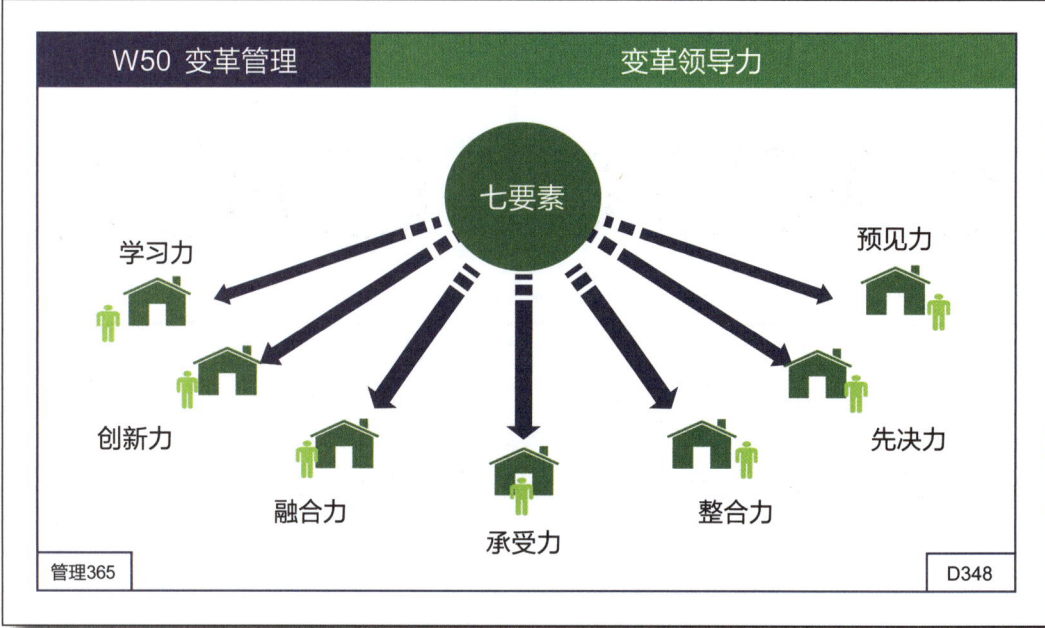

　　（1）预见力：变革领导者的观念要更新，紧跟时代步伐，敢于舍弃固有观念。观念、知识、行动三者高度统一，才能造就审时度势的预见力。（2）先决力：变革的来临通常是突然的，机遇与风险并存，具备先决力的领导者则会先于他人，做出科学决策，在时间上胜人一筹。（3）整合力：在变革面前，资源对于任何个人和组织来说都是稀缺的，需要对其进行有效整合，以增强竞争力。（4）承受力：变革所带来的心理冲击是巨大的，变革领导者不仅要具备很好的心理承受力，而且要正确引导他人的心理。（5）融合力：变革领导者需要面对多个群体、多元文化的力量博弈等一系列复杂问题，必须具备全球视角的融合力。（6）创新力：组织要在变革中生存和发展，就要求变革领导者具有创新能力，为组织寻找一条可持续发展之路。（7）学习力：变革领导者面对的都是新生事物，要深入了解它们就必须学习各种相关知识。

W50 变革管理	创造短期成果
短期成果的三个特点	短期成果的三个作用
■ 成果是大家能看得见的	□ 能强化变革参与者的努力
■ 成果必须是确定无疑的	□ 实际检验愿景的正确与否
■ 成果须与变革密切相关	□ 击破阻力，获得更多支持

管理365　　D349

每周自问：如何应用已经掌握的知识解决当下的问题？

W50 变革管理	学习心得

管理365　　D350

第四篇 教练实践

(D351–D385)

第四次转型

通用电气前CEO杰克·韦尔奇曾经说过："一流的领导者，是教练！"从领导者到教练的跨越是经理人境界的又一次提升，经理人无论身处何种职位层级都可以成为教练！

如果说从骨干员工到管理者的跨越能使经理人带领团队达成目标，从管理者到领导者的跨越能使经理人带领团队创造最佳业绩，那么从领导者到教练的跨越则能使经理人在创造最佳业绩的同时主动为企业育人：把越来越多的普通员工培养成骨干员工，把骨干员工培养成管理者，并推动管理者向领导者跨越。

要实现从领导者到教练的跨越，经理人需要拥有教练思维，扮演教练角色，掌握教练技能，遵循教练流程。

教练思维：信念—行为—成果，即想成为什么—必须做什么—能拥有什么，教练都是从目标出发去影响被教练者的，也就是以终为始。

教练角色：教练是镜子，反映真相，反映被教练者的心态、行为和现状；教练是指南针，协助被教练者清晰自己的方向，排除干扰，更快捷地达成目标；教练是催化剂，促使被教练者立即采取行动，迎接挑战，做到更好。

教练技能：聆听、区分、发问、回应。聆听：聆听被教练者说话背后的动机、事实、感受和情绪。区分：理清事实与演绎，使被教练者了解自己的心态、信念和处事方式。发问：通过发问影响被教练者的心态，让对方找到方法解决问题。回应：及时指出被教练者存在的问题，让对方看到更多的可能性。

教练流程：目标设定，现状检查，方案选择，行动计划。教练流程在教练过程中发挥着枢纽的作用，而教练技能只是基本功，在每个步骤中都需要综合运用四个基本技能以达成教练的目的。

教练从来都不是提供答案的人，教练的核心价值在于帮助被教练者做加法催化能量、做减法排除干扰。

W51　教练格局

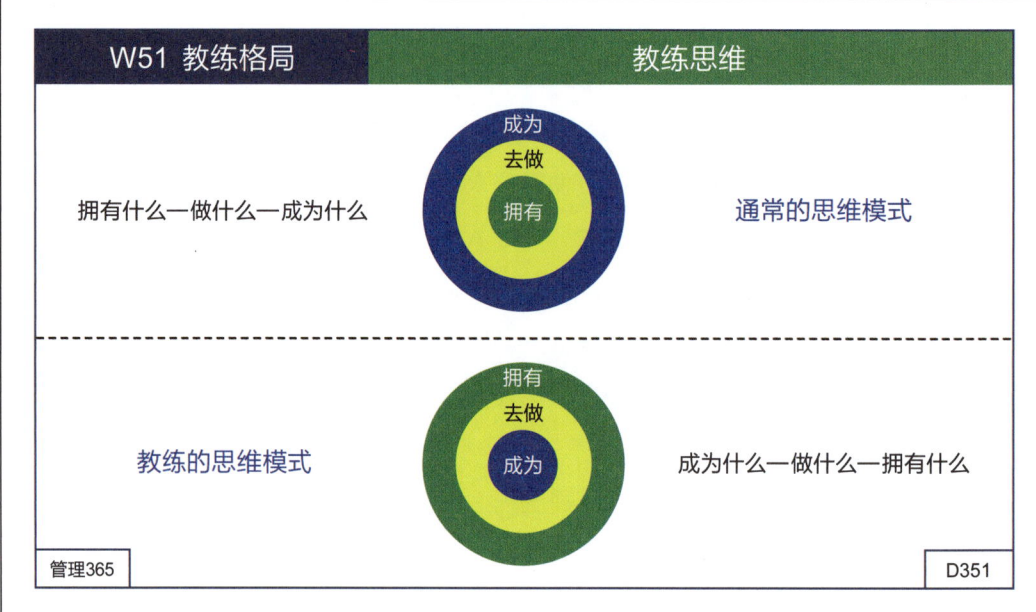

通常的思维模式是做什么都需要具备一些条件，有了这些条件，人们才能做一些事情，然后才会成为成功者。要成功，需要满足很多条件。而教练思维恰恰相反，先让自己在心态上成为一个成功的人，然后行动，最后拥有了某些条件。是否成功，由自己决定。

实践证明，教练最大的价值在于他的思维。教练思维可以激发人的行动内驱力，看到人身上的无限可能。教练思维包含五种类型。（1）成果思维：聚焦于成果，无论是生活里的点滴还是工作上的事务，聚焦于成果往往能让你事半功倍。（2）未来思维：清晰的未来蓝图让我们面对变化的世界时多一份坚持、少一份迷茫。（3）创造思维：更注重全局，不设限制，放飞每个人的聪明才智。（4）成长思维：这个世界的改变是必然发生的，要通过实践不断反思总结，学习成长。（5）正向思维：聚焦正向，和争论对错相比，更有意义的是事情的发生给人们带来的价值。

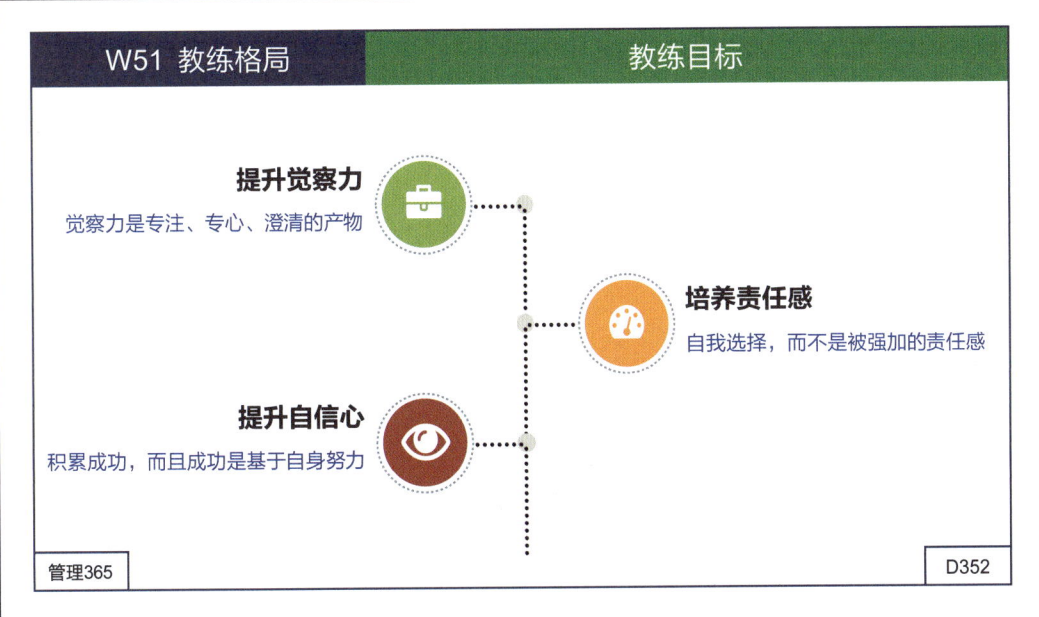

教练有三个基本目标：提升觉察力，增强责任感，提升自信心。觉察力就是知道周围发生了什么，也知道自己正在经历什么。我只能掌控自己觉察到的一切。我觉察不到的东西掌控着我。只有觉察才能有力量。觉察力可以通过集中注意力和练习来提升。比一般人更加专注，就会带来比一般人更高的绩效。提升觉察力还包括提升我们对输入接受的敏锐性，不只调整感觉，也调整我们的大脑。责任感也是获得高绩效的关键。当我们真正接受、主动选择或者对我们的想法和行为负责时，执行能力就提升了，绩效也会提升。当我们被下令要负责或是即使不接受也会被赋予责任时，绩效不会提升。选择和责任感可以创造奇迹，真正负责的感觉随选择而来。通过教练提升觉察力和责任感，可以使人们在短期内完成任务，在长期获得更高品质的生活。在教练的启发下，我们通过自身努力不断获得成功，我们的自信心就会提升。自信心的提升会对觉察力和责任感产生正向影响！

W51 教练格局 —— 教练角色

镜子
反映真相，反映被教练者的心态、行为和实际状况

指南针
协助被教练者明确方向，排除干扰，更有效、快捷地达成目标

催化剂
促使被教练者立即采取行动，激发意愿，提高行动力，力争做到更好

每个被教练者都是独一无二的个体，任何时候，都会为自己做出最好的选择。每个被教练者都已具备使自己又成功又快乐的能力。被教练者才是专家，只有他们才能找到解决问题的真正答案。人是具有改变能力的，也会为自己做出最好的选择。教练以中立身份反映被教练者的心态，使对方洞悉自己，并就其表现的有效性给予直接回应，使对方及时调整心态、减少或排除干扰、明确目标，以最佳状态去创造成果。

具体来说，教练是镜子、指南针、催化剂。镜子：生活中的镜子可以让人看到自己外表的真实状况，教练的镜子则可以反映被教练者内心的东西——心智模式和行为模式。指南针：教练永远关注的是你的目标、你内心真正想要的东西，时刻像指南针指引方向一样告诉你和提醒你，你的目标在哪里、你的方向在哪里。催化剂：没有最好，只有更好。教练永远会鼓励被教练者不断超越自己，达到更高的目标。

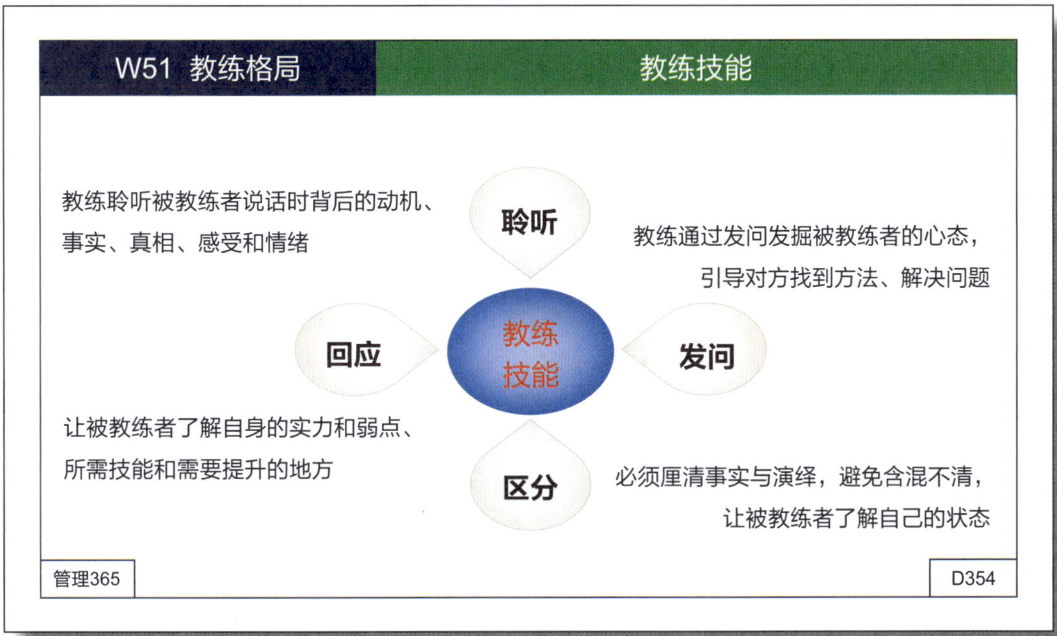

W51 教练格局 — 教练技能

- **聆听**：教练聆听被教练者说话时背后的动机、事实、真相、感受和情绪
- **发问**：教练通过发问发掘被教练者的心态，引导对方找到方法、解决问题
- **区分**：必须厘清事实与演绎，避免含混不清，让被教练者了解自己的状态
- **回应**：让被教练者了解自身的实力和弱点、所需技能和需要提升的地方

管理365　　D354

任何教练过程都离不开上图这四个教练基本能力，它们相互间没有重要性的差异，缺一不可。我们要将这些能力综合发挥运用、融会贯通，缺少任何一项都会严重阻碍我们做好教练工作。所以我们要让四个基本能力成为教练的本能！

聆听：从被教练者的叙述中了解他的目标、当前的状态以及他说话内容以外的重点。发问：通过提问帮助对方挖掘自我盲点，发现他的潜力所在。区分：教练不要把自己置于高高在上的位置，要让被教练者更加清楚哪些行为是对自己的目标有用的。区分，让被教练者更加了解自己的心态、固有信念和处事模式。回应：发挥镜子的反射作用，及时指出对方存在的问题。支持被教练者了解到他们自己想做到的与他们实际所做的差异，让被教练者知道他们要提升的机会点。回应是一种强有力的激励方法，通过回应，教练与被教练者能建立起坦诚、互信的关系。

GROW 有四个步骤：首先是 G（Goal），即目标，教练通过一系列启发式的问题帮助被教练者找到自己真正期望的目标；然后进入 R（Reality），即事实，围绕目标搜寻相关事实，有困难、有资源，这个过程需要教练帮助被教练者拓展思路，找到超出自己目前所能看到的内容和维度，发现更多的可能性，从而走向第三步；第三步，O（Option），即方案的选择，由于被教练者看到了更大的现实可能性，从而开启思路探索到更多的方案选择；最后进行总结，W（Will），在实际的教练辅导过程中，教练将采取更多方法激发被教练者充满热情地去行动，并予以支持和检查，再次进行阶段性的辅导，直到达到教练的目的。

教练关注激励和启发被教练者探索到符合自己的价值观、理念和行动方案，所以提出恰当的问题贯彻整个教练过程。为了实现更好的业绩，企业里的每一位优秀的经理人都应该是一位很好的教练！

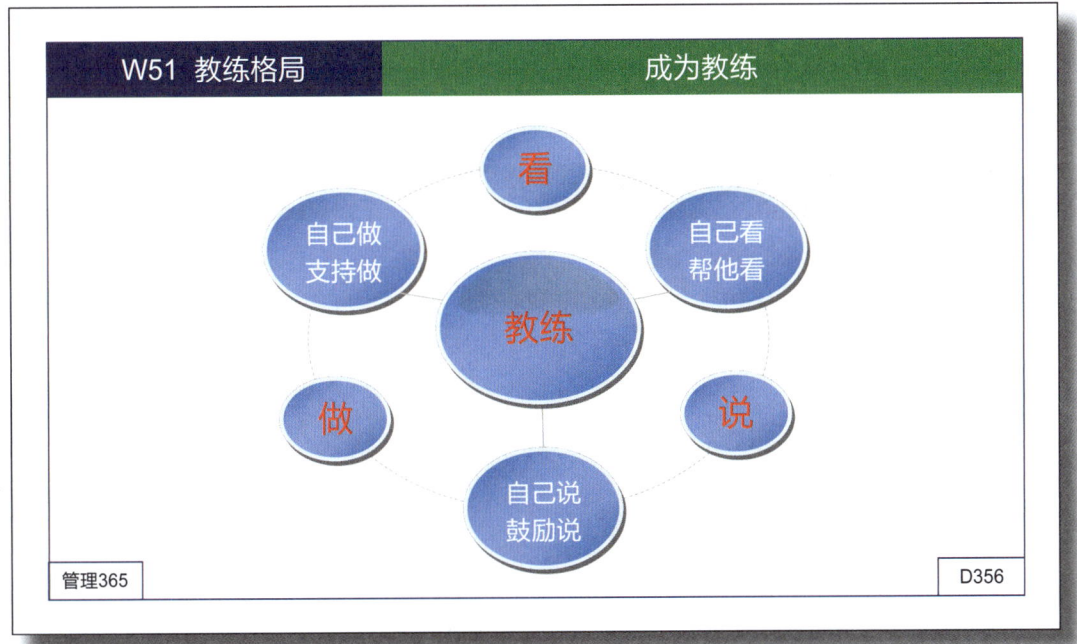

每周自问：如何应用已经掌握的知识解决当下的问题？

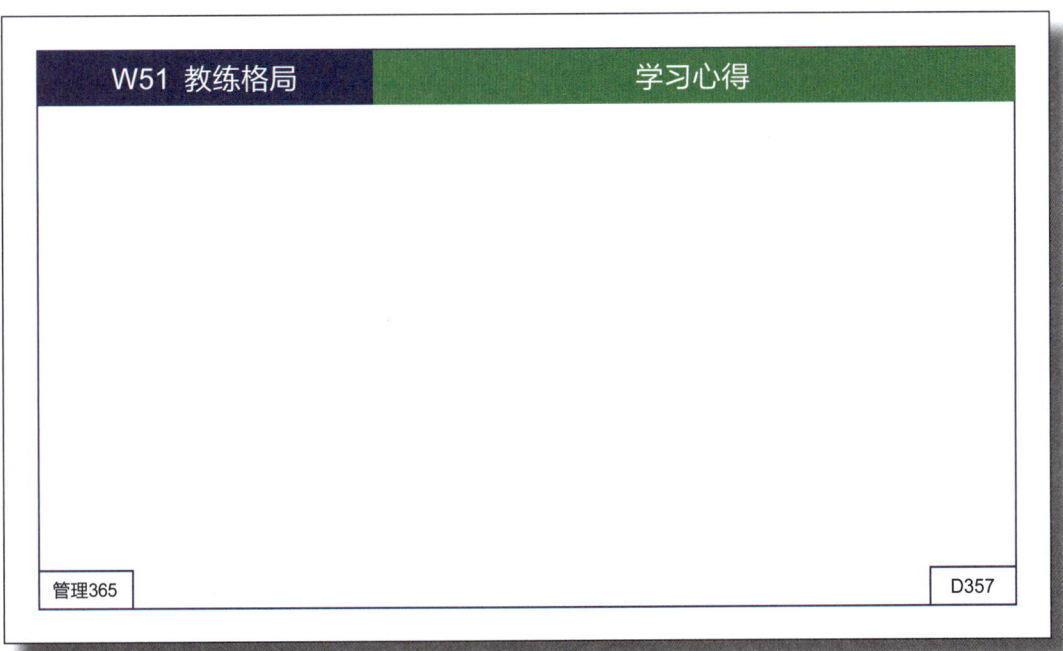

管理365：为团队及个体赋能

W52　教练技能

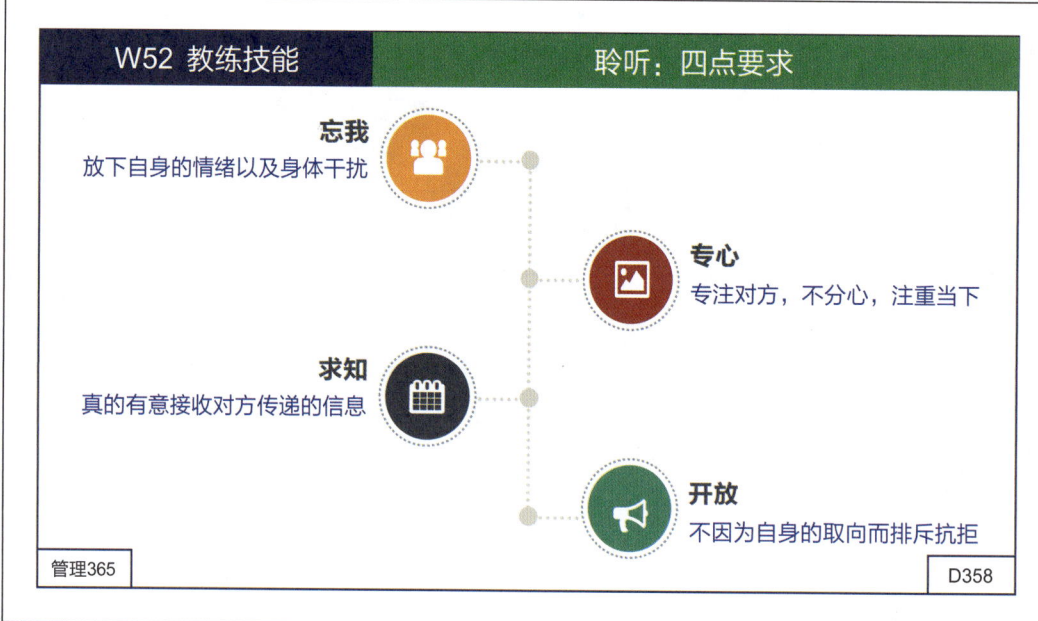

　　要想做好聆听，就必须要反思：我真的是在聆听吗？还是在做自己的判断？我平常和人互动用的最多的是嘴巴还是耳朵？我会不会经常和人抢话？我是否急于做判断？总是在猜对方想说什么？我是否经常会因为表达让人误解而生气？

　　教练要听什么？要听被教练者的出发点，要听被教练者的假设，要听被教练者的情绪！也就是要听被教练者的动机、目的以及弦外之音，要听被教练者的信念、价值观，要听被教练者的能量状态（情能、智能、体能）和真实需求。

　　教练要想做到聆听，必须注意克服以下障碍：（1）对方与我无关，我只关心自己；（2）我只听自己想听的；（3）我带着我的想法、判断、感受去听。

　　真正的聆听是要把全部注意力放在被教练者身上，全神贯注地听被教练者在说什么，也就是上图中的"忘我、专心"。真的有意全部接收对方的信息，不因与自己的观点相左而排斥，也就是上图中的"求知、开放"。

关注对方的需求和担忧是提升信任的重要心法。大部分时候，教练会发现被教练者并不是特别清楚自己的核心需求，如果仅仅停留在简单地问对方"你需要什么"上，不一定有效。这时候，教练通过深度倾听来挖掘内心渴望就变得特别重要。深度倾听是指站在对方的立场上听到语言背后的事实、情绪和需求，让对方感受到理解和信任，是打开心扉、建立信任的心法。

深度倾听需要做到 3R。接收（Receive）：放下自己的想法和判断，一心一意地体会他人。放下建议、批判、安慰、询问等干扰项。反映（Reflect）：点头、微笑、目光注视、肢体同步、记录、回放（重复对方的话或关键词）。复述（Rephrase）：你的意思是这样吗？所以，你认为……，是吗？

3R 法则背后的核心理念：（1）每个人都有丰富的资源；（2）每个人都能为自己做出当下最好的选择；（3）凡事必有三种以上的解决方法；（4）有效果比有道理更重要。

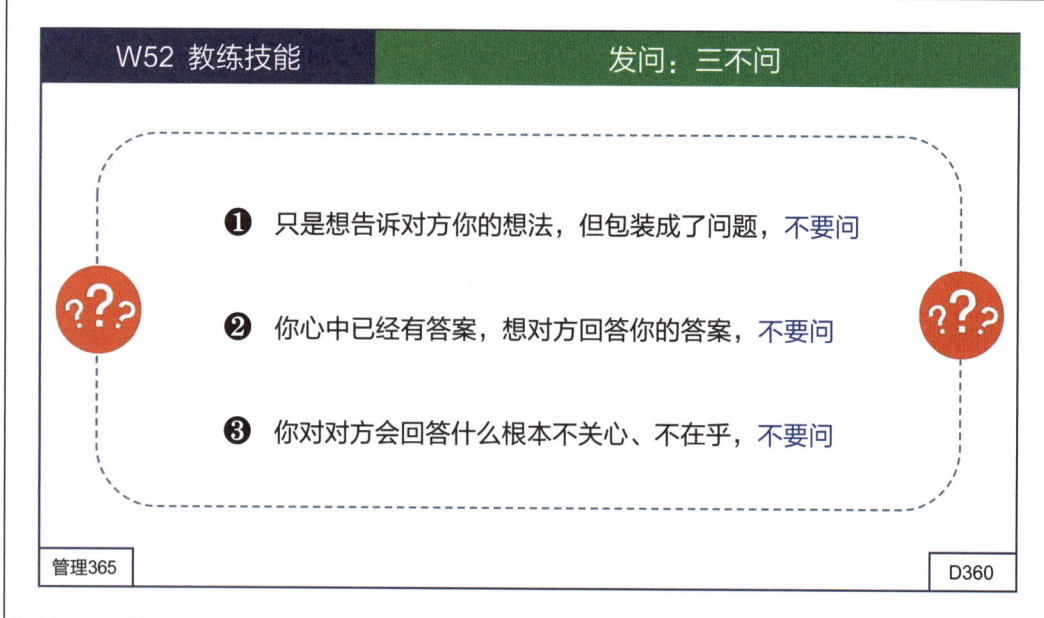

通过发问帮助对方挖掘自我盲点，发现他的潜力所在。每一个问句都威力巨大，可以引导处在问题区的人看到问题的真相和需要改善的方向。好的发问本身就是洞察力的一部分。换个角度说，好的领导是问正确的问题。

在上图所示的三种情况下不要发问，因为那不是真正的发问，而是假装在问，是在走过场。教练只问有价值的问题，而且所有的发问必须聚焦于被教练者。安东尼·罗宾认为好的问题具有以下的功效：（1）扭转注意力；（2）有助于发现我们忽略的事情；（3）能发掘出我们可用的资源。

发问帮助教练更有效地去聆听，更有效地区分，更有效地反馈区分（即回应）。发问作为四项基本教练技能之一，在整个教练过程中起着至关重要的作用。问对问题，是对教练的考验，更是基本功，它是衡量教练水平高低的重要标志。

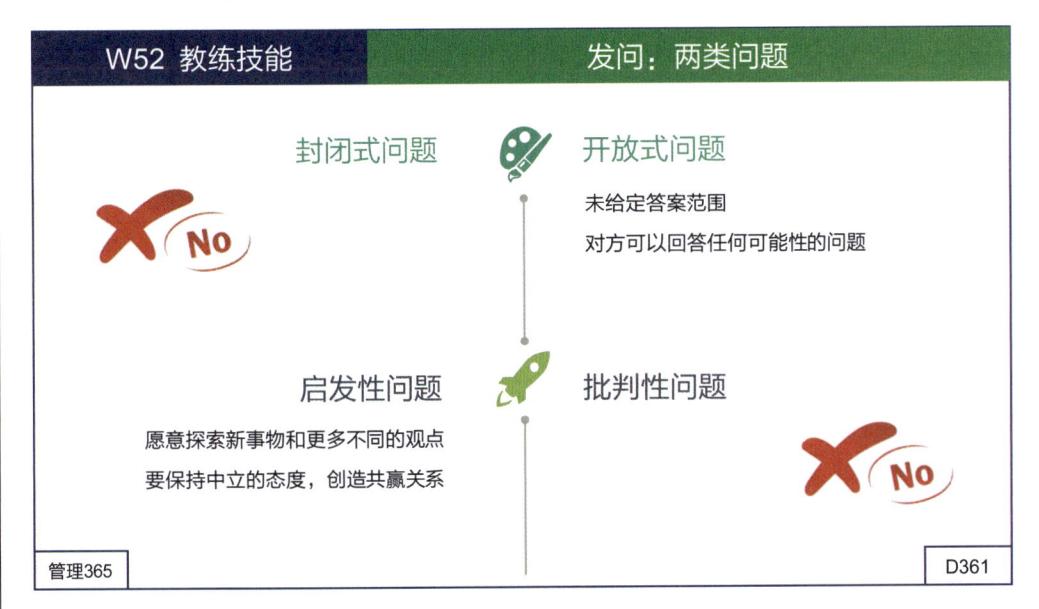

发问是帮助教练更有方向地聆听的一个工具。教练在互动过程中不再是被动地接收，而是更直接地捕捉信息。教练在发问时要以两类问题为主：开放式问题和启发性问题。尽量少问或不问封闭式问题和批判性问题。封闭式问题是用来结束谈话、下结论的，问这样的问题容易使教练过程中断。批判性问题容易引发情绪上和心理上的对抗，导致教练过程失败。

教练的发问主要有五个目的：（1）为了收集信息；（2）为了明确目标；（3）为了启发引导；（4）为了激励对方；（5）为了挑战对方。从上述五个目的来看，开放式问题和启发性问题是最重要的。在教练过程中，教练要注意通过开放式提问和引导性发问探究真相，洞察被教练者的心智模式，发现更多可能性。

在教练过程中，尤其要避免问批判性问题。批判性问题容易产生负面看法，是在指责被教练者，强调只有教练的观点是对的，被教练者的情绪容易受到影响，损害教练与被教练者的互信关系。

（1）是同情还是关心：同情是自己位置比对方高，是强者同情弱者，有心理优越感，容易伤害对方的自尊。关心是自己与对方位置平等，关心是相互的、双方向的。不论对方地位高低、富有还是贫穷，人格上都是平等的，要真正地尊重对方。（2）是坚持还是固执：坚持是关注前方的目标，固执是关注过去的经验。例如，在拥堵时段，经理让司机小张将图纸送给客户，小张提出太堵车了，晚一点再送过去。小张的行为就是固执，基于经验：因为堵车，我不能去。但是不开车，坐地铁也是可以的。如果小张坐地铁去了，就是关注目标而不是经验。不同的信念决定不同的行为，不同的行为又决定不同的结果。（3）是事实还是演绎：事实是真实发生的事件本身；演绎是对方选择看待事实的特定角度或逻辑。事实即真相，而演绎是按照自己的想法和需要去解释，会偏离事实，掩盖真相。（4）是目标还是渴望：目标是对方长远想做到的方向与理想，渴望是对方当下的出发点与欲望。

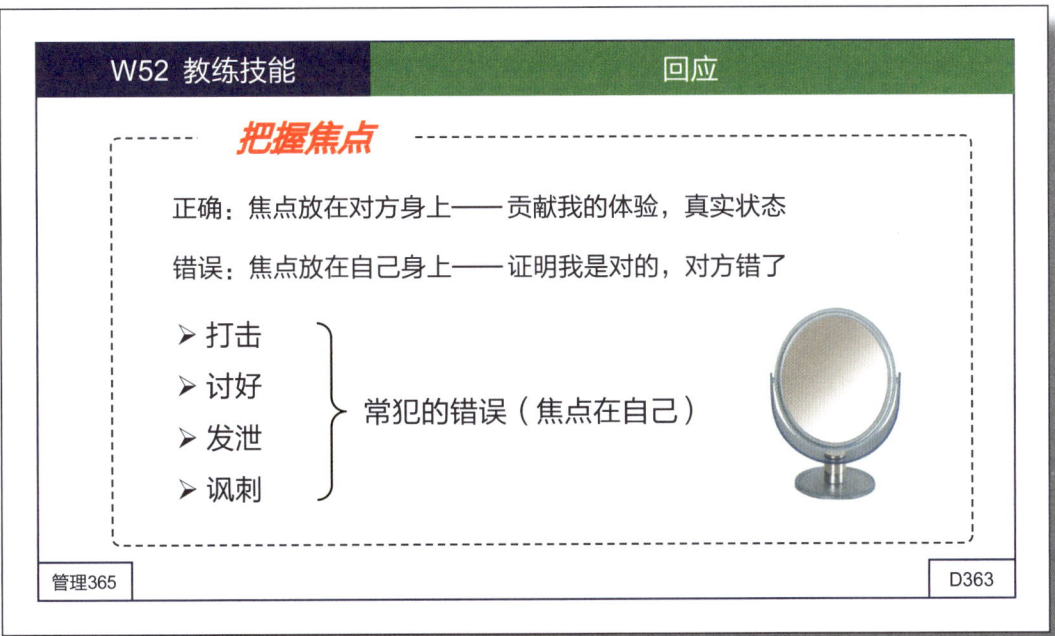

每周自问：如何应用已经掌握的知识解决当下的问题？

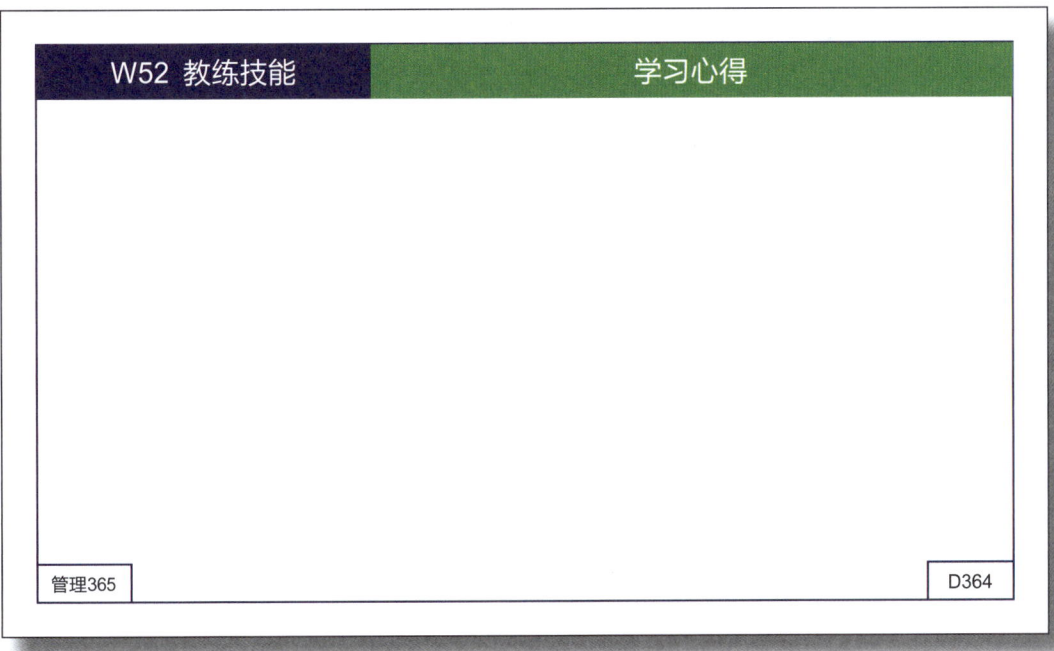

W53　教练流程

| W53 教练流程 | 教练流程与教练技能 |

战略 VS 战术

教练流程在教练技术中发挥着中心枢纽作用，而教练技能只是基本功，在教练过程的每个步骤中都需要综合地运用四个教练基本技能来实现。

目标设定——现状检查——方案选择——鼓励行动　**战略**

四项基本技能：聆听——发问——区分——回应　**战术**

　　教练要把四项基本教练技能娴熟地应用到教练流程中去，而且四项基本技能必须成为教练的本能。教练流程和教练技能是战略与战术的关系，有了宏观的战略步骤，才能知道做法、方向和结果。掌握了具体的战术动作，才能开展具体的教练细节。

　　按照教练流程完整地去执行是成功教练的唯一标志，以教练员工为例，必须遵循四步教练流程——GROW。GROW 模型给教练提供了结构化的框架，使对话的方向不会偏离预定的目标。这一顺序的假设是四个阶段都必须进行。一般第一次解决一个新问题时，通常都是如此。然而，如果一项任务正在进行或者曾经讨论过，也可以运用教练对话去推进或者处理。在这种情况下，教练可以在任何一个阶段开始或结束。

　　在 GROW 四步教练流程中，每一步都在综合使用四项基本教练技能，其中的聆听和发问是两项最重要的技能，使用的频率是最高的。

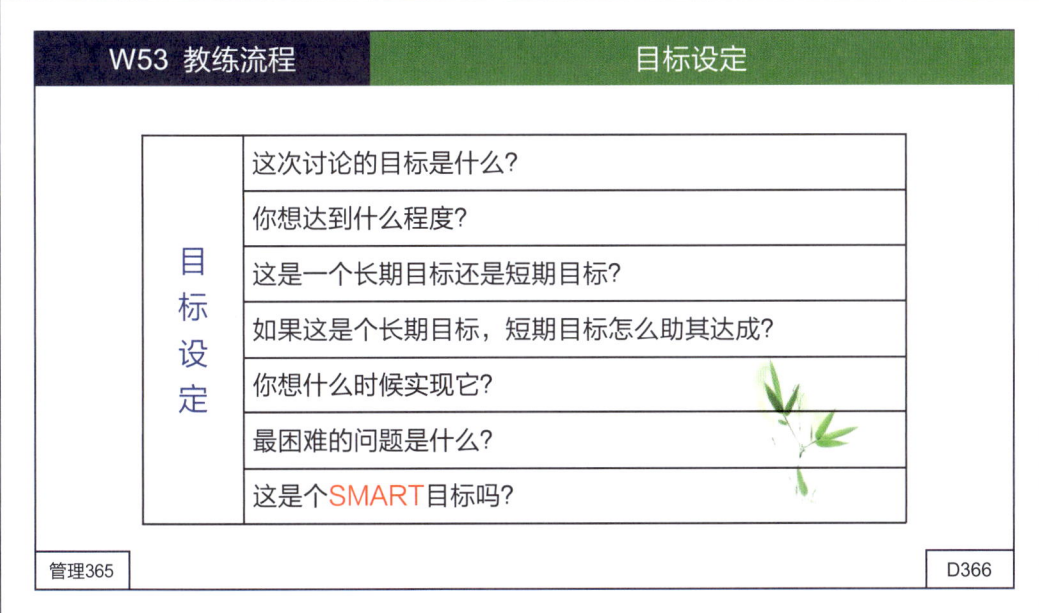

　　如果在教练过程中找不到被教练者的真正目标，那么被教练者是不会迁善（改变）的！要想找到真正的目标，需要注意四个要点。

　　（1）基于被教练者给出的主题去延伸，聆听他的灵魂。我们针对客户提出的主题做一些延展，探索一下底层核心的东西是什么。你给了他时间、空间放松下来，这个时候他的灵魂才会出来进行对话。（2）构建一个成功的画面，就是描绘被教练者在未来真正想看到的成功的画面是什么样子。我们在帮助被教练者体验他非常想要的理想画面时，要充满好奇，找到要点。（3）专注于找到谈话中非常实际的成果。我们可以把成果写在纸上，画一个圈，这样一个动作可以帮助我们和被教练者在约谈中聚焦。如果在约谈中迷失了方向，那么要回头看一下主题是什么。（4）澄清这是否真正是被教练者希望的成果，找到成功的衡量标准。教练要把被教练者说的完全反馈给他。

W53 教练流程 — 现状检查

现状检查	
	到目前为止，你做了什么？
	结果怎么样？
	现在发生了什么？
	涉及了谁？
	内外部都发生了什么？
	什么阻碍了你的进步？
	在这个项目中，你有感到棘手的地方吗？

有时候被教练者自己都不清楚现状是什么。有了成功的衡量标准之后，便可进一步探索对现实的觉察。在 R（现状检查）这个点上，最重要的是帮助被教练者创造觉察。

为了接近现状，教练和被教练者潜在的扭曲意识必须被消除。这需要教练拥有高度的公正，并且表述问题的方式能够使被教练者给出符合实际的答案。"什么是影响你决定的因素？"会得到一个比"你为什么做那件事？"更加准确的回答。后者会让被教练者给出他认为教练希望听到的答案或一个防御性的辩解。教练应尽量使用并鼓励被教练者使用描述性的语言，而不是评判性的词语。这有助于保持一种超然和客观，减少扭曲的、起反作用的自我批判。要想当好教练，真正促进被教练者迁善和改变，需要更深入的觉察力。当被教练者在回应前不得不停下来思考时，他的觉察力就被唤醒了，对当前环境和自我的评估就更准确了。

| W53 教练流程 | 方案选择 |

方案选择	你有哪些解决方案？
	你还能做点别的什么？
	还有没有进一步的方案？
	如果……，你怎么办？
	你想听听别人的建议吗？
	所有方案的优缺点各是什么？
	你准备选择哪个方案，理由是什么？

管理365　　　　　　　　　　　　　　　　　　　　　　　　　　D368

　　在方案选择阶段，不是为了找到"正确的"答案，而是要写出和列出尽可能多的可供选择的方案。在这个阶段，选择的数量比每个选择的质量和可行性要重要得多。激发大脑搜索所有选择的过程也同样极具价值，因为它能够激发创造力。只有从这样广泛而富有创造性的各种可能性中，才能挑选出具体的行动计划。如果在收集选择方案的过程中出现偏好、挖苦或急于求成，潜在的价值就会被错过，选择的范围会变小。

　　无论有多少个方案，最后都要进行排序。在每个方案上注明收益和成本、优点和缺点，教练也可以给出自己的参考意见。在选择方案的列表里，当各个方案排成一列时，被教练者会存在潜意识中划分的等级（重要的列在前边）。为了避免这一点，要把所有选择方案在一张纸上随机地写出来。如果出现两个或两个以上方案是最佳选择，可以邀请被教练者分为十个等级来标注他对每个方案的喜欢程度。

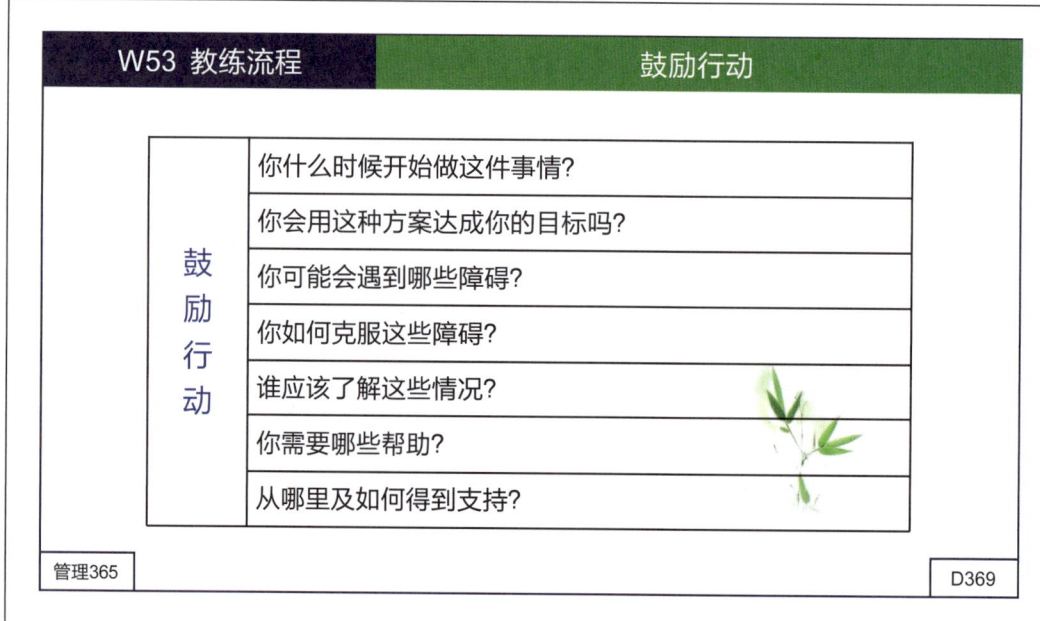

  行动计划是被教练者为实现自己的目标而采取的具体措施。被教练者必须清楚自己要达成什么目标。只有当被教练者认定后，目标才是他自己的；只有创造自己想要的目标，才会有强大的动力去行动。一个有效的行动计划令被教练者面对逆境时也能给予自己最大的支持，坚定自己的信心与立场。教练要鼓励被教练者自行提出下一步具体行动、自行制定行动的时间计划、自行提出具体的检查方法。

  在这个阶段，教练最重要的作用是使被教练者产生行动的强烈意愿，强调结果导向，提升被教练者的觉察力和责任感；同时还要引导被教练者识别可能遇到的障碍、需要哪些帮助、从哪里可以得到支持。作为教练，必须清醒地认识到被教练者虽然做出了选择，制订了行动计划，但教练过程并没有结束，而是即将迎来一个新的开始。

每周自问：如何应用已经掌握的知识解决当下的问题？

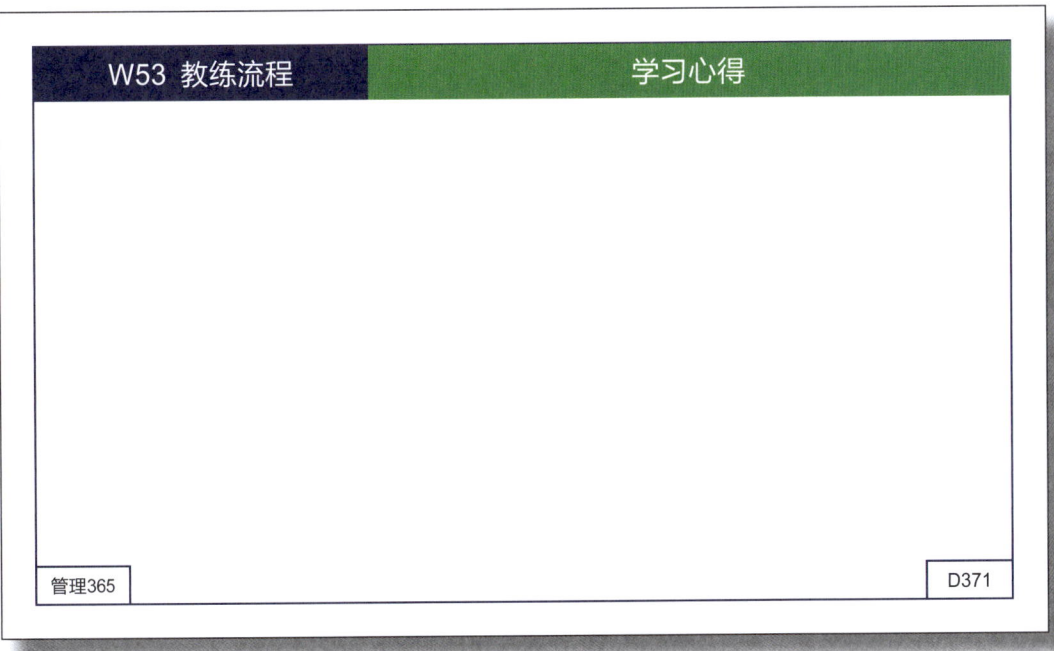

W54 教练实践

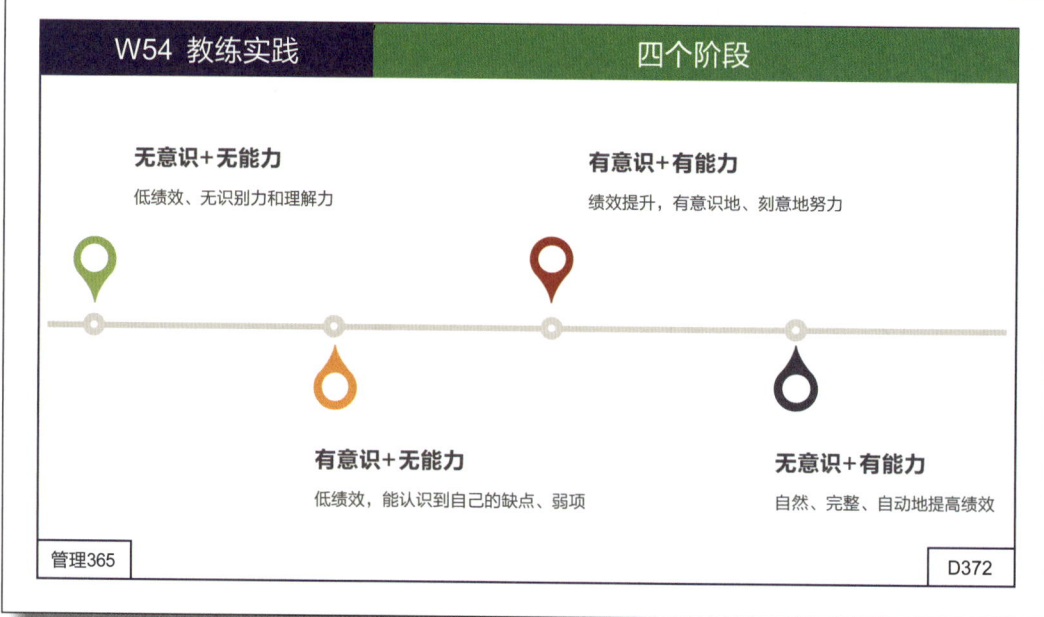

长期以来，我们对如何学习缺乏了解，一个很重要的原因就是指导者、教师、经理过分关注短期回报。例如，通过考试或完成任务，而忽视学习或绩效的质量。这种局面必须改变，因为其结果没有使我们的需求得到很好的满足，也不足以使我们超越竞争对手。我们必须找到更好的方法。

被教练者一旦摆脱那种从未被质疑过的陈旧思维模式的桎梏，就会惊奇地发现教练原则具有无可辩驳的逻辑性。在企业教练领域被广泛接受的一种对于学习的认识非常有益，它假定学习有四个阶段，如上图所示。学习的周期使我们依次经历每一个阶段。我们是否必须经历这四个阶段呢？不一定！小孩学习走路、说话就是直接进入了阶段四。学习驾驶，就是遵循四阶段：初学者处于阶段一，教练专注于阶段二和三，而考试则在阶段三进行，拿到驾照之后，经过长期实践，达到阶段四。学习可以通过有意识地加强某些阶段来加速。

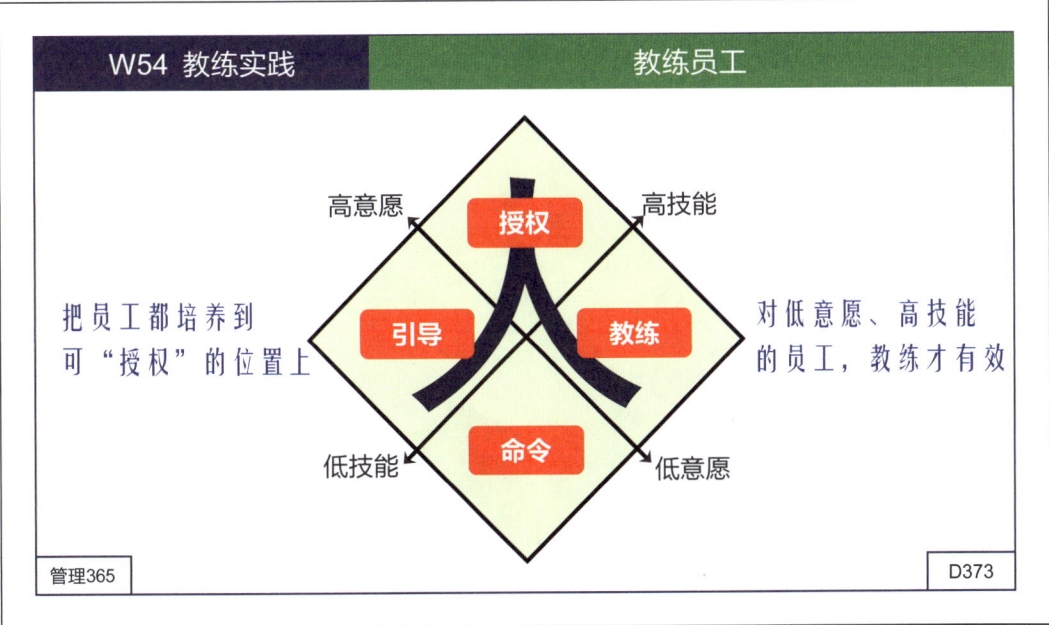

当面对改变的时候，人们很容易"死火"。此时，人们很容易关注失去了什么，把焦点放在损失上，而不易将焦点放在机遇、学习提升上。教练的工作是使那些面对改变而"死火"的被教练者，改变态度，由抗拒、否定转向接受、学习。这是教练技术的最大价值！改变是教练技术的土壤，没有哪项改变是不需要教练的。

如上图所示，按照能力和意愿的高低，员工状态被分成了四种情况：低技能、低意愿，采取命令式；低技能、高意愿，采用引导式；高技能、低意愿，采用教练式；高技能、高意愿，采用授权式。由此可见，企业的目标是把员工都培养成可以"授权"的人，发挥其最大的价值。不是所有状态的人都适合采用教练模式，对低意愿、高技能的人教练才有效！这一点，非常重要！如果认识不到这一点，经理人很可能采取不当对策去影响员工。

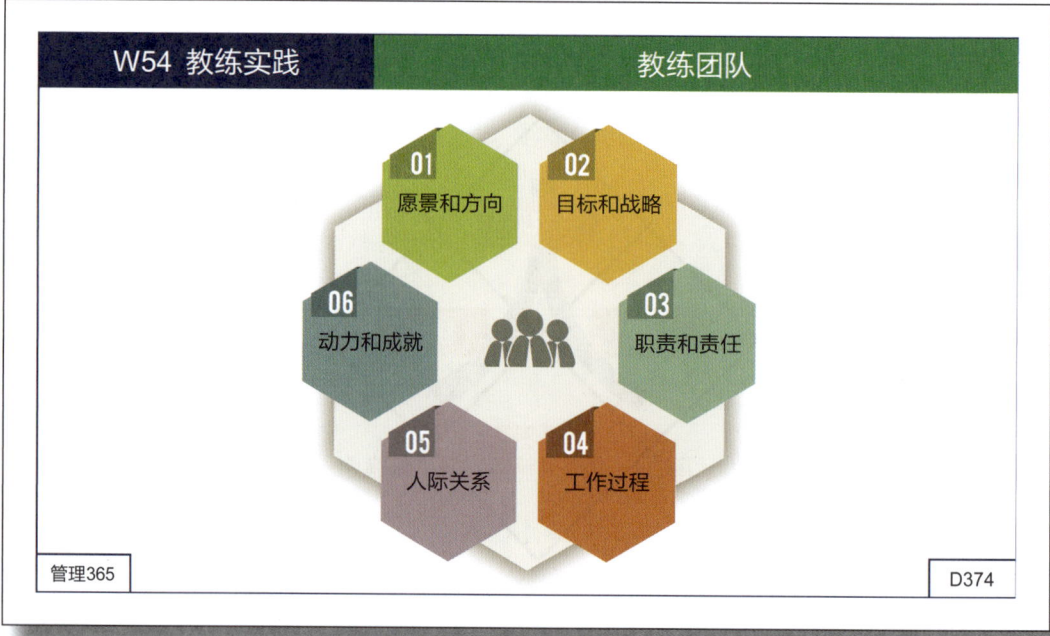

团队教练与一对一教练大同小异,其最大的特点是坦率、诚实、尊重他人,并且有一定的幽默感。团队教练从六个方面开展工作。

(1) 愿景和方向:必须真实可信、简短有力,能够激励团队。团队教练必须对为什么组建团队和团队的工作方向有深刻的认识。

(2) 目标和战略:团队教练帮助团队清楚地认识到某一段工作时间内应实现什么目标,而无须团队领导者时时提醒。

(3) 职责和责任:人与人、团队与团队、部门与部门之间必须相互依靠,职责是否得到了透彻说明以及人们是否有责任心,往往起到了关键作用。

(4) 工作过程:团队教练的另外一个工作职责就是带来高效的工作进程,他要确保团队能找出进展顺利的领域和需要改进的地方。

(5) 人际关系:在教练的帮助下创建一个坦率而诚实的环境,人们就会彼此尊重和信任。

(6) 动力和成就:高绩效源自放松、专注、满意和快乐的精神状态,团队教练以动力和成就为重点,能促进团队成员自我激励。

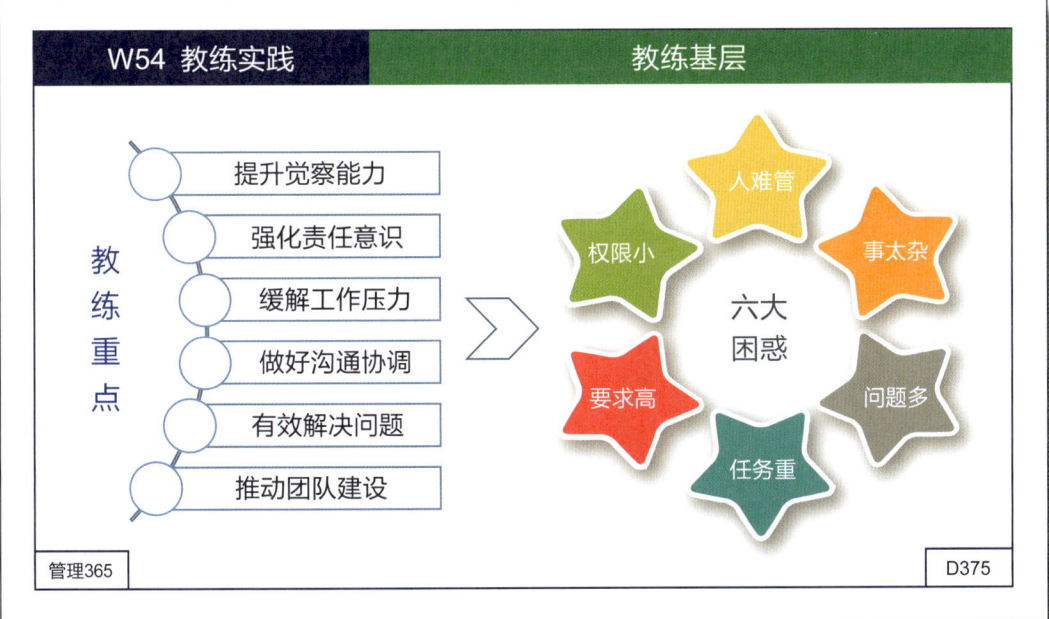

团队教练可以是外部教练，也可以是团队领导者（基层经理）。上图中的情境是中层经理如何教练基层经理。基层经理往往面临着六大困惑：（1）权限小，可调动的资源少；（2）人难管，员工素质参差不齐；（3）事太杂，一个团队要应对上级多个职能部门的要求；（4）问题多，身处一线，每天都在"救火"；（5）任务重，承担着大量的具体工作；（6）要求高，竞争激烈，客户的要求越来越高。

中层经理如果想当好教练，就必须了解并理解基层经理的难处。中层经理的教练重点在于：提升基层经理的觉察力，也就是环境评估和自我认知能力；强化基层经理的责任意识，对团队负责，对组织负责；缓解基层经理的工作压力，帮助他们掌握工具，提高效率；帮助基层经理做好沟通协调，尤其在资源方面；提供支持以利于基层经理解决问题；推动基层经理进行团队建设，同时，也要关注管理团队的建设问题。

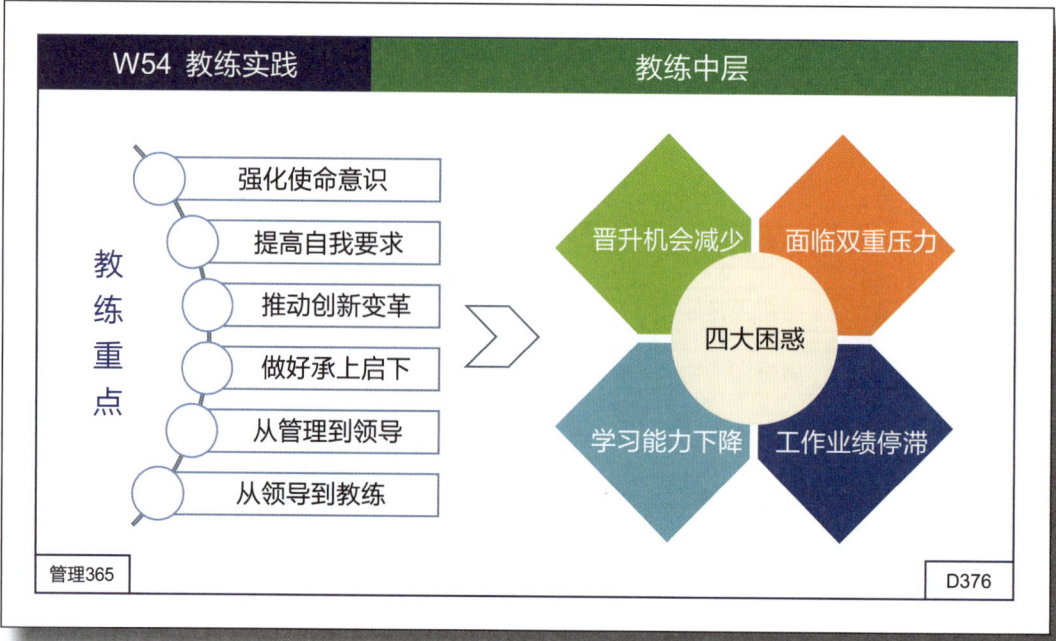

上图中的情境是高层经理如何教练中层经理。中层经理往往面临着以下四大困惑。

（1）晋升机会减少：绝大多数中层经理对职业前途不再抱希望，往往表现为干劲不足，内驱力下降。（2）面临双重压力：不但要面对工作压力，还要承受很大的生活压力，不堪重负，身心健康受到影响。（3）学习能力下降：随着年龄的增长，反应速度、接受新事物的能力下降。（4）工作业绩停滞：团队凝聚力降低，团队成员的工作涉入度不足。

高层经理的教练重点在于以下几点。

（1）强化中层经理的使命意识：职位晋升有天花板，价值创造永无止境。（2）提高自我要求：激发中层经理的工作意愿，通过教练对话发现更多可能性，保持良好的觉察力。（3）推动创新变革：通过教练对话扩展中层经理的视野，保持商业敏锐度，及时发现机会。（4）做好承上启下：上情下达，下情上传，做好协调。（5）实现第三次跨越：从管理到领导。（6）实现第四次跨越：从领导到教练。

第四篇 教练实践

W54 教练实践　　领导班子建设对照表

原则	内涵	措施
分工不分心	分工是为了合作，不能离心离德	定期举办战略共识营
分管不专断	分管是为了专业，不能独断独行	多沟通，遇事要商量
到位不越位	定位：行应行之权，尽应尽之责	多请示，不越级行事
服从不盲从	发现不合理、不正确之处，及时指出	保持与正职的良性互动
补台不拆台	及时补漏洞和缺失，不掣肘旁观	检视工作，相互补位

管理365　　　　　　　　　　　　　　　　　　D377

每周自问：如何应用已经掌握的知识解决当下的问题？

W54 教练实践　　学习心得

管理365　　　　　　　　　　　　　　　　　　D378

- 339 -

W55 教练文化

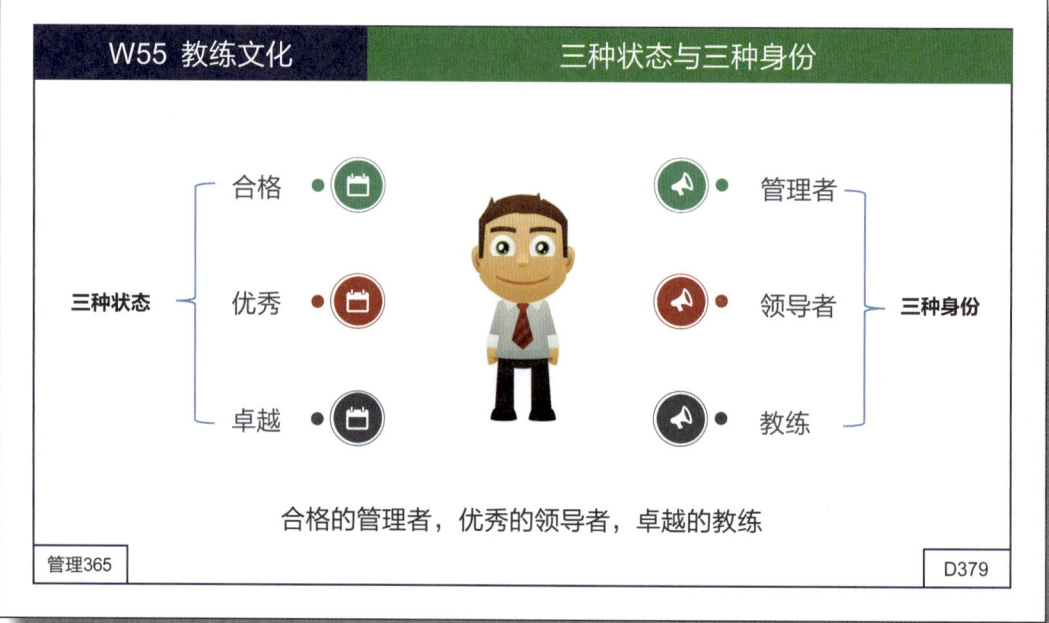

作为经理人，无论身处何种层级，都同时兼具三种身份：管理者、领导者和教练。重视管理者身份，经理人的状态是合格的；重视领导者身份，经理人的状态是优秀的；重视教练身份，经理人的状态是卓越的。这三种身份依次对应了三次转型：从骨干到管理者，从管理者到领导者，从领导者到教练。

成为合格的管理者：以管理沟通为基础，要掌握团队管理、绩效管理和问题解决三项关键能力。团队管理侧重对人的管理，绩效管理着重对事的管理，问题解决是指应对突发事件。成为优秀的领导者：管理者的根本任务是秩序和平衡，领导者的根本任务是创新和变革。管理能力是领导能力的基础。管理者往往通过过程施加影响，而领导者主要靠角色的力量推动别人。成为卓越的教练：教练能够帮助被教练者找到思维的盲点，还原事实真相，并且能说服对方接受。在此基础上，运用教练技能，遵循教练流程，达到教练对方的目的。

W55 教练文化　　传统管理者与教练型领导者

序号	对比项目	传统管理者	教练型领导者
1	谈话时	说的时间多	听的时间多
2	工作检查时	指示多	提问多
3	工作布局	补救多	预防多
4	面对未来	假设多	发掘多
5	执行	命令多	征询多
6	距离感	保持距离	用心零距离
7	出了问题时	要求解释	承诺努力
8	激励下级	外部激励	内在激励
9	推动变革	强制	引发

管理365　　　　　　　　　　　　　　　　　　　　　　D380

　　教练文化是一种使经理人自然地把教练思维、教练技能、教练流程融入他们的工作中的组织氛围。要想在组织里形成教练文化，经理人要从传统的管理者转变为教练型领导者。这种转变主要体现在三个方面：（1）向内看自己，可以做什么调整，去挖掘潜能，发现可能性；（2）愿意成为一个自己不断付出，去支持身边人不断进步的人；（3）运用感召力去影响周围的人和环境。

　　教练文化关乎人们的心态，需要从人们内心产生并发展出来。教练文化的核心是立己、达人、再生。发展教练文化就是创造一个立己达人、自我进化、成就他人、兼容并蓄的组织环境，致力于形成同呼吸、共命运的组织共同体。教练文化是一种开放和包容的文化，充分尊重每一个个体，发挥每个人的优势和才能。也正因为尊重多元化，给每个人空间，员工才更能够全心全意地投入到工作当中，给企业带来蓬勃的生气和活力。

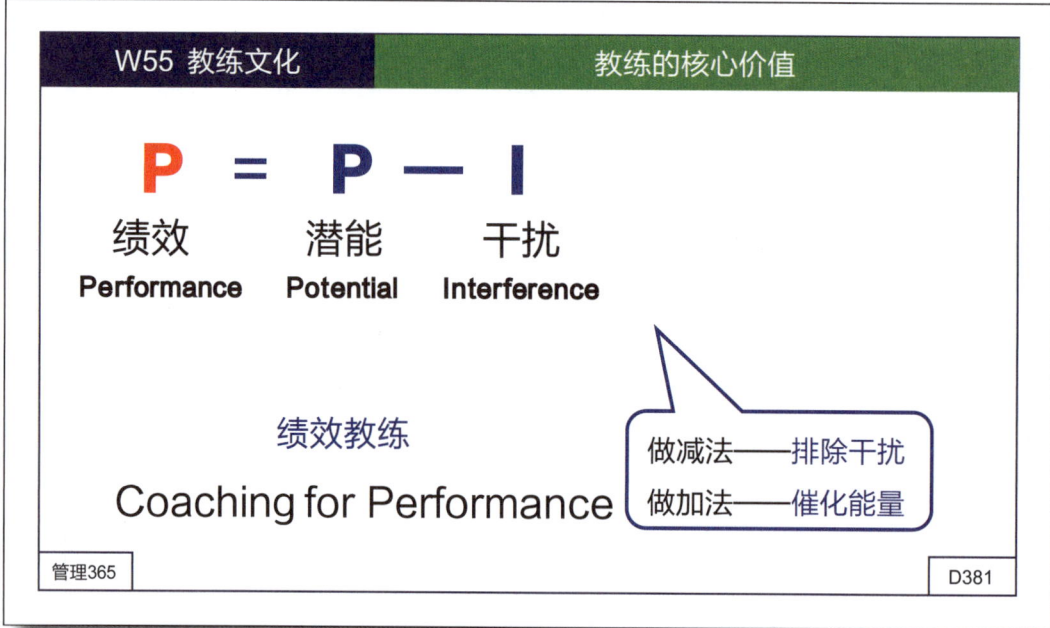

企业教练技术领域有一个经典公式：表现＝潜能－干扰。一个人的表现不佳，可能不是他没有这个潜能，而是因为有更多的干扰存在，从而降低了他的表现。这个公式相当于企业教练技术领域的"牛顿定律"，具有举足轻重的作用。从表面看，干扰来自外界，实际上所有的干扰都来自内心，来自人们对外界的看法和态度，来自心里的恐惧、担心、嫉妒、紧张、压力等各种负面的想法，同时甚至也来自想做好、不负众望、超越自己等正面积极的念头。

从宏观来说，做教练很简单，一个是支持被教练者降低、去除干扰，另外一个就是支持被教练者拓宽信念、看到新的可能性。一个人看到了可能性才会愿意做事，才会从内心产生行动的张力，才愿意去付诸行动。当一个人开启了新的转变，而且从中得到了好处时，便会渐渐脱离旧有的习惯，坚定迈向新的道路。

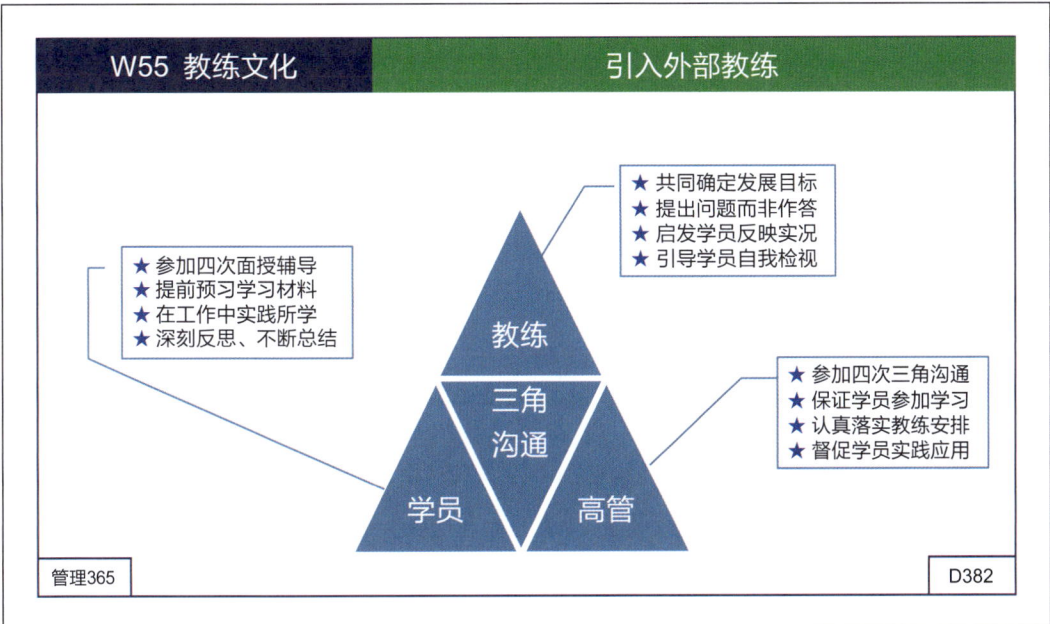

通用电气前CEO杰克·韦尔奇曾经说过："一流的领导者，是教练！"从领导到教练的跨越是经理人境界的又一次提升。经理人无论身处何种职位层级，都可以成为教练！为了发展教练文化，企业需要引入外部教练，并逐渐把各级经理人都培养成教练。教练不是从成果入手，也不是从行为入手，而是从信念的层面切入，直指问题的核心——审视固有的观念、拓展信念的宽度，使被教练者的选择增加很多可能性，这样成果就会更加丰硕。在教练过程中，教练要与被教练者建立平等、双向互动、互相信任的关系。

上图所示是企业引入外部教练的操作流程。为了使教练效果更加显著，整个教练流程应保持三角沟通关系：学员（被教练者）、学员的直接上级、外部教练各自承担自己的任务。正是因为学员的直接上级的介入，学员会更加认真对待每一次教练对话，也更加注重工作中的实践和总结反思。

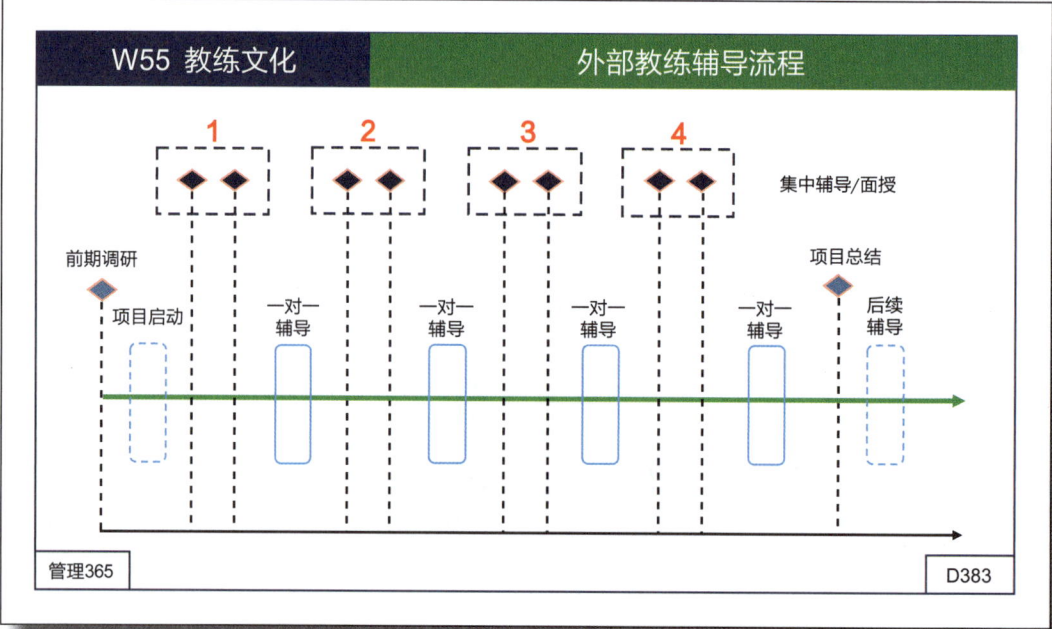

企业引入外部教练的核心内容：四次集中辅导和四次一对一辅导。

教练辅导流程如下。

（1）前期调研：外部教练深入企业进行一对一访谈，为确定教练内容提供直接依据。（2）项目启动会：召集全体受训学员及学员的直接上级进行项目动员，告知教练辅导流程、注意事项以及各方应承担的任务。（3）集中辅导：每次两个模块，集中辅导及小组研讨每次两天。（4）一对一辅导：在每次集中辅导一个月之后，进行两天的一对一辅导，学员、学员的直接上级和教练三方参与。（5）项目总结会：在四次集中辅导和四次一对一辅导之后，进行项目总结。（6）后续辅导：在年底进行学习回顾，辅导学员制订下一年度工作计划。

教练文化的形成与发展依赖于公司管理层、参训学员、学员的直接上级、外部教练的长期良性互动，教练文化一经形成，就会持续推动企业创造更佳业绩。

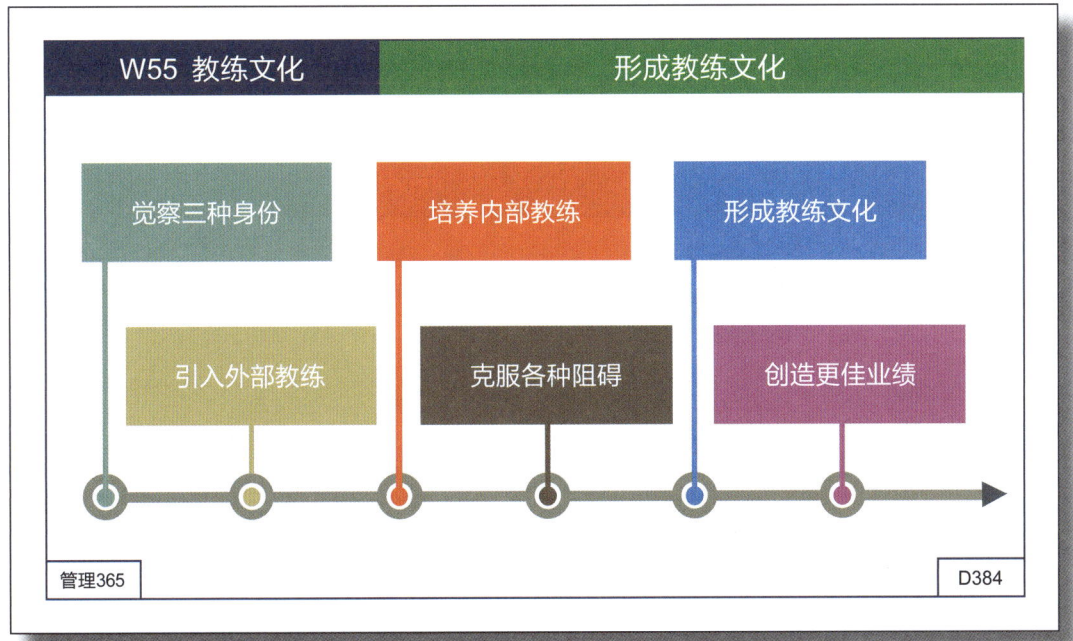

每周自问：如何应用已经掌握的知识解决当下的问题？

全书总结

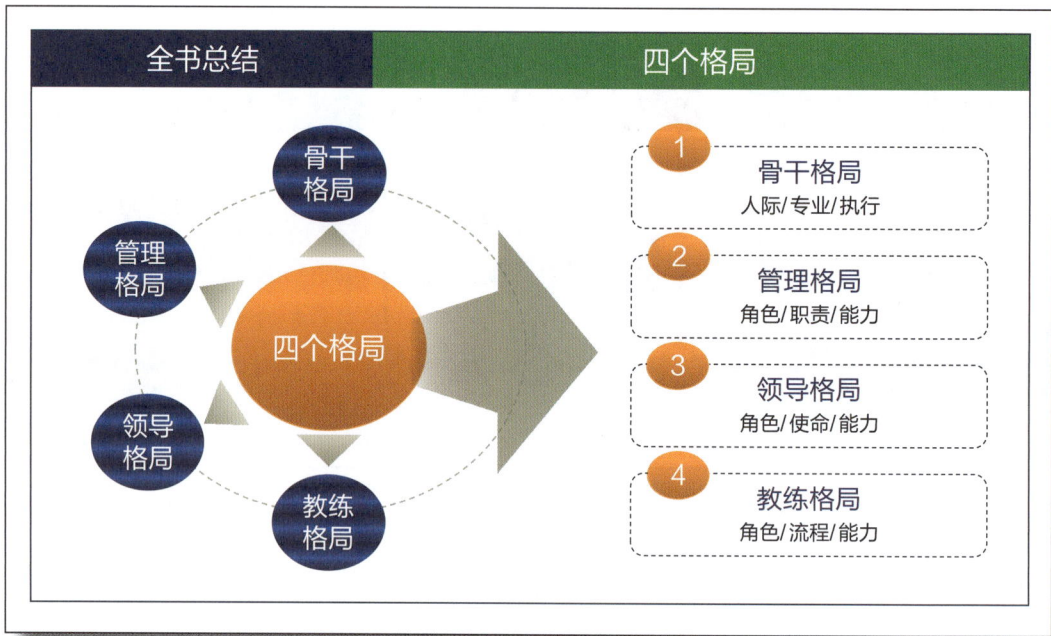